"十二五"普通高等教育本科国家级规划教材

全国高等院校旅游专业规划教材

旅游经济学原理

(第3版)

厉新建 张 辉 编 著

北京·旅游教育出版社

责任编辑：郭珍宏

图书在版编目(CIP)数据

旅游经济学原理/厉新建，张辉编著. －北京：旅游教育出版社，2004. 4
（2025.1 重印）
（全国高等院校旅游专业规划教材）
ISBN 978-7-5637-1145-1

Ⅰ. 旅… Ⅱ. ①厉…②张… Ⅲ. 旅游经济学－高等学校－教材 Ⅳ. F590

中国版本图书馆 CIP 数据核字(2003)第 099212 号

"十二五"普通高等教育本科国家级规划教材
全国高等院校旅游专业规划教材

旅游经济学原理

（第 3 版）

厉新建 张辉 编著

出版单位	旅游教育出版社
地　　址	北京市朝阳区定福庄南里 1 号
邮　　编	100024
发行电话	(010)65778403 65728372 65767462(传真)
本社网址	www. tepcb. com
E－mail	tepfx @ 163. com
排版单位	北京旅教文化传播有限公司
印刷单位	唐山玺诚印务有限公司
经销单位	新华书店
开　　本	787 毫米×960 毫米 1/16
印　　张	22
字　　数	361 千字
版　　次	2016 年 5 月第 3 版
印　　次	2025 年 1 月第 8 次印刷
定　　价	36. 00 元

（图书如有装订差错请与发行部联系）

出版说明

为落实教育部《关于进一步加强高等学校本科教学工作的若干意见》和《教育部关于以就业为导向深化高等职业教育改革的若干意见》的精神，加强教材建设，确保高质量教材进课堂。

按照规划精神，我社在原有“全国高等院校旅游专业系列教材”的基础上进行了整理和提升，一方面根据行业发展、教学需要组织新编了部分教材；另一方面，对我社出版的一些历经时间考验的精品教材进行了重新修订，在内容和编写方法上体现新意。

本版教材注意了课程设置与教材编写的科学性、针对性、规范性，使整套教材更适合学科教学和行业发展要求。在此基础上，本版教材强调了教材的研究含量，旨在倡导教材编写的严肃性、高等教育的研究性，避免教材编写中存在的简单雷同现象，体现了国家骨干教材应用的规范性与原创性。可以说，本版教材更加贴近了我国高等院校旅游专业教学实际，严格按照课程设置和教学目标设计安排教材内容，使高等教育教材的先进性与研究性得到了充分保证。

在此次增补与修订中，我们始终强调教材编写应有的学术规范，从框架的确定，内容的取舍乃至思考复习题的设计、注释引文的处理，每一个细节都力求体现教材编写应有的学术规范。为了实现这样的目标，我们先后在全国广泛遴选作者，聘请在学科研究与教学领域有所建树的专家学者担任教材的编写工作。不少作者都有相关领域的专著成果作为教材写作的支撑，为本套教材的研究含量提供了必要保障。

经过教育部组织的专家评审，这一系列中的很多品种被批准为普通高等教育“十二五”国家级规划教材，实现了行业教育与高等教育的平稳对接。

作为国内唯一一家旅游教育专业出版社，我们始终得到广大旅游院校师生的关心与帮助，在新世纪，我们更期待着大家一如既往的呵护。我们希望将我们的教材建设成为一个开放式的园地，能始终站在学科研究与行业发展的前沿，随时反映旅游教育最新发展的动态。我们期待着教材使用者的意见和建议，更期待着潜在作者的新思路、新理念、新观点、新教学方式——我们定会“从善如流，不断调整完善现有教材，不断吸纳新的作者、新的观点”。

旅游教育出版社

第3版前言

《旅游经济学原理》一书自出版以来，受到了各方面的支持与厚爱，相继被教育部评选为普通高等教育"十一五"国家级规划教材、首批"十二五"普通高等教育本科国家级规划教材，《旅游经济学原理（英文版）》则入选《中国旅游学术推广文丛》，面向国际出版发行。本书同时还被多所高校列为旅游专业硕士、博士入学考试参考用书。

自本书第二版刊印发行以来，又已经过去了八年时间。在过去的八年里，中国旅游业发生了诸多重大变化，旅游已经成为人民生活水平提高的重要指标，旅游业在社会、经济、外交等诸多领域发挥着越来越大的作用。《国务院关于加快旅游业发展的意见》《国民旅游休闲纲要（2013—2020年》《中华人民共和国旅游法》《关于促进旅游业改革发展的若干意见》等对旅游业发展影响深远的一系列文件及法规相继出台；各地政府高度重视旅游业的转型发展，着力改善旅游市场秩序，积极推进旅游综合改革和创新探索；中国旅游企业在商业模式、资本运作、技术创新等方面也取得了积极成果，在线旅游企业发展和跨国旅游投资进展尤其引人关注。旅游经济的新发展涌现了很多典型的案例，提供了认识旅游经济的新视角，也为旅游经济学中的基本理论和知识提供了新的注解。为此，我们在本版修订中除了对旅游经济发展的数据进行更新，以期更准确反映旅游经济发展现状外，还着重对上一版教材中第四章、第五章、第七章、第八章、第十章、第十一章的案例进行了调整，在旅行服务组织中增加完善了对在线旅游企业方面的内容，并对我国旅游产业发展战略等其他有关内容作了相应的调整、补充。

新形势、新变化促使学术研究对产业实践作出更为积极的响应。为此，我们就旅游业在产业结构演变以及产业分类创新中的作用与角色、自由行时代的旅游产品与旅游产业新认识、全域旅游发展理念变革、旅游产业发展的平台化战略和旅游产业生态圈构建等方面都进行了有益的探索，形成了一些创新性成果，也很希望能够融入这次修订。但正如在上一版前言中所指出的，"教材应该是源自学术界理论研究的共识"，我们还是希望这些成果能够反馈到旅游经济发展实践中接受实践检验，期待再经过一段时间的沉淀、精练、完善后，能够在本教材的下一版修订中有选择地吸收，呈现给大家。

本次教材修订得到了北京第二外国语学院精品开放课程建设经费的资助，研究生张飞飞、华云、宋昌耀、宋彦亭等在资料整理方面做了大量工作，在此深表感谢。

当然，囿于作者的学术视野和能力，恳请读者对教材中存在的问题提出批评指正。

作者

2016 年 5 月

目　录

第一章　导论 …………………………………………………… (1)
　第一节　旅游经济学的产生 ………………………………… (2)
　第二节　旅游经济学的研究对象 …………………………… (12)
　第三节　研究方法与研究范围 ……………………………… (22)
　思考与练习 …………………………………………………… (29)
第二章　旅游与旅游经济 ……………………………………… (30)
　第一节　旅游现象 …………………………………………… (31)
　第二节　旅游活动的基本类型 ……………………………… (40)
　第三节　旅游经济的基本性质 ……………………………… (44)
　第四节　世界旅游发展的基本格局 ………………………… (50)
　思考与练习 …………………………………………………… (55)
第三章　旅游供给与旅游目的地 ……………………………… (56)
　第一节　旅游资源与旅游吸引力 …………………………… (57)
　第二节　旅游目的地的形成 ………………………………… (61)
　第三节　旅游目的地的供给能力 …………………………… (75)
　第四节　旅游目的地演进与创新 …………………………… (86)
　思考与练习 …………………………………………………… (99)
第四章　旅游需求与旅游客源地 ……………………………… (100)
　第一节　旅游需求基本理论 ………………………………… (102)
　第二节　旅游需求规律 ……………………………………… (114)
　第三节　旅游客源地 ………………………………………… (123)
　第四节　旅游决策与旅游消费优化 ………………………… (132)
　思考与练习 …………………………………………………… (145)
第五章　旅游联结体 …………………………………………… (146)
　第一节　交通运输与旅游 …………………………………… (147)
　第二节　旅行服务组织 ……………………………………… (157)
　第三节　旅游活动中的契约关系 …………………………… (170)
　思考与练习 …………………………………………………… (172)

第六章　旅游产业发展中的矛盾与模式 ……………………………… (173)
第一节　旅游产业发展中的供求矛盾 ……………………………… (175)
第二节　旅游产业发展模式 ……………………………… (181)
第三节　旅游产业发展战略 ……………………………… (186)
第四节　旅游产业发展中的结构问题 ……………………………… (193)
思考与练习 ……………………………… (203)
第七章　旅游产业的市场结构与市场行为 ……………………………… (204)
第一节　旅游产业组织的研究对象与内容 ……………………………… (205)
第二节　旅行社产业市场结构 ……………………………… (208)
第三节　饭店产业市场结构 ……………………………… (220)
第四节　旅游企业市场行为 ……………………………… (227)
思考与练习 ……………………………… (237)
第八章　旅游企业一体化经营 ……………………………… (238)
第一节　旅游企业纵向一体化的原因 ……………………………… (240)
第二节　旅游企业纵向一体化的形式 ……………………………… (245)
第三节　旅游企业横向一体化 ……………………………… (253)
思考与练习 ……………………………… (264)
第九章　旅游企业跨国经营 ……………………………… (265)
第一节　旅游企业跨国经营理论分析 ……………………………… (266)
第二节　旅游活动的国际化与跨国经营 ……………………………… (271)
第三节　旅游经济的全球化 ……………………………… (279)
思考与练习 ……………………………… (283)
第十章　旅游发展中的政府与市场 ……………………………… (284)
第一节　市场缺陷 ……………………………… (285)
第二节　政府干预与公共失灵 ……………………………… (291)
第三节　旅游规制 ……………………………… (299)
第四节　旅游行业管理 ……………………………… (305)
思考与练习 ……………………………… (312)
第十一章　旅游经济影响与效益 ……………………………… (313)
第一节　旅游经济影响定性分析 ……………………………… (314)
第二节　旅游乘数与旅游卫星账户 ……………………………… (325)
第三节　我国关于旅游经济影响衡量的研究 ……………………………… (334)
思考与练习 ……………………………… (340)
主要参考文献 ……………………………… (341)

第一章

导论

案例 1-1　2015 年中国旅游业发展情况

2015 年，我国旅游业平稳较快发展。国内旅游市场持续高速增长，入境旅游市场企稳回升，出境旅游市场增速放缓。

国内旅游：全国国内旅游人数 40 亿人次，比上年增长 10.5%。其中：城镇居民 28.1 亿人次，农村居民 11.9 亿人次。全国国内旅游收入 34 195.05 亿元人民币，比上年增长 13.1%。其中：城镇居民旅游消费 27 610.90 亿元，农村居民旅游消费 6584.15 亿元。全国国内旅游出游人均花费 857 元。其中：城镇居民国内旅游出游人均花费 985 元，农村居民国内旅游出游人均花费 554 元。在春节、“十一”两个“黄金周”中，全国共接待国内游客 7.87 亿人次，实现旅游收入 5661.3 亿元。

入境旅游：入境旅游人数 1.34 亿人次，比上年同期增长 4.1%。其中：外国人 2599 万人次，下降 1.4%；香港同胞 7945 万人次，增长 4.4%；澳门同胞 2289 万人次，增长 10.9%；台湾同胞 550 万人次，增长 2.5%。国际旅游收入 1136.5 亿美元。

出境旅游：我国公民出境旅游人数达到 1.17 亿人次，比上年同期增长 9.0%。出境旅游花费 1045 亿美元。

从案例中可以看出，旅游已经成为一种社会性的消费活动，有些地方的人们甚至总结道“吃有肉，住有楼，还有闲钱去旅游”，并把它作为小康生活的标准。既然这种消费活动已经对我国社会经济的发展产生了深远的影响，我们就有必要对其进行分析研究，了解这种现象背后的特殊性，了解这种现象的已有研究成果。

第一节 旅游经济学的产生

一、国外旅游经济问题的研究

一种社会现象能否成为社会科学研究者所关注的课题,在一定程度上取决于其表现的时间维度及其对社会经济发展的影响。当一种社会现象在特定范围内对社会经济的作用不断加强,并且越来越多地影响人们的生活时,便能吸引社会科学研究者的研究兴趣。因此,从这个意义出发,社会科学研究往往是同研究领域或者研究对象的实践过程相联系的。同其他社会科学一样,旅游学科研究也是同旅游实践发展过程相联系的,具有阶段性特征。因为旅游是工业化阶段的一种社会现象,旅游现象的独立性始于近代,所以,与旅游实践发展的历史相对应,有关旅游现象的研究仅有百年的历史,各项研究工作还是初步的,还处在发展过程之中。作为研究旅游现象的经济学科,与一般经济学相比较,无论从研究方法、研究范式、理论框架,还是从现象概括以及规律总结,都存在明显的差距和不足。到目前为止,旅游经济学科还处在一个初步认识和讨论的过程之中。

(一)"二战"以前的旅游经济研究

尽管旅游经济的研究还处于一个探索阶段,但是从研究的起点来看,同其他社会科学研究一样,都始于现象发展的实际统计研究。"旅游现象作为一种社会科学范围的研究对象,国外对它的研究通常分别是在学术和业务性两个范围内进行的。"[①]意大利学者为早期旅游经济研究做出了突出的贡献。1899 年意大利政府统计局博迪奥(L. Bodio)发表的《外国人在意大利的移动及其花费》是最早的旅游经济研究文献。其后的另两个意大利人尼塞福罗(A. Niceforo)发表了《外国人在意大利的移动》(1923),贝尼尼(R. Benini)发表了《关于游客移动计算方法的改良》(1926)。这种从统计角度对游客人数、逗留时间和消费能力等方面的研究,反映了人们早期对旅游现象的经济层面的认知以及取得经济利益的需要。

从研究的出发点和研究方法看,博迪奥的论文是一篇从业务角度来解释或研究旅游经济现象的论文,并不是一篇"从学术角度研究旅游现象的文献"[②]。从业务角度出发,利用统计研究成果分析社会现象,是早期科学研究的一个突出特点。无论是经济学、人类学,还是社会学,社会科学的建立大多是从统计研究开始的。旅游经济学科作为社会科学的组成部分也不例外。通过统计研究来了解旅游现象的内在规律,更能把握旅游现象的表现方式。从 19 世纪中叶开始,伴随着世界范围内

---

① 申葆嘉. 国外旅游研究进展. 旅游学刊,1996(1~5).

② 谢彦君. 基础旅游学. 北京:中国旅游出版社,1999:2.

工业化的兴起，国际的商品交换日益频繁，旅游活动特别是国际商务旅游活动在欧洲和北美地区相继产生。虽然规模不大，但国际旅游者的流动以及在异国的消费的确会对两国的政治、经济生活产生诸多影响。特别是旅游者的跨国流动，让旅游者流入国可以获得较为可观的外汇收入。因此，欧美各国特别是国际贸易往来占较大比重国家的政府开始对旅游经济这种社会现象给予关注。"博迪奥等人对旅游经济研究就是在这样的社会背景下出现的。"[①]他们利用统计方法，对前来意大利旅游的人进行大量的调查与研究，从平衡国际外汇收入出发，评述了旅游对国家经济的影响和作用。

在19世纪中叶，旅游活动的空间范围仅限于西欧、北美地区，而且旅游活动的供给规模与出游人数有限，旅游还没有成为一个具有相当规模的经济现象或产业现象。由于历史条件的限制，旅游现象只出现在一定的区域内，远没有出现国际化和大众化的趋势。在这种社会环境下，旅游科学研究必然存在一定的历史局限性。在这种历史条件下，还不具备从旅游现象的本质入手来研究规律性的条件。因此，博迪奥等人虽然是涉足旅游经济研究的先导，也提出了一些很有见解的主张，但就其研究的内容而言，则只是对旅游经济个别现象或个别问题的研究，并没有将旅游经济作为一个完整的体系去认识。

首次从经济学角度对旅游现象做出系统剖析和论证的是罗马大学讲师马里奥蒂(A. Mariotti)。1927年他将旅游经济讲座的内容整理后公开出版，次年又出版了该书的续集。这两部分书稿合称为《旅游经济学讲义》。马里奥蒂在他的《旅游经济学讲义》中，不仅对旅游地区的开发、旅游接待业的经营进行了系统研究，而且对旅游活动的形态、结构和活动要素进行了说明，第一次提出了旅游活动是具有经济性质的一种社会现象。在研究旅游经济时，他主张把旅游活动分为"能动旅游"和"被动旅游"两种形态，并创造性地提出了旅游中心地的理论，这种理论认为，旅游者喜爱的是将艺术、考古、风土和保健等自然条件、人为的诸多条件和设施、娱乐、旅店的组织等整合在一起的地方，前二者是自然发生的吸引力，后者是派生的吸引力，能很好地取得两者之间的平衡就形成旅游吸引力，就可以成为旅游的中心地。由此可见，马里奥蒂已经注意到了旅游吸引力是旅游地形成的主要因素。

从涉及的领域以及相关问题的研究来看，马里奥蒂不同于博迪奥等人，他没有简单地将旅游这种社会现象看成国际间的收入与花费问题，其旅游研究也不仅仅停留在对国民经济作用的认识上。相反，他用了大量篇幅对旅游代理商、旅游产业组织、旅游资源以及旅游中心地等相关问题进行了详细的研究，扩大了旅游经济学研究的领域。与此同时，他首次提出了旅游经济学的研究对象、结构与内容，这为后来旅游经济学理论框架的形成打下坚实的基础。

---

① 张辉．旅游经济学．西安：陕西旅游出版社，1991：2.

与意大利学者类似,英国学者奥格威尔1933年出版了《旅游活动》,用数学统计方法科学地研究了旅游者的流动规律,并从经济的角度给旅游者下了定义。

与以上几位意大利和英国学者不同的是,德国的两位学者对于旅游现象的研究不囿于经济视角。1931年德国学者鲍尔曼(A. Bormann)发表《旅游论》,认为"旅游论的所属是经济学,它的根本问题不仅属于国民经济学及经营经济学的领域,而且不能不运用各个学科的成果";1935年柏林大学葛留克斯曼(G. Glücksmann)出版了《旅游总论》,系统地论证了旅游活动的发生、基础、性质,论及了旅游的经济和社会影响,论述了促进旅游业发展的政策和手段。从研究的视野上他们认为,旅游现象研究是一个涉及旅游活动的基础、发生原因、运行的手段及其对社会的影响等问题的范围非常广泛的领域,需要从不同学科去研究而不只从经济学的角度去考察。但鲍尔曼不同意葛留克斯曼将心理学引入旅游研究,认为这样做不符合旅游研究的目的。瑞士的汉克泽尔(Hunziker)和克拉蒲(Krapf)1942年出版的《旅游总论概要》秉承了多学科研究旅游现象的思想,从经济学和社会学两个方面对旅游进行了研究。

(二)"二战"后的旅游经济研究

"二战"结束后直至20世纪60年代,学术界主要强调的是发展旅游对经济不发达的国家和地区以及发达国家的边远地区所带来的显著经济利益。其间的一些主要著作有:1954年,德国学者克拉普特出版的《旅游消费》一书,对旅游消费的动力和过程作了专题研究;1955年,意大利学者特罗伊西出版的专著《旅游及旅游收入的经济理论》,对旅游经济概念、旅游收入及旅游经济效益作了比较深入的探讨;1950年,日本学者田中喜一教授出版的论著《旅游事业论》,从经济的角度研究国际旅游,从而深化了旅游经济的研究。

旅游发展使一些接待地国家和地区的国际收支平衡、就业和税收都有了增长;旅游发展可以对一些国家的外汇短缺形成补救,可以替代面临危机的传统出口业。但旅游发展也造成了许多负面影响,由此出现了对旅游可以促进接待地经济发展的论点的批评,指出了诸如旅游经济乘数效应低于实际情况、漏损的存在、大量游客涌入接待地引起的物价上涨,进而使预期的经济利益落空等问题。

20世纪70年代旅游活动的迅速发展,在相对集中的时间和空间内涌现的巨大游客流,使接待地社会和环境受到了空前压力,客观上推动了对旅游社会文化和旅游环境与生态的研究快于旅游经济研究局面的形成。若单就旅游的经济研究而言,60—80年代的研究主体是旅游的经济影响。80年代后,学者们开始从宏观上研究诸如发展旅游的经济效益和代价等问题。纵观之,欧美学界对旅游的经济学研究涉及了国际旅游分工理论与差别需求、旅游市场问题、旅游企业经营与管理、区域经济发展与旅游(包括乘数效应研究)、资源开发与旅游地建设(包括土地利用)、旅游投资、旅游经济政策、旅游国际合作、发展中国家旅游经济等诸多领域。

在旅游经济影响研究中，国外学者普遍认为旅游经济乘数理论是评价旅游促进接待地经济发展最有效、最具有说服力的手段，在20世纪70年代以后的一个时期中，成为旅游经济学研究中的一个热点，并对旅游经济乘数做了实地考察和验证。其中，英国学者阿切尔(B. Archer)和沃恩(R. Vaughan)在这方面做了大量工作并取得了重要成果，他们先后独立地分别在英国的格温尼德(Gwyneedd)和爱丁堡的洛辛安地区(Lothian region)对旅馆等的旅游收入作了调查，在理论和应用两方面进行了研究，得出了十分近似的结论，验证了旅游经济乘数效应的实践意义。同时，他们还运用旅游经济乘数理论调查并研究了这两个地区不同类型住宿业的就业状况，在直接、间接和诱导就业三种就业乘数效应方面取得了可靠的数据，验证了乘数理论在就业现象中的作用。

(三)国外旅游经济学教材建设概况

在国外旅游现象的研究中，经济学、社会学、人类学和环境生态科学已日益成为旅游研究的主导学科。虽然人类学、社会学和环境生态科学的重要性正在逐渐超越经济学，旅游的经济学研究也没有出现具有重大学术意义的突破和综合，但是对旅游经济的多方面研究还是为旅游经济学科的建设提供了丰富的营养，出现了一些具有一定影响的旅游经济学教科书。在国内较早引进并产生较大影响的是1978年南斯拉夫学者翁科维奇出版的《旅游经济学》，该书全面阐述了旅游经济理论和指导原则，分析了旅游市场的特殊性以及旅游接待国的政策，预测了国际旅游业的发展趋势。日本的一些学者也明确提出了在旅游学科建设中应包括旅游经济学的主张。20世纪80年代，美国夏威夷大学开设了旅游经济学课程。90年代，Bull、Lundberg、Sinclair和Stabler等相继出版了关于旅游经济学方面的教科书，对旅游经济研究方面的成果进行了总结和系统化。

二、国内旅游经济学研究

相对于国外旅游经济的研究，我国国内开展研究的时间较晚，只有短短20多年的历史。如果说国外的旅游研究是同旅游现象的发育相联系的话，则我国的旅游研究是与旅游产业的发育相联系的。1978年我国实行对外开放的政策，作为发达国家的一个旅游目的地和商业投资地，向世界开放了旅游市场，商务旅游和观光旅游得到快速推进，以旅游目的地为主体、入境旅游为特征的旅游产业在中国主要旅游城市迅速发育。面对这种产业实践，旅游产业运行与管理由于缺乏旅游理论指导而受到某种程度的影响。为此，通过各种途径从国外引进旅游相关理论以指导中国实践便成为必然的要求。但是，由于中国旅游产业发育的社会经济环境与国外先进国家的旅游产业发育环境的差异，我们在对旅游经济特点、作用以及相关规律上的认识，走了一段弯路。比如，在对旅游产业的认识上，在研究的初期，我们很多研究者认为旅游业是一个“投资少、见效快、收益大”的产业。然而，这种认识是在国外特别是一些发达国家的旅游实践基础上总结出来的，若将它作为旅游产业特有的、普遍适用于各国的投资属性和收益属性来认识，则显然没有考虑其适应环境，将发达国家旅游产业发育的环境与中国这样一个发展中国家的旅游产业发育的环境混为一谈了。

纵观之，我国的旅游经济研究大体经历了三个阶段：第一个阶段从1980年至1990年，是创立旅游经济学科阶段。旅游经济学科的建立是在引进国外部分研究成果以及对世界旅游情况介绍的基础上，由高等院校完成的。严格地说，在20世纪80年代社会经济的基础上，发展中的中国不可能出现旅游经济学科的研究。之所以会出现研究先于实践的现象，主要有两个重要因素：一是我国对外开放政策的实施，促进了作为经济发达国家"飞地"意义上的中国旅游产业的发展，旅游实践需要旅游相关理论给予支持；二是出于旅游教育特别是高等旅游教育的需要，许多综合院校设立了旅游经济学科体系，高等院校学科教育基地的形成在一定程度上推动了旅游学科研究。但是，由于我国旅游发展目标的锁定，学科研究主要集中在以旅游目的地为中心的经济以及旅游企业管理与服务运转方面的研究，这反映了我国旅游经济学科建设和研究的功利主义。第二个阶段是在90年代，随着我国旅游产业体系的形成以及国内旅游需求和出境旅游需求的形成，旅游经济学科研究开始从点向面扩展，旅游研究开始从以经济学、管理学为主体，向经济学、管理学、社会学、市场学、地理学、环境学、人类学等学科方向发展，形成了旅游学科比较完整的研究体系。之所以形成这样一个格局，一方面说明了旅游学科的综合性，仅仅从经济学、管理学来研究是难以认识旅游现象的；另一方面也是我国高等院校院系调整、学科调整和学科转向的结果。第三个阶段是近两年出现的，随着中国旅游经济体系的日趋完整以及中国旅游产业国际化演进的来临，人们开始注意从总体的角度，运用多学科的研究方法和观察视角来研究旅游现象。与此同时，研究者开始注意了旅游经济学科的研究体系的建立和研究范式的讨论。如果这种努力能得以持续，不难想象，旅游经济学科的理论创新的春天即将来临。

我国对旅游现象的研究是随着改革开放而逐步开展起来的。一方面，由于中国发展旅游业的特殊背景，对旅游现象研究首先是从旅游的经济影响切入的，而且在很长一段时间内旅游经济的研究主导并替代了对旅游现象的综合研究，这一点与国外的旅游研究并没有太多的差别；另一方面，由于培养人才的迫切要求，中国旅游经济研究走上了不同于标准意义的"论文—专著—教科书"的发展路径，而是首先从教材建设来切入。在著名经济学家于光远的提议下，1979年全国经济科学规划会议将旅游经济学列入国家经济科学研究重点项目序列。1980年第一次全国旅游经济座谈会提出，要建立中国自己的旅游经济学，以适应旅游业和旅游教育事业的发展。1982年王立纲、刘世杰出版了《中国旅游经济学》，提出了一些旅游经济的基本范畴，对我国旅游发展道路、我国旅游业的基本性质以及旅游资源开发等问题做了有益的探索,为我国旅游经济理论的研究填补了空白。此后,林南枝和陶汉军、张辉(1991)、王大悟和魏小安(1998)等先后出版了《旅游经济学》教材。以上各种不同时期出版的教材各有千秋,它们的出版在一定程度上推动了我国旅游教育的发展,指导了旅游经济实践。

但是,作为旅游经济研究的集大成者,旅游经济学的教材建设还有很长的路要走,有些存在的问题是必须正视的,比如技术路线和理论框架还存在一定的理论缺陷、旅游经济研究方法论方面还需要进一步改善、旅游经济学研究对象和教材建设中的一些逻辑思路还需要再明确。本教材将尽力解决这些方面的问题,以给读者一个较为满意的解答。

1. 技术路线和理论框架还存在一定的理论缺陷

从国际上著名的旅游类刊物看,学术类文章一般都会有文献检索与综述,而我国的研究则很少进行文献检索和综述,所以经常出现一些令人尴尬的情况:一些文章中作者自以为提出了新观点,但其实该观点可能十多年前就已经有人提出了,而且深度还要更深一些。在旅游经济学的教材建设中也存在这样的不良倾向。我们不难发现,在各个不同时期出版的教材中,关于旅游经济研究发生与发展的介绍竟然是一样的,旅游经济学作为一门新的专门学科,应该是充满生机和活力,不断发展成熟的学科,十几年一个样的情况显然是不合理的。作为新兴专门学科,对旅游经济应该采用一种多学科综合的方式进行研究,应该兼容并蓄,积极吸收其他学科的研究成果,尤其是借鉴经济学研究中的一些最新成果。但实际上,在旅游经济研究中,尤其是在旅游经济学教材的建设中,明显缺乏对这些密切相关领域的研究新成果的关注与借鉴,并没有运用经济学的新成果、新理论来进行观点的组织、分析、展开。

这种缺乏用发展的观念来建设教材的不良倾向还在旅游经济学框架的构建中表现了出来。比如,作为连接旅游供给与旅游需求的纽带,旅游产品在旅游经济学中占有非常重要的地位,但是从旅游学科的整体架构来说,旅游产品应该是在《旅游学概论》或《基础旅游学》中论述的内容。如果说在我国由于对旅游现象的研究是从经济切入的,在还没有诸如《旅游学概论》或《基础旅游学》等教材时,考虑到产品概念在旅游经济研究中的与众不同,而且是展开旅游供求分析必需的基础,在旅游经济学教材中对之加以介绍尚可理解的话,但至今仍在《旅游经济学》中用一章进行介绍就有些不合理了。现实情况是,几乎所有旅游经济学教材都没有摆脱这种状况。再比如,"旅游市场"应该是旅游市场学中的章节,在旅游经济学教材中不应该再有介绍性的"旅游市场"章节,但现行的大多数教科书中都保留了这一章,可喜的是林南枝和陶汉军(2000)、邹树梅等(2001)已经对此作了适当的改进和修订。

旅游经济学的研究前提是人们必定将进行相关的旅游活动,因此旅游经济学尽管会对影响人们出游的经济方面原因进行分析,但是对于人们为什么进行旅游的动机方面问题则一般不进行研究;此外,对旅游发展的历史研究也不是旅游经济学教材中所必须涉及的内容,这些内容应该在专门的旅游发展史中进行研究与介绍。

2. 研究缺乏科学的方法论支持

旅游经济学科建设尚处在一个不成熟的发展阶段:一个完整的学科必须有科学的方法论作为支撑,不论是马克思主义经济学、西方古典经济学还是西方新古典经济学以及以科斯为代表的新制度经济学,都有它特有的研究对象、基本假设、检验假设的方法、核心概念和结论。相比之下,旅游学科存在着严重不足,且不论其他,连完整的旅游概念体系都没有建立起来。谢彦君(1999)指出,"在概念层面上,旅游学应有它自己的概念系统,这个系统植根于对旅游现象的系统认识,成为构筑旅游学理论的基石。"①他提出,旅游动机、旅游需要、旅游行为、旅游期望、旅游文化、旅游交通、旅游容量、旅游收入、旅游效益、旅游产品、旅游资源、旅游决策、旅游活动、旅游规划和旅游发展都属于旅游学的核心概念。但仔细研究便可发现,这些罗列的概念无非是借用了经济学、管理学、社会学、地理学、文化学、人类学等一般传统学科的核心概念,经过粗加工——有些概念还没有进行加工——加上旅游标签便成为旅游这门新兴学科的核心概念,这不能不让人对旅游学科是不是科学产生怀疑。

3. 旅游经济学研究对象尚待明确

任何一个成熟的学科,都是以其最主要的矛盾展开的,这也是学科研究的出发点,更是学科体系的切入点。如政治学的主要矛盾是权力,政治学是围绕着权力问题展开的;经济学的主要矛盾是稀缺,经济学是围绕稀缺问题展开的;社会学的主要矛盾是群体,社会学是围绕着群体问题展开的;管理学的主要矛盾是组织,管理学是围绕着组织问题展开的;地理学的主要矛盾是空间,地理学是围绕着空间问题展开的。而我们的旅游学科,不论是旅游学,还是旅游经济学的教材或著作,大都认为自己主要是围绕着旅游展开的,并没有说明旅游的主要矛盾是什么,从中可以看出旅游学科的不成熟性。当然,这不能完全责怪包括作者在内的研究者的无能,知识与发现知识的力量只有在社会需要发展到一定阶段才会出现。在我国,旅游产业还处于一个原始发展阶段,在各个旅游现象的内在规律或没出现或表现力度较弱的背景下是不可能建立比较成熟、科学的旅游学科体系的。

最能说明旅游学科的不成熟性的是教材建设。据不完全统计,旅游系列教材丛书就有近十种,南开版、杭大版、东财大版、高教版、人大版、广东版、云大版、深圳版、旅游教育版、中国旅游版等,加上个人自行编写的教材,同一种旅游经济学教材有数十种版本。由于编写者的学术背景不同,研究程度不同,别说是研究范式、旅

---

① 谢彦君. 基础旅游学. 北京:中国旅游出版社,1999:17.

游对象、教材体系,甚至连同一概念、同一原理都会出现不同的解释。比如,对旅游产生的解释就有不同的观点,或认为旅游是市场经济的产物;或认为旅游是商品经济的产物;或认为旅游是人类社会发展到一定阶段的产物,是工业化的产物,是城市化发展的产物,是工业革命的产物,是后工业社会的产物等多种说法。

4. 教材建设中的逻辑①还存在着问题

逻辑严密性是教材建设的基本要求。但从现状看,教材建设中的逻辑性显然还有待提高。

首先是关于旅游产品和旅游供给的问题。即便承认了"旅游产品"作为单独章节在旅游经济学教材中存在的合理性,关于旅游产品的界定和有关旅游产品特点的分析依然是不够严密的。一般的教科书都从两个方面对旅游产品进行界定:"从旅游目的地的角度出发,旅游产品是指旅游经营者凭借着旅游吸引物、交通和旅游设施,向旅游者提供的用以满足其旅游活动需求的全部服务;""从旅游者的角度出发,旅游产品是指游客花费了一定的时间、费用和精力所换取的一次旅游经历。"(林南枝,陶汉军,2000)这就会造成困惑——"……旅游产品是……全部服务""……旅游产品是……旅游经历",那么在逻辑推论上应该是"旅游服务等于旅游经历",否则总不能销售的是一个东西,而购买的又是另外一个东西,这样的交易在市场上显然是不存在的。尽管从这些作者的角度看是希望能够兼顾两个主体的着眼点,但是这种采取"两头堵"的方式进行旅游产品定义的可行性并不是太强。

其实,在这里不妨从两个有关联的生产过程来看待"产品"问题。一个是旅游相关供给厂商作为生产主体而产出的"产品 A",这也是旅游者和旅游相关供给厂商作为市场中的两个交易主体之间进行交换的对象物,因此也就是旅游经济学中在分析旅游供给与旅游需求时所要用到的产品概念,这就是从旅游目的地角度,更确切地说,是从旅游供给厂商的角度的产品概念。另一个是旅游者作为生产主体产出的"产品 B"——旅游经历,这时旅游者作为生产与消费的"同株体"②,既进行生产活动也进行消费活动,他的生产活动就是将旅游相关供给厂商提供的"产品

① 这里要特别提出对我的学生们的感谢,是他们的求知和勇敢的质疑使我们开始真正思考这个问题,并有所发现和收获。

② 在这里借用了植物学中的雌雄同株现象中的名词。相信大家对这种借用一定是可以"容忍"的,其实在经济学与物理学以及生物学之间存在着非常密切的关系,借用物理学、生物学中的名词的现象也并不鲜见。(以下论述引自王翼龙,2000)米罗沃斯基在其代表作《热多于光:作为社会物理学的经济学与作为自然经济学的物理学》(1989)中论述了 19 世纪 70 年代新古典经济学的起源与 19 世纪物理学发展之间的密切关系;而经济学大师米歇尔则在其《经济学原理》1961 年重版时的前言中写道"经济学家的麦加在经济生物学而不在经济力学";20 世纪 80 年代初,纳尔逊合涅特在《经济变迁的进化论》中指出了经济学援引生物学思想的新趋势,该书有对基因(企业的程序)、变异(企业寻求新技术)和淘汰(赢利企业获得发展)等的明确模拟。学生们更熟悉的则是"均衡""网络"等来自物理学和生物学的概念。

A"作为生产的原材料，通过对"产品 A"内含的各种特性(Characteristic)进行一系列的技术选择和组合过程(消费技术的运用过程)，获得最终的效用——"产品 B"。正是由于第二个生产过程的存在，以及在这个生产过程中的消费技术差异的存在，才会出现同样的原材料——"产品 A"——产生不同效用的现象。旅游产品的这个两分法的解说，不仅有助于协调旅游产品的界定与旅游供求分析对产品的界定两者之间的关系，而且给旅游经济学提出了一个新的问题，就是提高旅游者的满意度不仅在于要提供高质量的原材料，还在于要通过相应的途径提高旅游者的消费技术，只有"双管齐下""两手都要抓，两手都要硬"才能给自己的生产提供一个可持续的有利环境。需要说明的是，在本书中旅游产品有两个层面含义，既指代旅游目的地(产品)，也指代旅游企业(产品)，不过根据具体的分析情况，读者可以清楚地分辨之。

从前面关于旅游产品的定义中可以看出，"从旅游目的地的角度出发，旅游产品是指旅游经营者……向旅游者提供……的全部服务"，可是在旅游供给中，在明确旅游供给是旅游产品的供给外，又往往指出供给包括旅游资源、旅游设施、旅游服务和旅游基础设施。这两者如何来协调？旅游产品的供给与旅游供给的不一致决定了旅游供求分析的不可行(钱林晓，1998)。而现有的教材就是在这样一种情况下进行供求分析的。

在研究旅游产品的特点时，一般教科书大都指出，旅游产品具有"综合性""无形性""不可转移性""生产与消费的不可分割性""不可储存性"以及"易波动性"。可是这些特点究竟是旅游产品的特点，还是服务产品的特点？这里所谓的旅游产品指的又是什么？是旅游景区提供的产品的特点还是旅行社提供的产品的特点或者是饭店所提供的旅游产品的特点？如果分别是这些旅游经营者提供的产品的特点，那又怎么能够像大杂烩一样放在一起呢？所谓的"不可转移性"究竟是旅游产品的"不可转移性"还是生产旅游产品的"设备"的"不可转移性"？如果旅游产品是指旅游者的旅游经历，又怎么理解旅游产品的不可转移性？所谓的"易波动性"究竟是旅游产品的"易波动性"还是"旅游需求"的"易波动性"？既然旅游产品具有"生产与消费的不可分割性""生产与消费的同一性"，自然就不涉及贮存问题，那么自然具有"不可贮存性"，这样同义反复的特点概括的意义何在？

其次是关于旅游供求矛盾的问题。旅游供给与需求的矛盾是旅游经济运行中的基本矛盾，旅游供求矛盾运动导致旅游经济的发展或倒退，因此在旅游经济学的教材中对旅游供求矛盾问题进行分析研究是很自然的。但是现有的教材在介绍矛盾的成因时多是从旅游需求的伸缩性、多变性与旅游供给的稳定性之间的非耦合角度，即从旅游供给与旅游需求的客观特点的角度来推断出旅游供求矛盾的成因。这本身并没有错，但是同时也隐含着一个问题，既然是客观特点导致的供求矛盾，那么这种矛盾显然是无法人为改变的，或者至少改变它是非常困难的。可是进一步的问题是，旅游供求的矛盾能不能解决？应该如何解决？因此，对旅游供求的矛盾的成因，除了从客观方面寻找原因外还要注意分析主观方面的影响。也就是说，对旅游供求矛盾成因问题既要从技术的角度探讨，也要从制度的角度寻找根源。可是从现有的教材来看，还没有这方面的鲜明的概括性分析。

5. 教材建设的逆向路径导致只有“拿来”没有“主义”

理想的教材建设方式首先应该是对来自于旅游经济实践问题的充分把握，并在没有明确功利性导向下理性解剖而形成学术论文，学术论文积淀达到了一定的程度后，形成相应的个人专著成果，在总结众多研究人士的专著成果基础之上，形成相应的教材，从而基本完成学科的建设。但我国旅游经济学教材的建设或者旅游学科的构建往往走的是一种“自上而下”的路子，总是试图首先构建一个宏伟的框架体系，接下来再往里填充东西，这种逆向发展路径往往导致“急功近利”的思想，导致在教材建设中只有“拿来”，没有“主义”（主意）。

一方面，在早期的旅游经济学教材中，由于我们自己的研究成果还不够深厚，所以就大量引进国外的有关成果，这本身是正常的，关键问题是往往只是拿来了国外的一些研究结论，并没有考虑到这些结论赖以成立的研究前提以及所必须具备的假设/限定条件，结果是误导了实践也误导了其他的研究者，形成以讹传讹的不良后果——最明显的就是关于旅游业“投入小、产出高、见效快”的特点的绝对化倾向认识。另一方面，从经济学那里拿来框架和方法，没有进行旅游经济的“所有制”改造就加以使用，从而造成教材的不严肃性。比如，随着我国旅游发展的深入，旅游业已经不再是接待型的事业，已经初具产业规模，旅游产业（姑且不论这种看法正确与否）的概念已经为大多数人所认同，因此就主观地推断旅游产业中也有产业结构问题，于是从产业经济学找来有关产业结构分析的内容分析旅游产业，形成了所谓旅游产业结构之说。产业结构应该“是产业间的技术经济联系与联系方式”，这种产业间的联系和联系方式“从质的角度动态地揭示产业间技术经济联系与联系方式不断发展变化的趋势，揭示经济发展过程中的国民经济各产业部门中，起主导或支柱地位的产业部门的不断替代的规律及其相应的‘结构’效益，从而形成狭义的产业结构理论”（苏东水等，2000）。旅游产业中存在这种技术经济联系与联系方式吗？即便从广义的产业结构角度来看，也是研究产业间投入与产出的量的比例关系，可是旅游经济学教科书中好像没有对这个问题进行深入分析。旅游产业组织的研究中也存在同样的问题。其实旅游产业是一个“群簇”的概念，所以教材在分析旅游产业组织的时候，应该就旅行社的产业组织、饭店的产业组织或者旅游景观行业的产业组织等分别进行论述，可是现行教材并没有这样做。

第二节 旅游经济学的研究对象

一、旅游经济学研究对象

从学科的研究范式来说,研究对象的确定是学科研究范式的关键。科学家们可以通过同一研究领域的不同研究对象,来区别其学科研究范式的不同。因此,研究对象的确立不仅是学科研究范式成立的前提,同时,也对其学科研究所涉及的内容与所使用的研究方法起着重要指导作用,可以说,学科研究工作是根据其研究对象而展开的。

旅游经济学作为经济学学科体系中的一个分支学科,其学科研究对象也必然是经济现象,研究的社会经济现象只是人们在空间移动中所发生的经济现象。因此,同一般经济学相比,旅游经济学研究中所涉及的领域以及由其所决定的问题要狭窄得多。所不同的是经济学是研究社会经济生活中的一般经济现象及其运动规律,旅游经济学则是对社会经济生活中人们移动时所发生的经济现象的研究。

在目前可以查阅到的国内外有关研究文献中,关于旅游经济学研究对象的争论主要表现在旅游经济学研究范围和旅游经济学研究的主要矛盾这两个方面。

其一,对旅游经济学研究范围的认识,有人认为应该根据旅游经济活动的范围建立旅游经济学,也有人认为应该以旅游产业经济活动的范围建立旅游经济学。前者是一种研究旅游领域中经济现象的学科;后者则是将旅游行业作为一个国家或一个地区产业体系中的一个行业来研究它的运行、发展以及变革中的各种经济现象的学科。

以旅游领域的经济现象为研究范围和以经济领域的旅游行业为研究范围,不仅表现为研究范围的不同,在研究方法和所涉及的主要矛盾等方面也存着明显的区别。将旅游领域的经济现象作为研究范围,是以旅游者的移动现象为中心来展开其对旅游经济的认识,那么,学科必然涉及旅游与旅游经济现象的产生、旅游者的移动、由旅游者的空间移动所形成的旅游客源地与旅游目的地的经济联系,由旅游需求性质所决定的旅游企业的组成、发育与变革,由旅游类型的变化所形成的旅游地成长模式,由旅游需求的地域延伸所形成的旅游产业国际化发育等问题。这些都是旅游现象的发展变化所产生的经济问题,都是以旅游现象为中心或者以其为出发点来展开经济问题的研究。因此,可以将这种研究方法称作旅游现象研究法。

与旅游现象研究法不同,以经济领域的旅游行业为研究范围,是将旅游经济现象作为一种产业现象来展开研究的。就研究方法来说,它不能脱离现有的产业经济学的研究范式,更不可能创建不同于一般产业经济学的理论框架。这种研究范式不可能创建旅游产业经济学独立的核心概念、研究范式，无非是产业经济学在旅游行业的具体化或者是用产业经济学的理论来解释旅游现象。显然，只有通过旅游现象研究法确定学科的研究范围，建立旅游经济学的理论框架，才有可能创建新型的具有科学价值的旅游经济学。

其二，认识旅游经济的主要矛盾是确立旅游经济学研究对象的关键。有一种观点认为，在旅游经济活动过程中，旅游产品需求与供给这对矛盾自始至终贯穿其中，由于旅游产品需求与供给矛盾的存在，必然产生各种经济现象，发生多种经济关系，存在着支配其矛盾运动的规律。诚然，我们不排除旅游产品是旅游经济的一个重要范畴，但对研究以人的移动为主要特征的旅游经济学科来说，以旅游产品为核心或者以其为主线来展开研究，能否全面把握旅游经济现象的实质，是值得怀疑的。因为产品是微观经济或者企业市场营销的概念，它不是旅游经济运行的原因，而仅仅是旅游产业运动或者旅游经济的结果。旅游经济运行过程中的各个市场主体如企业、政府和消费者对旅游产品的认识和理解也是不同的，若以它为旅游经济学的研究核心，是无法进一步研究旅游经济活动中诸如旅游目的地的宏观分布、旅游企业跨国经营、旅游企业产权、旅游产业组织与产业结构等宏观问题的。在研究中如果将这些宏观问题都纳入旅游产品范畴去认识，那么就会出现旅游产品认识上的泛化现象，会形成一切旅游经济的现象都是旅游产品现象，都可以用旅游产品去解释和说明的误解。这种用微观代替宏观的研究方法不仅在理论上不科学，而且在实践中也难以对旅游经济各种现象进行解释。即使旅游产品作为研究旅游经济现象的核心立论成立，那么将旅游产品供给与需求作为旅游经济学研究对象，也是过于泛化了。

旅游经济学研究对象的确定，应该从旅游现象以及由此及彼的经济现象的特殊性入手。我们知道，旅游是人们空间移动的现象，旅游经济是一种由人们的空间移动消费而引起的经济现象，那么要研究旅游经济的特殊性，就必须深入研究旅游的特点以及旅游经济的特点。旅游是由旅游主体、旅游客体和旅游媒介体三个要素构成的，旅游活动以及旅游经济活动也都是围绕着这三个要素进行的。作为旅游主体即旅游者，是空间移动的主体，来自于旅游客源地；作为旅游客体主要包括旅游景区景点、各种旅游饭店，主要是由旅游目的地提供的，旅游目的地是旅游者移动的终点；旅游媒介体主要包括各种旅行商社以及帮助旅游者实现移动的交通设施，在旅游经济活动中成为联结旅游客源地与旅游目的地的联结体。旅游经济活动就是在这样的基础上展开的。如果说旅游活动是由旅游主体、旅游客体和旅游媒介体三要素构成的，那么旅游经济活动则是在此基础上由旅游客源地、旅游目的地和旅游联结体三者所构成的。旅游经济活动中的各种经济现象、经济关系以及经济规律都是这三者关系的综合表现。因此，旅游经济学研究对象就是研究由旅游者的空间移动而引起的旅游客源地、旅游目的地和旅游联结体三者运动表现出的经济现象、经济关系以及经济规律的科学。

二、旅游经济研究的特殊性

(一)旅游经济:需求流动型的群簇经济

像其他的消费活动一样,旅游活动也伴随着使用价值的转移和价值的实现,使用价值的实现也必须依附于特定的物。不同的是其他的消费活动更多的是随着使用价值的获得,同时获得物的所有权,而旅游活动中使用价值的获得却不会伴随着物的所有权的转移。也就是说,在交换过程中不会发生物的流动,没有物的所有权的转移。显而易见的事实是,旅游者要想获得旅游对象物的使用价值,必须趋近于对象物的地理空间,也就是说,旅游经济中的交换以需求的流动为前提。这就突出了时间对旅游经济发展的重要作用,内在地规定了时间(闲暇时间)是旅游经济规模扩展和素质深化的重要依赖;另一方面,潜在旅游者的闲暇时间不仅取决于科学技术水平的发展,同时还与一国或地区的工作制度密切相关,从而也说明了旅游经济规模扩展和素质深化不仅是一个技术过程,而且还是一个制度改进和创新的过程。

旅游活动中通过人的流动而非物的流动的方式来获得对象物的使用价值的特殊性就引申出旅游者对对象物只能获得暂时的使用权。当然,旅游者个体只能获得暂时的使用权并不意味着供给厂商可以无限制地反复销售该对象物。

一方面,对象物的销售将受到旅游消费关联集中其他组成部分的约束。因为旅游者对对象物的消费是转移了的整体消费,某种程度上是旅游者在常住地消费的整体的空间转移(到旅游目的地),是硬约束下的合成消费,消费的是一个包括旅游吸引物、区间及区内交通设施、住宿设施、餐饮设施等在内的关联集。所以,关联集中的某一对象物的销售更容易受到其他对象物的影响,价格影响需求的机制更多地表现为一种合成价格影响机制,而不是一种自主影响机制。2003 年 SARS 疫情的爆发也进一步地证明了完善的旅游经济应该表现为群簇型哑铃经济特征。在旅游经济的实践中,旅游景区(点)的销售将会受到住宿设施、交通进入设施等的约束;在其他因素不变的条件下,北京能否比西安吸引到更多的上海出游市场份额,并不在于故宫的门票比之秦始皇兵马俑博物馆的门票价格的高低,也不在于北京的饭店的价格比之西安的饭店的价格的高低……而是在于上海居民到北京旅游的合成价格与到西安旅游的合成价格的比较。在 1989 年我国旅游经济大滑坡时期已经有研究者触及了此问题,并指出,在我国饭店、餐馆收取的餐饮费不高,大多数城市的房费也不高,翻译导游的劳务费也不高的情况下,到我国旅游价格偏高的原因在于价格结构:国际和国内交通费用比重大;国外旅游代理商佣金比重较大;国内旅游企业和一些相关企业的问题,也就是后来有人概括的“三三制”。

另一方面,对象物的销售受时空的约束。住宿设施的销售明显地表现为使用权的销售是时空的函数,销售是黏附在时空维度上的;虽然通过合理的规划和管理可以在一定程度上改变旅游景区(点)承载力的自然极限,但最终还是要受到包括环境容量、社会容量等在内的承载力的约束。对象物销售的时空约束特征还内在地规定,旅游经济发展过程中,相关供给厂商要想获得传统产业所体现的规模经济必须有自己独特的实现方式。也就是说,旅游经济中住宿供给(以饭店为例)的规模经济不是简单地表现为单体饭店的规模经济,而是"多工厂的企业规模经济"——饭店的地域广延性分布(或称饭店的网络化发展),只有基于网络化的饭店集团才是符合饭店自身特点和旅游特点的"合宜"的饭店集团。

此外,旅游经济消费对象不同于汽车、冰箱等涉及所有权转移的实物商品,旅游者面对的旅游产品具有与制造业产品不同的不可转移性、空间固定性和消费时限性,消费者就无法在购买完成后的消费过程中逐渐学习使用技术,改善使用的满意程度,而只能在特定的时间、特定的地点进行消费。在这种严格约束的条件下要想获得良好的旅游体验就必须依赖于恰当的旅游消费能力或技术,以便在特定的时空范围内对消费所涉及的景区内各个元素进行准确的析出和恰当的组合。否则,旅游者必须重新购买对这些"旅游原材料"进行组合、加工的机会。这样就暗含着旅游相关供给主体进行供给创新的机会。

(二)旅游经济:内生信息化与诚信要求的经济

旅游活动中使用价值获取方式的特殊性——以人的流动而非物的流动来获得对象物使用价值——凸显出了信息传递对旅游供给的价值实现的重要作用。如果旅游者的对象物可以流动——也就是供给流动型,则可以主动到达目标市场,从而在地理空间上接近消费者,增加消费者对对象物的接触机会和选择可能性,适当地降低供给与需求之间达成交易的时空约束,推动价值与使用价值的转移得以完成。

但是,由于旅游活动中,使用价值的获得必须通过人的流动来实现,在这种现实情况下,就应该有另一种"流"来代替物的流动,增加消费者对对象物的接触、了解,这种"流"就是关于对象物的"信息(流)",信息在厂商的价值实现中就起着至关重要的作用。更何况旅游者购买的是一种体验品。体验品的特征决定了他一般不可能预先知道所购买的产品质量的好坏,也没有办法先看再买、先试再买,而且由于旅游者的常住地与目的地之间的空间距离,客观上也增加了他获得直接的产品使用经验的复杂性和困难程度,增加了他的购买风险,增加了他进行质量确认的成本,同时也加大了制定尽可能完备的契约的难度。为了降低消费者的信息搜索成本和购买风险,给潜在的旅游者提供足够的信息和可信的信息——品牌化战略——就成了旅游相关供给厂商和旅游目的地营销组织的重要任务;诚信与否也成了制约旅游经济规模扩张的重要因素——在相互信任的状况下,交易双方就可以减少写入正式契约中的条款,从而降低契约直接谈判成本,有助于市场规模扩大。

一个可能的假设是，存在于分工越是发达的经济社会中的、越是信息不对称、越是接近最终消费者的产品市场，越应该进行品牌建设。分工越是发达则人与人面对面的信息交流相对就少；越是信息不对称则越需要选择相应的替代指标，而体验品的信息不对称程度一般要比搜寻品的信息不对称程度严重；越是最终意义上的消费者越是不可能拥有了解产品的专门知识和技术，因此信息不对称程度也往往越严重。因此，可以推断旅游经济发展需要极大地依赖于品牌建设，比如像我国水平分工体系中的旅行社大多直接面向旅游者，因此更应该着力于品牌建设，而实际上我国旅游经济发展进程中品牌建设明显是滞后的。这或许也是我国旅行社市场混乱、国内旅游者对作为中介服务提供者的旅行社利用程度不高的原因之一。该现象可以被称为中国旅游经济发展的"悖论"。

诚信的建立不仅是企业的问题，作为旅游目的地的发展所依赖的公共产品，诚信的建立更应该成为政府的事情。目的地政府如果在披露信息的公信力方面发生诚信缺失，对旅游经济发展所带来的负面影响将是长期的。

（三）旅游经济：本地化刚性的经济

第一方面，旅游经济生产中的本地化刚性是指旅游经济中的生产供给不能像其他产业供给，在其他产业中，可以通过将生产车间搬到目标市场进行相关产品的生产，甚至可以不移动生产车间而将产品运送到世界市场。旅游经济中诸如景观供给、住宿供给等主体生产部分是不可移动的，是不可以将景观供给、住宿供给移动到客源市场供消费者进行消费的，也就是说，旅游经济生产中的交易对象具有不可贸易的特点。对象物的时空约束性和不可贸易性使得规模经济在旅游经济中具有了与其他经济类型不同的表现和实现方式。这种交易对象的"不可贸易性"也是造成旅游经济中跨国（跨地区）直接投资的决定性原因。

第二方面，对于旅游经济生产而言也是更重要的一层含义，亦即旅游经济中的供给不仅存在短期刚性，不能在短期内增加"生产能力"，而且在短期内也无法减少"生产能力"，并且供给中的住宿设施也无法通过区际调剂来缓解供求缺口，因此住宿供给市场的竞争存在天然的地域分割性。在统一的市场经济中，同一产业内的市场竞争具有地域扩散性，但是在旅游经济中，即便是在发达的市场经济体系中，住宿供给的竞争性质都只能是区域性的竞争，而不可能向广域性方向发展。由于竞争是封闭的，所以杭州的住宿业与桂林的住宿业之间显然不可能发生利润平均化过程。深刻把握这一特性，对于现阶段我国的住宿业（尤其是饭店业）的集团化发展，认识实践中的价格竞争等具有重要的指导意义。

（四）旅游经济：主体共享的经济

围绕一个或几个旅游吸引物开发建设而成的旅游景区（点）是旅游经济的核心依托。旅游吸引物是指对旅游者具有基本吸引作用的自然因素、社会因素以及其他任何因素，是这些具有基本吸引作用的因素使移动中的人成为了旅游者。因为旅游活动中不发生消费对象物的所有权的转移,所以旅游景区(点)向旅游者提供的是共享使用权。张三在游览长城时必须与李四、王五、赵六等可能毫不相干的人共同分享游览空间,一对新婚夫妇在三亚海滨度蜜月时不得不与成千上万的形形色色的旅游者共醉于"椰风海韵"、共享夕阳西下的海滩,希望静心品山水的旅游者不得不与喜欢嬉闹的其他旅游者共同游览九寨沟。

共享消费的特点决定了旅游者在评价产品效用时的复杂性。不仅供给厂商所提供的对象物以及附加于其上的服务是旅游者效用评价的重要元素,而且在这个景区内的其他旅游者以及旅游者之间的互动行为也是效用评价的重要元素,这无疑增加了旅游体验质量控制的难度,为此自然就凸显出了市场定位对于质量控制的重要性。显然,旅游经济运行中的产品消费方式与传统经济学研究的产品消费方式是有着明显区别的,而且这种产品在旅游者旅游活动中所起的往往是主导性的作用,这在一定程度上确立了对旅游经济进行专门研究的必要性。

(五)旅游经济:敏感而顽强的经济

尽管旅游经济的运行的确存在敏感性的特征,但它更是反弹性能良好的顽强的经济。一般而言,旅游经济的敏感性是指旅游经济对目的地政治、社会状况以及客源地(国)与目的地(国)之间的外交关系、汇率关系的反映程度。但是,这种敏感性不应该简单地理解为例如 SARS 等突发事件对旅游经济的影响。任何突发事件都将使某些与事件密切相关的行业受到影响。

旅游经济的敏感性与旅游经济的发展模式密切相关,严重依赖外部旅游需求输入的目的地的旅游经济的敏感性要高于依靠本国国内旅游需求的国家的旅游经济;旅游经济的敏感性与旅游经济的发展阶段密切相关,旅游经济发展的初级阶段的敏感性要高于旅游经济发展的高级阶段;旅游经济的敏感性与旅游目的地的主流旅游吸引物以及建立在此基础上的旅游产品类型密切相关,以商务旅游、特殊兴趣旅游产品、度假产品等为主流的旅游经济的敏感性要低于以观光旅游产品等为主流的旅游经济。

旅游经济的顽强性主要体现于其在遭受重创后能迅速反弹。比如,在经历了2003 年 SARS 的冲击后,多数地区在 2004 年都出现了强劲的反弹:日本接待游客人数增长了 19%;印度尼西亚增长 28%;菲律宾和新加坡分别增长 25% 和 60%;澳大利亚和新西兰分别增长 14% 和 12%;印度保持较好的增长势头,增幅为 24%;尼泊尔增长 43%。此外,2004 年我国全年接待入境旅游者 1.09 亿人次,比 2003 年增长18.96%;旅游外汇收入为 257.39 亿美元,比 2003 年增长 47.87%。

三、旅游经济学研究的框架基础

旅游经济学是对社会化和商品化了的旅游活动所引发的经济现象、经济关系、经济运行以及经济影响进行研究的专门学科。也就是一切相关的经济现象、经济关系、经济运行和经济影响，都是随着旅游者的旅游活动的展开而展开的，随着旅游者的流动而展开的，因此以旅游活动的空间结构形式为旅游经济研究的框架基础也就在情理之中了。

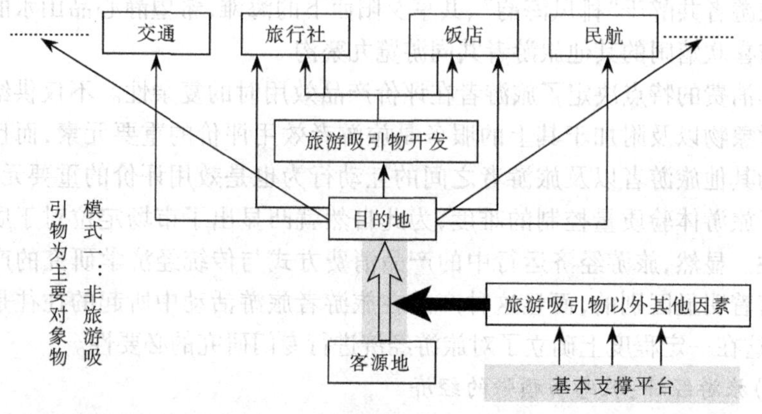

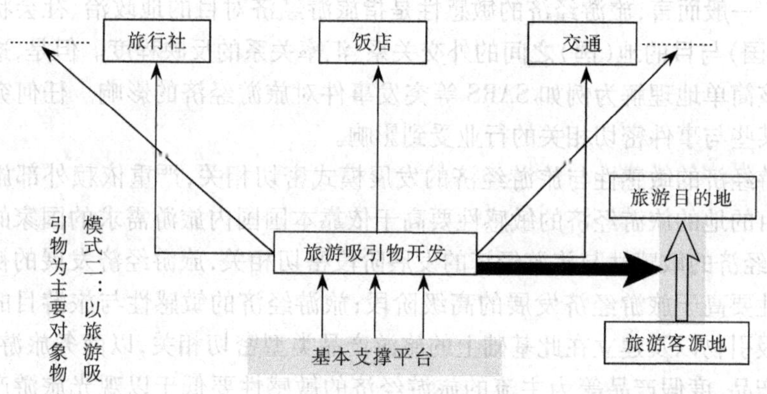

从相关研究文献中可以发现已经有很多学者对旅游流的模式作了研究，并形成了相应的空间模式，其中比较著名的有：Lundgren 和 Hill（1977）提出了国际旅游的“核心—外围”模式；Thurot（1980）研究了国际旅游的空间模式（见图 1－1）；Lundgren（1982）研究了地区间的旅游流动，指出地区之间的旅游流动是客源地和目的地之间相互作用的过程，区位在其中起着重要作用，其他诸如旅游吸引物、当地社会经济状况以及对旅游需求的供给状况也会影响这种相互作用过程（见图 1－2）。但是最基本的旅游系统应该是 Leiper（1990）的模型（见图 1－3），在此基础上可以引申出多种旅游空间模式（杨新军、牛栋、吴必虎，2000）（见图 1－4）。在此，如果我们对 Leiper（1990）的模型进行进一步抽象，则可将旅游经济看成“哑铃经济”：在“双向 O—D 模式”（Origin—Destination）中，旅游经济是“标准的哑铃经济”（见图 1－5）；在“单向 O—D 模式”中，旅游经济是“偏斜的哑铃经济”；如果出现 Lundgren(1982)和杨新军等(2000)所描绘的复杂空间结构,旅游经济就是"群簇的哑铃经济"。由此,我们可以将旅游经济两端的地区分为目的地型地区(单纯旅游目的地或旅游接待绝对数量大大超过客源输送数量的地区)、客源地型地区(单纯的旅游客源地或旅游客源输送绝对数量大大超过旅游接待数量的地区)、均衡型地区(输送客源和接待客源的比重基本均衡的地区)。从图1-4中还可以推论出经常在旅游经济中提及的所谓点线型旅游目的地和板块型旅游目的地的分类。

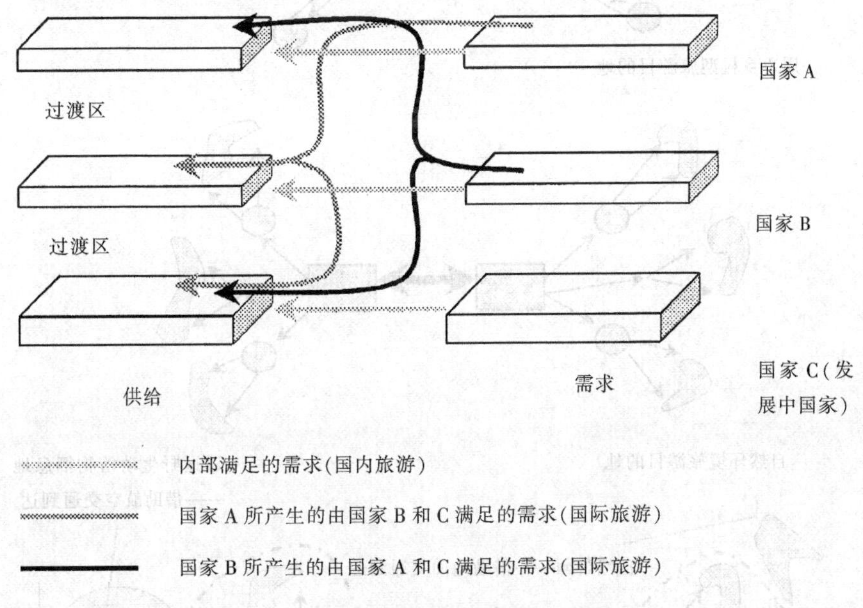

图1-1 多国旅游供给和旅游需求模型

资料来源:Pearce (1989) Tourist development, p.3.

我们可以从抽象的"哑铃经济"模型中来构建旅游经济学的基本结构:发生在旅游客源地的旅游经济现象、发生在旅游目的地的经济现象、发生在旅游目的地之间的关系、发生在旅游目的地和客源地之间的完整的旅游经济运行过程及其调控问题等。

进一步分析可以逻辑地发现,旅游需求发生在旅游客源地,但是旅游需求与旅游供给之间的平衡是基于旅游者的选择而波动的,旅游目的地之间的竞争也是通过旅游者的目的地决策而表现出来的,所以在旅游经济学中:要分析旅游需求的产生以及来自客源地、目的地和两地之间相互关系等因素的影响;要分析影响旅游者由需求转向购买行为的影响因素和转变过程。

旅游目的地之间的竞争说到底是由吸引力或者对潜在旅游者的效用的不同而引起的,因此在旅游经济学中:对目的地竞争要从吸引力的构成和层次角度进行解

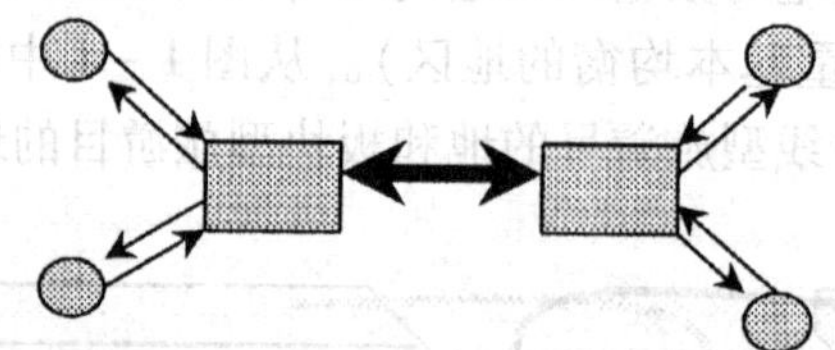

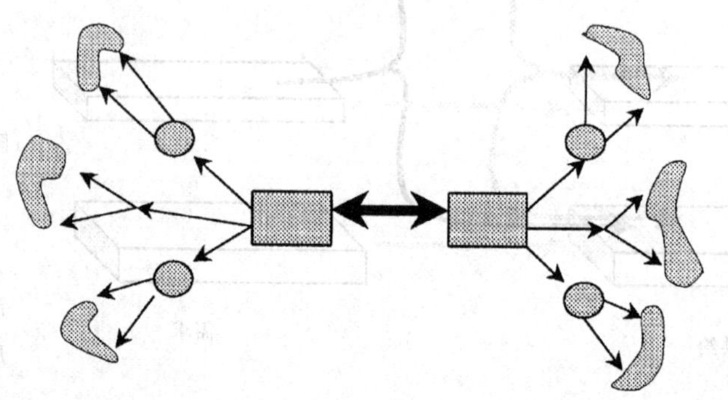

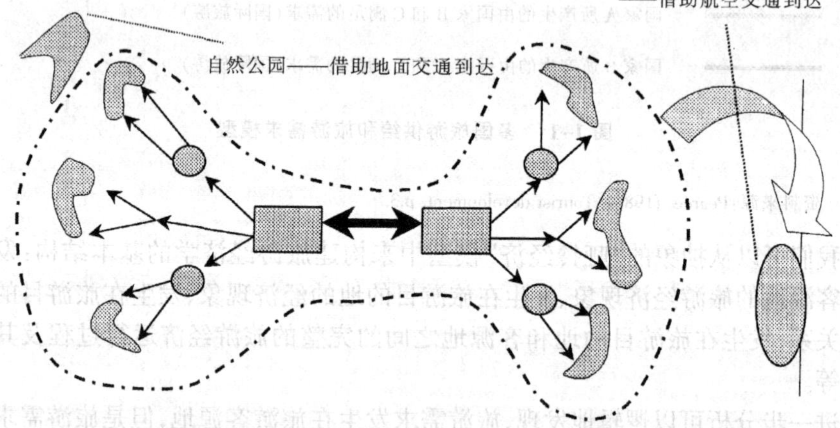

图 1–2　旅游流的空间分层模型(转引自谢彦君,1999)

说,包括基本吸引力的解说、辅助吸引力的解说和可持续吸引力(长久竞争力)的解说;需要对构成供给主体的目的地旅游相关供给厂商的行为,包括价格行为、促销行为和一体化行为进行分析;需要对旅游经济发展究竟给目的地带来什么样、多大程度的经济影响,如何增加正面影响降低负面影响进行分析。

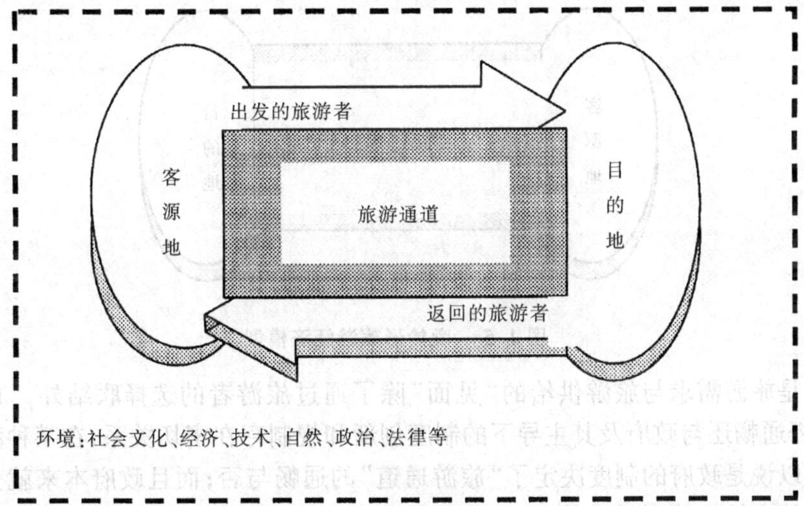

图 1-3 旅游系统模型示意图

资料来源：Leiper,1990(略有改动)转引自 Chris Cooper etc 1999.

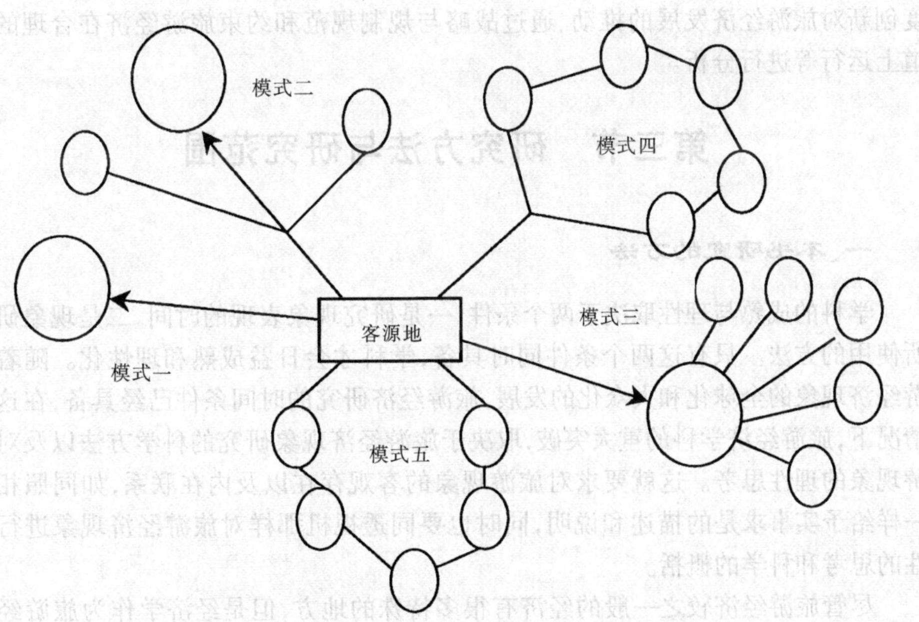

图 1-4 区域旅游行为选择的几种常见空间模型

注：模式一是单一目的地旅游；模式二是线型旅游；模式三是基营式旅游；模式四是环型旅游；模式五是链式旅游.

资料来源：杨新军、牛栋、吴必虎(2000).

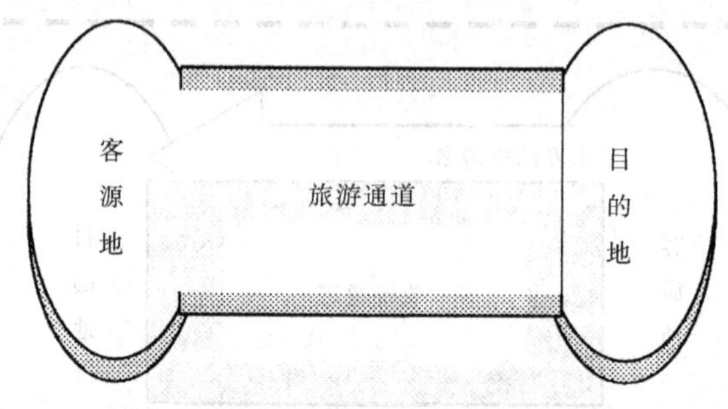

图 1–5 哑铃形旅游经济模型

但是旅游需求与旅游供给的"见面"除了通过旅游者的选择联结外,"旅游通道"能否通畅还与政府及其主导下的制度创新和规制存在密切关系,在某种程度上甚至可以说是政府的制度决定了"旅游通道"的通畅与否;而且政府本来就是旅游经济运行中特殊的利益主体,这个特殊的利益主体的一系列行为将对旅游相关供给厂商产生重要的影响,包括市场结构、厂商行为和市场绩效等方面的影响,所以在旅游经济学中:要对政府在旅游经济发展过程中的行为和作用,包括政府通过制度创新对旅游经济发展的推动、通过战略与规制规范和约束旅游经济在合理的轨道上运行等进行分析。

第三节 研究方法与研究范围

一、本书研究的方法

学科的成熟与理性取决于两个条件,一是研究现象表现的时间,二是现象研究所使用的方法。只有这两个条件同时具备,学科才会日益成熟和理性化。随着旅游经济现象的全球化和大众化的发展,旅游经济研究的时间条件已经具备,在这种情况下,旅游经济学科的重大突破,取决于旅游经济现象研究的科学方法以及对旅游现象的理性思考。这就要求对旅游现象的客观存在以及内在联系,如同照相机一样给予实事求是的描述和说明,同时也要同透视机那样对旅游经济现象进行理性的思考和科学的概括。

尽管旅游经济较之一般的经济有很多特殊的地方,但是经济学作为旅游经济学研究方法上的母学科,它的很多研究方法是可以通用的,至少是研究方法所内含的思想是共通的。在旅游经济学的研究中,一般宜采用发展历史与抽象逻辑相结合、实证分析与规范分析相结合、定性分析与定量分析相结合和结构主义分析等多种研究方法。

(一)发展历史与抽象逻辑相结合的方法

因为旅游经济的内在规律及其运行法则在很大程度上反映在社会发展史或者旅游发展史中,所以用现象发展历史与抽象逻辑结合的方法研究旅游经济现象是一种主要的方法。人的移动、旅行以及后来的旅游活动,一直是人类社会发展的历史现象,在人类社会进入工业化社会并向高度工业化阶段迈进的过程中,旅游的性质以及表现出来的特点也随时随地发生变化。因此,要全面研究和揭示旅游经济发展,就必须运用历史分析的方法,在运动和发展中把握其本质。

当然,历史分析的研究方法并不是单纯地对旅游发展的各个历史事件进行观察或者描述,更多的是在此基础上进行理论的探讨或抽象的概括,也就是要寻找历史的逻辑。在这里,运用高度的思维的抽象是非常重要的。社会科学不同于一般自然科学,对旅游经济的各种研究结论是不可能通过实验室进行科学的验证,特别是旅游经济的各种现象之间的内在联系以及经济规律的发现,只能通过抽象的思维来认识。因此,历史分析必须与抽象逻辑相结合,才能从理论上把握旅游经济现象的实质。

通过抽象思维的逻辑关系研究旅游经济现象,科学的理论命题与假说是必不可少的研究方法。在旅游经济研究中,理论的命题是思维的基本单位,它通过对两个或两个以上本学科特有概念之间关系的明确陈述,使各种旅游现象与事物联系起来。理论命题是研究者为获得逻辑或经验的结论并加以检验而设立的假说。假设可以由公理或定理演绎得到,也可以通过经验观察得到。由于旅游经济缺乏早期理论的支撑,多数旅游经济理论命题是通过经验概括进行的。经验概括是通过对大量事实的观察而归纳出来的。比如,“当人均国民收入达到800美元时就会产生出国旅游需求”这一命题就是经验概括。由一些经验概括还可以建立更抽象的理论命题。如果我们在上述的经验概括研究中,考察数个不同的国家,都具有一个普遍的现象:在不同的人均国民收入点上,国内旅游或者出国旅游的相对数是不同的,人均国民收入越高,出国旅游人数就越多。因此,我们可以得出这样一个理论命题:旅游需求与经济发展成正相关。当研究者提出假设之后,便可通过具体的调查研究来证明其真伪。通过各种实践检验的理论研究才具有科学性。

(二)实证分析与规范分析相结合的方法

实证分析是经济学研究的基本方法,因而当然也是旅游经济学的基本研究方法。实证分析主要研究经济现象“是什么”,即单纯考虑经济活动的实际运作而不考虑运作效果的好坏。但是实证研究也有理论研究和经验研究两种。实证分析中理论研究就是通过对实际经济运行状况的考察,归纳出可能的经济运行规律,然后从一定的假设出发,以严密的逻辑推理演绎证明这些规律并推论可能存在的规律。而经验研究就是将理论分析中得到的经济规律还原到经济实践中去,从而考证规律的正确性。当然,在经验研究中要“避免从一个案例、一个事件就引出一般性很强的结论甚至一套理论,否则会牵强”(江小娟,1999)。

规范分析就是研究经济活动“应该怎么样”,比如人们之所以用是否公平和有效、有没有促进效率的改善等来判断旅游经济中企业之间的竞争,是因为人们认为公平的、有效的、能够促进效率改善的竞争才是好的竞争。在我国的旅游经济研究中,“应该怎么样”的研究相对要多于“是什么”的研究。

在旅游经济研究中,逻辑的推理固然重要,但是由于没有来自实践的支撑,这样的推理和研究往往就失去了理论的解释意义。比如对于旅游饭店的恶性削价竞争,大家都知道“恶性削价竞争是不好的,竞争应该是公平的、有效的、能够促进效率改善的”,但是只认识到这一步显然是不够的,还要研究这些卷入恶性价格竞争的旅游相关供给厂商的具体情况,它们的产权是怎么样的,它们的成本结构是怎么样的,它们的发展战略是怎么样的,等等。只有将这些“是什么”的问题弄清楚了,规范分析才有实际意义。所以旅游经济研究需要的是实证分析与规范分析相结合的方法。

(三)定性分析与定量分析相结合的方法

旅游经济是一个复杂的系统,衡量旅游经济效应、优化系统效应、预测旅游需求的发展等都需要将影响旅游经济的各个变量尽可能地模型化,用数学语言来表述系统中各个变量之间的关系,通过数学计算来发现系统的规律。但是在作定量研究的时候不能为了定量分析而定量分析,准确地选择变量对定量研究结果的实践指导具有决定性的作用。

另外,“当经济学家看到变量中出现了似乎有规律性的关系时,就要问:这是偶然现象,还是确有一种关系存在? ……他们更想知道一个变量的变化是否是使其他变量变化的原因。相关关系和因果关系之间的区别很重要”(斯蒂格利茨著,姚开建等译,1997)①。因此,如果在经济实践中观察到规模大的、星级高的饭店经营效益比规模小的、星级低的饭店的效益高的现象时,不能简单地推断“规模越大、星级越高则效益越好”②,正如我们不能因为美国市场的牛奶销量与印度的婴儿死亡率的变动曲线之间存在高度的拟合而推断“印度的婴儿死亡率越高则美国市场的牛奶销售量就越大”一样。

当然,仅仅有定量分析是不够的,因为“模型不论怎么精巧,总是难以穷尽现实

---

① 关于这一点,江小娟(1999)曾作了深刻的表述:当多因素同时发生变动时,在汇总数据基础上进行研究,变量之间的关系也许只能是相关性的或描述性的,并不能确定是否有因果关系,比如有些行业的高增长率和这个行业非国有经济的快速发展看上去相关关系很强,好像是非国有经济推动了高速增长,但也可能两者都是由其他变量决定的,可能这些行业是中国目前所处增长阶段中应该高速成长的行业,非国有投资者正是看到其高速增长的潜力才踊跃进入的。厉新建(2000)对旅游经济中的行业成长性与企业盈利之间的关系进行了分析。

② 可以想见的情形是,这些规模大、星级高的饭店与外资属性、与国外著名饭店集团(或管理公司)之间存在高度耦合,因而这些饭店的高效益可能不在于单纯技术意义上的规模使然,而是这些饭店特有的机制以及强势管理力量促成的。

经济生活中的变量,因此也总是不能成为精确的预测工具(党国英,2001)”。所以,在旅游经济研究中同样离不开定性分析,而且在复杂的系统中,定性分析可能会比定量分析更能够得到有益的思想。这也是那些没有高深的理论知识但有旅游经济运行实感的人甚至能够比那些拥有高深的理论知识但缺乏经济运行实感的人得出更有指导意义的论断的原因之一。

(四)结构主义分析方法

结构主义分析方法是与系统动力学基本观点一致的。系统动力学认为系统的行为是由系统的结构所决定的。Sessa(1988)、Leiper(1990)较早地将系统论分析方法介绍到旅游研究中。旅游活动的整体消费空间位移所引发的关联消费以及旅游相关供给能力的空间固定性使得旅游经济分析中结构分析显得尤为重要,因为在旅游相关供给能力空间固定的情况下,总量的均衡没有什么特别的意义。可以肯定的是,全国各地的饭店客房供给能力与旅游者对饭店客房的需求总量之间的均衡是没有实际意义的,正如在库布齐沙漠中的船和在海南三亚的船的效用是不同的一样。既然消费是整体空间位移的,那么所供给的对象物也应该是整体协调的,任何一方突进或落后都会影响这些供给厂商的价值实现,因为旅游相关供给的价值实现首先遵循的是短边均衡原则——如果到某旅游地的交通运力无法在特定的时期内运送100万人次的旅游者,则这个地方拥有100万人次的客房接待能力是没有办法实现的。

而且我们知道,哑铃形旅游经济的两端都是由诸多旅游相关供给厂商共同构成的,同样表现为经济的“群簇性”,而且“群簇”中的各个组成部分之间差异明显,因而这种群簇性的特征必然要求对旅游经济应该采取结构主义而非一以概之的分析方法,应该分别对住宿业、旅行社业等行业进行分析。进一步来说,对住宿业、旅行社业也需要进一步进行结构分析才能把握经济现象背后的本质,就好像我们在研究我国旅游饭店中所谓的“宏观报喜、微观报忧”现象并不是说所有的饭店都“报忧”,宏、微观之间的背反是与饭店的所有制、区位、规模星级等结构因素有密切关系的,因此需要从结构方面进行分析。

二、本书的研究范围

本书是以社会生产力发展水平、特别是以工业化发展水平作为基本的思考点来展开旅游经济研究的。旅游现象以及由此所形成的经济现象是一个历史的现象。旅游是社会生产力发展到一个特定阶段而出现的一种社会现象,具体地说,是工业化阶段的现象。工业化过程中的不同历史时期的属性、特点以及发展水平都会对旅游经济现象产生重大影响,它影响着旅游发展模式、旅游产业组织、旅游组织形式、旅游活动类型以及规模。同时,旅游经济活动的高级化也是同工业化相联系的,工业化是旅游形态由低级向高级发展的最终原因。当然,一种经济现象都是由生产力和生产关系所构成的，不可否认经济制度和社会制度在旅游经济发展进程中的决定性作用。然而，我们在研究旅游这种以人的空间移动为主要特征的现象时，尽管世界各国在社会制度和经济制度方面存在着多么大的差异，多么的不同，同一工业化发展水平下的旅游经济发展却表现出惊人的相似，在内在规律上呈现出共同的特点——国内旅游向国际旅游扩张现象、大众化旅游现象的兴起、休假制度与旅游发展的关系、旅游产业的网络化经营等。这些旅游经济本质问题，在同一水平下的工业化阶段里，不同的国家却表现出相同的特点。我们说，对旅游经济理论的研究是以社会生产力为主线，以工业化发展的阶段性为基础，并不等于我们在研究旅游经济问题时，脱离经济制度和社会制度的大环境，只是将社会生产力以及工业化作为一个主线，作为一个重点来展开旅游经济的研究。

本书将对旅游现象的研究限制在旅游与经济发展的关系上。这包括两层意思，第一，旅游消费类型或者旅游经济结构是一个特定国家或地区政治、经济、社会、文化等方面因素作用的结果。因此，虽然旅游同政治、社会和文化存在着十分密切的关系，但在这些关系中，我们只研究旅游与经济发展的关系。尽管在某一时期，政治、社会和文化因素对旅游发展施加重大影响，有时还会产生决定性的影响，但从一个长的历史时期来看，旅游或旅游产业发展受的影响主要是来自经济方面。在研究旅游现象的产生、发展时，我们假定各国旅游发展的动力来自于经济方面；在接下来的研究中，特别是在研究旅游发展的各个现象时，一般都将非经济的影响忽略，除非特别说明，仅将这些非经济因素作为旅游经济发展的外部环境。第二，一个国家或地区的经济发展是社会系统中各种因素共同作用的结果，工农业生产结构、财政金融体制、企业组织结构、市场组织结构等，都会对国民经济的发展产生重大影响。在所有影响经济发展的各种因素中，我们只探讨旅游对经济发展的影响，讨论旅游对经济发展所起的重要作用。然而，要实现这一研究目标，还存在一定困难，尤其在研究旅游目的地对经济发展的作用时，由于统计上的问题，还很难将旅游经济的影响与其他经济的影响区分开来。在研究中为了更准确地把握和分析旅游对经济发展的作用以及贡献，必须通过科学的方法将这些影响与旅游影响划分开来。

旅游经济现象是以人的空间移动为主要特征的社会现象，但是并不是所有人的空间移动都是旅游经济所要研究的问题。本书主要讨论的是空间移动的旅游形态，以及由此而产生的旅游经济形态。在人的空间移动体系中，有些移动的形态并不是本书或者旅游经济所要讨论的问题。如人们在居住地由于工作、学习或者从事其他日常活动而发生的空间移动就不是我们所要研究的现象。即使那些具备了某些旅游特点的现象，如人们结伴所形成的郊外游，如果这种旅游形式不发生消费支出，形成不了经济现象，也不属于我们讨论的问题。应当指出的是，由于统计上的困难，在国内旅游兴起，开始进入大众化旅游时代的背景下研究旅游的经济形态时，将旅游者与当地居民两者的消费划分清楚在技术上存在一定难度。因此，以旅游需要所形成的空间移动和以居住地因工作、生活需要所形成的空间移动，在理论上我们可以很好地说明和解释，但在实践上却难以将它们区别开来。

旅游经济学作为一种理论经济学，是对旅游以及旅游经济现象的一种理论探讨，或者说是对旅游经济现象的一种理性思考，而不是一种旅游经济政策研究。社会科学有两个重要的任务，一是如何去认识世界，一是如何去改造世界。这两个任务同样重要。但是理论经济学主要是解释旅游经济现象。虽然在以后所展开的旅游经济研究中，我们会就某个问题提出一些建设性的意见，也会就某个旅游发展阶段提出一些政策上的设计，但所有这些都是现象解释的延伸，都是围绕着旅游经济现象解释这个主要任务进行的。所有提出的建议、设想都不是我们所要研究的主题。学者是解释世界的，至于改造世界则是政府官员、实业家们的事情。本书只研究旅游经济现象中的"为什么"，较少研究"怎么办"的问题。如果本书能将旅游经济现象的本质、特点和运动的内在规律解释清楚了，这也是对旅游经济学科建设的一大贡献。

三、本书的结构

旅游经济学的结构安排是与它的研究对象相联系的；研究对象不同，学科体系与学科结构也是不同的。根据本书的研究对象，本书的体系与结构主要分为十一章。

在第一章里，通过对前人有关旅游经济理论研究的回顾与评述，提出了旅游经济的研究对象与研究方法。在这一章里，笔者力图根据旅游经济的性质及其特点建立一种新的研究方法和研究体系。

第二章主要是对旅游和旅游经济相关概念的说明以及对旅游这种社会现象的演变过程的研究。通过对旅游现象的产生过程的分析，得出了"旅游作为一种工业化时期的个人消费现象，是与人们的休闲活动相联系的"的结论。本书将旅游现象与工业化现象联系起来，将旅游经济现象与商品化现象联系起来进行研究，而多数旅游经济学是将旅游需求的条件作为现代旅游产生的原因来认识——这种认识难以全面把握旅游现象以及旅游经济现象的本质。只有将这种现象放入工业化以及国际经济体系中来认识，才能充分说明其本质特征。

第三章通过对旅游活动的核心部分——旅游资源以及由旅游资源决定的旅游吸引力的研究，来说明作为旅游经济活动的空间——旅游目的地的各种经济现象。这些经济现象主要有旅游目的地的经济区位、旅游目的地的旅游容量、旅游目的地的短期经济波动、旅游目的地的经济周期等。不可否认，旅游资源决定的旅游目的地吸引力大小直接影响着旅游需求的规模以及旅游经济的规模。同时，旅游目的地的区位、容量也会对旅游经济规模产生影响，而旅游目的地的短期和长期的经济波动又会对一个特定旅游目的地的经济收益和发展阶段有着至关重要的影响。

第四章主要是对旅游经济的一个重要范畴——旅游需求性质、特点以及表现的规律展开研究,通过对旅游需求的分析进而转向对旅游产生条件以及旅游需求产生地,即客源地的研究。由于旅游活动是人的空间移动过程,作为旅游活动的主体旅游者的需求便成为旅游经济活动的重要组成部分。可以说,在旅游经济运动过程中,旅游需求的性质、特点以及所表现出的规律对旅游经济的运行具有决定性作用。如果从旅游空间来分析,旅游经济活动也是一种由旅游者活动所形成的旅游目的地与客源地的经济联系,旅游客源地的各种经济与社会的环境都会对旅游需求产生制约作用。

第五章主要对旅游经济活动的各种联结体进行研究。如果说人们的旅游活动是从其居住地向旅游地的空间位移的过程,那联结两地、满足旅游者空间移动需求的交通行业以及提供旅行服务的旅行社行业便构成了旅游活动的联结体。在这一章里,我们要说明交通运输在旅游经济活动中的各项功能、各种交通运输方式之间的关系、旅游者对交通方式的选择等各个问题;对于旅行社,我们主要从旅行社的演变过程来说明旅行社体系结构以及由此表现的各个功能的变化。

第六章主要研究与旅游产业相关的一系列经济活动。本章介绍了旅游产业概念以及旅游产业发展模式。从旅游活动以及旅游经济活动整体出发研究旅游产业的概念、性质和特征是这一章突出的特点,特别是对旅游产业发育过程的研究,提出了旅游产业不同环境下的成长模式以及不同的旅游产业模式所形成的经济特点。

第七章研究了旅游产业中具有替代性质的产业之间的竞争关系,实际上是运用产业组织的一般理论来解释旅游产业的市场结构和旅游企业市场行为问题。虽然对任何一个产业活动来说,市场结构都是相同的,但在饭店业和旅行社业中,在一个生产能力刚性约束的环境下,旅游服务生产的自然特点使旅游产业的市场结构不同于其他产业的市场结构。如果从竞争与垄断的状态角度来认识,在旅游产业内部企业之间的竞争与垄断关系并不表现为全国性的,而更多地表现为地域性,这同物质生产性质的产业所形成的全国性以及全球性的竞争有着根本的不同。在不同的市场结构下,旅游企业的经营目标决定着企业的市场行为,而旅游企业市场行为又会对市场结构以及市场绩效发生作用。通过对一定市场结构下的旅游企业市场行为的研究,可以全面认识旅游企业的价格策略、促销策略、市场控制策略的经济目的。

第八章用大量篇幅研究了旅游企业一体化经营的问题。旅游企业一体化发展是旅游经济一种突出的表现形式。无论是国外还是国内,当旅游经济走向成熟发展阶段时,必然存在旅游企业一体化经营的问题。在这一章里,从一体化特别是纵向一体化经营的原因、性质入手,全面分析旅游企业一体化经营的组织过程。通过对一体化经营的经济学比较、数量分析以及模型研究,提出了旅游企业一体化经营的路径。

第九章是对旅游企业跨国经营问题的研究。在这一章中,从旅游活动的国际化所形成的旅游经济国际化开始，运用国际化的理论，重点说明了旅游企业跨国经营的内在动机，以及跨国经营的方式与演变形式。同时，通过对旅游活动国际化、旅游企业跨国经营、旅游经济全球化以及全球旅游经济一体化相互关系的研究，揭示了旅游经济国际化发展的趋势。

第十章主要讨论了旅游产业发展过程中政府与市场之间的关系。在世界各国旅游产业发展过程中，由于市场外部性、公共产品、自然垄断和市场不完全性等现象的存在，致使旅游经济的市场失灵。面对这样一个问题，各国政府都通过相关的政策与规制，对旅游产业以及旅游经济活动实施程度不同的干预，特别是在旅游产业发育的初期，大多数经济欠发达国家实施了政府主导型发展战略，以促进旅游产业的快速发育。本章主要通过对政府与市场关系的说明，研究政府在不同时期内对旅游经济活动的干预程度以及所扮演的角色。

第十一章是研究旅游活动的经济影响。按照旅游经济活动的评价标准，全面分析旅游经济活动的微观经济影响和宏观经济影响，并且在此基础上提出了旅游经济的正面影响与负面影响等诸多问题。同时，对旅游经济效益的评价、方法以及提高旅游经济效益的相关措施作了一定的分析。

思考与练习

1. 就中国旅游经济研究历程中介绍的专题阅读 2 ~5 篇文章，了解我国旅游经济研究的最新进展。

2. 旅游经济学的研究对象是什么？请简要说明其内涵。

3. 试结合实际分析旅游经济的特殊性及其实践指导意义。

第二章

旅游与旅游经济

案例2-1　旅游活动方式的多样化

乡村旅游：乡村旅游成为21世纪一大特色旅游，深受城镇居民的青睐。随着城市现代化建设的加快，人们更希望能返璞归真，回归大自然，乡村旅游能充分满足人们的这种需求。在这些追求的驱使下，城镇居民纷纷赶往农村，住农家屋，吃农家饭，既可观光又可亲身感受耕作的乐趣，同时还可以参加采摘、垂钓、骑马、划船、狩猎等活动。这些也充分体现了人们对于体验的热衷。

工业旅游：以参观、学习为目的，以工业景观、生产流水线、工艺流程及劳动场面为主要的旅游吸引物，是集知识性、科学性和教育性为一体的旅游活动。对于工业旅游，法国开展得最早，可以说是工业旅游的发祥地，早在50多年以前，雪铁龙汽车制造公司就组织客人参观他们的生产流水线，社会效益很好，引起了许多厂家的效仿。工业旅游不仅可以满足人求知、求新、求奇的愿望，同时还可以创造新的经济增长点，提高企业的社会知名度。

冰雪旅游：冰雪旅游是体育旅游的一种，其特点是以休闲、健身、刺激和竞技等不同方面来满足人们的旅游需要。并且客源量大，普及性强，趣味性浓，同时兼有旅游休闲与体育健康功能的旅游活动，在国外已有百年的发展历史。拥有阿尔卑斯山冰雪资源的法国、奥地利、瑞士现在都是世界上冰雪旅游业发达国家。近年来，随着我国人们生活水平的提高，尝试滑雪、喜欢滑雪的爱好者日益增多，很快冰雪旅游已成为我国冬季旅游的热点，冰雪旅游在我国旅游市场上刮起了一股强烈的银色旋风。作为冰雪旅游发源地的黑龙江、吉林二省，冰雪旅游产品成为它们的金字招牌，得天独厚的条件带动了本地旅游经济的发展。

野外拓展：野外拓展训练（Outward Bound）是指在自然地域（山、川、湖、海），通过探险活动进行的情景体验式心理训练。其功能是提高个体的环境适应与发展能力、提高组织的环境适应与发展能力，同时，增进参与者之间的沟通和交流，培养互助互爱的团队合作精神。与传统的场地式训练不同，野外拓展训练借助自然地域，需要依靠具有奇、秀、峻、险的自然地貌，很好地将拓展与旅游结合在一起，通过旅游的形式达到拓展训练的目的。拓展训练概念于20世纪90年代初被引入到中国，近几年得到迅速的发展，不断受到企业推崇，逐渐被列入国家机关、外企、大中型企业和不少私营企业的培训日程，使野外拓展旅游的需求旺盛。

太空旅游：世界上第一位太空旅客蒂托乘坐的俄罗斯联盟号飞船安全而准确地返回地球，意味着对于普通的地球公民来说，“九天揽月，上天摘星”将成为现实，同时标志着人类太空飞行史上一个新时代的来临。航天技术的发展为人们带来了有关太空的信息，使人们对宇宙有了一定的了解，同时也增加了太空对人们的吸引力，而且世界航天技术的发展为满足太空旅游需求提供了现实可能性，也许有一天太空旅游就像普通飞行一样普遍。太空旅游业具有很大的发展潜力，将来可能会成为新的经济增长点。

（资料来源：张辉，厉新建，等．中国旅游产业转型年度报告．北京：旅游教育出版社，2005：95－98．）

现在旅游活动的方式越来越呈现多样化的特征，可是究竟什么才能算是旅游呢？旅游的本质是什么？什么是旅游经济研究中需要关注的旅游现象呢？中国旅游经济在全球格局中的地位究竟怎样？还有一系列的相关问题需要我们去解答。

第一节　旅游现象

一、人的空间移动

作为现代人的一种消费方式，旅游是与人的空间移动行为相联系的。没有人的空间移动，便不会形成人的旅游消费。因此，空间移动便成为人们进行旅游消费的前提。我们所说的空间移动是指人们通过“行”的方式从一地向另一地运动。尽管人们在进行空间移动的过程中，“行”的方式可以多种多样，但无论使用什么样的“行”的方式，只要这种方式使人所处的空间位置发生了变化，发生了一定空间的位移，都形成了人的空间移动。

通过对人类发展史的研究，我们可以发现，在不同的历史阶段里，人们空间移动的方式有所不同，采取的“行”的方式多种多样，但人的空间移动行为古已有之。可以说，人类的发展史就是一部人的空间移动史。

从动因分析，可以将人们的空间移动划分为生存需要的空间移动、经济需要的空间移动和休闲需要的空间移动三种形式。生存需要的空间移动是人们为了自身的生存，受自然约束和社会影响而形成的空间移动。人们离开原住地进行空间移动，是为了寻找新的居住地或工作地。早期原始人的迁徙以及工业化时期的城市迁移均属于这种空间移动形式。经济需要的空间移动是人们为了生计、生产和贸易交换而形成的空间移动,这种空间移动的产生主要是因为经济约束的原因。虽然经济需要的空间移动与生存需要的空间移动都是人们出于生存和生计的现实所产生的空间移动,然而在空间移动的原点回归上,两者却有着根本的不同:生存需要的空间移动是人们离开原先居住地去寻找新的居住地,它不会产生空间移动的往返行为;而经济需要的空间移动是在不改变原先居住地的前提下,人们在居住地与经济目的地之间的往返移动。与生存需要和经济需要的空间移动不同,休闲需要的空间移动是人们出于娱乐、健康、交际等方面的要求而产生的一种新型的个人消费方式。休闲需要的空间移动与经济需要的空间移动的相同点都是在居住地与目的地之间进行的空间移动,所不同的是它的目的是为了休闲消费,而不是为了生产和生计。因此,休闲需要的空间移动与其他两种空间移动存在本质上的区别。

从人类空间移动的历史分析,属于生存需要的迁徙,是人类最初的空间移动形式。在远古时期,人类为了自身的生存,“年复一年辗转于山林原野,共同采集,共同狩猎。由于自然环境的变化,自然灾害的降临,毒蛇猛兽的侵袭,原始人群必须到处奔波流浪,过着行迹不定、留居不定的生活”①。一些学者认为人类的迁徙现象是旅游的早期存在方式。王淑良认为,这种为生存而进行的奔波之旅、流浪之旅,虽不是真正的旅行或旅游,其中却包含行路过程中胜利的愉悦、失败的懊丧和明天的希望,具有旅游或旅行的发轫意义,是原始人从生存斗争中引发出来的旅行或旅游的原始模式,是中国旅游史的序幕②。对此,周振东认为,旅游作为一个固定的专用词,在我国的语言史中出现得比较晚,但作为一种活动现象,古已有之;尽管现代旅游活动的外延已有了如此充分的扩展,但就旅游活动的内涵而言,它并未因旅游活动的内容的丰富和旅游活动的形式的演变而变更,也未因时代的流逝而变化③。

迁徙现象与旅游现象虽然都是空间移动,但却有着本质上的区别。首先,迁徙是人们离开居住地去寻找新的居住地的行为,不产生居住地与目的地的往返;而旅游是人们离开居住地在外的暂时停留,是一种人们在居住地与旅游目的地之间的往返行为。其次,从词源来说,旅游一词来源于拉丁文的“TORNARE”以及希腊文的“TORNOS”,其基本含义是“围绕一个中心点或轴的运动”,意指一种往返的行程。也就是说,旅游是人们从其居住地或出发地向外扩散,最终回到其原先的居住地或出发地。按照词源的诠释,旅游是人们有了固定的居住场所后所产生的现象,是相对于人们的居住生活而言的。人类的迁徙是一种留居不定的生存方式,不能称其为一种以居住地为原点的旅行活动。“原始人类的迁徙是原始人类对主要来

① 王淑良. 中国旅游史(古代部分). 北京:旅游教育出版社,1998:10.
② 同上。
③ 周振东. 旅游经济学. 大连:东北财经大学出版社,1999:6.

自自然环境生存压力的被动反应，它既不具有时间上的暂时性，也不具有后世旅行呈现出的远为复杂的社会属性，因而无法被视为人类旅行活动的起点。”①最后，从两者的性质上来看，旅游属于人们一种空间消费行为，它是通过空间的移动来变换消费环境，使人们获得休闲与放松；而迁徙是人类的一种生存方式，它是通过空间的移动来变换生存环境，使人类得以生息与发展。

人们的空间移动的第二种现象便是旅行。旅行既包括经济需要的空间移动，也有休闲需要的空间移动。旅行活动是以不改变人们固定居住地为前提的空间移动。旅行现象只有在人类形成农业定居生活，特别是在人类社会实现第三次社会大分工，出现商品交换后才可能出现。新石器时代晚期，随着生产工具和农业耕作技术的进步、劳动效率的提高，社会分工进一步加剧，人类社会形成了三次大的社会分工。在第一次社会大分工时，畜牧业与农业的分离，行业之间的商品交换开始出现。但因受当时社会生产力水平的限制，剩余劳动产品的不足，商品交换并不发达。商品交换仅限于部落内部或者相邻部落之间，商品交换的市场范围很狭窄。在这种历史条件下，是不可能出现以实现商品交换与流通需要的旅行现象的。

当人类社会进入第二次大分工之后，分工的范围进一步扩大。同时，社会分工促进了生产技术的进步，生产技术的进步又促进了劳动生产率的提高，使商品交换的领域进一步扩大。特别是商品流通的发展推动了商业城市的出现，商品流通的地域得到了扩大。早先那种以部落为主的商品交换已不能适应日益扩大的商品流通与交换的需要，因此出现了专门为满足商品流通与交换需要的商业与商人，形成了第三次社会分工。商业连接了手工业生产者与农业生产者间的供给与需求，商人城乡间的地域流动完成了两者之间的商品交换。因此，商业与商人的出现，一方面进一步扩大了商品生产与交换的范围，另一方面形成了早期的商业旅行。

从旅游本质属性来说，早期商人的商业旅行不是我们所要研究的旅游现象，无论是从旅行的目的上还是旅游的内容上，它都同现代旅游有着根本的区别。从概念上讲，商业旅行属于经济需要的空间移动，它与休闲需要的旅游是有区别的；就旅行目的来看，商业旅行不是追求休闲、消遣、度假、观光，而是为了实现商品交换，并且它是商人满足其生存、生活的一种方式，具有生产属性但不具有社会消费属性。所以，商人的商业旅行不能与现代旅游等同。在许多研究文献中，之所以将商人的商业旅行作为旅游现象来研究，不在于商业旅行的本质属性，而是它对早期接待体系形成的贡献。随着早期商业旅行的出现，出现了一批类型不同的为满足商业旅行需要的商业客栈及交通等接待设施，产生了专门为商业旅行服务的行业，这便是现代旅游业的早期形式。

① 陈愉秉．从西方经济史看旅游起源若干问题．旅游学刊，2000(1)：71.

二、旅游的产生

现代旅游是从旅行中分化出来的一种现象。受当时社会经济条件的限制，早期旅行大都是出于经济需要的空间移动。旅游从旅行中分化出来成为一种独立的社会现象是要有一定条件的。如果将旅游现象视为一种人们的消费现象来认识，那么，只有当人们的旅行目的不再具有生产性和经济性，而是具有个人消费属性时，旅游现象才会产生。也就是说，人们的旅行活动只有从原先从属的经济（如商人的商业旅行）、政治（如帝王巡游）目的分离出来，成为一种独立的与个人休闲相联系的社会现象时，人们的旅行才是一种真正意义上的旅游现象。

所以说，旅游是时间消费与空间消费的综合。只有当人们形成了对时间的自由支配和空间的自由支配时，旅游现象才会产生。按此假设，旅游是在社会生产力和社会化的商品生产交换关系发展到一定阶段时点上所产生的一种社会现象。而工业革命便是这个时点。所以又可以认为，旅游是工业革命的产物，工业革命的一个重要结果便是人们旅游消费行为的产生。

旅游研究文献对旅游的现象有多种解释。有的认为旅游是商品交换的产物，有的认为是商品经济的产物，还有的认为是市场经济的产物。所有这些命题都涉及了旅游形成的社会背景和社会条件，都与旅游的起源有关。研究旅游的起源有着重要的意义，它有助于我们寻找现象与现象之间的内在联系，发现运动规律，从而揭示旅游的本质。同时，也有不少研究文献，尽管认识到了旅游是在19世纪后半叶产生的一种社会现象，但却将旅游产生的客观条件与旅游产生的原因属性混为一谈。夏林根等人提出“19世纪后半叶，随着社会生产力的大发展，社会财富快速增长，都市化的形成，极大地改变了人们的生活方式，这时的旅游活动发生了质的变化。”①这种论述代表着相当一部分学者的观点。诚然，旅游现象必须具备收入和时间，没有一定收入和时间，人们是无法实现其旅游消费的。但收入与时间仅仅是旅游实现的条件，并不是旅游产生的原因。收入与时间只能用于解释人们能否进行旅游，但无法解释人们为什么会旅游，更无法进一步解释现代旅游已成为一种世界上各个国家、各个社会和各个家庭所共同选择的生活消费方式这样的现象。

有的学者也似乎认识到了旅游与工业化发展之间的关系。闫敏（1999）利用投入产出法对旅游业与经济发展水平之间的关系作了深入的研究，并指出，旅游业的产业化和国民经济所处的发展水平之间存在着一种必然联系，只有在进入工业化发展阶段后，旅游业才可能进入产业化阶段②。但他并没有进一步说明旅游现象与工业化之间的内在联系以及工业化对旅游行为的作用。

---

① 夏林根．旅游经营管理．福州：福建人民出版社，1999：5.

② 闫敏．旅游业与经济发展水平之间的关系．旅游学刊，1999（5）：15.

旅游作为一种社会发展的结果,是在社会发展到特定阶段后才出现的一种现象。对这种社会现象的认识,仅从其实现条件来研究是远远不够的。因为实现条件只能说明旅游行为在商品交换条件下的经济属性,并不能说明旅游现象的社会属性以及存在的本质特点。既然我们将旅游作为一种历史现象来认识,就应该从历史的和逻辑的关系来研究它。也就是说,研究它的产生、发展以及演变过程应该放在社会变迁的环境中进行,只有这样才能深入地把握旅游现象的本质。

人类形成定居农业之后,便产生了旅行的现象。这时的旅行并不是真正意义上的旅游现象。从旅行与旅游的关系上,旅行只是旅游的前提,是旅游活动存在以及实现的条件。无论何种旅游形式,都是以人们的空间移动为前提的,离开了旅行这个手段,旅游是不存在的。但旅行仅仅是旅游存在的必要条件,而不是充分条件。换言之,旅行只是人们旅游活动的前提,而不是人们旅游活动的目的。只有旅行向个人消费延伸,同人们的闲暇生活结合,旅游概念才会出现。现代旅游是一种与休闲高度相关的活动,是一种消费时间的行为。因此,对旅游现象的认识,便可以从社会闲暇时间的产生开始。也就是说,旅游作为一种社会现象,它的产生或起点必然与社会闲暇时间存在着联系,旅游的独立性取决于闲暇时间的独立性与持续性的存在。只要我们寻找出社会闲暇时间的起源,那么便可认识旅游的起源。

在农业社会里,人们的劳动时间与闲暇时间是交织在一起的,是以人们劳作的节气以及各种生活习惯、习俗礼制为基础的。人们的劳动时间与闲暇时间不是受人控制和支配,而是依据大自然的节奏——季节、日月的节奏——来划分的。在农业社会里人们没有休息日的概念,即使在农闲时节,人们也会从事其他工作,因而没有也不会将劳动时间和自由时间加以区分。即使在18世纪的旅行,也只是拥有土地的富人出于公务、教育以及商务活动的需要而从事的活动,绝大多数的人很少到集镇以外甚至附近村镇去旅行。旅游是对时间的消费,当旅游活动是以持续性时间为前提时,人们所拥有的带有持续性的闲暇时间便成为旅游形成的充分条件。如果不能产生劳动时间与闲暇时间社会意义上的分离,使闲暇时间成为人们全部时间的一个独立部分,旅游活动便不可能存在。而在农业社会阶段,劳动时间与闲暇时间交织,作为满足旅游充分条件的闲暇时间并没有成为人们日常生活的组成部分,旅游自然也就无法产生。

旅游不仅与可持续闲暇时间相联系,也同人们的消费空间存在着密切关系。旅游活动是人们消费空间延伸的一种表现形式。当然空间消费又取决于人们的私人空间的形成。在农业占优势的社会里,伴随着家庭和私有制的产生,私人空间开始出现,家庭成了一个私人的消费空间,出现了消费空间与生产空间的分离。但在当时以自然经济为主体的社会条件下,生产活动是以家庭为基本单位的,自给自足的生产方式使生产空间与消费空间通过家庭这一生产单位和消费单位又重合在一起。人们对土地和家庭的过度依赖使人们的活动空间被局限在家庭居住的所在地,很少与外界发生联系。地主、佃户以及雇工三种不同的阶层,通过土地和家庭把他们各自不同的生活紧紧地联系在一起,人们的生产空间和消费空间被视为一个统一的整体,并不存在现代意义上的休闲和休假地的概念。

英国工业革命的出现使整个世界在向工业经济以及工业化过渡过程中,彻底地改变了劳动时间与自由时间、生产空间与消费空间的关系,使人们对自由时间和自由空间的认识更加迫切。首先,工业革命促成了工作时间与自由时间的彻底分离。"如果说,工业高潮是在一场解放时间的运动中出现的话,相反,它同时也造成了新的时间束缚。工业机器给时间和时间安排赋予了效益的新法则。"[①]在工业革命初期,资本所有者通过延长劳动者的工作时间获得更多的生产效益,劳动时间猛然增加,劳动者每天的工作时间一般在10个小时以上,一切自由时间随着工作时间的延长都相应地消失殆尽。在这种情况下,为争取自由时间的斗争便成为劳动者在工业化社会生存的主要内容。在1866年世界劳工协会第一次代表大会之后,工人们不仅获得了8小时工作日,也争取到了休息日的权利。休息日成为工业化社会的一个新概念,人们的自由时间与劳动时间产生了彻底分离。在工业社会里,当自由时间与劳动时间分离之后,需要产生新的劳动者的消费方式以及整个社会的生活方式以与自由时间支配相适应,对自由时间的消费成了一个新的社会课题。城市作为居住中心是人们的主要消费和生活空间,但由于它的日程化的规则,人们必会产生摆脱日常空间束缚的欲望,产生变换日常生活空间的冲动,通过空间移动来暂时改变人们的生活消费便成为一种现实需要。所有这些都为以后的旅游现象产生创造了基础条件。

因此,工业革命所产生的自由时间和生活空间不仅是工业社会存在和发展的一个重要标志,同时也是旅游现象产生的重要条件。大量的统计资料和经验研究表明,旅游活动的形成以及演变过程总是与人们的自由时间和自由空间的形成演变相联系的,在旅游发展过程中,无论是旅游的形式、内容,还是旅游的规模与范围,都受制于人们的自由时间和生活空间的约束,旅游的发展也都是建立在全社会自由时间的延长与生活空间的扩展基础之上的。正是因为在不同历史阶段,人们所受自由时间和生活空间约束是不同的,因而便形成了旅游发展的不同阶段。

三、旅游的发展

在工业化初级阶段向高级化阶段过渡中,多种因素促进了工业社会的自由时间的延长和生活空间的扩大,也推动了旅游的充分发展。从英国工业革命开始至今,旅游已有近200多年的历史。可以将这200多年的旅游发展史划分为三个阶段,即早期发展阶段、成长阶段和高速发展阶段。与此相对应,旅游发展经历了三

① 罗伯特·朗卡尔. 旅游及旅行社会学. 北京:旅游教育出版社,1989:17.

个重要的历史性转折，即从依附性向独立性的转变、从分散无组织向商业化团体旅游转变、从单一的经济行为向综合性和国际性的转变，在不同的发展时期内形成了不同的特点。

旅游发展的早期阶段，亦即旅游发育的阶段，从1760年英国工业革命开始到1840年结束，中间经历了近80年的历史。这一阶段旅游发展的主要表现是，旅游现象从原先各种形式的旅行现象中分离出来成为一个独立的社会现象。期间一个重要特征是“因消遣目的而出外观光或度假者在人数上已经超过了传统的商务旅行，旅行的发展很多方面都开始具有了今天意义上的旅游特点。”①所有这一切与由英国工业革命所引发的世界主要国家的产业革命具有密切联系。工业革命所形成的城市、工作地点与生活地点的分离、自由时间与劳动时间的分离、阶级关系的变化以及科学技术的发展，都为现代意义上的大规模旅游发育创造了主体和客体条件。

在这一阶段里，尽管旅游已从其他形式的旅行中分离出来成为一个独立的社会现象，且出外度假的人数也大大地超过商务旅行而成为旅行市场的主体，但在当时，旅游还仅仅处在一个发育时期，无论是在规模上还是在形式上与现代旅游都有很大的区别。首先，此间旅游虽然已经有了出国旅游现象，但总体而言，人们的旅游还是限制在比较小的地域范围内；其次，参加旅游活动的主体基本还是一些新生资本家和白领阶层，旅游还没有成为大众化的消费现象，旅游活动及旅游消费表现出一定的特权性；最后，由于围绕旅游活动的产业体系还没有形成，旅游消费的社会化分工体系还不健全，旅游活动的组织多是分散的、个体化的，还没有出现一体化经营行为，并且旅游活动的内容也是单一的。特权性、分散性和单一性是早期旅游发展的主要特征。

19世纪40年代至20世纪50年代是世界旅游成长阶段。旅游活动开始从分散、无组织状态向商业化运作方面转变，团体旅游得到了一定程度的发展。旅游成长阶段的主要标志是出现了专门从事旅游业务的旅游企业和为旅游、休闲等活动提供服务的服务性机构。特别是1845年，英国人托马斯·库克经营吃、住、行等多项服务的旅行社的成立，标志着旅游活动向旅游经济活动的转变。旅游产业体系之所以在这一时期得以形成，是与当时产业革命的深入发展有着密切关系。产业革命在世界范围内的发展，进一步加速了社会经济的发展，提高了收入水平，延长了自由时间，特别是伴随着机器生产的深入，人们的工作压力的加大，旅游活动的“推”的因素进一步强化，社会对旅游需求在量上的积累达到了相当的规模。另一方面，由产业革命引发的交通运输业的革命，相对缩短了人们旅行的空间距离，使人们的出游更加方便。同时，产业革命也强化了国际的分工与合作，为旅游活动地

① 李天元．旅游学概论．天津：南开大学出版社，2001：17.

域的扩展、国际化现象的形成创造了条件。

从20世纪50年代开始,世界旅游进入了高速发展阶段。经过前两个阶段,旅游的形式和性质都发生了重大变革。社会经济全球化、高速化的发展,带动了旅游经济向广度和深度上的拓展,使世界旅游日益呈现出大众化和全球化发展的性质。同时,旅游形式的多样化和旅游需求的个性化发展态势,使原有的旅游产业向专业化、细分化方向发展,旅游产业体系也逐渐向现代旅游经济体系演化。

纵观旅游发展,我们可以将现代旅游经济划分为三个时期:20世纪50年代至60年代是现代旅游经济阶段的第一个时期。这是战后旅游业的起步阶段,其特点是在恢复中发展。虽然发展速度较快,但旅游者的人数不多,旅游目的地的分布不够广泛,旅游消费水平较低,旅游经济在整个社会经济中的地位和影响还比较有限。

第二个时期是20世纪70年代至80年代。这是世界旅游业大发展的阶段,其最主要的特点是以团队为主的大众化旅游得到迅速发展。由于旅游者队伍的急剧膨胀,世界旅游市场的规模得以迅速扩张,旅游者的足迹踏遍世界各地,世界旅游业进入了大众化时期。与此相适应,团队旅游成为这一时期占主导地位的旅游方式。这一时期奠定了旅游经济在世界经济中不可替代的地位和作用。

第三个时期是20世纪90年代后至今,是世界旅游业的新时期。因为与以往相比,当代旅游业有许多新特点,所以我们将这一时期称作"世界旅游业的新时期"。新时期旅游需求方面的特点有:①旅游需求的个性化。现代游客追求旅游生活的个性化,因而旅游需求进一步细化,个性化旅游产品将代替标准化旅游产品。统一行动的全包价旅游方式也正在进行相应的改革,团队旅游的比重在不断下降,散客旅游的比重在迅速上升。②旅游需求的多样化。现代游客已经不再满足于走马观花式的流线型旅游观光,度假型旅游产品已基本成熟并被大众所接受。一些具有较强参与性、探险性、专业性的旅游项目诸如探险旅游、体育旅游、海上旅游等正日益受到人们的青睐。③需求质量的高标准化。经常旅游的经历使旅游者的经验更加丰富,人们对旅游的心理预期将会越来越高,善于进行旅游质量和价格的比较。在旅游需求方面,除了要求保证旅游安全外,旅游活动的新鲜感、刺激性和生态化将起到决定性的作用。

新时期旅游供给方面的特点有:①旅游供给的消费者主权观念日渐成熟。这一方面是由于旅游需求自身的多变性,另一方面是因为旅游者日趋成熟,再有就是旅游供给市场竞争日趋激烈。三方面作用的综合要求旅游供给者必须随时跟踪市场变化,预测市场的发展趋势,否则开发出来的旅游产品就可能没有竞争力。也就是说,在旅游供给规划的时候必须树立消费者第一的观念,旅游经营者的观念正是按这种趋势演变,并且旅游者主权的观念正日渐成熟。②旅游供给的技术化日益受重视。这种趋势也有三方面的原因,一是因为旅游经济活动的大众化发展使得旅游需求在量上急剧增加;二是因为旅游产业是一个阅历产业和体验产业,随着旅游者经历的不断丰富，对旅游供给的质量要求日渐"看涨"；三是因为旅游供给市场竞争日趋激烈，要求旅游供给在分配上高度灵活化。这样旅游供给就必须通过技术化来增加标准化产品的供给、提高旅游产品的质量、提供个性化的产品、缩短需求与供给之间的时滞等。

现代旅游经济的发展主要体现在以下几个方面：

旅游经济地位日益重要。旅游经济在整个社会经济中所占的比重不断提高，在整个社会经济中的地位日益重要。世界贸易组织已将旅游业与建筑业、金融业、邮电通信业、运输业并列为世界服务贸易部门。欧盟也将旅游业放在一个十分重要的战略地位。在我国，更是将旅游产业作为国民经济新的增长点来发展。有资料表明，1997 年国际旅游收入占世界货物出口的 8%，占服务业出口的 35%。旅游产业是一个关联性很强的产业。也正是由于这种强关联性，人们在评价旅游产业时往往认定它是一个脆弱性的产业。其实旅游产业的脆弱性是一个阶段性的特征。在现阶段，随着国民经济的发展，旅游产业规模的扩张，旅游经济市场机制的完善，旅游产业结构的改善尤其是产业宏观问题即国际入境旅游与国内旅游和居民出境旅游三者之间关系的协调，旅游产业的脆弱性已经改善。旅游产业的强关联性正在成为带动国民经济其他行业走出经济低谷的重要保证。这一点在旅游发达国家已经得到证明。旅游产业已经成为现代国民经济结构中重要的组成部分。

旅游市场竞争日益激烈。由于旅游经济在整个国民经济中的重要影响，世界各国都在积极发展旅游业。旅游发达国家在进一步利用其完备的旅游设施，创新旅游促销手段，并且通过企业的对外扩张来扩大经济空间；旅游发展中国家通过政府主导型战略和赶超战略，希望旅游业能够带动国民经济的快速发展，增加外汇收入，吸引外资。加之旅游消费的异地性和现代技术发展对旅游空间（区际、国际、洲际）的拓展，旅游市场竞争空间也随之拓展。多因素的综合促使旅游市场竞争的国内竞争国际化和国际竞争国内化趋势较之其他产业而言更加明显，旅游市场竞争日益激烈。

旅游者的队伍日益壮大。随着旅游者主体条件的成熟，以及旅游消费的示范效应，越来越多的人参加到旅游经济活动中来。同时，人们的年出游频率也在不断提高，旅游活动日益成为人们的习惯性消费。

旅游消费行为日益复杂。随着旅游者旅游经历的不断丰富，社会经济文化的不断发展，人们的旅游消费观念也在不断地发生变化，旅游者的消费行为也变得日益复杂。这种复杂性表现在：旅游形式多样化、旅游活动分散化、旅游需求个性化。这使得旅游经营者对旅游市场的预测和对旅游需求的把握越来越难，迫使旅游经营者加强新技术的应用。

第二节 旅游活动的基本类型

一、旅游活动的类型

旅游活动是一种人们离开其居住地前往旅游目的地的消费活动，因此，旅游活动必然涉及空间移动的范围、旅行的距离、旅游的目的、旅行的方式、旅游的内容、旅游的消费等各项变量要素，这些变量要素对一个国家或地区的旅游活动的规模以及旅游经济的运行特点都会产生诸多的影响。研究者在研究旅游现象以及旅游经济现象时，往往出于研究目的和任务的需要，按照一定的标准，对旅游活动进行多项分类。

（一）按地理范围和国界划分

如果从地理范围和国界来划分，旅游活动可以分为国内旅游和国际旅游两种类型。国际旅游是旅游者离开其居住国到另一国的旅游现象，国内旅游者是旅游者离开其居住地到国内另一地的旅游现象。从旅游活动的性质上说，国内旅游与国际旅游两者之间并没有根本的区别，国际旅游无非是国内旅游的地域的延伸，是一种跨国界的旅游现象。然而，从旅游经济的影响以及作用上看，两者却有着相当大的区别。国际旅游是一种跨国界的旅游消费现象，由于旅游者跨国界旅游消费，旅游客源地国家与旅游目的地国家形成了一种经济关系，引起了国际货币在两国之间的流动，对于旅游者所在国家来说，旅游者的出国旅游消费便形成了旅游贸易的进口现象。为此其所在国家要付出一定量的外汇，形成旅游的外汇损失；对于国际旅游的东道国来说，国际旅游者的流入则形成了旅游贸易的出口现象，东道国便可以通过接待国际旅游者获得一定的外汇收入。因此，由旅游者的跨国旅游现象所形成的国际旅游贸易是国际旅游与国内旅游一个重要的区别。

国际旅游可以从旅游者所在国与旅游目的地国家两个角度分为入境旅游和出境旅游两种形式。一个经济比较发达的国家，出境旅游规模的大小受其国家的经济发展水平、居民收入高低以及其他社会因素的影响，而入境旅游规模则受国家旅游资源吸引力以及旅游相关因素的影响。由于出境旅游与入境旅游决定因素的不同，两者的规模大小是不同的。此外，入境旅游和出境旅游这两种形式对一个国家的经济意义也不相同：入境旅游形成国际外汇收入，出境旅游形成国际外汇支出。因此，世界各国对国际旅游两种形式的态度以及政策有着重大的区别：对于国际入境旅游，世界各国都通过各种相关政策，鼓励各国的旅游者前来本国旅游，扩大入境旅游规模，提高旅游者的消费水平，以此增加国际旅游外汇收入；对于出境旅游也通过各种相关政策，如出国配额等来限制出国旅游规模，以此减少国际旅游外汇支出。

一般来说,国际出境旅游来源于国内旅游,是在国内旅游基础上发展起来的。如果我们从旅游活动的地理空间上去研究,人们的旅游空间总是由近及远变动的,因此,国际旅游无非是国内旅游的地域的延伸现象。相反,入境旅游与国内旅游之间没有必然联系,入境旅游可以依赖国内旅游的发展,也可以不依赖于国内旅游发展。对于发展中国家,由于入境旅游可以形成一定的国际旅游外汇收入,这些国家在国内旅游还没形成国内居民消费倾向时,也可以通过资源的开发、旅游设施建设等来建立入境旅游服务体系,从而形成以入境旅游为主体的旅游经济体系。这种以入境旅游为主的旅游经济体系往往出现于经济不发达的国家或者经济发展的初期阶段。随着经济的发展,最终的旅游经济发展格局应该是国内旅游、国际入境旅游和国际出境旅游三位一体、联动发展。

(二)按旅游活动的目的划分

如果按旅游活动的目的来划分,旅游活动可以分为休闲度假旅游、探亲访友和商务公务旅游三个类型。休闲度假旅游主要有观光旅游、度假旅游、娱乐旅游、体育旅游和保健旅游五种形式;商务公务旅游主要有商务旅游、公务旅游、会议旅游、修学旅游、奖励旅游和专项旅游六种形式。从旅游的性质上说,前一类是旅游内涵的表现形式,因为它反映了旅游活动的基本性质,后两类是旅游活动外延的表现形式,因为它仅仅表现出了旅游的特点。

将旅游活动按旅游目的分类,不仅在于这种分类可以区分不同旅游活动类型的性质与特点,同时,在经济学上也是有意义的。狭义旅游活动与广义旅游活动的影响因素是不同的。狭义旅游活动的主体的消费是个人消费,它的旅游实现取决于可自由支配收入的高低以及可支配自由时间的多少,同时也具有较高的需求弹性,旅游服务的市场价格变化对这类旅游者的影响较大,市场需求更具有个性化要求。广义旅游活动的主体的消费多数属于集团消费,它的旅游实现与个人的可自由支配收入和可支配自由时间没有直接关系,同时旅游需求弹性较小,服务市场上的价格变动对这类旅游者的影响较小。另外,狭义旅游活动与广义旅游活动对于活动目的地的选择也是不同的:狭义旅游活动选择的目的地主要是那些旅游资源丰富、市场吸引力大的旅游地区,广义旅游活动选择的目的地(除奖励旅游之外)与旅游资源没有直接关系,因为其多数是出于商务、公务和专业的需要。从媒体宣传促销的作用来说,狭义旅游活动受旅游企业媒体宣传促销的影响较大;而广义旅游活动受旅游企业媒体宣传影响较小。

(三)按旅游活动的空间距离划分

按旅游活动的空间距离来划分,旅游活动可以分为远程旅游、中程旅游和近程旅游三种类型,有的学者也称之为长程旅游、中程旅游和短程旅游。目前学术界对远程旅游与近程旅游还没有统一的规定。按照惯例,远程旅游是指旅行距离在1 000 公里以上的旅游活动,对那些距离虽不足 1 000 公里的跨国旅游也都纳入远程旅游活动范围来认识。近程旅游是指旅行距离在240公里之内的旅游活动,这种旅游主要表现为在本地区内或跨地区的旅游活动。介于两者之间便是中程旅游活动①。

尽管以距离的标准数来区别远程旅游、中程旅游和短程旅游缺乏一定的科学性,但是通过对旅游者旅行距离的研究,也能把握旅游者的消费结构以及消费水平。一般来说,旅游者的旅行距离不同,其旅游消费结构以及消费水平是不同的。在其他条件不变时,旅游经济的波长是随着旅游者旅行距离的增加而延长,旅游者的消费水平也随着旅游者的旅行距离的延伸而提高。因此,可以通过远程旅游与近程旅游两者结构的比较,在一个侧面上反映一个特定国家或地区旅游消费结构以及消费水平,进而也可对这个国家旅游经济总量进行研究。

(四)按旅游活动的组织方式划分

按旅游活动的组织方式来划分,旅游活动可以分为团体旅游和散客旅游两种形式。团体旅游是通过旅行社和相关旅游服务中介机构,通过旅游包价的形式,按照一定的旅游行程进行的旅游活动;散客旅游则是一种自主旅游形式,它是由旅游者自行安排旅游活动行程,或者通过旅游中介机构办理单项委托业务,零星支付旅游费用的旅游形式。两者之间的区别在于团体旅游是由旅游中介组织提供全程旅游服务,而散客旅游或者不通过旅游服务中介,或者通过旅游服务中介提供部分服务。

一般来说,旅游活动是以团体旅游形式出现,还是以散客旅游形式出现,是与旅游者的目的和旅游距离相联系的。如果旅游者出于度假的目的,从一地向另一地空间移动,那么,旅游者一般是不借助于旅游服务中介机构,或者只是借助于旅游服务中介机构零星委托。如果旅游者出于观光目的,于多地之间空间移动,那么,旅游者一般要通过旅游服务的中介机构来实现自己的旅游活动。旅游者近距离的旅游移动,掌握旅游目的地的各种服务信息,那么,他也不通过中介机构来获得旅行服务;相反,如果旅游者的旅行距离较远,对旅游目的地各种服务信息不掌握或掌握不准确,那么,他会通过旅游服务中介机构来获得各种旅行服务。

二、旅游活动的商品化

在商品经济的条件下,旅游者的旅游活动是要借助于各种旅游服务组织所提供的不同类型的服务实现的。虽然旅游者的旅游行为是一种具有文化性质的活动,是一种个人消费生活的方式,但是,旅游者个人消费方式的实现过程却是相关部门服务供给活动的结果。离开了相关部门的服务供给,旅游者的旅游行为是不

① 这种划分主要来自于陶汉军编著的《新编旅游学概论》一书。陶汉军先生认为按旅行距离旅游活动可以分为两类,一类是远程旅游;一类是近程旅游,在这两者之间没有中程旅游。既然在远程与近程旅游活动之间存在着一定的空间距离,那么,介于两者之间也必然存在一个中程旅游现象。参见:陶汉军.新编旅游学概论.北京:旅游教育出版社,2001:53.

可能实现的。因此,在商品经济条件下,旅游者的旅游消费必然通过商品交换的形式来实现,这就形成了旅游活动的商品化。

旅游活动的商品化是指旅游者在旅游活动中所需要的各种旅游项目都通过商品交换来实现,旅游者所需的各种服务都以服务商品的形式而出现。我们所说的旅游活动的商品化并不等于旅游产品。旅游产品是市场学的范围,是从一个具体企业的角度来认识的,而旅游活动的商品化是一个经济学的概念,是从社会关系具体地说是从经济关系来认识旅游活动的[①]。若用旅游产品替代旅游活动商品化,则一方面,将旅游经济活动缩小为旅行社经营活动,不能全面说明旅游经济活动的全部内容;另一方面,用旅游产品的技术性替代旅游商品的经济性,进一步掩盖了旅游活动中的各种经济关系和经济现象的本质属性。

就旅游活动的现实来看,将旅游活动纳入旅行社产品来认识也不符合旅游活动的实际。据有关资料统计,在我国国内旅游市场中,以旅行社为主体的旅游活动仅占全社会旅游活动的10%左右。虽然在国际旅游、远程旅游、观光旅游方面,旅行社所占比例较大,然而在国内旅游、近程旅游和度假旅游方面,旅行社仅仅占有一小部分市场份额。如果仅仅用旅行社产品概念来说明旅游活动和旅游经济活动,那是不能全面反映一个国家或一个地区旅游经济整体活动的。

如果用旅游产品来解释旅游经济活动,也应该用比较狭义的产品概念来说明。也就是说,凡是为旅游者提供服务的相关产业生产的服务产品都是具有“旅游”意义的产品,而不仅仅是旅行社的综合产品[②]。然而即使用狭义旅游产品的定义来说明旅游活动,也是没多大理论意义的。若用这种概念来说明旅游活动和旅游经济活动,则一是不能涵盖活动的整体,说明旅游活动和旅游经济活动的特点;二是用产品概念来说明旅游活动也会陷入产品计量上的困境,有人认为,在国际旅游活动

---

① 在旅游学术界非常认可旅游产品作为旅游经济学的核心概念。受这种观点的影响,有些旅游经济的教科书也是从旅游产品入手来展开旅游经济研究的,似乎旅游经济学所有的问题都与旅游产品相关联。林南枝、陶汉军主编的《旅游经济学》对旅游产品的解释是:旅游产品是指旅游经营者凭借着旅游吸引物、交通和旅游设施,向旅游者提供的用以满足旅游活动需求的全部服务。旅游产品是个整体概念,它是由多种成分组成的混合物,是以服务的形式表现的无形产品。具体地讲,一条旅游线路就是一个单位的产品,交通、住宿、餐饮或者景区内的讲解都是综合旅游产品的单项产品,每个单项产品都是整体旅游产品的一个组成部分。如果这种解释成立,也只是从旅行社企业的角度来认识旅游产品的。旅游经济学是研究旅游经济的种种关系和经济规律,不是只研究旅行社经济现象和经济关系的学科,那种以旅行社产品概念替代旅游商品概念显然是不恰当的。参见:林南枝,陶汉军. 旅游经济学. 天津:南开大学出版社,2000:29.

② 谢彦君认为,无论从旅游目的地的角度还是从旅游者角度定义旅游产品,都是比较宽泛的。这种定义也意味着,旅游产品是一个行业的产物,而不是一个企业的产物,也就是说,在现实生活中是无法分辨出旅游产品是由哪一个具体企业生产出来的。在分工日趋细化的现代社会中,个别企业的产出物竟然算不得是一种产品,似乎也说不过去。试想,汽车工业是一个产业,但有谁声称橡胶产品不是产品,发动机产品不是产品,把旅游产品的外延扩展及本属于支持层次,在理论上就更站不住脚。参见:谢彦君. 基础旅游学. 北京:中国旅游出版社,1999:76－77.

中，旅游产品的销售数量是以旅游者人次表示的，如1998年全国旅行社接待海外过夜旅游者总数为483.86万人次，意味着1998年我国推销了483.86万个旅游产品，亦即销售了483.86万条旅游线路①。而实际上，将旅游产品自然计量单位用旅游者人次社会计量单位来表示的方法是不科学的，因为这就意味着旅游生产不是生产多少个产品，而是生产了多少个人次；将人次作为一种旅游产品的计量单位，在逻辑上是说不通的：饭店产品的计量单位是床位数或者房间数，航空产品的计量单位是座位数，景点产品的计量单位是门票数，它们都是以个、间、位等自然单位作为产品的计量单位的，如果一个产品不能以自然单位来计量，那么，其产品的量化便没有意义，也就是说它不具有产品的自然属性。

第三节 旅游经济的基本性质

一、旅游的性质

（一）旅游的概念界定

要想清楚地认识到旅游的性质，需要首先从旅游的概念界定出发。长期以来关于旅游的基本概念一直是人们讨论的焦点，而且至今也没有形成统一的认识。对旅游定义理解上的差异，既与人们对旅游现象认识上的差异相联系，也与人们在旅游研究上所持的方法论有直接关系。比如，有的从经济学来认识旅游，有的从文化学来认识旅游，还有的从管理学、地理学或者从市场学等方面来认识旅游，各有各的解释②。究其原因，不能不说是与学科发育有一定的关系。学科核心概念的形成是与学科研究及学科建立相伴随的，由于在旅游学科建立初期，经济学、社会学、文化学、地理学以及市场学都不同程度地有所介入，而且也都未能建立起相应的研究体系，旅游概念形成了多学科的泛化解释。

实际上，由于旅游现象的多样性以及旅游现象各种变量的存在，即使能给旅游现象下出准确的定义，那也是一项非常艰巨的工作；同时，随着社会活动的发展，旅游内涵也在发生着变化，旅游的概念规定也就有一定的时间性，对旅游本质的认识也就应该通过对旅游发展史的考察来把握。

首先，旅游是工业化发展的产物，同时也是工业化的“反动”形式。工业化发展产生的一个重要现象便是导致了劳动时间与自由时间、工作空间与生活空间的分离。正是这种分离，使旅游活动现象得以产生。另一方面，工业化本身所具有的不

① 林南枝，陶汉军．旅游经济学．天津：南开大学出版社，2000：30.

② 谢彦君将众多的旅游定义划分为三类，即经济化的旅游定义、文化论者的旅游定义和管理机构的旅游定义。并提出这些定义都存在着认识论上的不足之处，对这些定义有必要重新认识。参见：谢彦君．基础旅游学．北京：中国旅游出版社，1999：42－45.

可克服的社会问题,如机器化生产形成的劳动的枯燥、自动化流水线生产方式形成的重复性工作、城市化所带来的各种问题,使人们的工作和生活缺乏一定的快乐和幸福,而旅游是通过变换人们的工作和生活地点来满足人们对新事物的体验,符合人们在工业化社会下生活与工作的需要,旅游现象便在工业化社会出现后得以快速的发展。所以,旅游的定义不应脱离这一社会环境。

其次,旅游是通过人们从工作、生活的居住地向旅游目的地的流动这一空间变换方式来实现对新事物的体验的。旅游是追求新的生活体验或者过程体验,旅游活动的实质(同时也是旅游者的核心需要)是体验不同生活方式、不同生活群体、不同自然环境、不同文化和社会。但是同其他生活体验不同,这种生活体验是通过旅游者本身的空间位置的变换来实现的,是通过一种人与异地环境的自然接触来完成的,离开了人们的空间移动,人们的旅游体验是不存在的。因此,旅游的定义不能忽略空间移动这一旅游的重要性质。

第三,旅游活动是一种人们离开居住地或工作地前往旅游目的地的消费方式,从纯粹的消费形式来认识,则其性质与人们的其他消费方式无异,只不过是表现出一定的异地性而已。但深入地看,可以发现旅游消费不同于一般居住地消费的差异,相对于居住地的日常消费而言,旅游者所需的各种消费内容多依赖于旅游目的地的旅游企业来服务、提供。因此,旅游移动消费水平往往高于旅游者在其居住地的日常消费。

最后,旅游是不同于一般人口流动的流动方式。旅游者向旅游目的地的流动是暂时的、短期的,不具有在旅游目的地永久定居或就业的目的。旅游目的地停留的暂时性是我们认识人的流动的旅游属性的关键。当然,用目的地停留的暂时性也不能准确地说明旅游的真实属性。这是因为许多目的地兼具旅游目的地和商业城市的双重性,对这些城市而言,既可以产生人们移动的旅游现象,也可产生人们移动的商业现象。因此,在研究旅游现象时,不能将人的所有空间移动现象都纳入旅游概念中去认识。

基于以上四个特点,可以将旅游定义为:旅游是在工业化环境下,非定居者出于消遣、休闲的目的,前往相应目的地的旅行以及停留。

(二)旅游的性质

在旅游学术界,关于旅游性质的争论主要表现在旅游的文化属性、经济属性和社会属性三个方面。

"旅游是一种文化活动"往往是文化学研究学者们的观点。冯乃康(1995)认为:旅游的基本出发点、整个过程和最终效应都是以获取精神享受为指向的,旅游不是一种经济活动而是一种精神活动,这种精神活动是通过美感享受而获得的,因此,旅游又是一种审美活动,一种综合性的审美活动。[①] 将旅游活动置于旅游者的角度来认识旅游的性质,是文化论者通常使用的一种研究方法。按这种说法来解释旅游现象,就是旅游是旅游者的活动,是一种个人的活动,它与社会发展是没有直接关系的。谢彦君(1999)认为:从旅游发生和运行过程来看,由于审美和自娱是旅游的内核,因此,旅游就表现为一种个人的行为,并且是在个人的意愿、志趣支配下受个人支付能力及其他能力的影响而发生的行为,不管是以散客或组团的形式的旅游,均是如此[②]。

不可否认作为旅游活动的主体——旅游者出外旅游是为了追求文化的需要,旅游者在旅游过程中会产生对审美的要求,从这个意义上说,文化论者对旅游的性质判断不无道理。

然而,对旅游性质的研究应该注意两个问题。第一,旅游的起源。研究旅游现象的本质时,应该将它置于社会发展大背景下来认识,而不能将其置于文化现象的范围来研究,更不能将这种现象的本质简单地归结于一种审美活动。如果旅游活动是一种审美活动,为什么这种现象不是产生于人类社会最初阶段,而是在工业社会以后出现呢?社会现象的起源可以在一定程度上反映现象的本质,旅游现象起源于工业革命也必然决定这种现象与工业化社会之间的内在关系。如果我们将旅游仅仅看作为一种个人的活动,就难以全面理解旅游的本质。第二,旅游活动是不是旅游者的活动。我们都知道,旅游活动无论如何不仅是旅游者的消费活动,也是旅游业满足旅游者消费的经营活动。旅游活动的发展变化也不仅是旅游者消费活动的演变,同时,也是旅游业经营活动的演变。从旅游发展的历史分析中可以清楚地看出,大众化旅游的形成以及旅游活动的国际化在一定程度上是各国旅游业和相关产业推动的结果。可以说,在商品经济条件下,旅游活动的结构与状态是旅游者、旅游业和旅游客体三者共同运动的结果。面对这种社会现实,如果将旅游仅仅视为一种文化性活动或者旅游者的审美活动便忽视了旅游活动其他力量的存在。

旅游活动是工业化社会发展的结果,是一种反工业化的形式,是旅游者的休闲活动与旅游业的供给活动相结合的产物,这是一种综合现象的活动,既是一种文化现象,也是一种经济现象,同时也是一种社会现象。李天元教授(2000)指出,旅游活动是在具体的社会环境中发生和进行的,由于旅游者在旅游过程中要在这一环境中进行多方面的接触,而环境中的各种现象都程度不同地表现在旅游者的活动中,因而旅游活动也便成为了社会环境中多种现象的综合体现。虽然人们的活动目的不尽相同,活动的形式和内容多种多样,但这些活动都有一个共同点,都属于一种闲暇消费活动,都是使人们从日常生活中解脱出来的一种手段,都属于一种暂

① 冯乃康. 中国旅游文学论稿. 北京:旅游教育出版社,1995:2.

② 谢彦君. 基础旅游学. 北京:中国旅游出版社,1999:37.

时或短期的特殊生活方式[①]。

从旅游活动的主体——旅游者的角度来看,人们之所以会产生旅游行为是为了追求一种生活经历。人们在工业社会中追求一种不同于居住地的生活经历既是旅游活动的表现形式,同时也说明了旅游活动的本质特征。罗伯特(1989)认为,旅游主要是对补偿需要的满足,旅游之所以成为一种补偿性需要,是因为在工业化和城市化的束缚下,快速发展的工业化和城市化的环境中,越来越多的处于不同社会阶层的人产生了一种交往需要的缺失,于是很多人希望通过旅游的形式来填补这个空白[②]。人们之所以出外旅游,是要通过这种形式来改变生活环境,到不同于自己居住地的社会生活环境中去体验,去寻求一种新的生活经历和体验。因此,旅游的本质特征是在工业化和城市化的条件下,人们为了补偿性需要所追求的一种不同于其生活环境的经历和体验。

人们为了补偿性需要而追求另一种生活经历和体验的旅游行为,是通过各种为之服务的相关机构实现的。在商品经济条件下,所有这些都要借助于交换的形式来完成。因此,旅游活动也必然包括为旅游者的旅游实现所提供的各种服务活动。旅游是一种现实的活动,它与旅游需要是两个不同的概念,旅游需要只是人们出于心理或生理上的一种欲望,人们的旅游活动正是人们的需要与需要满足相结合的结果。我们可以设想,一个想要到美国去体验一种不同于他在中国生活的经历的人,如果没有一定的交通工具作为保证,他是难以实现这种行为的。我们也不可能将他这种不能实现的行为视为旅游,旅游是假定各种实现旅游行为的相关供给条件同时满足时的现象。因此,我们不能认为旅游活动仅仅是旅游者的行为,那些实现旅游者旅游行为的各种供给都应纳入旅游活动的范围去认识、去研究;旅游活动的性质不仅仅是从旅游者的角度来认识,也应该从旅游活动的整体来把握。

二、旅游经济的性质

旅游是一个综合的现象,它既是一种社会文化现象,也是一种经济现象,旅游的经济现象便构成了旅游经济问题。所以说,旅游经济学是围绕着旅游经济这一定义或围绕这种现象来展开研究的。

旅游经济是旅游者的消费活动与旅游产业的经营活动的综合。因此,旅游经济既有旅游者的旅游消费活动的经济问题,也有旅游产业经营活动的经济问题。从旅游者的消费活动来说,存在着大量的经济现象,一个人在采取旅游行动时,要对旅游消费预期与其他活动的消费预期之经济收益进行比较,以决定是进行旅游消费还是进行其他消费;旅游者即使决定了旅游消费形式,也还要对具体旅游目的

① 李天元. 旅游学概论. 天津:南开大学出版社,2000:40-41.

② 罗伯特. 旅游及旅行社会学. 北京:旅游教育出版社,1989:25-52.

地进行多方面的选择，进行旅游花费、旅行距离、旅游等级以及旅游时间等多方面的考虑与比较，以求实现旅游消费的最大效用，这些都是旅游者旅游消费经济现象的具体表现。从这个意义出发，旅游消费现象不仅是一种文化现象，同时也是一种经济现象。

如同我们对旅游活动性质认识上分歧一样，在对旅游业的认识上也是存在分歧的。有些人认为如果旅游活动既然属于一种文化活动，那么，作为满足旅游者需要的活动也应属于一种文化活动，因而，旅游业的根本性质应该体现在其文化性上。

其实，从旅游活动是一种旅游者消费活动与旅游产业经营活动的综合的界定，可以对旅游产业的性质做出逻辑的判断。旅游活动的主体是旅游者，从旅游者角度看，出外旅游主要目的在于对一种生活经历的追求与体验，因此它具有文化消费的性质；然而作为实现旅游者旅游行为的另一面，旅游服务提供者的经营主体——旅游企业或者利益集团，是在实现旅游者旅游行为的同时满足其自身利益的需要，这种利益上的需要则主要表现为经济性质，作为旅游企业要在满足旅游者需要的同时实现其利润的最大化，这种利润最大化的追求必然决定着旅游企业和利益集团的基本性质，这就是经济发展性。

如果我们从旅游经济的实际运行来研究，旅游经济的运动是旅游者的旅游需求和旅游经营者的旅游供给的结合。具体表现为旅游者的空间移动现象而引起的旅游客源地、旅游目的地和旅游联结体三者运动表现出的需求与供给之间的联系。在现实经济生活中，旅游需求与供给两者之间的关系表现为旅游者支付一定量的货币向旅游经营者购买旅游服务；而旅游经营者则事先投入一定量的货币，进行旅游吸引物的开发、旅游设施的建设、旅游服务人员的培训，然后以一定的价格向旅游者提供和出售旅游服务，从而以价格的形式得到补偿和收益。因此，旅游经济就是指旅游经营者与旅游者之间的这种经济联系，以及由此所产生的经济现象和经济关系的总和。

由于旅游经济活动是围绕着旅游者的活动展开的，旅游者在旅行过程中以及在旅游目的地停留期间，都需要旅游经营单位提供各种相关的服务，以满足其旅游活动的需要。因此，旅游经济活动是一项包括食、住、行、游、购、娱六项活动的综合性社会经济活动，这些活动的实现涉及国民经济和社会的众多行业和部门，形成了地区之间、行业之间和部门之间错综复杂的经济关系。同时，旅游活动不仅是一个国家内的活动，也是一个世界性的活动。当国内旅游空间不能充分满足国内旅游者需要时，国内居民的旅游空间将进一步延伸，旅游活动的地域也必然从一个国家范围内向全球范围转变，这时，旅游经济关系也不仅仅是一个国家内的经济关系，更多地表现为国际旅游经济关系，从而构成了国际经济关系的重要组成部分。

无论是国家范围内的旅游经济关系，还是国际范围内的旅游经济关系，旅游经济关系的本质总是表现为通过商品交换所形成的各利益主体之间的经济关系。旅游经济活动所涉及的利益主体包括旅游需求方的旅游者和旅游供给方的旅游经营者以及政府。各经济利益主体都在目标效用函数的指引下追求利益的最大化。第一,旅游者利益的最大化。旅游者利益的最大化是指,旅游者在支付一定的成本,即货币化的成本和时间成本的条件下,在旅游消费过程中所获得的物质和精神上的最佳满足。这也就是旅游研究需要关注的旅游者满意度研究。旅游者满意度取决于两个方面,一方面是旅游者的旅游消费预期,另一方面是旅游者为之所付出的成本。在成本一定的前提下,旅游经营者所提供的旅游产品与旅游者预期的契合程度越高,则旅游者满意度越高;在旅游产品既定的前提下,旅游者付出的代价越少,则其满意度就越高。当然,旅游者的满意度还与旅游者的旅游经历、旅游者自身的知识背景和审美构架、旅游者所处的旅游经济发展阶段等因素有关。第二,旅游经营者利益的最大化。任何一个具有独立经济利益的旅游经营者,总是希望通过自身的资本运营、产品经营、完善的管理,以尽可能少的投入,为旅游者提供高满意度的旅游产品,在满足其旅游需求的同时,获得尽可能大的利益。这种利益可能是企业社会形象的改善,也可能是企业市场份额的扩大,也可能是直接的企业利润的提高。第三,政府利益的最大化。这里的政府主要指的是旅游目的地(国家)的政府。政府利益的最大化是通过对其管辖范围内的旅游业实施有效的行业管理,保证旅游活动和旅游经营活动能够正常地进行,促进各项资源的优化配置,使旅游吸引物得到有效开发,旅游地环境得到有效保护,并通过发展旅游产业获得经济、社会和环境效益的最大化。因此,这里隐含着一个前提,那就是当地政府能够充分代表当地居民的利益,从而将当地居民利益内化到政府目标中去了。而实际上,在很多发展旅游经济的地区却存在着地方政府与居民利益取向的冲突或不和谐:社区居民生活改善还是目的地国民经济发展?这就是在旅游开发中经常会碰到的旅游经济的规模设计问题,即究竟应该建设什么样的交通设施、饭店设施和旅行社数量?旅游景区的开发建设究竟应该走数量限制型的精英旅游路子还是走数量扩张型的大众旅游发展路子?等等。其实这里的深层次问题是:究竟是希望在一定区域范围内的旅游吸引物能够起到改善区域(往往是一个较小的地理单元,比如一个村庄)内的居民生活条件还是希望能够带动更大范围的居民受益?这就是旅游吸引物的功能承载问题。

虽然旅游者、旅游经营者和政府是三个不同的利益主体,他们都追求各自利益的最大化,但是,利益三方任何一方在追求自身利益最大化时,如果不顾及另外两方的利益,则其自身的利益最终也不可能完全得以实现。也就是说,利益三方只有在共同的框架内才能实现各自利益的最大化。所以说,三方的利益既是对立的,又是统一的。在市场经济条件下,政府干预经济是必要的,但配置资源的基础性力量是市场,尤其是作为旅游经济的最重要的主体旅游需求者和旅游供给者,他们是通过市场的纽带连接起来的,旅游经济的基本矛盾也就表现为旅游需求与旅游供给之间的矛盾。政府通过行业管理或产业政策来建立市场规则,培育市场机制,维护市场秩序,解决"市场有所不能"的问题,推进旅游经济的有序、快速、健康发展。如果我们将转轨时期混乱的市场秩序对相关政策法规的需求视为政策需求,而将政府制定相应的政策法规视为政策供给的话,可以在更大范围内将旅游经济的基本矛盾归结为需求与供给之间的矛盾。

第四节 世界旅游发展的基本格局

一、地域格局

旅游发展的地域格局是从区域地理来说明世界旅游经济在各大洲的分配状况的,通过旅游经济的地域格局可以充分说明世界旅游发展的基本地理格局。从现代旅游发展的现状出发,世界旅游经济形成了以欧美为主体的地域格局。可以从两个方面来说明,一方面欧美地区是世界旅游的主体客源产生地,2010 年欧美两个地区全年为世界旅游提供的客源为6.686 亿人次,占世界国际旅游人数的 71.1%。另一方面,欧美地区也是世界旅游主体接待地,2010 年欧美两个地区接待的国际旅游者占全世界旅游者总数的66.6%,全年共接待国际旅游者达到6.265 亿人次,国际旅游收入占全世界国际旅游总收入的64.0%,国际旅游总收入为5 882 亿美元。与欧美旅游经济相对应,一些发展中国家集中的地区如非洲、中东地区全年只接待了国际旅游者1.095 亿人次,仅占全世界旅游者总数的11.6%,国际旅游总收入为817 亿美元,仅占全世界国际旅游总收入的8.9%。

表 2-1 2010 年全世界各地区旅游经济总量分布表

地区	旅游者到达(百万)	旅游者到达(百分比)	国际旅游收入(10 亿美元)	国际旅游收入(百分比)
全世界	940	100	919	100
欧洲	476.7	50.7	406.2	44.2
亚太地区(含南亚)	203.8	21.7	248.7	27.1
美洲	149.8	15.9	182.0	19.8
非洲	49.2	5.2	31.4	3.4
中东地区	60.3	6.4	50.3	5.5

资料来源:联合国世界旅游组织。

世界旅游经济形成的以欧美为主体的地域格局，在某种程度上反映了社会经济发展对旅游经济发展的制约关系。我们知道，旅游现象是社会经济发展的产物，特别指出的是，工业化发展程度对旅游的发育、旅游需求规模以及旅游产业服务能力，都会产生决定性影响。欧美两个地区是世界社会经济发展水平较高的地区，不论是经济总量，还是工业化程度，都远远高于世界其他地区。工业化、城市化的形成使得这些地区的居民对旅游这种消费方式形成了较强的需求欲望，同时，经济的高速发展又为这些地区的居民的经常性的旅游消费创造了经济条件，社会与经济的共同作用，使欧美两个地区成为世界旅游需求产生的主要地区。

由于空间距离的限定以及文化方面上的影响，人们旅行活动具有近距离流动的特点。同时，世界范围内的度假旅游形式的兴起，在一定程度上对人们旅行距离的缩短形成了作用力，在这种情况下，人们的旅游活动主要表现为区域性的活动，形成了旅游客源区域的内部化现象。一般来说，在一个经济和工业化比较发达的地区，客源输入与输出是同时并存于这个地区内，旅游者的流动也主要是在本区域内的流动，如果这个地区的旅游客源是一种双向输入与输出，那么，这个地区的旅游经济的规模总量高于具有单项旅游客源输入或者输出的地区。因为这个地区既有规模的客源输出产生的高旅游支出，也有规模的客源输入产生的高旅游收入，客源的双向输出与输入扩大了区域内的旅游收入总量，同时，也扩大了旅游经济的总体规模。

因此，在世界旅游以近距离旅行为主体的条件下，一个地区实际接待旅游者的规模取决于这个地区客源产生的规模，同理，一个地区旅游收入的多少也取决于这个地区旅游支出的多少。世界旅游之所以形成以欧美为主体的旅游地域格局，欧美地区之所以成为世界旅游主要接待地，一个重要原因是欧美地区经济发展水平以及工业化为该地区提供了足够的客源，而这种客源是在本区域内消化的。从这点出发，一个国家的国际旅游接待规模大小不仅与这个国家的旅游吸引力大小相关，也与该国家所在区域内的各国经济发展水平以及工业化发展程度相关，一国旅游经济与区域内社会经济的因果关系，决定了世界旅游经济地域格局的变革。从20世纪80年代开始，亚洲经济的兴起和工业化程度的提高，为该地区的旅游经济的增长创造了良好的区域条件和市场条件，区域性客源的充足，为亚洲区域内各国旅游产业的发育创造了条件，对世界旅游的地域格局影响较大。从2000年到2006年这几年的旅游人次年均增长率上可以发现，世界平均水平为3.6%、欧洲为2.7%、亚太(含南亚)为7.1%、美洲为1.0%、非洲为6.5%、中东为9.3%。

2011年世界旅游组织发表了一份有关旅游业的展望报告，对未来20年世界旅游业的地域格局作了预测。根据世界旅游组织的预测，2010年到2030年的20年期间，国际旅游者人次的年平均增长率为3.3%，国际旅游收入年平均增长率为6.7%，到2030年，世界国际旅游者总人数将达到18亿人次，国际旅游收入将超过

1 万亿美元。到 2030 年,无论是作为国际旅游的客源地还是作为国际旅游的接待地,欧洲在世界旅游经济中仍然具有重要的地位,然而,欧洲在全世界旅游地域格局中所占份额将会下降,可能会由 2010 年的 51% 下降到 2030 年的 41% 左右。相反,一些发展中国家和地区如非洲、南亚和中东地区会上升,如中东地区由 2010 年的 6% 上长到 2030 年的 8%。到 2030 年,无论是从国际旅游者人数还是国际旅游收入来看,亚太地区都将稳居世界第二大旅游区。到 2030 年,亚太地区接待国际旅游者将达到 5.35 亿人次,占全世界国际旅游总接待量的 30%。

通过对世界旅游经济地域格局的现状以及未来发展的分析,我们可以得出这样一个结论,世界各国之间旅游经济的竞争首先表现为各大洲区域之间的竞争,一个国家国际旅游客源的多少取决于这个国家所在区域内创造或吸收客源的能力的大小,如果一个特定国际性区域的内部具有良好的客源发育条件,同时又具有吸收国际性外部区域客源的能力,那么,这个国际性区域的旅游经济就具有较好的市场条件,就能为该区域内的各国旅游产业的发展提供较好的区域条件。在国际性区域内部各国利益集团之间虽然具有竞争关系,但这种竞争关系主要表现为互补性竞争关系,更多地表现为区域内各国利益集团之间的旅游合作,因为只有进行国际性区域内的合作,才能保证区域内各国旅游经济增量的发展,才能使区域内的各国旅游产业得到持续快速的增长。

二、经济格局

世界旅游的经济格局是从经济角度说明世界旅游总收益或总支出在各国之间分配的状况。从经济格局来分析世界旅游经济,我们可以得出这样的结论,世界旅游是一种经济发达国家处于垄断地位的经济格局,这个格局表现在两个方面,一方面,经济发达国家是国际旅游支出的大国,据统计,2010 年出境旅游花费前 10 位国家中仅中国为发展中国家(见表 2-2),其余 9 个发达国家的国际旅游总支出占世界国际旅游总支出的 40.7%,与这些国家在世界经济中的经济实力形成了明显的对应,同时,也充分说明了世界旅游的收入来源主要是经济发达国家。由于旅游国际贸易与货物国际贸易具有不同的特点,货物国际贸易是通过货物的出口来形成贸易的国际收入的,技术的特殊要求,使经济发达国家在货物国际贸易中居优势地位。旅游国际贸易是通过旅游者的国际流动而形成贸易的国际收入,资源的特殊要求,使经济发展中国家在旅游国际贸易中能避开技术上的劣势,形成与货物国际贸易的比较优势;另外,受经济和社会发展水平的制约,发展中国家与经济发达国家相比较,出国旅游相对比例是较小的,由此而产生的国际旅游支出相对较少,从这个意义上说,发展中国家可以通过旅游的国际贸易形式弥补货物国际贸易的不足。另一方面,经济发达国家也是世界旅游收入大国。据统计,除中国大陆外,其他 9 个国家和地位的国际旅游总收入接近世界国际旅游总收入的 41.3%,与上述的国际旅游总支出形成了明显的对应，这也充分说明了世界旅游的总支出主要投向于经济发达国家（见表2-3）。具体地说，经济发达国家是世界旅游收入的来源国，同时也是世界旅游支出的投向国。世界国际旅游收入与支出在经济发达国家之间的内部化是世界旅游经济格局的一种表现形式。

表2-2 2010年世界国际旅游花费前十名的国家或地区

排序	国家或地区	国际旅游花费（10亿美元）	占总量份额（%）
1	德国	77.7	8.5
2	美国	74.6	8.1
3	中国	54.9	6.0
4	英国	48.6	5.3
5	法国	39.4	4.3
6	加拿大	29.5	3.2
7	日本	27.9	3.0
8	意大利	27.1	2.9
9	俄罗斯	26.5	2.9
10	澳大利亚	22.5	2.4

表2-3 2010年世界国际旅游收入前十名国家或地区

排序	国家或地区	旅游外汇收入（10亿美元）	占总量份额（%）
1	美国	103.1	11.2
2	西班牙	52.5	5.7
3	法国	46.3	5.0
4	中国	45.8	5.0
5	意大利	38.8	4.2
6	德国	34.7	3.8
7	英国	30.4	3.3
8	澳大利亚	30.1	3.3
9	中国香港	23.0	2.5
10	土耳其	20.8	2.3

由此可见,当前世界旅游发展的基本格局是少数经济发达国家处于垄断地位,无论是在国际旅游收入上还是在旅游支出上都具有旅游经济的比较优势。多数经济发展中国家在世界旅游经济中居于次要地位,世界旅游发展的这种经济格局是当今社会国际经济关系的“南北问题”在旅游经济活动中的具体表现。尽管这种旅游发展的经济格局在短期内还难以改变,但是如何缩小发展中国家与发达国家之间的旅游经济差距,确实是世界旅游发展的一个重大问题。

从旅游经济的规律以及旅游活动的特点来说,改变世界旅游发展的经济格局比改变世界经济格局的困难要小得多。初级资源性的旅游经营的特点,可以使发展中国家作为世界旅游目的地国,在世界旅游经济中占有一定的市场份额,通过旅游资源的开发以及服务质量的提高,可以逐步缩短与发达国家之间的经济差距。

三、竞争格局

世界旅游发展的竞争格局是从竞争角度说明世界各国旅游经济在世界旅游中的位势以及跨国经营实力上变化的状态。旅游经济位势的变化主要是从旅游目的地国的角度来研究一个国家在世界旅游经济中所占的份额以及在世界国际旅游收入和接待人数的位次方面的变化。从旅游经济位势上来看,一些经济发达国家的竞争实力在不断地加强,如美国 1978 年国际旅游收入为 100 亿美元,到 1989 年上升到 300 亿美元,2010 年达到 1 031 亿美元,国际旅游收入一直位于世界旅游的前列;作为传统的旅游目的地国家的西班牙的国际旅游收入也从 1978 年的 67 亿美元上升到 2010 年的 525 亿美元;在经济发达国家旅游经济实力加强的同时,一些发展中国家通过政府主导性发展战略的实施,旅游经济特别是国际旅游收入也有明显的增长,在世界国际旅游收入中所排位次以及所占份额也不断地提高。世界各国对国际入境旅游接待都给予了高度的重视,形成了发达国家与发展中国家之间的竞争局面。

从统计数据可以充分反映世界旅游竞争格局的各种变化。1950 年,排在世界旅游前 5 位的国家接待的国际旅游者的人次占全世界国际旅游者总数的 71%,排在世界旅游前 15 位的国家接待的国际旅游者的人次占全世界国际旅游者总数的 97%,而到了 2010 年,排在世界旅游前 5 位的国家接待的国际旅游者的人次仅占全世界国际旅游者总数的 30.7%,排在世界旅游前 15 位的国家接待的国际旅游者的人次占全世界国际旅游者总数的 55.0%,而其他国家的国际旅游接待比重得到了显著提高。

如果说国际入境旅游主要是发展中国家与发达国家之间竞争的话,那么国际出境旅游的竞争则主要是在发达国家之间进行的。这种竞争主要具体表现为跨国旅游企业之间的竞争。作为国际出境与入境旅游的两极,国际入境旅游表现为国与国之间的竞争,国际出境旅游表现为企业与企业之间的竞争。经济发达国家面对日益增长的出境旅游，为了使本国出境旅游收入内部化，往往通过跨国旅游企业经营的方式，在一些本国居民出游的旅游目的地国家进行相关产业的投资，建立跨国旅游企业。一方面，通过跨国经营的方式更好地满足了本国居民国际化旅游的需要，缩短了与旅游目的地国之间的文化距离，另一方面也通过跨国旅游企业的经营延长了旅游产业链，扩大了旅游经营的地域范围，使旅游经营的地域从国内向国际扩展。

同时，经济发达国家的旅游经营范围由国内向全球扩张，客观上对一些作为国际旅游目的地的发展中国家构成了竞争压力，从而形成了这些国家国内旅游市场国际化和国内竞争国际化的局面。一般来说，在国际旅游经营方面，发展中国家可以借助旅游经营初级资源的优势，通过国际接待获得一定数量的外汇收入，在世界旅游市场上占有一定的份额。由于这些旅游外汇收入主要是来自于经济发达国家，因此，通过国际旅游的发展可以相对平衡经济发达国家与发展中国家之间的国际经济关系。然而，由于经济发达国家实施跨国旅游经营的战略，又使得发展中国家的旅游经营初级资源优势进一步弱化。对于发展中国家来说，大量来自于发达国家的旅游企业进入本国旅游市场，国际入境旅游所形成的经济收益在不断地减少，国际旅游对于国家的获取外汇的作用和表现出的功能也在不断地降低。

思考与练习

1. 简述人们空间移动的主要类型及其内在差异。
2. 试述你对“旅游是工业革命的产物”的理解。
3. 请简述你对新时期旅游供给特点的理解。
4. 请简述你对新时期旅游需求特点的理解。

第三章

旅游供给与旅游目的地

案例 3－1　2009 年旅游行业经营统计

一、旅游企业规模情况

(一)企业数量

2009 年,全国共有旅行社、星级饭店、旅游区(点)等类旅游企事业单位49 720家,比上年末增长2.0%,具体构成是:旅行社20 399家(其中:国际旅行社1 654 家,国内旅行社16 303家);星级饭店14 237家(客房145.98 万间);旅游区(点)、旅游车船公司等其他旅游企业15 084家。

(二)固定资产

到 2009 年末,全国旅行社、星级饭店、旅游区(点)等旅游企事业单位拥有固定资产原值8 275.89 亿元,比上年末增长3.8%,其中,旅行社为585.96 亿元,占7.1%;星级饭店为4 442.98 亿元,占53.7%;旅游区(点)、旅游车船公司等其他旅游企事业单位为3 246.95 亿元,占39.2%。

到 2009 年末,拥有旅行社、星级饭店、旅游区(点)等旅游企事业单位固定资产原值居于前 10 位的省(区、市)是:①广东:892.60 亿元;②北京:883.72 亿元;③上海:703.19 亿元;④贵州:510.75 亿元;⑤浙江:481.48 亿元;⑥江苏:448.13 亿元;⑦辽宁:416.21 亿元;⑧山东:325.58 亿元;⑨河北:302.04 亿元;⑩云南:284.81 亿元。

二、旅游企业经营情况

由于统计调查方法的不同,本"旅游企业的经营情况"仅反映旅行社、星级饭店、旅游区(点)、旅游车船公司、其他旅游企业等 49 720 家纳入全面统计报表的基层单位的经营情况。

(一)旅行社

2009 年,全国 20 399 家旅行社共实现营业收入 1 806.53 亿元,比上年增长8.5%;向国家上缴税金 12.59 亿元,比上年增长 12.4%;旅行社实现利润 11.48 亿元;旅行社的全员劳动生产率为58.47万元/人;全年人均实现利税0.78万元/人。

(二)星级饭店

到2009年末,全国共有星级饭店14 237家,比上年末增加138家;其中内资饭店13 663家,外资饭店574家。全国星级饭店共实现营业收入1 818.18亿元;上缴营业税金122.16亿元;全员劳动生产率10.87万元/人。

(三)其他旅游企业

2009年,纳入统计范围的主要旅游区(点)、旅游车船公司等"其他旅游企业"有15 084家,全年共实现营业收入903.39亿元,向国家上缴营业税金35.80亿元。

[资料来源:中华人民共和国国家旅游局编.中国旅游年鉴(2010).中国旅游出版社,2010.]

我们可以看到,饭店、旅行社、景区(点)、旅游车船企业,都是旅游目的地为了满足旅游者的旅游需求而提供的旅游供给的重要组成部分。那么,什么是旅游供给?旅游供给还包括哪些部分?在所有的旅游供给中核心部分是什么?是什么吸引旅游者到这些旅游目的地的呢?旅游目的地可以分为哪些类型呢?旅游供给具有什么特点?受哪些因素的影响?会呈现出什么样的规律?等等,这些都是本章将要详细分析的内容。

第一节 旅游资源与旅游吸引力

一、旅游资源的定义

资源原意是指存在于自然界的物质财富。随着社会经济的发展,资源的概念逐渐演变为存在于自然的或社会的环境下,经过一定的组织开发和经营,能发挥经济和社会效益的客观事物和现象。因此,我们不妨这样认为,资源是自然的存在物,是一种中性材料,只有与一定的技术、知识等结合在一起时,它才会有价值,会进一步吸引更多的旅游者前来利用它以满足自己的需求。

人们的认识角度不同,对旅游资源就会形成多种解释。郭来喜是从旅游资源的功能或者从旅游资源类型的角度来认识旅游资源的:"凡是能为人们提供旅游观赏、知识乐趣、度假休闲、休息娱乐、探险猎奇、考察研究以及人民友好往来和消磨闲暇时间的客体和劳务,都可称为旅游资源。"①周进步(1995)则是从地理学角度来认识旅游资源的:"所谓旅游资源,专指地理环境中具有旅游价值的部分,也即旅游

① 郭来喜.论旅游资源的分类与评价.旅游地理文集,1986:58-62.

者在旅游过程中感兴趣的环境因素和可以利用的物质条件。"[①]从旅游者旅游动机出发认识旅游资源也常常是研究者的一种方法。辛建荣认为,凡能对旅游者产生美感和吸引力,并具有一定的旅游功能和价值的、自然与人文因素的事与物的综合。从综合角度认识旅游资源是多数研究者持有的观点,国家旅游局(1992)认为:"自然界和人类社会凡能对旅游者产生吸引力,可以为旅游业开发利用,并可产生经济效益、社会效益、环境效益的各种事物和因素都可视为旅游资源。"[②]无论是学术研究还是实际工作,这种对旅游资源的定义是相当流行的。

旅游资源是旅游经济特有的范畴,是对旅游者和旅游经营者具有某种效用的现象和事物。一般来说,旅游资源是那些对旅游者构成吸引力和对旅游经营者具有经营价值的自然的和社会的事物与现象的总和。我们所说的自然和社会事物与现象并不是泛指自然界和社会存在的所有现象和事物,而是特指的事物和现象。自然的和社会的事物与现象成为旅游资源,一般要具备两个条件:其一,对旅游者要构成一定的吸引力,也就是说成为旅游资源的客观事物和现象对旅游者必须具有浏览价值;其二,对旅游经营者构成经济价值,也就是说旅游经营者能凭借这种客观事物与现象,创造一定的经济效益和社会效益。只有同时具备了这两个条件的自然的和社会的事物与现象,才能成为旅游资源。

旅游资源,可以有不同的划分。按其存在的方式来划分,旅游资源可分自然性旅游资源、人文性旅游资源和社会性旅游资源三大类。自然性旅游资源是指由地理环境和生物所构成的天然景观,它包括地貌、水文、气候和动植物。人文性旅游资源是指古代人类社会的遗迹和现代人类社会活动的产物,它主要包括四大类:人文景观、文化传统、体育与娱乐、购物与饮食。社会性旅游资源是指以投资环境及商业比较利益为主体的社会经济环境的状况。按开发程度的不同,可以分为潜在旅游资源和现实旅游资源。潜在旅游资源是指具有一定的观赏价值但未具备旅游观赏条件,和未经过人工开发的自然和社会事物与现象。现实旅游资源是指经过开发具备各种观赏条件的自然和社会事物与现象。潜在旅游资源转化为现实旅游资源,其实质是观赏价值具备观赏条件的过程,这些条件主要有交通条件、基础设施条件和社会经济条件。因此,潜在旅游资源向现实旅游资源的转化过程,实质上是形成市场吸引力的过程,是旅游地的经营者根据市场需求的性质,将潜在旅游资源开发为能充分满足旅游者某种旅游功能需要的技术经济过程。

二、旅游资源的特点

从概念出发,旅游资源具有特指性。旅游资源虽然来源于自然界和人类社会,

① 周进步. 中国旅游地理. 杭州:浙江人民出版社,1995.

② 国家旅游局资源开发司,中国科学院地理研究所. 中国旅游资源普查规范. 北京:中国旅游出版社,1993.

但不是泛指自然界和人类社会现存的所有事物与现象，而是特指那些对旅游者具有一定吸引力的，能够引起他们兴趣的自然界和人类社会事物与现象。因此，我们在研究旅游资源的内涵与外延时，不能简单地把自然界和人类社会现存的事物与现象同旅游资源等同起来。

从空间分布出发，旅游资源具有区域性。区域性是指旅游资源往往相对集中于某特定的区域，并且存在于该区域的旅游资源具有鲜明的区域特征，形成旅游资源的区域差异。旅游资源的区域性差异主要表现为旅游资源区域的自然差、位势差和趋势差。自然差是指由地理、自然和历史条件的不同所形成的各个旅游区域之间的旅游资源的差异。由于各个地区的地理条件、自然条件和历史条件的不同，旅游资源在不同地区内的集合形成明显的差异。旅游资源在空间集合上存在的这种差异性，导致各个区域内的旅游经济发育具有不同的特点，同时，这种区域的旅游资源的差异，也导致不同旅游区域之间存在着一定的分工与合作。位势差是指由空间距离、消费投向等因素所形成的旅游资源存在地与旅游需要产生地之间的差异。相对而言，位于旅游需求产生地较近的旅游区，旅游资源的市场发育程度就高，旅游经济的规模就大，具有较好的旅游经济成长的区位条件；相反，位于旅游需求产生地较远的地区，旅游资源的市场发育程度就低，形成旅游经济成长的区位劣势。趋势差是指目的地所具有的旅游资源同旅游发展趋向性质之间的差异。如果目的地所具有的旅游资源同旅游发展趋向之间的趋势差较小，该目的地就具有一定的潜在发育条件和未来发展的机会。相反的，如果目的地具有的旅游资源与旅游发展趋向之间的趋势差较大，旅游区的发育就缺乏良好的条件。旅游资源的区域性决定了旅游目的地发展的不平衡性以及发育重点的区别性。在旅游经济运行过程中，若要充分发挥旅游资源的潜在功能，就要根据旅游资源的区域特点，在全国范围内合理选择旅游目的地以及各个不同的旅游目的地发展重点和发展方向。只有这样才能充分发挥各种不同的旅游资源的潜力，在全国形成重点不同、类型不同、方向各异的旅游经济空间体系。

从主体出发，旅游资源具有对象性。只有与旅游者的审美活动相结合，客观存在的各种事物和现象才能成为可供旅游主体观赏的旅游资源。离开了以旅游这种形式所形成的人的审美活动，自然界和人类社会现存的各种事物与现象是不可能成为旅游资源的。不仅如此，随着人们的审美意识的发展，旅游资源的内涵与外延都会随之不断地发生变化。

从旅游演变出发，旅游资源具有发展性特点。在旅游活动的发展过程中，旅游资源的内涵与外延总是随着社会经济的发展以及旅游需求的变化不断地发展变化的。一方面，社会经济的发展会促使旅游资源开发水平的提高，另一方面，在社会经济的作用下，旅游资源会出现不同的组合、升级和进步，旅游资源总是从低级向高级、从单一向综合、从分散向集中方向不断发展和运动的。

从利用角度出发,旅游资源具有重复使用性特点。这是旅游资源不同于其他资源的重要特点。矿产、森林等资源随着人类的不断开发利用会不断减少,同时也不具有重复利用性。对于旅游活动来说,旅游者以及旅游经营者对旅游资源的利用是建立在观赏基础上的,通过旅游资源的利用,旅游者获得的仅仅是对旅游资源观赏的感受和体验,而不是旅游资源的本身(在资源承载力前提下),并不会占有或改变旅游资源,从这个意义上说,旅游资源可以长期地重复利用和使用。

三、旅游吸引力的性质

旅游资源是形成一个旅游目的地吸引力的基本条件,但旅游吸引力不等同于旅游资源的吸引力,旅游吸引力是旅游资源以及各种地面旅游设施与市场需求结合的结果。旅游资源仅仅是一个特定的国家和地区自然与社会事物的客观存在,只是形成旅游吸引力的一个素材,仅仅是形成旅游目的地旅游吸引力的核心。旅游资源要形成一定的旅游吸引力,还需要自然条件、地域环境、社会环境以及地面设施与相关服务作保证,还需要有一定规模的市场需求存在。与市场需求相适应的旅游资源的开发形式、旅游活动的组织形式、旅游资源所在地区的地面设施的构成、旅游产业体系结构、旅游服务水平、地区内社会环境状态等都是旅游吸引力的组成要素。

如果旅游资源表现为一种自然属性的话,那么,旅游吸引力则主要表现为一种市场属性。如果说旅游资源是一种单项要素的话,那么,旅游吸引力则是一个综合要素。旅游吸引力是一个以旅游资源为主体的综合性概念。我们把主要由旅游资源决定、并由其他相关因素制约的旅游者参与和选择旅游地区以及旅行方式的影响力称为旅游吸引力,旅游吸引力具有主体性、复合性、变动性、针对性等特点。

主体性。旅游资源是形成旅游目的地旅游吸引力的主体因素,是吸引旅游者从客源地到目的地的直接的基本的吸引力。在其他条件一定时,一个旅游地所拥有的旅游资源愈丰富,其旅游吸引力就愈强。我们应该从旅游需求性质和特点出发,结合地理学、历史学等相关学科来认定旅游资源的丰富程度。可以从一个地区所具有的地域特点、民族特点和历史特点三个方面来考察旅游资源的丰富程度。一般来说,地域特征、民族风情和时代差异构成了评价的三个主要指标。

复合性。旅游目的地旅游吸引力的强弱,除了旅游资源丰富程度这个因素之外,还与旅游地的其他因素相联系。这些因素主要包括旅游地的旅游经济组织体系、服务水平、旅游接待设施状况、旅游价格水平、社会环境。对于国际旅游来说,则还应该包括两国之间的社会经济文化联系。这些虽然不是使旅游者访问旅游目的地的主要因素,但却会影响旅游者的整个旅游经历,尤其是当两个旅游目的地的吸引物之间存在替代关系时,服务质量的优劣、设施完善程度、交通便捷程度都将对旅游者的目的地决策产生重要影响。因此,决定旅游吸引力大小的因素不仅包括该地区拥有的旅游资源的丰富程度，还应包括符合市场需求的旅游开发以及由此而形成的旅游服务组织等两个方面。如果在旅游目的地开发过程中不顾及后两个因素，则很有可能导致高估资源优势，资源开发难以形成真正具有市场竞争力的旅游产品，最终影响到旅游开发的效果。

变动性。旅游吸引力的强弱并不是一成不变的。因为构成旅游吸引力的各种资源因素、经济因素和社会因素会随着旅游需求活动和社会经济的发展而发生变化，引起旅游地吸引力发生强弱变动。旅游活动是一种人的空间移动活动，在一个空间内所有的地区都会形成某种程度的旅游经济关系，特别是具有替代性的其他地区旅游吸引力的提高也会对一个地区的原有旅游吸引力大小产生影响。

针对性。一个特定的区域内由旅游资源性质决定的旅游吸引力是与旅游者的需求相联系的。由于旅游需求动机的多样性，同样的旅游资源可能会对某一类型的旅游者产生强大的旅游吸引力，而对另一类旅游者却没有吸引力。一般来说，如果旅游地旅游资源的性质与人们的旅游动机相吻合，就可能产生旅游吸引力，这种吻合程度越高，所产生的旅游吸引力就越强。可以说，旅游吸引力不仅决定着旅游需求的数量和类型，同时，也会影响旅游需求地区间分布的状态。一个地区内旅游吸引力大小直接决定着这个地区旅游需求规模以及旅游经济规模的大小，从而也决定了这个旅游地在一定特定范围内，比如一个国家或者全世界范围内的旅游经济的地位与作用。

第二节 旅游目的地的形成

一、旅游目的地的形成条件

当一个地区的旅游资源以及旅游设施形成了某种程度的空间集中，并能吸引一定规模旅游者时，这个地区便成为了旅游目的地。旅游目的地是拥有特定性质旅游资源，具备了一定旅游吸引力，能够吸引一定规模数量的旅游者进行旅游活动的特定区域。可见，旅游目的地是一种集旅游资源、旅游活动项目、旅游地面设施、旅游交通和市场需求为一体的空间复合体。因此，一个地区要成为旅游目的地，必须拥有一定数量、能满足旅游者某些旅游活动需要的旅游资源，拥有较为完备的旅游地基础设施和专门旅游设施以及具有一定规模的旅游者流量。

（一）要拥有一定数量的旅游资源

旅游目的地必须拥有一定数量的旅游资源。一个地区若没有一定数量的旅游资源作为基础，就不可能形成旅游吸引力，旅游者也就不会产生对该地区的旅游需求，该地区也不可能成为旅游目的地。因此，由旅游资源决定的旅游吸引力是形成旅游地的必要条件。不仅如此，一个旅游目的地的性质及其所表现出来的旅游功能，也是同这个地区的旅游资源性质相联系的：一个旅游目的地之所以成为度假旅游地或观光旅游地，是这个地区的旅游资源性质特点与市场需求共同运动的结果。从这个意义上说，旅游地的形成与其表现出的性质、特点和旅游功能取决于这个地区旅游资源的性质和特点。

(二)要拥有足够的基础设施和专门设施

旅游目的地除了具有一定的旅游资源、具备一定的旅游吸引力之外，还必须具备其他条件。旅游者在旅游地的旅游活动是一种暂时性停留的消费活动，消费活动的实现与满足都需要旅游地提供相应的设施与服务。因此，旅游目的地要拥有各种与旅游资源性质相适应的地面旅游设施和交通条件，如旅游饭店、度假村和通往各地的航空港、火车站和公路交通网，旅游者可以借助这些设施从不同的地区顺利地到达旅游地并能利用这些设施在该地停留。

旅游地的基础设施是旅游区经济活动最基本的载体，是旅游区物质形式最重要的组成部分，也是一个旅游区综合接待能力的基础。我们所说的旅游地基础设施是指为满足旅游活动以及区域内其他物质生产和居民生活需要，向旅游者、旅游地居民和各单位提供基本服务的公共设施以及相关的产业和部门。这些旅游地基础设施主要包括为旅游区提供给排水、能源、交通运输、邮电通信、环境清洁保护等服务的设施和相关的产业部门。

旅游地具有满足外来旅游者和本地居民生活需要、旅游生产活动和其他生产活动需要的双重功能。在保证本地居民生活需要和其他生产活动需要的同时，从满足外来旅游者旅游需要以及旅游生产活动需要的角度来看，旅游地基础设施的需求量取决于流入本地区的旅游者规模和旅游区的性质。旅游者规模决定旅游地基础设施内部各组成部分的需求水平，当进入该旅游地的旅游者规模增加时，对旅游地基础设施提供的直接服务的需求量——用水量、用电量、通信量、交通量——将会随之增加；同时，当旅游规模增加时，也必然会影响旅游地的饭店、娱乐设施以及相关产业的扩张，这种旅游产业扩张必然导致旅游地配套基础设施的增长。不仅如此，旅游地的性质也决定着基础设施的组织构成：如果旅游地是一个具有度假性质的旅游地，那么它对能源供应、环境保护和社会性服务的基础设施的需求更多；相反，作为一个观光性旅游地，它对交通设施的需求量更大。

旅游地的基础设施具有自然垄断性和地方公共物品性两种不同性质。从自然垄断性的经济特点来看，这些基础设施具有大量的固定成本和小量的边际成本并存的经济特点。也就是说，这些设施运营中的固定成本大而新增用户的边际成本较小，如旅游区的能源系统、给排水系统、交通运输系统中的区内公交系统、邮电通信系统等都具有固定成本大边际成本小的经济特点，因此具有地方自然垄断性。由于这些基础设施主要是通过各种类型的服务企业向市场提供的，在旅游区内如何保证这些企业以低成本供给所形成的低价格向相关的旅游企业或旅游者提供各类服务是十分关键的。因为如果不能对这些经营具有垄断性的基础设施的企业进行有效的管制,这些企业很可能会按价格高于平均成本,而不是按价格等于边际成本向区内各相关旅游企业提供服务,如目前我国的多数旅游地的旅游企业用电用水用气都是高价水、高价电、高价气就是一个很好的例证。在旅游区发展的初期,必然会加大旅游企业如饭店、度假设施的经营成本,它的各类服务价格,与成熟的旅游地相比较缺乏相应的竞争力,不利于旅游区内旅游产业的快速增长。如果一个旅游区要促进旅游产业发展,就必须对这些企业实施政府管制,控制这些企业的成本状况并允许它们按平均成本定价,以平均成本的价格水平向区内各旅游企业提供服务。与具有垄断性的基础设施不同,那些具有地方性的基础设施的供给成本是无法通过市场得到补偿的,也就是说无法通过企业来提供的,这些基础设施也只能由区内政府来提供,如旅游地的交通系统的道路、车站和码头,旅游地的环境保护系统、旅游区市政设施等。

在旅游地基础设施上形成的旅游设施,我们称为专门旅游设施。专门旅游设施是指那些为满足旅游者特定需要的旅游设施与设备,如旅游专门交通工具、旅游食宿设施以及各类娱乐设施等。这些设施是直接为前来旅游地度假、观光和参观访问的各种旅游者提供直接服务的。

对于旅游地来说,最主要的旅游设施是饭店设施。从旅游地类型以及客源市场来划分,旅游地的饭店可以分为观光型饭店、度假型饭店、长住型饭店、商业型饭店、会议型饭店以及青年旅馆和汽车旅馆七种不同类型的饭店①。旅游地的类型决定着客源类型,从而也决定着饭店设施的类型。观光型饭店一般坐落在观光旅游目的地,主要是以接待观光团队为主的饭店,目前,通过旅行社组团旅游的团队客人占有较大比例。商业型饭店坐落在商业城市,主要是以接待商务商人为主的饭店,商务散客在该饭店中占有一定的比例。度假型饭店一般坐落在度假旅游目的地,主要是以接待度假旅游者为主的,目前这类饭店以接待家庭度假者居多。会议型饭店一般坐落在观光地、度假地以及大的商业城市,主要是以政府市场和企业、社团组织接待为市场对象。至于长住型、青年旅馆和汽车旅馆则是以根据不同的市场细分而形成的特殊客人为接待对象的饭店。

无论是坐落在什么类型旅游地的饭店、无论这些饭店是属于什么类型的,饭店作为旅游地地面设施的一个重要的组成部分,“本地化”是重要的。饭店不论从建筑风格和设施质量上,还是在服务内容和经营方式上只有同它所在的旅游地的类型与风格相一致,才能取得良好的经营业绩。如果旅游地内所有的饭店都具有“本地化”的特点,那么,这个旅游地才具有特色,才会具有市场的生命力。

---

① 李树民,张辉,等. 现代饭店经营管理与实务. 西安:西北大学出版社,1993:9-13.

(三)要有一定的旅游者流量

在衡量旅游目的地所接待的旅游者流量时,往往会涉及旅游者人次、停留天数和旅游者花费等相关指标①。

1. 旅游者人数指标

旅游者人数指标反映了旅游目的地国(或地区)在一定时期内接待国(地区)外旅游者的数量情况,一般以旅游者人次来衡量。旅游者人数指标可以作为旅游目的地衡量市场对其所提供的旅游产品的需求数量以及变化情况的指标,同时,也是衡量世界各国之间旅游业发达程度的重要指标之一。

对旅游者数量的统计一般是通过三种方法进行的:一是按到达和离开次数进行统计;二是根据旅游目的地住宿记录进行统计;三是在旅游目的地或客源地对旅游者进行抽样调查。目前,世界各国对国际旅游者的统计主要是采取第一种方法。由于国际旅游者存在一个出入境的问题,对于一个旅游客源地国家来说,统计出国旅游可以通过出境口岸的数据以及各种记录来统计出境旅游者的人数;对于一个旅游目的地国家来说,也可能通过入境的各种数据来统计入境旅游者的人数。然而对于国内旅游者的人数统计主要借助于后两种方法,通过饭店记录以及对旅游者进行抽样调查来统计旅游者人数以及相关数据。但不论通过什么方法,同国际旅游者的统计相比较,国内旅游者的统计数据都显得不完整。尽管世界各国对国际旅游者和国内旅游者的统计都作了一定的界定,然而,在实践活动中由于技术上的问题,我们还不能做到对旅游者总量的准确统计。例如,原来我国对国内旅游者的统计基本上是根据饭店记录来估计旅游者人数的,如果一个旅游者从一个旅游目的地到另一个旅游目的地旅行,在其旅行过程中,在两个地区居住两个饭店,那么这个旅游者就会被重复统计;相反,以饭店记录来计算旅游者,那些居住在亲朋好友家中的旅游者在统计中又被忽视掉了。因此,由于统计技术性的困难,使得各国的旅游者总数这个统计数据存在着相当的不完全性,这些统计数据只能大体反映和说明一个国家旅游活动的规模。

目前,我国统计的来华入境旅游人数是指在报告期内来我国观光、度假、探亲访友、就医疗养、购物、参加会议或从事经济、文化、体育、宗教等活动的外国人、华侨和港澳台同胞等海外游客。统计时海外游客每入境1次统计为1人次,数据以海关登记的入境人次数为准。我国公民出境旅游人次的统计数据来自于公安部出入境管理局。

在国内旅游人次的统计方面,城镇国内游客的技术性定义(统计意义上)是指

① 在一般的旅游经济学教材中,这些相关指标是在旅游需求章节中介绍的。本书则根据旅游经济运行的目的地—客源地模型,将以往的旅游需求衡量指标进行分拆,分别编入旅游目的地和旅游客源地两个篇章中。

我国大陆居民，除以谋求职业、获取报酬为目的的旅行外，离开惯常居住环境，到国内其他地方从事参观、游览、度假等旅游活动（包括外出探亲、疗养、考察、参加会议和从事经济、科技、文化、教育、体育、宗教活动过程中的旅游活动），在外停留时间不超过6个月的人。统计意义上的农民旅游者是指农民不以谋求职业、获取报酬为目的，离开居住地，乘坐长途交通工具（长途汽车、火车、飞机、轮船），距离超过10公里，在外停留一夜以上半年以内，到国内其他地方进行活动。

2. 旅游者停留天数指标

旅游者停留天数的指标主要有两个：旅游人天数和旅游者人均停留天数。

（1）旅游人天数

旅游人天数又称为旅游者停留天数，这一指标是指在一定时期内，旅游者人次与人均过夜数的乘积。该指标从时间的角度反映了旅游者的需求状况，同时也反映了旅游目的地所表现出来的吸引力的大小。如果在利用旅游者人次衡量市场需求情况和旅游业发达程度的同时，充分考虑旅游者的停留时间，则会更加全面地反映旅游需求的基本情况。因为，在旅游者人次数出现增长的同时，旅游人天数有出现下降的可能，所以旅游目的地需要在追求旅游者人次数增长与旅游者在该旅游地停留天数之间达到某种平衡，片面地追求旅游者人数的增长并不一定是发展旅游业的上策。同样地，旅游者在某个旅游地停留天数同历史数据相比产生下降，可能不是单纯的目的地吸引力降低的问题。随着社会经济的发展，旅游者希望到更多目的地旅游的欲望总是不断膨胀的，旅游者在对多目的地和多天数之间进行比较的结果可能是选择缩短单个目的地停留时间而增加旅游目的地。

（2）旅游者人均停留天数

这一指标是指在一定时期内，旅游者停留天数与旅游者人数之比。它从平均数角度反映了旅游需求的现实状况，同时也揭示了不同时期旅游需求的变化趋势。据此，我们可以分析其中的原因并制定出相应的对策，以增强目的地开发深度，增强目的地吸引力强度。

3. 旅游者消费指标

旅游者消费指标是以价值形态来衡量旅游需求的数量指标，其中包括旅游者消费总额和旅游者人均消费额两个指标。

（1）旅游者消费总额

这一指标是指在一定时期内，旅游者在旅游目的地的全部货币支付，包括旅游者在旅游活动中所购买的各种商品和各项服务的开支，如餐饮费、住宿费、交通费、娱乐费和购物的花费等。对于旅游目的地来说，这一指标反映了该目的地的旅游收入，具有重要的经济意义。一般的，随着旅游者人次数的增减，旅游者消费总额也将随之增减，但是两者之间并不是完全的正相关关系，也有可能随着旅游者人次数的增长，旅游消费总额反而下降，这其中涉及旅游者的消费层次和消费结构等多方面的问题。

与此同时,国家外汇管理部门也定期对我国旅游外汇收入的结汇情况进行统计汇总。旅游外汇收入的结汇是通过货币兑换环节进行的,主要包括两个部分:国际旅行社从国外收到的海外旅游团的外汇汇款;海外来华旅游者在我国实际兑换的外汇数额。这里的结汇统计没有将未在银行兑换外汇的海外旅游者的花费支出包括在内。

(2)旅游者人均消费额

旅游者人均消费额是指在一定时期内,旅游者消费总额与旅游人数之比。它以价值形态从平均数的角度反映了某一时期的旅游需求状况。我们可通过该指标分析各个客源市场的消费水平,了解旅游者消费的变化情况,进而确定相应的目标市场和营销策略。

二、旅游目的地区位

(一)旅游目的地区位的基本含义

生产地与市场之间的区位、距离以及相互关系,往往是经济理论以及经济学家关注的一个问题。所谓区位即为某一主体或事物所占据的场所,具体可标志为一定的空间坐标[①]。我们所说的旅游目的地区位则是指某一旅游目的地所占据的场所。由于旅游目的地空间位置不同会存在不同的市场约束、成本约束和资源约束,从这个意义上说,旅游目的地的区位具体表现为它在旅游经济体系中由空间地理坐标所决定的旅游经济利益的差别。廖什在《经济的空间分布》中指出:"对我们来说,事物存在的时间是一定的,但我们却可以选择它所在的地点,凡是有生命的事物都需要选择正确的区位。"可见区位一直是人们所关注的问题。在旅游目的地区位研究中,旅游区位往往被描述为一个特定的旅游目的地距离一个或几个客源生成地和其他旅游目的地的不同的空间位置所反映的市场、供求、旅行成本和竞争等方面的差异问题。

在旅游目的地区位研究中,主要有旅游区位单位、旅游区位要素和旅游区位决策三个问题。旅游区位单位是布局于某一区位上的旅游经济系统的各个组成部分,它是旅游目的地区位的经济主体。由于研究的范围有所不同,旅游目的地区位单位的具体表现也不同。如果我们从世界范围来研究旅游区位,那么,每个国家可能是一个区位单位;如果我们从全国范围来研究旅游区位,那么,全国的每个旅游城市可能是一个区位单位;如果我们研究一个特定的旅游城市或旅游区,这个城市内或这个旅游区内的各个不同的旅游企业如饭店、景点、餐馆等便是一个区位单位。在旅游经济学研究中,我们主要研究前两个区位单位问题,也就是中观区位单

① 参见:郝寿义,安虎森. 区域经济学. 北京:经济科学出版社,1999:42.

位和宏观区位单位问题。旅游区位研究的核心问题是区位要素问题,所谓区位要素是区位单位进行空间配置的外部约束因素,也就是那些决定旅游现象的空间位置和组合关系的约束因素,它包括旅游资源与自然环境、交通运输及运价率、集聚的内部与外部经济效果、竞争关系、劳动力费用、区域的经济机制、国家和国家集团的保护政策等。旅游目的地在不同的区位上,旅游客源市场需求分布、旅游者的旅行成本、市场竞争态势以及旅游资源的性质与表现出的特点都是不同的,正是各区位上的旅游目的地区位要素上的差异,决定了旅游目的地的旅游经济的优劣。旅游区位决策实际上是区位决策单位的区位选择过程,由于受旅游目的地区位要素制约,各个旅游目的地的市场、成本、资源约束不尽相同,为了实现旅游目的地的旅游经济利益的最大化目标,旅游区位决策主体要根据这些约束条件选择最佳区位以及改变影响旅游目的地旅游发展的区位约束条件。

(二)旅游目的地区位与旅游者选择

旅游目的地区位实际上是要研究旅游活动空间中的相互关系与结构,也就是在一定区域范围内各有关要素的最佳区位所构成的关系。旅游目的地的区位形成都是以上我们所说的市场、旅行成本和旅游资源等要素影响的结果。这些约束条件,都会影响旅游者对一个具体旅游目的地的选择。因此,由于存在着旅游者的旅游目的地的选择,在不同区位条件下的旅游目的地,其旅游经济效果是不同的。一般来说,旅游者旅游目的地选择与旅游区位之间的关系主要表现在以下几个方面。

最低运输费用支出是旅游者选择旅游目的地考虑的一个重要因素,也是衡量旅游目的地区位优势与劣势的重要标准。将旅游者引向一定区位的作用力大小与运输费用有着重要的关系。很显然,在各个不同旅游目的地形成相对均衡的条件下,运输距离长短与运价率的高低直接决定着旅游者的旅行成本的大小,从而影响着旅游需求的规模大小。同时,最大市场区域也是评价旅游目的地最佳区位的一个标准,是旅游目的地内企业家和决策者衡量区位选择的一个重要指标。最低运费通常不一定保证取得最大利润,如果旅游目的地受其旅游资源性质决定的旅游市场区域范围小,季节性比较强,即使运费比较低,也不能保证旅游目的地获得足够的客源,取得最大利润。另外,最好地利用区域内的社会经济基础以及相关的区域政策也是旅游目的地区位选择的重要标准。

将区位理论用于旅游目的地研究,实际上是要说明最佳旅游目的地与客源地之间的引力问题。如果我们将旅游客源地作为一个物体来看待,将旅游目的地作为另一个物体来看待,两个物体之间的相互作用可以借用牛顿定理来解释。牛顿定理认为:两物体间的吸引力与物体质量成正比,与两物体间的距离的平方成反比。如果我们用I_{IJ}表示两物体I与J间的吸引力,G为引力常数,M_{IJ}为物体I与J的质量,D_{IJ}为物体I与J中心点的距离,那么:

$$I_{IJ}=GM_{IJ}/D_{IJ}^{\ 2}$$

引力模型在较早时期被用于评估零售市场的消费者需求。对于某一服务来说,设施的吸引力可表示为:

$$A_{ij}=\frac{S_i}{T_{ij}{}^{\lambda}}$$

式中:A_{ij}表示设施j对消费者i的吸引力;S_i表示设施j的大小;T_{ij}表示为消费者i到设施j的时间;λ为经验估计参数,它反映各种购货顾客行走时间的效应。

戴维·L.利夫利用引力模型建立了一个零售场所定位模型,用来预测一名消费者从具有特定规模和位置的商场所能获得的利益。由于必须考虑到其他竞争者的吸引,他提出比率P_{ij},以表明在有n家商店前提下,来自i地区的消费者到特定购物场所j的可能性或概率。

$$P_{ij}=\frac{A_{ij}}{\sum_{i=1}^{n}A_{ij}}$$

Crampon(1966,引自南开大学旅游学系[译]1991)首次应用引力模型对旅游地引力问题进行了研究,其基本引力模型是:

$$T_{ij}=G\frac{P_iA_j}{D_{ij}^{b}} \qquad \text{式(1)}$$

式中:T_{ij}为客源地i与目的地j之间旅游流量(人次);P_i为客源地i的人口计量(人口规模、财富或旅行倾向);A_j为目的地j吸引力或容量的计量;D_{ij}为客源地i与目的地j之间的距离;G、b为经验参数。

G是调节其他变量大小的比例常数,以尽可能准确地解释旅游活动T_{ij}的观察水平;b是反映距离作为一种抑制因素对旅游影响的相对程度,b越大,距离对减少旅行次数的作用就越大。L. J. Smith(1989,引自南开大学旅游学系[译]1991)指出该模型的两个重要缺陷,一者模型无约束,即模型预测的旅行次数没有上限;二者模型有过高估计短途旅行次数却过低估计长途旅行次数的倾向。

出于对式(1)的缺陷的认识,Wolfe(1972)提出一个修正了距离变量的引力模型:

$$T_{ij}=G\frac{P_iA_j}{D_{ij}{}^{b}}[D_{ij}{}^{[(\log D_{ij}/m)/n]}]$$

其中,m、n为经验估计系数,其他参数同上。

Edwards and Dennis(1976)则提出了另一个较详尽的距离变量修改模型:

$$T_{ij}=P_iA_j\exp(-\lambda C_{ij})$$

$$C_{ij}=\left[\frac{(x_1)(x_2)(x_3)+x_4}{x_5}\right]x_6$$

式中:C_{ij}为i、j之间的旅行费用;λ为经验估计系数;x_1为每升汽油的价格;x_2

为每千米耗油升数；x_3 为每小时平均旅行千米数；x_4 为每小时闲暇时间的价值（定义为每小时工资的25%）；x_5 为每辆车平均载人数；x_6 为旅行时间。

Cesario and Knetsch（1976）将无约束模型和有约束模型综合考虑，即将旅行产生模型和旅游分布模型合二为一，提出了一个综合模型：

$$T_{ij}=[GP_iK_j^{(\alpha+1)}]\left[\frac{A_j\exp(bD_{ij})}{K_i}\right]$$

其中：①第一个方括号部分为旅游产生模型，即客源地 i 所产生的旅行次数（游客量）；②第二个方括号部分为旅游分布模型，即目的地 j 所能得到客源地 i 产生的旅游次数（游客量）的比率；③$K_i=[A_k\exp(bD_{ik})]^{\alpha}$；$(j\neq k)$式中：$A_j$ 为某一给定目的地的吸引力；K_i 为所有其他目的地的吸引力；④其他符号同上。

该模型说明的是单体旅游目的地与单体客源地之间的旅游关系，然而，在实际中，旅游客源地的旅游者不仅有一个旅游目的地，而会有多个旅游目的地可供选择。如果两个旅游目的地面对的是同一个客源地市场，就必须对以上模型作重新的解释。

可以认为：市场与旅游目的地的距离是旅游区位理论的核心问题，因为旅游客源市场决定着旅游目的地分布的基本网络。我们假定有A、B两个旅游目的地，在这两个旅游目的地中间有一个大城市C，还假定，旅游者具有对称性的旅游信息，并且按旅行效用最大化来实施其旅游行为，那么，该两个旅游目的地从城市C吸引的旅游者人数比率与两个旅游目的地吸引力大小成正比，与两个旅游目的地到城市C的距离比的平方成反比。如果，T_A、T_B 为A与B两个旅游目的地从城市C吸引的旅游者人数，L_A 和 L_B 分别表示A和B两个旅游目的地的旅游吸引力，D_A 和 D_B 为A与B距城市C的距离，则：

$$T_A/T_B=(L_A/L_B)/(D_B/D_A)^2$$

在此公式中可以看出，①两地获得同一客源地旅游者数量多少取决于两地的相对距离（D_{Aa}/D_{iB}）以及两地的吸引力大小（L_A/L_B），如果两地的吸引力基本相同，则客源地与目的地之间存在距离衰减（distance-decay）现象；②如果 $T_A/T_B=1$，说明A和B两个旅游目的地市场范围是均衡的；如果 $T_A/T_B>1$，说明 A 旅游目的地的市场范围大于 B 旅游目的地的市场范围，旅游目的地 A 就具有较强的市场竞争能力，相反，如果 $T_A/T_B<1$，说明B旅游目的地的市场范围大于A旅游目的地的市场范围，旅游目的地B就具有较强的市场竞争能力。③模型是建立在"假设旅游者可以获得足够的有关可选目的地的相关信息，不存在竞争目的地之间的信息差异"的基础上的，放松模型对充分信息的假设，则两地获取客源的实际能力将会发生变化，因此，即便是在两个原生吸引力基本相同的情况下（近似于"产品无差异"），由于其中一个加强了针对特定客源地的目的地促销力度，则可以使处于竞争的空间关系中的两个目的地产生"信息差异"，从而改变自身在竞争中的地位。

市场范围以及旅游者流向和流量,是影响旅游目的地获得最佳经济收益的两个重要的因素。市场范围大小是旅游目的地的关键,如果一个旅游目的地的市场范围是全国或整个全球,那么它就可以获得较充分的旅游客源,就可以在此基础上形成旅游区的规模经济,同时,在整个市场上也具有较强的市场竞争力。那么,旅游目的地市场范围大小的决定因素是什么呢?

一般来说,一个旅游目的地的市场范围大小取决于三个因素,即旅游目的地的市场吸引力、旅游者的旅行成本和旅游目的地宣传促销的费用及效果。我们在上节中已经对旅游资源吸引力做过一定的讨论,然而旅游目的地吸引力并不完全与旅游资源吸引力等同,旅游目的地吸引力除了与旅游资源吸引力有关外,还与旅游目的地的区域范围大小以及所开展的旅游活动类型有关。一般来说,具有一定规模的观光型旅游目的地一般具有全国性或者是全球性的市场吸引力,度假型旅游目的地具有区域性的市场吸引力,游乐型旅游目的地具有地区性市场吸引力。

有人认为,随着旅游目的地与客源地距离的增加,旅游目的地吸引力将逐渐减弱,[①]旅游目的地市场吸引力与空间距离存在着一定的联系,但更与经济距离有着重要的关系。一般来说,空间距离大,经济距离也会随之增大,但是经济距离大并不等于空间距离大,有些旅游目的地虽然距离客源地的空间距离不大,但是两地之间没有方便的交通,旅游者前往这个地区要花费更多的时间和费用,在空间距离小的条件下也会造成经济距离大的现象。因此,在现代社会里,空间距离的概念逐渐弱化,取而代之的是经济距离。旅游者出行以及他对旅游目的地的选择,主要考虑的是经济距离,而不是空间距离,对于旅游者来说,这种经济距离便是旅行成本。旅游者的旅行成本包括旅游者从居住地前往旅游目的地的交通花费以及旅途所花费的时间。一般来说,旅游者前往旅游目的地的交通费用高,所花费的时间多,旅游者所承担的旅行成本就高,那么前往该地的旅游阻力就大。因此,旅行成本的高低是衡量旅游目的地市场范围大小的重要因素。

旅游者对旅游目的地的选择不是孤立的,而是取决于他拥有的该地区的信息量。旅游者在选择旅游目的地时,不仅受旅游者个人性格、家庭、职业生活经历和出游动机的影响,同时也受到社会环境、旅游相关政策的影响。按照“经济人”的解释,“经济人”是掌握选择旅游目的地所有信息和知识的人。旅游者拥有足够量的旅游信息,并且这种信息是完全对称的,那么他完全可以根据自身的需要选择出最佳旅游目的地。但是在现实旅游活动中,掌握旅游目的地所有信息和知识要花费较高的成本,因此,旅游者并不具有“经济人”的性质,而更多的是具有“非经济人”的特征。如果旅游者在选择旅游目的地时,不拥有充分的旅游信息,并且他所拥有的旅游信息是非对称的,那么他不可能完全准确地选择出最佳旅游目的地。在这种

① 吴必虎. 区域旅游规划理论. 北京:中国旅游出版社,2001:119.

情况下,旅游者对旅游目的地的选择决策更多地受到旅游目的地市场宣传的影响。因此,旅游目的地的宣传促销的总支出大小以及效果的高低,便成为影响旅游者选择旅游目的地的一个主要因素,成为衡量旅游目的地市场范围大小的主要因素。

我们假定,旅游者前往旅游目的地数量规模取决于该地的市场吸引力、旅行成本和旅游地促销总费用,假如有 A 与 B 两个旅游目的地,它们提供给市场的旅游活动类型是相同的,旅游者前往两个地区所花费的旅行成本相同,两地投入到旅游市场上促销总费用也相同,则两地的市场竞争在范围上形成了均势。如果 A 旅游目的地通过合理的市场组织,与相关的交通企业联合,大大降低了旅游者前往 A 地区旅行成本,那么,在市场客源为一定时,前往 A 地旅游的人数将会增加,前往 B 地旅游的人数将会相对减少。如果在其他条件相同时,A 旅游目的地增加市场促销的总费用,或者总费用不变,通过各种有效形式提高宣传促销的效果,也会增加前往该地旅游者的数量。

因此,我们可以得出这样的结论:如果旅游者的旅行成本发生变化,则旅行成本低的旅游目的地市场范围扩大;如果促销费用或促销效果发生变化,则促销费用多或者促销效果好的旅游目的地市场范围扩大。因此,在市场吸引力一定的条件下,旅游目的地的市场范围大小与旅游者旅行成本成反比,与市场促销费用和效果成正比。

以上我们所讨论的是两地在市场吸引力为一定的条件下,旅行成本和促销费用的变化,对不同旅游目的地市场范围的影响。然而,实际上每个特定的旅游目的地的市场吸引力的大小和强弱是不同的。旅游者在对旅游目的地选择时,不仅考虑前往该地区的旅行成本,同时,旅游目的地市场吸引力也是他选择具体旅游目的地的一个重要的影响因素。如果不是这样,我们就无法解释那些远距离旅游者到访率反而会高于近距离的旅游者的现象。对于这个问题,张凌云指出,旅游目的地引力场与物理学上的重力场不完全相同,它更为社会化和复杂化,在研究旅游目的地的市场吸引力时,需要假设吸引力场在空间上是连续的,客源市场在空间上的分布也是连续的,旅游目的地市场吸引力的强度与旅游资源吸引力指数以及人口密度成正比,除非我们假定旅游目的地的投资、旅游开发、交通等条件不变,引力场实际上是一个非稳定的数量场①。由于同类型或不同类型的旅游目的地共同分布在一个特定的空间内,又因为旅游客源的相对稳定,那么,每个新开发的旅游目的地的产生以及原有的旅游目的地投资增加,都会对原有已存在的旅游目的地的市场吸引力指数产生影响。

(三)旅游区位与旅游企业投资选择

由于旅游目的地的区位约束条件的不同,各个处于不同区位上的旅游目的地

① 张凌云. 旅游地引力模型研究的回顾与前瞻. 地理研究,1989(1).

的区位旅游经济利益也会存在一定的差异，因此就会出现这样一个经济现象，即在同等技术与管理条件约束下，处于不同旅游目的地区位下的旅游企业的经济收益是不同的。在优势旅游目的地区位下的旅游企业，在相同的技术与管理水平约束下，它所获得的旅游经济收益要高于位于劣势旅游目的地区位下的旅游企业。因此，不同区位下的旅游企业经济效益是不同的。

我们假设有三个不同的旅游目的地，分别为 A、B、C。旅游目的地 A 由于距旅游客源地的经济距离较小（或者旅游资源所产生的吸引较大，或者市场知名度较高），在三个旅游目的地中属于优势区位，相对于 A 旅游目的地，旅游目的地 B 属于次优区位，C 旅游目的地由于距客源市场经济距离较大，旅游资源的吸引力小以及市场知名度较低，属于劣势区位。我们再假定某一个饭店集团同时在 A、B、C 三个旅游目的地投资相同规模的饭店，分别为 X_A、Y_B、Z_C，由于三个旅游目的地的区位优势不同，旅游市场需求的规模也是不同的。因此，前往这三个旅游目的地的旅游者人数存在着较大差异，A 旅游目的地每年可吸引前来旅游的人天数为 10 万，B 旅游目的地每年可吸引旅游者人天数 8 万，C 旅游目的地每年可吸引旅游者人天数 5 万，假定饭店在三个旅游目的地有相同的两种投入——X_1 和 X_2，X_1 为固定投入，X_2 为单位变动投入，在市场垄断条件下，都按 P 价格向旅游者提供住宿服务，那么，A 旅游目的地的饭店利润 $M_A = 100\ 000P - X_1 - 100\ 000X_2$，B 旅游目的地的饭店利润 $M_B = 80\ 000P - X_1 - 80\ 000X_2$，C 旅游目的地的饭店利润 $M_C - 50\ 000P - X_1 - 50\ 000X_2$。这样，与旅游目的地 B 相比较，A 旅游目的地将获得的区位利润为：$20\ 000P - 20\ 000X_2$，与旅游目的地 C 相比较，A 旅游目的将获得的区位利润为：$50\ 000P - 50\ 000X_2$。

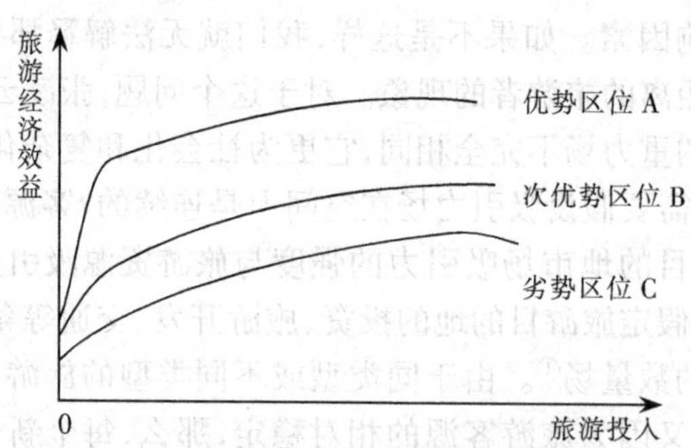

图 3–1　旅游企业经济效益与区位的关系示意图

由于存在着旅游目的地的区位优劣，会产生等量投入不能获得等量利润的现象。在这种情况下，旅游企业会增加对处于优势区位的旅游目的地的投资规模，减少劣势区位旅游目的地的投资，以实现利润最大化的目标。就是对劣势区位的旅游目的地进行投资选择时，也要考虑人口门槛问题。旅游目的地的人口门槛是指旅游目的地的企业经济规模所需的最小接待量的人口地理空间,也就是在一个特定的空间,旅游目的地的旅游企业最低限度地能加以利用的人口的地理范围。如果旅游目的地实际吸引范围小于人口门槛范围,那么在这个旅游目的地建立旅游企业是不经济的;如果大于人口门槛范围,那么在这个旅游目的地开办旅游企业就是经济的。而形成一个具体的旅游目的地实际范围与人口门槛范围的差别的原因,主要是这个旅游目的地的市场吸引力大小上的差异。因此,市场吸引力大小往往是决定旅游目的地市场范围的关键性因素。

三、旅游目的地的类型

在旅游经济活动中,旅游目的地是一个重要的空间结构。一方面,旅游经济活动大多数是围绕着旅游目的地展开的,由于旅游目的地是旅游者活动的主要依托空间,旅游者在其旅游过程中的停留是在旅游目的地,大量的消费活动也是在旅游目的地进行的,因此,旅游目的地也是一个国家或地区旅游收入的主要空间来源。另一方面,旅游目的地对旅游者的接待能力与服务能力决定着一个国家或地区的旅游供给规模,在一定程度上反映了一个国家或地区旅游综合接待能力。根据不同的划分标准,我们可以将旅游目的地划分为不同的类型。

(一)以满足旅游活动的类型划分

从旅游目的地的资源性质和特点出发,以满足旅游者旅游活动的类型为标准,可以将旅游目的地分为观光旅游地和度假旅游地两种不同类型。观光旅游目的地是那些资源性质和特点适合于开展观光旅游活动的旅游地。观光旅游主要有自然观光、城市观光、名胜观光三种类型。观光性旅游目的地既是观光旅游的空间依托,也是一种传统性的旅游目的地,在世界旅游活动中占有重要的地位。目前世界范围内的旅游活动主要是在观光性旅游地展开的。观光旅游目的地可以开展多项旅游活动,如大型活动与节庆旅游、体育旅游、会议旅游、购物旅游、商务旅游、民族风情旅游等。而其中的城市观光地,由于是集政治、经济、文化和社会为一体,涵盖的旅游资源范围较广,旅游活动空间范围较大,因此,具有较强的旅游吸引力,成为观光旅游目的地的主体。度假旅游目的地是那些资源性质和特点能满足旅游者度假、休闲和休养需要的旅游地。度假旅游目的地主要有海滨度假地、山地温泉度假地、乡村旅游度假地三种类型。度假旅游地是伴随着人们度假旅游活动的兴起而出现的一种旅游目的地。同观光旅游目的地相比较,度假旅游地虽然不能涵盖多种旅游活动,旅游活动的空间也不如观光旅游地,然而,度假旅游地却能相对延长旅游者的停留时间,提升旅游者的消费水平,所不足的是度假旅游地往往具有较显著的季节性,不利于旅游地常年经营。

(二)以目的地构造方式划分

旅游目的地在构造方式上可以是板块性的也可以是点线性的。板块性的旅游目的地是旅游吸引物紧密地集中在某一个特定区域，旅游者在这个区域内的停留过程中，虽然也会离开该地区进行一日游的活动，但所有的旅游活动在空间上都以这个旅游目的地为中心展开，都以这个旅游目的地的服务设施及旅游体系为依托。板块性旅游目的地通常是以一个主要旅游城市为中心，以现代化交通，主要是航空运输为依托而建立起来。一般来说，海滨度假地以及大的旅游城市便是板块性旅游目的地。相对于板块性旅游目的地，在点线性旅游目的地中，旅游吸引物分散于一个较广泛的地理空间内，在不同的空间点上各个吸引物之间的引力是相对均衡的，没有明显的中心吸引点。它是通过一定的旅行方式和组织将这些不同的空间点上的吸引物以旅游路线的形式结合在一起，旅游者在某一空间点只是停留一段时间，旅行方式与组织体系通常是点线性旅游目的地形成的主要条件。

（三）以目的地空间范围划分

按旅游目的地的空间范围的大小，旅游目的地可以划分为目的地国家、区域性旅游目的地、城市旅游目的地和景区四种类型。旅游目的地国家是从世界旅游空间范围的跨国旅游来划分的旅游目的地，属于国际性旅游目的地的范畴，是由多个区域性旅游目的地组成的。区域性旅游目的地是从一个国家空间范围来划分的旅游目的地，通常是由多个城市旅游目的地所组成。城市旅游目的地是从一个特定旅游区域空间范围来划分的旅游目的地，它是由多个旅游景区所组成的。景区是旅游目的地最小单位，一般来说，“景区是独立的单位、专门的场所，以一个特色为主，划分明确、面积不大的区域”①。风景名胜区、度假区、主题公园、古代遗址等都属于景区的范围。

一般来说，旅游目的地空间范围决定着旅游目的的市场范围。随着旅游目的地空间范围的延伸，空间内所涵盖旅游景区将会增多，旅游资源数量在不断地增加，旅游资源类型也在不断地扩展，旅游吸引力也在不断地增强，那么它的市场范围就必然扩大。同时，当空间范围扩大时，旅游目的地所吸引的客源市场也在不断地扩大，旅游需求的规模数量也在增多，旅游需求的市场容量进一步扩张。从这个意义出发，旅游目的地空间范围决定着这个旅游目的地的供给规模和需求规模，从而决定着旅游地的旅游经济实力。

同时，旅游目的地空间范围的大小也决定着旅游目的地的社会分工功能。作为旅游目的地最小空间单位的景区，主要承担旅游者参观、游览和观光的功能，一般不具有住宿的功能。而城市旅游地不但具有参观、游览观光功能，同时还具有完备的以住宿为主体的接待体系，以便利的公路交通作为保证。区域性旅游地则是以国内航空港以及铁路中转交通为中心建立起来的旅游服务体系，在这个体系中包括多个旅游城市、若干个旅游景区，良好的进入条件、方便的客源分流体系是区

---

① ［英］约翰·斯沃布鲁克. 景点开发与管理. 张文，等，译. 北京：中国旅游出版社，2001：7.

域旅游地的主要经济特征。旅游目的地国突出的功能是与世界主要客源地建立便利的国际航空交通，并且具有向各个区域性旅游地分散客流的经济功能。因此，各个不同层次的旅游目的地在旅游空间体系中的分工是不同的，分工的不同决定了其功能上的差异，各个不同旅游目的地之间的合理分工，便构成了一个国家旅游空间的组织结构。

无论坐落在什么类型旅游地的饭店，无论这些饭店是属于什么类型的，饭店设施作为旅游地地面建设的一个重要组成部分，“本地化”是重要的。饭店设施不论从建筑风格和设施质量上，还是从服务内容和经营方式上，只有同它所在的旅游地的类型与风格相一致，才能取得良好的经营业绩。如果旅游地内所有的饭店都具有“本地化”的特点，那么，这个旅游地才会具有特色，才会具有市场的生命力。

第三节　旅游目的地的供给能力

一、旅游供给的特点

经济学意义上的供给是指一个特定时期内生产者在各种可能的价格下愿意并能够向市场提供的商品的数量。因此，如果从旅游相关供给厂商的角度看，所谓的旅游供给就是在一定时期内企业根据不同的价格愿意并能够向市场提供的产品的数量。从旅游目的地角度看，旅游供给即包括旅游吸引物/旅游景区（点）、住宿、交通、餐饮、购物等各种设施及附加其上的服务的综合，外在表现形式往往是包价旅游产品，最大范围的旅游产品是旅游目的地。但是鉴于对服务把握的实际困难，旅游供求分析中的旅游供给往往指代相应服务的生产能力。

与旅游需求是对合成需求一样，这种生产能力也是一种合成意义上的生产能力，这也就规定了只有在整个供给系统中形成系统匹配的生产能力才是真正可能在市场上实现的生产能力。如果假设目的地供给系统中只存在旅游交通、住宿和旅游景区（点）三个部门，则任何一个部门的生产能力不平衡都会导致整个系统生产能力实现的不可能。如果进一步考虑到供给厂商之间的竞争的存在，则这种系统的匹配将通过市场机制来完成。

从图 3-2 中可以看到，因为是关联匹配的原因，所以有 $D_a=D_b=D_c$ 及 $S_a>S_b>S_c$。三个部门究竟各有多少生产能力能够完全实现则取决于瓶颈部门 c 的约束，即便是供需平衡的 b 部门的供给都无法完全实现，只能实现 S_c 个单位，这便是供给中的“短边原则”。

$S_a > D_a$ $S_b = D_b$ $S_c < D_c$	+	$S_a - D_a = X$ $S_b - D_b = 0$ $S_c - D_c = Y$ $X + Y = 0$	≠供求平衡

注：S 代表供给；D 代表需求；a 代表供给大于需求的部门；b 代表供给等于需求的部门；c 代表供给小于需求的部门；X 表示供大于求的数量；Y 表示求大于供的数量。

图 3－2　系统供求关系

旅游目的地供给的基本特点主要表现在以下几个方面：

首先是关联性。旅游供给不是单一孤立的行为，其各个组成部分是具有内在制约的关联特征的，是一个完整的体系。系统供给不能光看旅游景区（点）行业的生产能力与旅游者需求之间的力量对比，也不能光看住宿行业的供给能力与需求之间的力量对比，同样不能光看旅游交通行业的运送能力与相应需求之间的力量对比。系统组成中任何一个部分的供给与需求力量对比都可能影响到另外一个部门供给能否实现，从而决定着目的地系统供给能力的实现程度，并最终影响目的地旅游经济的质量。因此，系统供给能力的形成是各个部分供给能力耦合的结果，是市场协同的结果。

其次是空间的固定性。无论是旅游景区（点）也好，还是饭店等住宿设施也好，这些供给能力一旦形成，就很少可以移动。因此，一般地说，旅游供给是黏附在空间维度上的，具有天然的地域分割特点，无法像一般物质产品一样，可以通过将所生产的产品外运到异地市场的方式来实现产能的变相转移。我们可以将这种特性称为“不可贸易性”，旅游经济中的这种“不可贸易性”是旅游相关跨国公司出现的重要原因。

因此，在旅游经济中，①市场配额机制不是简单的考虑总量关系对比的“短边原则”，而是内含结构制约的“短缺原则”。换言之，没有结构平衡的数量平衡是没有实质意义的平衡——尽管北京有 10 000 间客房、上海有 12 000 间客房在供给总量上等于北京 11 000 间客房、对上海 11 000 间客房的市场需求总量，但这种总量均衡的意义在哪里呢？②供给体系中住宿供给只能是区域性的竞争，不同区域的住宿业之间就不可能发生自然的利润平均化过程；市场的不可扩展性也增加了各个供给厂商之间爆发恶性价格竞争的可能性；③供给的空间黏附特性使得“合意”的选择，包括区位选择变得异常重要；④尽管供给是空间黏附、地域固定的，但是在近域意义上，这种不可移动性程度是可以通过恰当的方式适当降低的，比如可以在近域范围内通过交通条件的改善与强化使住宿供给能力达到一定程度的变相转移，这一方面进一步凸显了强化旅游交通的重要性，另一方面也涉及了（地区）利益的分割与协调问题——当然仍需要通过市场途径来解决[①]。

---

① 详细分析可参见：孙天琦．地方政府行为与产业发展中的过度进入．人文杂志，1998(1).

案例3-2 京津城际铁路奥运前开通

中国首条时速300公里城际铁路16日上午全线贯通。这条铁路连接北京和天津两大北方直辖市,将在2008年北京奥运会前正式运营,届时从北京到天津仅需30分钟。

铁道部负责人介绍说,京津城际铁路是中国《中长期铁路网规划》确定的一条重要快速通道,线路全长120公里。工程建成后,对加快京津区域经济一体化进程,促进环渤海地区的经济交流和人员往来具有十分重要的作用。

据悉,该工程2005年7月4日开工建设,2008年初进入综合调试阶段,北京奥运会前将正式开通并投入运营。铁路将设置北京南站、亦庄站、永乐站、武清站、天津站五站,前三站位于北京市,后两站位于天津市。

目前,北京和天津两地常住人口达2 500万人,加上流动人口,超过3 000万人。每天两地直达或路过两地的列车约有55列,行驶时间均在1小时以上。京津城际轨道交通运营后,时间不仅可缩短到30分钟,发车间隔也可达到最短3分钟一列。半个小时就能京津互达,这可能比在北京城内堵车花费的时间还要少。

专业人士指出,京津城际轨道交通工程仅仅是中国现代化铁路建设的一个开端,通过京津城际这一工程,将为中国下一步建设一大批世界一流的客运专线和高速铁路奠定基础。

根据《中长期铁路网规划》,到2020年,中国将建成省会城市及大中城市间的快速客运通道,在环渤海地区、长江三角洲地区、珠江三角洲地区形成城际快速客运网。目前,铁路客运专线建设进展顺利。

(资料来源:http://www.news.xinhuanet.com/newscenter/2007-12/16/content_7259616.htm.)

第三是时间的固定性。旅游供给的时间固定性,一方面是指其生产能力的发挥是附着在严格的时间维度上的,不存在生产能力的储存可能,不像制造业中的生产能力没有使用的时候,尽管也存在一定的自然损耗,但基本不会影响今后的利用。但是旅游经济中的供给全然不是这样,今天没有"开动"的生产能力就永远失去了今天的价值——这使得收益管理(yield management)显得尤为重要。旅游供给的时间固定性还指供给数量变动的不可能性,供给一旦形成,不能在短期对旅游需求的变化做出及时反应,当需求扩张时,供给在短期内不能使数量有较大程度的扩张,需求缩小时,供给能力也不可能缩小。

二、旅游供给的层次分解

旅游供给主要是指旅游目的地生产能力的供给,旅游目的地的各个旅游相关供给厂商都可以形成各自的生产能力,住宿企业可以有住宿业的生产能力,旅游交通企业可以形成旅游交通业的生产能力,旅游景区(点)企业可以形成旅游景区(点)行业的生产能力,等等。这些供给厂商形成的生产能力都可以是现有技术、现有制度和现有资源条件下的最大生产能力,但由于资源配置的充分却非最优化,在一定时期内实际形成的旅游供给总是少于边界旅游供给,存在可进一步挖掘的空间。

在现有制度、现有技术和现有价格条件下形成的现实旅游供给可以分解为有效旅游供给、替代旅游供给和非意愿滞存旅游供给。有效旅游供给就是指旅游供给厂商根据既定的生产技术和销售数量的限制,为达到最大利润所形成的与旅游需求相对应的供给,这部分供给能够在市场顺利完成交易。与旅游需求的层次分解相联系,也可以将旅游者主动调整后形成的旅游需求相对应部分旅游供给称为"有效旅游供给"。但是能够完成市场交易的并不一定与旅游者的意愿就相吻合,旅游者由于在需求实现的过程中面临合意供给的数量限制,不得不与非合意供给进行交易,这部分非合意却完成了交易并产生了经济效益的供给部分,由于其实现的强制替代性特征,可以被称为"替代供给"。市场上还有一部分供给却没有这么幸运,由于其"货不对路"而无法完成市场交易,这部分供给不是由于供给厂商不愿销售而产生的滞存,因此可以称为"非意愿滞存旅游供给"。当然,由于信息不畅、供需时空错位、旅游者空间移动困难、关联供给能力的制约等其他原因供给厂商无法完成销售其全部旅游供给,剩余部分便成为非意愿滞存供给。还有一部分滞存的旅游供给和潜在的供给厂商生产能力可以称为"意愿滞存",这部分实际形成的旅游供给也不能全部进入流通。这种意愿滞存往往是有关供给厂商出于竞争的需要而采取的一种策略性行为。

进行旅游供给的层次分解最主要的意义在于从理论上揭示旅游供给增量有效性和供给存量有效化对于旅游经济运行的重要意义。所谓供给增量有效性就是供给厂商新增加的生产能力应该是有市场实现空间的;所谓供给存量有效化就是尽量将滞存的生产能力通过各种手段和途径转化为旅游经济乃至国民经济的现实推动力量。

(一)供给不同于销售

从图3-3中可以看出,只有替代旅游供给与有效旅游供给才进入了旅游者的实际消费,只有提供这部分供给的厂商才能够实现价值的回归。因此,这里要明确地区别供给与销售的概念,明确树立"并非所有现实的供给都能进入旅游经济循环"的思想观念。市场上实际发生的交换就是购买与销售,它们服从所有传统的会计等式;供给实际上仅是供给厂商在交换行为发生之前向市场发出的一种信息,是其交换愿望的最初表示而已。

(二)替代供给实现的非稳定性

从图3-3中可以看出,并非实现了的旅游供给都是有效旅游供给,完成市场交易的旅游供给是替代旅游供给和有效旅游供给的加总。但这是两种不同性质的供

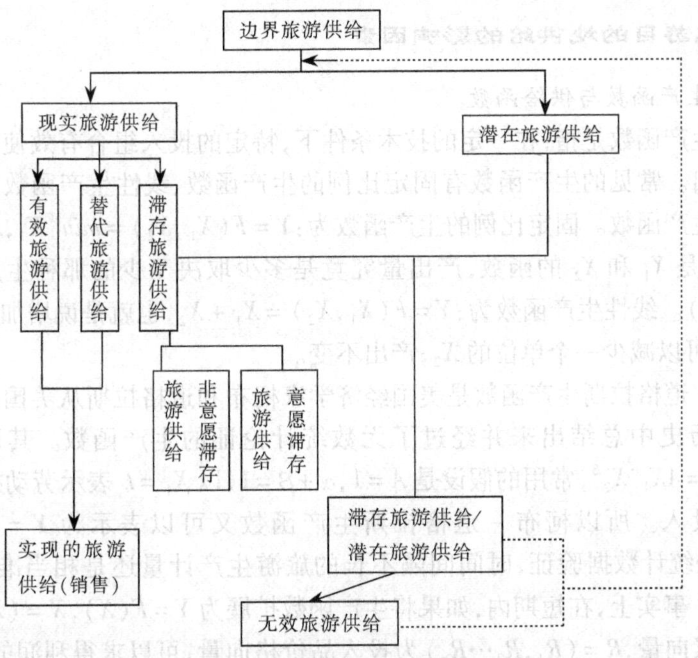

图 3–3 旅游供给层次演进关系

给。替代供给具有实现的不稳定性,比如由于三星级饭店在旺季时无法满足旅游者的需求,从而使得一些四星级或二星级饭店的客房成功售出,但是一旦旅游地的三星级饭店建设得到发展,这些二星级、四星级的饭店就可能再次沦为少人问津的供给。忽略了强制替代供给的存在,忽视了强制替代供给实现的非稳定性,则极易被"虚假繁荣"——比如二星级或四星级饭店的火爆销售的"假象"——所迷惑,从而导致旅游供给能力的过度扩张,形成无效供给增加、有效供给不足的局面,我国旅游经济发展过程中的观光型饭店和商务型饭店、观光型旅游产品与参与型旅游产品的反差就是这种情况的真实反映。同样地,在没有认清强制替代旅游供给内涵情况下,盲目削价竞争显然是无效的,这或许是有关旅游经营者屡屡削价却未见经营好转的根源之一。

(三)无效供给退出困难

尽管滞存供给中有一部分是无效供给,但是由于旅游供给自身的特征以及在特定产权制度下(如负盈不负亏的国有性质的供给),这部分无效旅游供给还会在很长的一段时间内在市场上存在,具有存在的长期性,比如有些旅游饭店已经严重亏损,但是由于存在各种退出壁垒,因而会长时间地存在于旅游饭店市场,并将对供给市场的竞争有效性产生负面影响,成为削价竞争的根源之一。

三、旅游目的地供给的影响因素

(一)生产函数与供给函数

所谓生产函数是指:在一定的技术条件下,特定的投入组合有效使用时的最大可能性产出。常见的生产函数有固定比例的生产函数、线性生产函数以及柯布—道格拉斯生产函数。固定比例的生产函数为:$Y=F(X_1,X_2)=min\{X_1,X_2\}$,也就是说,产出 Y 是 X_1 和 X_2 的函数,产出量究竟是多少取决于少的那种生产要素的量(短边原则)。线性生产函数为:$Y=F(X_1,X_2)=X_1+X_2$,也就是说增加一个单位的 X_1 的同时可以减少一个单位的 X_2,产出不变。

柯布—道格拉斯生产函数是美国经济学家柯布和道格拉斯从美国经济增长发展过程的历史中总结出来并经过了无数统计论证的生产函数。其形式为 $Y=F(X_1,X_2)=AX_1{}^{\alpha}X_2{}^{\beta}$,常用的假设是 $A=1,\alpha+\beta=1$,以 $X_1=L$ 表示劳动投入,$X_2=K$ 表示资本投入。所以柯布－道格拉斯生产函数又可以表示为 $Y=F(L,K)=L^{\alpha}K^{1-\alpha}$。经统计数据验证,时间间隔不长的旅游生产计量还是相当准确的(罗明义,1998)。事实上,在短期内,如果将生产函数扩展为 $Y=F(X),X=(X_1,X_2\cdots X_n)$ 为投入要素向量,$R=(R_1,R_2\cdots R_n)$ 为投入品价格向量,可以求得利润的最大化,并进一步在利润最大化条件下求得供给函数。即:

$$MaxP\cdot Y-R\cdot X$$
$$(X,Y)\geqslant 0$$
$$S.t.\quad F(X)\geqslant Y$$

假设短期旅游生产函数为 $F(K,L)=CK^{0.25}L^{0.25}A_{ttraction}{}^{0.50}$,式中 C 为常数,K 为资本投入,L 为劳动投入,A 为旅游吸引物的固定投入并根据旅游经济中的实际情况而进一步设为常数,则生产函数可以写为:

$$F(K,L)=(C\cdot A_{ttraction}{}^{0.50})K^{0.25}L^{0.25}$$

由于 A 为非零常值①,所以 $A_{ttraction}{}^{0.50}$ 亦为常值,故而 $C\cdot A_{ttraction}{}^{0.50}$ 为常数,以 CA 表示,生产函数进一步简化为:

$$F(K,L)=CA\cdot K^{0.25}L^{0.25}\ \cdots\cdots\cdots\cdots\cdots\cdots\cdots\ 式3.1$$

于是,供给利润为

$$\text{Ⅱ}=P\cdot F(K,L)-R_1K-R_2L-R$$
$$=P\cdot CA\cdot K^{0.25}L^{0.25}-R_1K-R_2L-R\ \cdots\cdots\ 式3.2$$

式中,R 为旅游吸引物要素价格(旅游景区点价格),R_1 为资本价格,R_2 为劳动力价格。从式 3.2 中可以求得利润最大化的一阶条件,得:

① 若 A 为零,即旅游生产函数中不包括旅游吸引物这一生产要素,则显然旅游经济发展没有了核心依托,旅游供给不可能存在。

$$(P \cdot CA \cdot K^{-0.75} L^{0.25}/4) = R_1 \quad \text{式 3.3}$$

$$(P \cdot CA \cdot K^{0.25} L^{-0.75}/4) = R_2 \quad \text{式 3.4}$$

式 3.4 除以式 3.3，得：

$$K/L = R_2/R_1 \quad \text{式 3.5}$$

所以，

$$K^* = [(CA \cdot P/4)]^2/(R_1^{1.50} \cdot R_2^{0.50})$$

$$L^* = [(CA \cdot P/4)]^2/(R_1^{0.50} \cdot R_2^{1.50})$$

将 K^* 和 L^* 代入原生产函数，可以得到短期供给函数：

$$Y = [(CA)^2 \cdot P/4]/\sqrt{R_1 R_2}$$

由于是短期供给函数，则可假设 $\frac{(CA)^2}{4} \times \sqrt{R_1 R_2} = C''$，$C''$ 为常数（*constant*），就得到简单的旅游供给函数：

$$Y = C'' \cdot P \quad \text{式 3.6}$$

（二）旅游供给规律

供给规律表明，在其他条件不变的情况下，某产品的供给量随该产品价格的上升而增加，随该产品价格的下降而减少。旅游供给也受供给规律的影响，当旅游产品的价格上升时，该产品的供给将增加，当该产品的价格下降时，该产品的供给将随之下降（见式 3.6）。这一点对于诸如住宿产品、旅游交通、旅游景点等单项供给是这样，对于整体旅游产品也是如此。

如果将旅游产品供给数量与旅游产品价格变化的相关关系描绘在坐标图上，连接这些数据点，就形成旅游供给曲线，如图 3－4 所示。

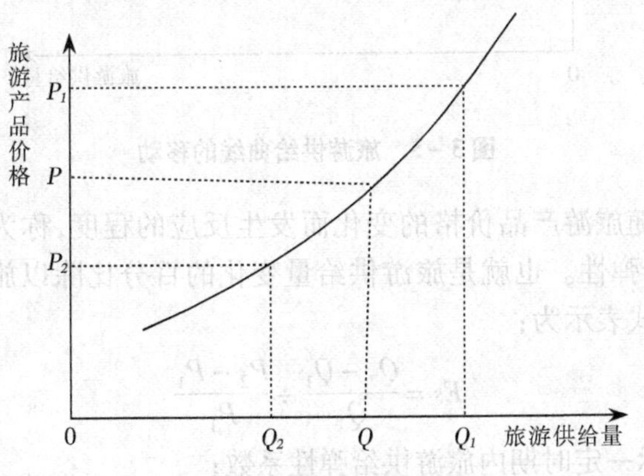

图 3－4 旅游供给曲线

从图 3－4 中可以看出，旅游价格为 P 时，旅游供给量为 Q，当旅游价格上升到 P_1 时，旅游供给量也将上升到 Q_1，当旅游价格下降到 P_2 时，旅游供给量将下降到

Q_2。也就是说，如果其他因素不变，那么旅游的价格变化将会导致旅游供给量沿所示曲线移动。

除了价格以外，影响旅游供给量的还有其他的因素，如果这些因素发生变化，那么旅游供给曲线也将会发生向左或向右的移动。比如生产旅游产品所需要的投入品的价格的变化、旅游产品生产技术的变化、自然环境的变化、社会环境的变化、预期的变化，甚至获得信贷的难易程度的变化等都会影响旅游供给曲线的移动。

如果旅游住宿设施的建筑技术发生了重大的突破，将会降低产品的生产成本，此时可能会导致旅游供给曲线向右移动；如果厂商相信随着人们收入的增加，会有更多的人选择旅游的方式来丰富知识、怡情养性，那么他们会增加旅游供给能力，从而使旅游供给曲线向右移动；如果政府发现旅游业是一个高赢利的产业，因此决定增加针对旅游企业的税收，那么旅游供给曲线将向左移动。如此等等。

总之，如果除了旅游产品价格以外的其他因素将对旅游业的发展有益，则长期旅游供给曲线将向右移动，如果发生对旅游业不利的变化，则长期旅游供给曲线将向左移动，如图 3－5 所示：

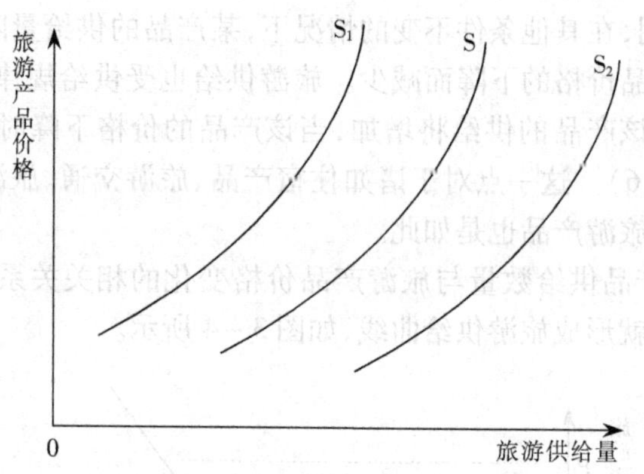

图 3－5　旅游供给曲线的移动

旅游供给量随旅游产品价格的变化而发生反应的程度，称为旅游供给价格弹性，简称旅游供给弹性。也就是旅游供给量变化的百分比除以旅游产品价格变化的百分比。用公式表示为：

$$Es = \frac{Q_2 - Q_1}{Q_1} \div \frac{P_2 - P_1}{P_1}$$

其中：Es 表示一定时期内旅游供给弹性系数；

Q_1 表示期初旅游供给量；Q_2 表示期末旅游供给量；

P_1 表示期初旅游产品价格；P_2 表示期末旅游产品价格。

由于旅游供给量与旅游产品价格之间是一种正相关关系，所以该系数始终是

正数,具体有以下几种情况[1]:

(1)$Es=0$,旅游供给无弹性。在这种情况下,无论旅游价格如何变动,旅游供给都不发生变化。此时,旅游供给曲线表现为一条与纵轴平行的线。

(2)$Es<1$,旅游供给弹性不足。在这种情况下,旅游价格若发生变化,只会引起旅游供给量较小幅度的变化。此时,旅游供给曲线表现得比较陡峭。

(3)$Es=1$,旅游供给处于单一弹性。在这种情况下,旅游价格若发生变化,则会引起旅游供给相同幅度的变化。

(4)$Es>1$,旅游供给弹性充足。在这种情况下,旅游价格稍有变化,便会引起旅游供给量更大幅度的变化。此时,旅游供给曲线表现得非常平缓。

当然,旅游供给量对价格的反应需要区分短期和长期(见图3-6)。一般而言,如果将存量不变条件下的供给视为短期供给曲线,将存量可以调整条件下的供给视为长期供给曲线,则长期供给曲线的弹性要比短期供给曲线的弹性大。因为,尽管在长期内,涉及旅游供给的各种要素可以进行调整,但是在一个较短的时间内,即便旅游产品的价格上升,由于:①旅游供给的增加涉及资源开发、设施建设、人员补充等,这些都存在时滞;②有效旅游供给的扩大受到环境容量和社会合作等多方面因素的制约;③旅游设施一般有较强的资产专用性,退出壁垒较高,所以旅游供给弹性往往较小。

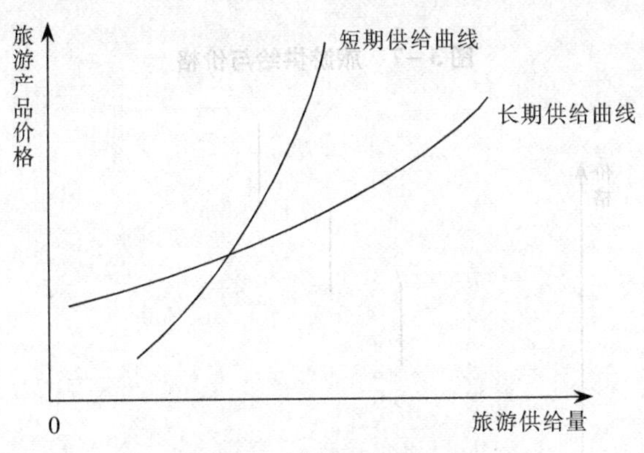

图3-6 旅游供给曲线

在以上分析中,供给随价格的变化而变化是建立在一个大尺度分析空间时所表现出来的特征。如果将分析的空间转移到一个小尺度的旅游地区的旅游供给,则情形可能会发生一些意外的变化,①如图3-7所示,价格与供给量之间的关系示意图中将会在曲线的高端出现与价格轴平行的直线:在直线高端,供给数量将不随价格的变动而变动;在A、B之间,由于价格的提高,增多了供给厂商改善管理或者

---

① 需要特别注意的是,在同一供给曲线上的不同点的弹性是不同的,越是在供给曲线的左下角则弹性越大,越是在供给曲线的右上角则弹性越小。

改善利用能力及效率的机会，从而相对地可以随着价格的提高而增加供给数量。②如图3－8所示，价格与供给之间的关系表现出跳跃性，当价格上升到一定程度以后，供给无法继续扩大；当价格下降的时候，供给表现为跳跃性地减少。比如在一个价格区间，价格的下降不会导致住宿供给的数量变化；但是当价格突破这个价格区间时，就会出现企业的亏损，只要这些企业是真正的自负盈亏的市场主体，则某些企业将会倒闭，住宿供给数量呈现跳跃性变化。

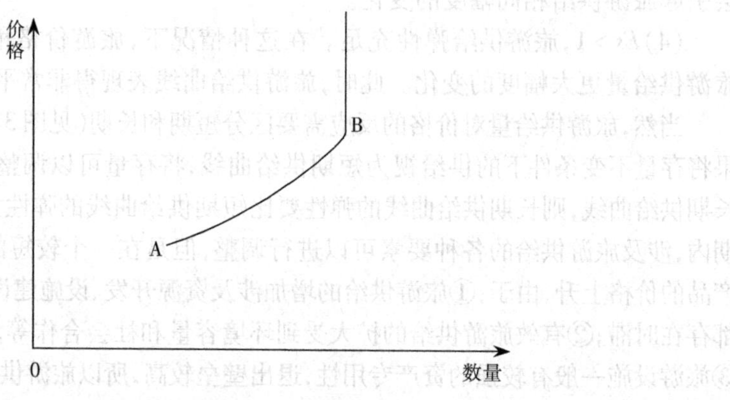

图3－7　旅游供给与价格

图3－8　旅游供给与价格

（三）影响旅游供给的因素

影响旅游供给的因素除了旅游产品价格以外，还有旅游吸引物因素、经济因素、政策（投资、贷款、税收）因素、管理和服务因素、科技因素等。

1. 旅游吸引物因素

旅游吸引物的最基本作用在于吸引旅游者，是纯粹意义上的旅游活动得以产生的基本前提,也是旅游供给的核心依托。新的旅游吸引物的发现和创造、原来的吸引物的创新利用等,比如新的考古发现、新的自然奇观的发现等,这些都会增加旅游供给。在冰雪旅游开展以前,北方的冰和雪并不是旅游吸引物,北方的旅游供给也由于季节原因受到影响;在旅游发展的初期,"老少边穷"同样是旅游供给扩大的限制因素,但是在现在,这些甚至也成了发展旅游业的一个优势。

当然,围绕旅游吸引物开发而成的旅游景区(点)是一个自然单元,所以面临着自然容量的限制。旅游景区(点)以及其他相关旅游配套供给主要存在于目的地,目的地是一个经济、社会空间,因此供给同样会受到目的地经济容量、社会容量等的限制。

2. 经济因素

旅游目的地能否及时扩大旅游供给的规模,提升旅游供给的质量,其中一个关键的因素是它是否有足够的经济实力,这一点对发展中国家和地区的影响尤为重要。发展中国家或地区在发展模式上大多选择先发展国际入境旅游,而它们原有的发展旅游业的基础都比较差。随着国际入境旅游的发展,这些国家或地区需要迅速更新和完善原有设施条件,大力开发旅游资源,增建旅游服务设施,而这些都需要以大量的资金投入为保障。这就与这些国家和地区希望借助发展旅游业带动落后的经济的初衷相矛盾。经济发展水平较低限制了旅游供给在规模和质量上的迅速发展。相反,在经济发达国家与地区,有足够的经济实力,可及时地根据旅游发展的需要进行旅游硬件和软件的投资,迅速扩大旅游供给规模,提高旅游供给的质量,在较高层次上满足旅游者的需求,获得较高的旅游者满意度,从而使旅游业较顺利地进入到一个良性循环中。

3. 政策因素

旅游目的地的政策是支持还是限制旅游业发展,将会影响该地的旅游供给。在1998年的中央经济工作会议将旅游业列为我国国民经济新的增长点后,各地也出台了不少支持旅游业发展的政策措施以利于扩大旅游供给。这些扶植政策和措施包括税收政策、财政政策等。诸如对旅游企业的低税率或进口关税的减免等优惠税收政策将会引导旅游供给增长;对旅游企业的财政补贴等积极的财政政策和提供低息贷款等积极的投资政策也将刺激对旅游业的投资,促使旅游供给不断扩张。我国旅游饭店设施之所以能够在一个比较短的时间内迅速扩大,很大程度就是因为实施了积极的扶植旅游业发展的政策,比如"国家、地方、部门、集体、个人一起上,利用外资和自力更生一起上"的旅游投资政策等。

4. 管理和服务因素

旅游供给的内涵式扩大需要管理和服务层面的支持,良好的管理和服务可以促进供给效率的提高,从而相对地提高旅游供给。服务本身就是旅游产品供给的组成部分,因此,良好、迅速的服务将很自然地提高旅游供给的能力和质量。管理要素对旅游供给的影响主要是良好的管理可以更加合理地组合生产要素，使各种要素协调一致地参与供给能力的创造，促进供给效率提高的管理可以相对地增加旅游供给。良好的管理同样有助于扩大旅游景区（点）的自然容量，从而对旅游景区（点）的供给产生积极影响。

5. 科技因素

科学技术是第一生产力。科技因素对旅游供给的影响主要表现在现代科技因素对旅游供给因素的影响上。科技越发达，则利用同样数量的生产要素就可以生产出更多的产品，或投入较少数量的生产要素生产出较大数量的产品。同时，科技越发达，则预示着建设同样的旅游项目将可以在较短的建设周期内得以完成，使供给结构的应变性调整富于弹性，同时还意味着在同样的周期内，将可以形成更多的旅游供给能力。

6. 预期因素

供给厂商的预期是进入或退出市场的重要影响因素。如果相关的供给厂商对旅游业前景看好，他们就会有动力增加旅游供给；如果他们对旅游业前景看淡，则会减少旅游供给。为此，政府会采取各种措施以改善投资者的预期。我国早期发展旅游时的政府积极介入旅游饭店建设，以及2000 年13 亿元的旅游国债资金投入等，都向市场发出了旅游业良好发展前景的预期，带动了投资者的信心。一些投资保全措施客观上也起到了改善投资者预期的效果。投资保全的措施主要有保证不收归国有、自由提供外汇、允许利润自由汇出国境等，以及东欧一些国家采取的“祖父条款”①等。

第四节　旅游目的地演进与创新

一、旅游目的地短期波动

（一）基本含义

旅游目的地在发展过程中大都存在着短期经济波动，具体表现为流向旅游目的地游客数量的变化，以及由游客数量变化所决定的旅游目的地经济收入的变动，我们将这种现象称为旅游目的地的短期经济波动。所谓旅游目的地短期经济波动是指在一个自然年周期里，由于游客流量的变化所引起的旅游目的地实际接待数量与门槛规模和最大规模之间的矛盾现象。

① “祖父条款”源于美国。1867 年前，美国南方7 州宪法规定白人祖先内战前有选举权者，其子孙即使是文盲也享有选举权。后引申为“不溯既往条款”，免受新法规的限制。东欧一些国家实行了这一条款，国外投资者对不利于他们的立法变化的豁免期最长可达10 年。

我们假设某一个旅游目的地，门槛规模为日接待量为5 000人，最大接待量为15 000人，当旅游目的地实际接待量不足5 000人时，实际客流量低于门槛规模，旅游目的地的旅游企业便会出现亏损现象，当接待人数超过15 000人时，旅游目的地由于接待设施以及景区容量不足，不能满足所有旅游者的旅游需要。在这两种情况下，相对于旅游目的地拥有的接待规模，会出现短期内的过剩需求与过剩供给现象。

旅游目的地的过剩需求与过剩供给是旅游目的地短期经济波动的两种表现形式。过剩需求是旅游目的地的最大接待容量不能充分满足旅游者需要的市场状态，过剩供给是旅游需求规模不能满足旅游目的地门槛规模需要的市场状态。我们通常所说的旅游地的旅游旺季与淡季，便是旅游目的地过剩需要与过剩供给的两种表现形式。

无论什么样类型的旅游目的地，都会存在过剩需求与过剩供给的现象。研究过剩需求与过剩供给现象的原因时，可以归结为两个：一个是旅游目的地的供给因素，另一个是旅游需求方面的因素。作为一个特定的旅游目的地，受旅游资源性质和地理环境特征决定，不同的时间或季节，其旅游吸引力会呈现出强弱和大小的变化，使得旅游目的地观赏价值、度假价值在不同季节里出现较大的波动，这种旅游价值的波动必然会对旅游者在出游时间的选择上产生影响。从旅游需求方面来看，受人们休假制度以及工作日制度的影响，人们的旅游需求具有明显的时间性。特别是人们的假日时间在全年分布上的不均衡，会对旅游目的地的需求规模形成一定的时间约束。以上两个因素是形成旅游目的地的过剩需求与过剩供给的主要原因。

诚然，过剩需求与过剩供给并不是旅游目的地独有的经济现象，商品经济的各个生产领域都会或多或少地存在这种经济现象。所不同的是，与其他生产领域相比较，旅游目的地的过剩需求与过剩供给经济现象具有特殊性，主要表现为旅游目的地的过剩需求与过剩供给是一种同时并存的经济现象，在同一时期内，旅游目的地都会出现过剩需求与过剩供给的现象。不仅如此，两者之间的转化速度也是惊人的，过剩需求与过剩供给可以在月与月、旬与旬，甚至是日与日之间发生转变。需求与供给之间对比关系如此频繁地变换，是旅游目的地短期波动的主要特点。

（二）旅游目的地短期波动的影响

旅游目的地短期波动存在的直接影响是管理者或投资者难以确定一个具体旅游目的地供给规模数量，这在一定程度上给旅游目的地的建设和宏观控制造成了困难。在旅游目的地的供给规模确定时，在旅游需求存在时间变化的情况下，研究全年供给规模与全年需求之间的平衡是没有意义的。因为它并不能解决在一个特定时间内（如一日）供给与需求之间的矛盾。在供给总规模超过全年需求总规模的状态下，在一个特定时间内，由于旅游需求的时间性与季节性旅游目的地的供给不能满足需求的现象还会出现，这时，旅游目的地供给规模的界限究竟是什么？

旅游目的地要想获得良好的经济收益以及较佳的服务质量，需要确定旅游目的地科学供给规模,并以此作为界限来指导该区域内的旅游设施建设以及景区容量的确定。表面上看,这个问题似乎不难解决,但如果我们深入研究或着手进行这项工作时会发现,要确立一个科学的旅游目的地供给规模是一件十分困难的事情。

由于旅游需求存在着时间差度,旅游目的地的日接待规模确定便有三种标准可以选择,即按全年日最大需求量、日最小需求量和日平均需求量。如果按全年日最大需求量确定旅游目的地供给总量,虽然可以消除过剩需求现象,但却不能消除过剩供给的现象,在全年大多数时间里,过剩供给将经常出现,这时,旅游目的地虽然可以保持较优质的服务质量和接待标准,旅游者在任何时候前往旅游目的地都能享受较好的接待服务,然而由于旅游目的地长期处于过剩供给的状态,投资不能得到回报,经济效益低下。相反,如果按全年日最小需求量确定旅游目的地供给总量,虽然可以消除过剩供给现象,但却不能消除过剩需求的现象,在全年大多数时间里,过剩需求将经常出现,这时,旅游目的地虽然可以保持较好的经济效益,旅游设施保持较高的出租水平,但却以牺牲旅游者的旅游质量为代价。在这种情况下,旅游者在非旅游淡季的任何时候前往旅游目的地,都不能享受较好的接待服务,甚至不能实现其旅游的需要。

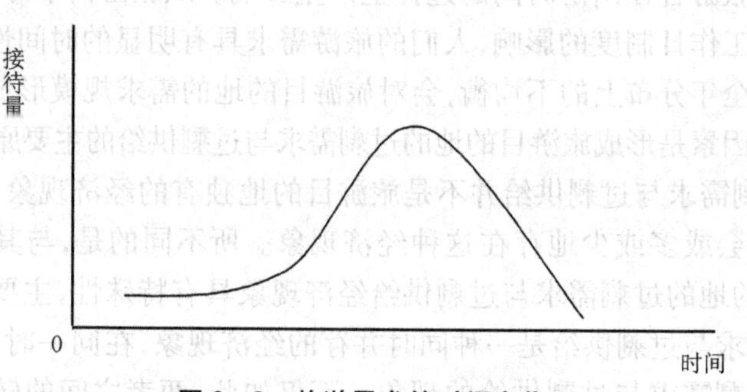

图 3-9 旅游需求的时间变化

即使按全年日平均接待水平确定旅游目的地供给规模,也只是在某种程度上缓和了两者之间的极端问题,而不能完全解决或者消除这种现象。如果这种现象必然存在,那么就会引发出另一个问题——旅游目的地的旅游质量随着时间的变换而产生波动的现象。

供给一定时,旅游目的地所提供的服务通常会随着需求的集中及超常规的增长而发生质量下降。在一个特定旅游目的地,尽管由设施、景区以及劳动力所组成的供给能力是一个常量,在需求充足的环境中,基本供给还是有较大的弹性的。虽然前往景区的旅游者超过其合理容量的几倍以上,也能达到观光或者度假的最低要求,客房爆满也可以利用其他设施来接待旅游者。供给的有限弹性,虽然能保证旅游者得到基本服务,但却不能提供优质的服务。因为在这种条件下,旅游目的地要使供给去适应需求，必然会放弃旅游服务的深度来换取旅游服务的广度，也就是通过降低每个单位旅游需求的满足程度达到接待更多旅游者的目的。

二、旅游目的地周期性演进

(一)一般理论

旅游目的地作为一种地理现象与旅游现象的结合，形成了自己特有的运动规律。在对旅游目的地经济周期概念的理解上有不同的认识。从地理学角度出发会认为旅游目的地经济周期是旅游地的生命周期问题，而从市场学角度出发则会认为旅游目的地经济周期应该是旅游产品生命周期问题，还有的学者认为应是旅游景点的生命周期问题。

如果用接待规模和收入水平这两个指标，考察一个具体的旅游目的地在一个特定时期内的变化，我们可以发现旅游目的地的确存在着一个类似于生命周期变化的现象。有的学者便认为这就是旅游目的地的生命周期。加拿大旅游学者巴特勒认为，旅游目的地生命周期经过六个阶段：探测阶段、参与阶段、发展阶段、巩固阶段、停止阶段、衰退或复苏阶段。探测阶段是旅游目的地发展的初始阶段，其特点是旅游目的地只有零散的游客，旅游地只有一些景点，没有特别的设施，旅游目的地的自然和社会环境也未因旅游活动而发生变化；在参与阶段，随着旅游者人数增多且形成一定的规模，本地居民开始为旅游者提供一些简便设施，旅游需要的市场范围开始出现，旅游季节也逐渐形成，旅游目的地的社会生活也因旅游发生了一定的变化；而到了发展阶段，在大量广告以及旅游者的宣传下，一个成熟的旅游市场已经形成，外来投资的增加，使原有的简便设施更新，现代化旅游设施大量出现，旅游目的地的经济结构发生了根本性变化；旅游目的地经过发展阶段后便进入了巩固阶段，在这一阶段里，游客增长率虽然下降，然而旅游者总量却在不断地增加，旅游需求市场范围随着旅游目的地的吸引力增加以及形象宣传在不断地扩大，当地的经济结构与旅游经济紧密联系，旅游经济的贡献率也在不断地增加；到了停滞阶段，旅游目的地的接待量以及游客数量达到最大，旅游环境容量已趋于饱和，市场在很大程度上是依赖于重游客人或会议客人，自然和文化的吸引物被人造设施所替代；随后旅游目的地将进入衰退或复苏阶段，在这个阶段里，旅游目的地无论是吸引范围还是游客量已不能与新的旅游地相竞争，面对一个衰退的市场，旅游设施因旅游地对游客的吸引力下降而消失，生存能力是旅游目的地的主要问题，旅游地已失去原来的旅游功能。有些旅游目的地如果增加人造景观吸引力或者是发挥未开发的自然旅游资源的优势，便可重新启动市场，进入复苏阶段①。

对旅游目的地是否存在生命周期，是一个值得讨论的问题。特别是在研究方

① 保继刚. 旅游地生命周期研究进展//保继刚，等. 旅游开发研究. 北京：科学出版社，1996：26－27.

法上，利用产品生命周期的理论来解释旅游目的地的演变过程也是值得商榷的。诚然，一个旅游目的地由于投资以及市场变化，必然存在一个动态的发展过程，存在着周期变动的现象。面对这种现象，是不是说只要旅游地存在这样的一个变动，它就是一种市场学意义上的生命周期现象，就必然存在一个成长、发展和衰退的经济周期。如果巴特勒的旅游目的地生命周期理论假设存在，不同的旅游地都必然按六个阶段的过程演变，那么旅游目的地也就必然存在着生命周期的内在规律，也就是说，无论什么性质的旅游目的地都必然具有一个生命周期。须知，旅游地周期性产品之所以存在生命周期，是因为产品的内在规律的市场变化，而不是由旅游地资源性质决定的。旅游地的旅游资源同旅游产品是两个不同的经济范畴，旅游产品虽然是依据于旅游地特定旅游资源，经过合理组合而形成的，然而，它更具有技术性和市场性的特点，旅游地产品的生命周期的变化是受旅游地产品的技术性和市场性等因素的影响，它与旅游地的资源因素没有更直接的关系。除了以人造景观为主体的旅游地之外，大多数旅游地的旅游资源是不可再生的，由这些具有不可再生自然资源为基础而形成的旅游地，除了大规模的人为性破坏，一般都不会出现大规模早衰现象。

(二)旅游地周期性演变形式

旅游地演变一般要经过四个阶段。

旅游地发育阶段。这是旅游地发展的初始阶段。在这个阶段里，旅游地的旅游经济发育程度低下，市场知名度较小，虽然在旅游地区域内存在一定质量与数量的旅游资源，但这些资源大多数处于一种原始未经开发的状态，并没有形成足够的旅游吸引力。旅游地的市场范围仅仅限于地区内或周边地区的少数游客。由于旅游地缺乏足够的市场吸引力，区内的旅游设施不足，旅游接待设施的数量与旅游服务体系都不具有大规模旅游接待的能力。

这时，旅游地的发育是在旅游需求拉动下，首先是从景点景区的资源开发进行的。旅游地的发育过程是一个旅游需求的拉动的过程。旅游需求拉动有两种方式，一种是“内生型”旅游需求的拉动，一种是“外生型”旅游需求的拉动。“内生型”旅游需求拉动是旅游地区域内产生的旅游需求促进旅游地发育；“外生型”则是区外周边地区或者更远的客源地对该地区的旅游需求的拉动。前者是一种具有双重属性的旅游地，后者是一种具有单项属性的旅游地。但无论什么性质的旅游地，它的发育都是在旅游需求的拉动下形成的。

一般来说，旅游地在“内生型”或者“外生型”旅游需求的拉动下，是从景点景区的资源开发入手而发育的。景点景区的资源开发也有两种形式：一种是借助于当地的自然环境和人文景观来开发一个或多个景点或景区，如风景区的开发建设、古代遗址等开发建设都属于这种形式；另一种是通过人造景观的建设，形成一种新的旅游资源，如游乐园、主题公园开发建设等。国内一些学者认为，这两种旅游地开发方式的选择取决于旅游地的性质,自然资源不足但客源充足的"客源型"旅游地,景点景区的开发一般选择第二种方式,而具有丰富的旅游资源的"资源型"旅游地,景点景区的开发建设一般选择第一种方式。景点景区的开发模式取决于区域内的资源条件和市场条件。

当一个地区在旅游需求拉动下,对区内旅游资源进行景点景区的开发后,在景点景区内的设施建设形成了一定数量的接待容量时,还不能认为此时的景点或者景区就是一个旅游目的地,而只能是一个旅游活动的观光点,或者称为初期的旅游目的地。初期旅游目的地的主要旅游特征如下:旅游者的旅游活动以观光性为主,参观性门票收入在旅游总收入中占有较大的比重;旅游者在旅游地停留时间较短,消费水平较低,旅游地仅仅是旅游者全程旅游活动中的一个空间点,旅游地的市场范围仅仅是区域性的,客源市场具有同一性;旅游地的服务体系单一,主要是围绕着景点观光活动而形成的产业与设施的配套;区内为旅游者提供直接服务和间接服务的人员在总人口中占较小比例,旅游收入在区内国民经济总收入中占较小比例,旅游产业还没有成为特定区域内一个重要的产业。

旅游地成长阶段。旅游地在经过发育阶段后,将进入一个成长阶段。由发育阶段向成长阶段演变的一个重要标志是,旅游地从景点景区开发转向各类旅游设施的建设与开发,大规模的旅游设施开发是旅游地进入成长阶段的主要表现形式。随着旅游需求的大幅度增加,旅游地某些位置优越、旅游资源丰富的地方成为旅游活动的中心,大量旅游设施的聚集与旅游企业特别是饭店企业在地点上的集中,使这个地区成为旅游地的核心,形成了旅游地中心地区。成长阶段中的旅游目的地主要经济特征:旅游收入中门票收入所占比例逐渐降低,食宿性、购物性和娱乐性收入所占比例逐渐增加;旅游者在旅游地停留时间一般在一天以上,消费水平大幅度提高,旅游地成为旅游者全程旅游活动中的一个主要目的地;旅游地的市场知名度提升,市场范围不仅仅是区域性的,客源的市场范围不断延伸,区域外的旅游者大量流入,并占有一定的比例;随着旅游设施的建设,旅游地的服务体系围绕着旅游设施而形成的产业与基础设施配套;区内为旅游者提供直接服务和间接服务的人员在总人口中占有一定的比例,旅游收入在区内国民经济 GDP 中所占比例达到 5% 以上,旅游产业成为特定旅游地国民经济的一个重要支柱产业。

旅游地成熟阶段。旅游地在经过成长阶段之后,将进入成熟发展阶段。成熟阶段与成长阶段的主要区别在于,旅游地从旅游设施开发建设转入旅游服务体系建设和旅游经济体系的提升。这时,旅游地无论旅游服务质量,还是旅游经济综合效益都远远高于成长阶段。具体表现为:旅游收入中门票收入所占比例逐渐降低,食宿性、购物性和娱乐性收入所占比例达到 80% 以上;旅游地从"点线型"旅游体系转向"板块型"旅游体系,旅游地成为旅游者最终旅游目的地;旅游地的市场知名度较高,随着旅游服务体系的完善,旅游综合经济实力不断增强,区内为旅游者提供直接服务和间接服务的人员在总人口中所占比例达到15%以上,旅游收入在区内国民经济GDP中所占比例达到10%以上,旅游产业成为特定旅游地国民经济的一个重要支柱产业。

相对均衡发展阶段。当旅游地经过成熟发展阶段后,将进入一个相对均衡的发展阶段。相对于前三个阶段,这个阶段经历的时间较长,又可称为旅游地后旅游化阶段。这个阶段是通过新景区的开发以及旅游地的扩散效应来实现其均衡发展的。

应当指出,旅游目的地生命周期研究的关键不在于旅游目的地发展究竟应该划分为几个阶段,是不是应该按部就班地经过这些阶段,每个阶段究竟应该持续多长时间,作为分析的基本框架;重要的是实践者要去发现影响这种发展变化的内在原因。Haywood(1986)指出任何旅游地最后的成功以及它们的演进都要受到七大因素影响(见图3-10)。这些因素包括已有目的地之间的竞争、新目的地的开发、旅游的替代品发展、反对旅游开发的团体、交通供给厂商和旅行社等的作用、旅游者的需要和预期以及价格敏感性、政府干预及立法机构的影响等。Haywood(1992)进一步指出,旅游地生命周期模型应该是动态的、开放的,应该关注旅游相关企业之间的竞争以及目的地的区位问题,他认为旅游地生命周期理论需要考虑影响旅游系统中供给方面的众多复杂因素,特别是私人企业的状况。

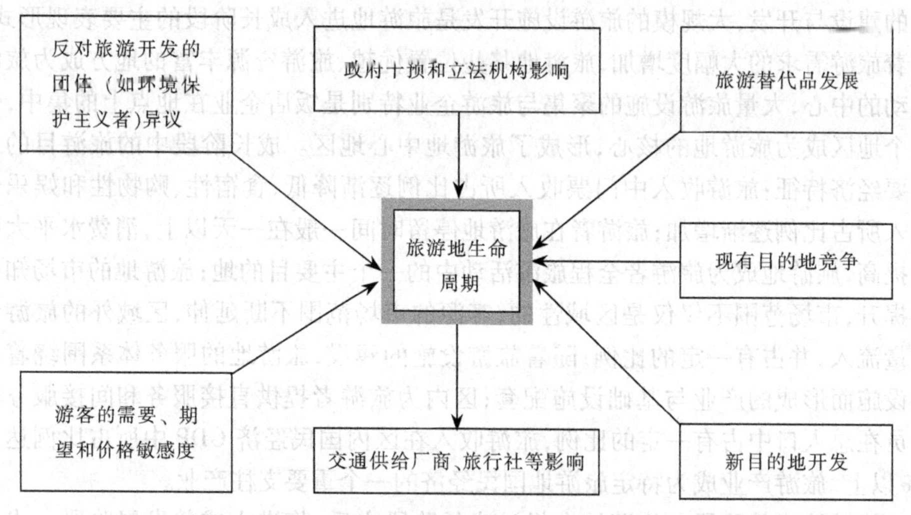

图3-10 旅游地生命周期影响因素(Haywood,1986)

案例3-3 深圳世界之窗娱乐项目开发与生命周期

深圳世界之窗是一个以弘扬世界文化精华为主题的大型文化旅游景区。从1994年6月18日正式开业11年来,共接待中外游客3 000万人次,经营收入33亿元,实现利税13亿元。在游客入园人数和经营收入方面连续十一个春节黄金周均列深圳市主题公园第一。

1998年以来,深圳世界之窗实现了年年有新项目、年年有新活动、年年有新节目的发展目标。根据市场需要不断推出新的旅游产品,先后开发了探险漂流、滑雪场、丛林穿梭、数码影院等十多个大型项目;开发一个新项目、形成一个新景点、推出一种新文化,使景点由开业之初的118个增加到130余个;策划推出了国际啤酒节、世界歌舞节、樱花节、摇滚音乐节以及埃及、印度、南美文化周等一系列精彩的主题活动;推出了如《东方花坛》《梦之旅》《创世纪》《飞跃无限》《拥抱未来》和《跨世纪》等多台大型演出,特别是大型史诗音乐舞蹈《创世纪》荟萃世界文明发展史的精彩片段,以战争与和平为主题,运用现代演艺技术,展现出"想不到的恢宏壮丽,看不尽的盛世繁华",赢得了广泛的赞誉,已演出近2 000场,观众人数超过600万人次,成为全国旅游行业最具特色和代表性、最吸引游客的经典文化产品。最近,深圳世界之窗又推出了一台以爱情为主体的《千古风流》晚会奉献给广大游客。这样,景区通过不断的创新发展,增加了景区功能,实现了由静态观赏型向观赏、参与、娱乐复合型的转变,不断增强了主题公园景区的生命力,游客重游率持续提高,景区的生命周期也在不断创新中延续。自1998年以来实现了利润的持续增长。2000年、2001年、2002年连续三年实现利润超亿元;2003年虽遭遇非典冲击,但仍超额完成了经营指标;2004年又实现利润超亿元。2005年上半年已实现利润6 048万元。

(资料来源:王长乐. 以创新精神发展主题公园:深圳世界之窗的实践//魏小安,王洁平. 创造未来文化遗产. 北京:中国人民大学出版社,2005.)

三、旅游目的地的容量

在旅游目的地演进中,必然要对其可持续发展问题加以特别关注,而旅游的可持续发展又必然涉及旅游容量问题。

(一)基本含义

从起源来看,旅游地容量的概念是从地理学的环境容量延伸来的,在许多研究文献中,却将旅游地容量与旅游容量混为一谈。其实两者具有本质上的区别。从概念属性分析,旅游容量是一个行业概念,是旅游产业承载力的问题;旅游地容量则是一个空间概念,是旅游地的承载力的问题。两者虽有联系,但在研究对象上有着根本的不同。旅游容量是从整体旅游产业的角度出发来研究旅游综合接待能力,它既包括了旅游地容量,也包括了通往旅游地的各种交通容量以及服务容量,是一个全行业的概念;而旅游地容量则是从一个具体的旅游目的地出发,来研究这个地区由旅游资源和地面设施组成的接待能力,是一个地区概念。

既然旅游地容量概念是从地理学中生态环境研究中延伸过来，那么对此概念的理解就不能不受到生态环境方面的影响。根据世界旅游组织对旅游地容量的解释，旅游地容量是指提供使旅游者满意的接待并对资源产生很小影响的条件下，所能进行旅游活动的规模。按照这个定义，旅游目的地容量用接纳旅游者人数来表示，也与旅游目的地的开发强度具有一定的关系，是以环境为中心来展开旅游地容量研究的，因此，这种解释可以说是从环境容量的角度来认识旅游目的地容量。

既然旅游活动是一种人与环境的结合，那么旅游容量也必然受两个方面决定，一个是旅游地环境性质与结构，一个是旅游活动性质与结构。同时，旅游活动不仅对环境有影响，而且对社会、经济也会产生影响。既然容量问题是一个旅游地接待旅游者的规模以及由此而产生的对当地社会和经济作用的数量问题，那么，对旅游目的地容量的认识，就不能简单地以环境标准作为唯一标准来定义旅游容量，它可能是包括环境、经济、社会等多种标准的集合。旅游地不仅仅是一个环境问题，同时也是一个旅游经济系统，旅游容量作为一个全面反映旅游地旅游活动的一个综合性指标，仅仅用环境标准来说明这样一个特定空间内的旅游经济系统，是难以全面把握旅游地容量的全部。“把旅游容量简单地看作任何一个具体方面的容量都是不妥当的，旅游容量应是一个概念体系，它只是这些具体容量概念的通称。”①

（二）旅游地容量体系

旅游地作为一种综合的社会、经济、环境和文化的空间现象，那么旅游地的容量认识也是多方面的，这是形成旅游地容量体系的关键。就旅游容量的界定而言，至少需要满足以下条件：①不能过度利用，从而保证自然生态具有自我更替能力；②应该充分考虑旅游者的旅游经历质量，保持合适的满意度；③考虑旅游发展与其他产业发展的配套水平和当地社区对发展旅游的反应，将当地社区从发展旅游中获得的利益与为发展旅游所付出的代价的比较保持在一个恰当的水平。因此，旅游容量的简单构成体系应该包括：①生态容量；②经济容量；③物质容量；④心理容量；⑤社会容量（基于旅游者的社会容量和基于当地社区居民的社会容量）。其中“①”和“②”是基于供给角度的容量度量，而“③”和“④”则主要是基于需要角度的容量度量。

旅游地容量之所以形成生态容量、心理容量、社会容量和经济容量的容量体系，主要在于我们对旅游地旅游活动的考察或者研究的主体不同。由于旅游地的旅游活动离不开特定的自然生态环境，是在特定环境下进行的，就必然会产生一个生态容量问题。因此，生态容量是从自然生态环境出发来考察旅游活动的影响的，“立足于当地原有的生态环境，考察自然环境对于旅游场所产生的旅游污染物能够

① 楚义芳．旅游的空间经济分析．西安：陕西人民出版社，1992：108.

完全吸收与净化”①,是从生态环境净化和吸收能力的角度来认识旅游地容量的。旅游地的活动是在特定的经济环境下进行的,它也离不开当地的经济条件,同时,旅游活动也会对当地经济活动产生诸多的影响,因此,经济容量是从特定区域内的经济环境的约束条件以及旅游活动对当地经济影响的角度出发来研究旅游地的容量的。旅游物质容量一般又称旅游设施容量。Edward Inskeep(1989)认为旅游容量不仅包括环境的承受能力,而且还应该包括地区旅游接待能力。该容量的量度主要根据每个游人的空间要求(平均)与特定资源或旅游设施之间的比值关系。假如要计算某海滩的物质容量,则可以用该海滩的总可用面积除以游客人均的适度平均空间量值可得。由于旅游活动既是旅游者的一个消费活动,也是一个与当地居民交往活动,因此,旅游地的旅游规模也必然会影响到旅游者的利益和当地居民的利益,而社会容量或者心理容量无非是从旅游者出发或者是从当地居民利益出发来研究旅游地容量的。正因为旅游地的旅游活动涉及各种现象,影响着活动中的不同利益主体,才会有旅游地容量划分的限制标准,而这些标准的限制无非是对不同利益的体现和强调。

不可否认,在一个旅游地里,旅游活动以及由此而形成的旅游经济活动会产生大量的冲突。比如旅游活动与自然生态环境的冲突、旅游者的活动与当地居民生活的冲突、旅游经营者的活动与当地其他经济生活的冲突、旅游者与旅游者之间的冲突等。冲突现象是必然存在的。我们确定旅游地的各种容量就是在一定程度上减少旅游活动过程中的各种冲突,使旅游地的社会、经济与环境达到一定的平衡状态。从这个意义上说,旅游地容量是受社会、经济与环境限制的一个综合概念,对其可定义如下:旅游地容量是在不破坏和改变旅游地生态环境下,不明显降低旅游者旅游质量和当地居民生活质量的前提下,旅游地所能容纳旅游者的最大数量。

(三)旅游地容量的决定因素

旅游地容量是一个受多种因素限制的综合概念,旅游地容量由旅游地的类型、旅游需求特点、旅游地空间结构和经济结构等多方面因素决定。

旅游地容量往往与旅游目的地的类型以及它所开展的旅游活动类型有一定的关系。由于旅游目的地旅游资源类型不同,在此基础上开展的旅游活动类型不同,人们对旅游目的地的容量要求也不同。特别是对于旅游者来说,人们对观光型旅游地与度假型旅游地容量的认同标准是不一样的:相对于观光型旅游地,度假型旅游地的游客密度小,度假者才能获得较高的旅游效用,因此,当两个旅游地面积相等时,度假旅游地容量要小于观光旅游地容量。即便在两个面积相当的观光旅游地中,不同观光类型的旅游地对容量要求也是不尽相同的,对于具有自然景观性质的观光地,其旅游地容量要小于具有人文景观性质的观光地。从这点出发,人们对

① 邹统钎.旅游度假区发展规划.北京:旅游教育出版社,1996:75.

旅游地容量的认识往往是从旅游地的性质和特点出发的。

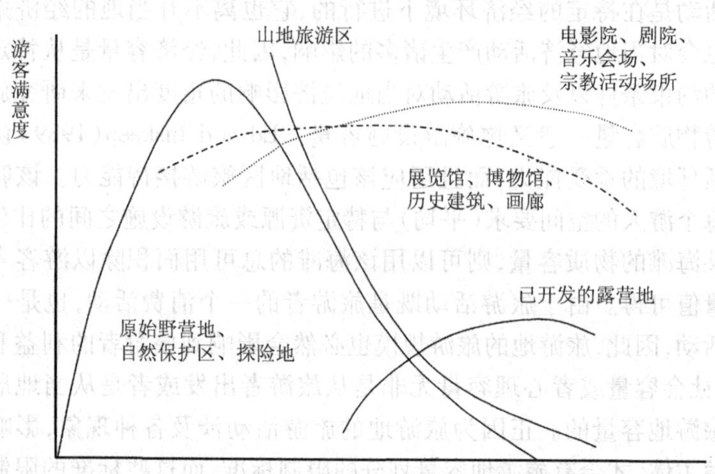

图3-11　游客满意度与游憩地利用强度(人口密度)关系(引自崔凤军,2001)

旅游地容量也与旅游者需求特征相联系。旅游者需求特征主要包括旅游者社会经济特征和旅游行为特征两个方面。从旅游者的社会经济特征来说,主要有旅游者的年龄、性别、收入水平、职业等各种社会经济变量,从旅游者的旅游行为来说,主要包括旅游者的出游动机、旅游类型、停留时间、旅游期望等行为变量。具有不同社会经济特征和旅游行为的旅游者对旅游地容量的认识是不同的。对于那些出于娱乐目的而出游的旅游者来说,他对旅游地拥挤的容忍程度要远远大于出于休养放松目的旅游者,而那些在旅游地停留较长时间的旅游者则要求旅游地较小容量。因此,人们对旅游地容量的认识也会从自己的社会经济特征和旅游行为的角度来认识的。

旅游地往往是与一个特定的经济地区融为一体的,除了少数旅游地之外,旅游地通常具有满足旅游者旅游需要和满足当地居民生产与生活需要的双重功能。因此,旅游地容量也与这个地区的社会经济结构有着重要的关系。如果旅游地是一个具有多种功能的城市,那么,旅游地所依赖的自然环境和旅游资源,不仅要满足外来旅游者的旅游需要,也要满足当地居民的日常生活的需要。如果这个旅游地具有目的地和客源地双重空间经济特征时,那么,旅游地既要满足外来旅游者的旅游需要,同时还要满足当地居民的旅游需要,这时,具有双重空间经济特征的旅游地容量一般要小于单项经济特征的旅游地容量。

旅游地容量还与旅游地的空间结构具有某种联系,空间结构主要表现为旅游地的极化现象和扩散,旅游地容量大小决定于旅游地的极化状态和扩散状态。我们所说的旅游地极化是旅游地的外围向旅游地中心的移动的过程,如果一个旅游

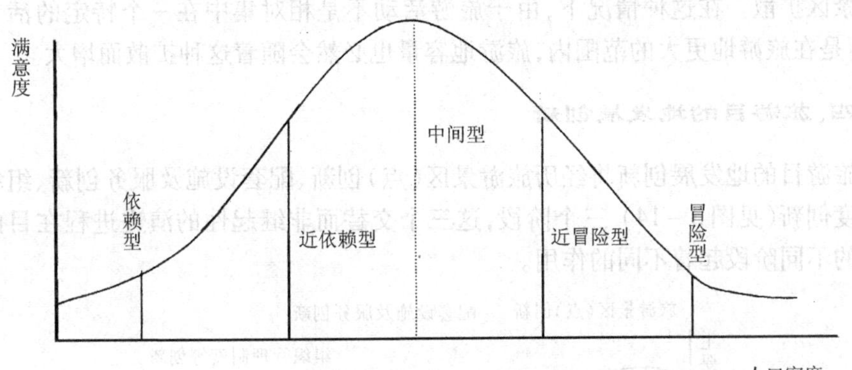

图 3－12 游客心理类型对游客密度忍耐力(引自崔凤军,2001)

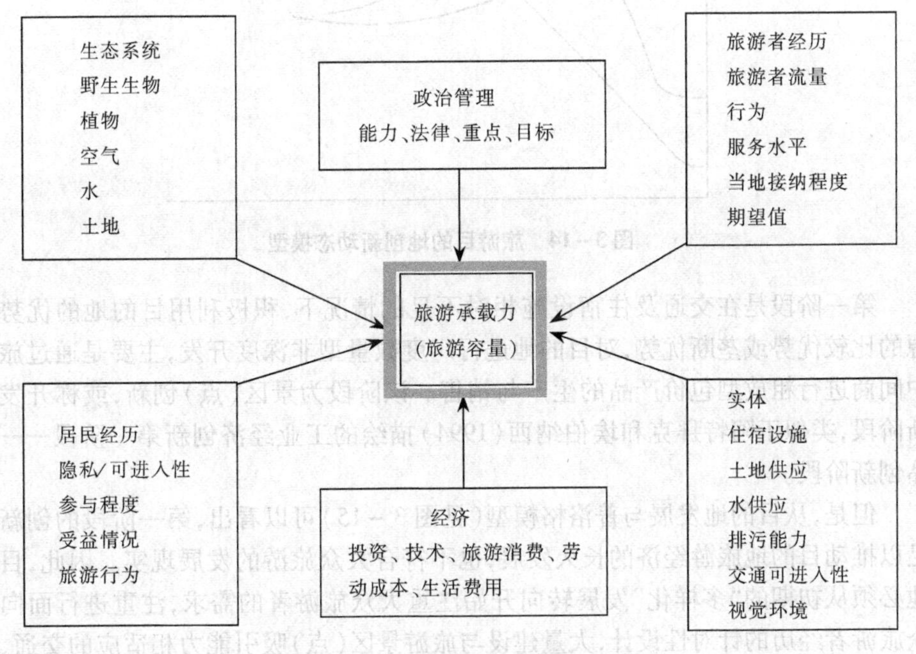

图 3-13 旅游承载力限制因素

资料来源:*Tourism Carrying Capacity Management Issues Williams and Gill*,1994 转自张广瑞[译]

地的旅游活动向区内某旅游中心形成了向心极化,旅游地内的旅游活动越来越集中在某一空间点时,旅游地的总体容量必然会出现缩小现象。相对于旅游地的极化,旅游地的扩散是由极化中心向外围的移动过程,这时,旅游区内的旅游活动不仅仅集中在区内一个特定的中心点上,而是由极化中心向四周扩散,形成多个旅游中心,主要表现为由区内旅游中心向近郊或远邻地区扩散,从一个景点景区向多个景点景区扩散。在这种情况下，由于旅游活动不是相对集中在一个特定的活动点上，而是在旅游地更大的范围内，旅游地容量也必然会随着这种扩散而增大。

四、旅游目的地发展创新

旅游目的地发展创新将经历旅游景区(点)创新、配套设施及服务创新、组织管理制度创新(见图3-14)三个阶段，这三个交替而非继起性的演进进程在目的地发展的不同阶段起着不同的作用。

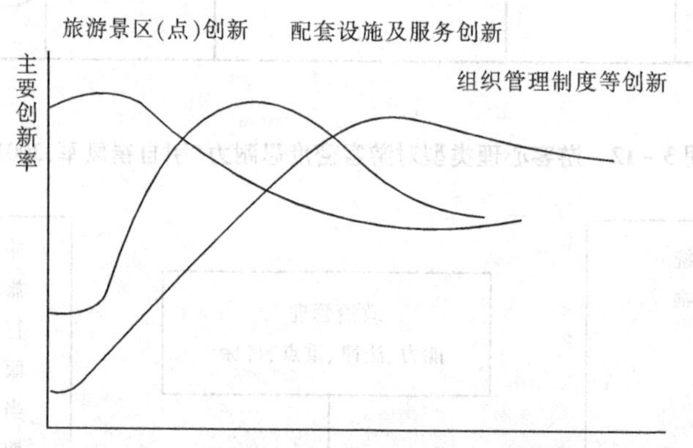

图3-14 旅游目的地创新动态模型

第一阶段是在交通及住宿设施相对不足的情况下，积极利用目的地的优势资源的比较优势或垄断优势，对目的地进行广度数量型非深度开发，主要是通过旅游中间商进行粗放型包价产品的生产与销售。该阶段为景区(点)创新，或称开发创新阶段，类似于阿特拜克和埃伯纳西(1994)描绘的工业经济创新第一阶段——产品创新阶段。

但是，从目的地发展与普洛格模型(见图3-15)可以看出，第一阶段的创新不足以推动目的地旅游经济的长久发展，也不符合大众旅游的发展现实。因此，目的地必须从初期的“多样化”发展转向开始注重大众旅游者的需求，注重进行面向大众旅游者经历的针对性设计，大量建设与旅游景区(点)吸引能力相适应的交通、住宿等相关配套设施，提供相应服务，给目标客源市场提供一个被市场证明是最好的标准产品，接近旅游者效用最大化的第一个层面——满足最大化。该阶段是配套设施及服务创新，或称配套创新，类似于工业生产中的工艺创新。

进一步，随着进入供给市场的目的地的增多，目的地竞争越来越激烈，旅游者的选择将越来越多，旅游者追求效用最大化的内在机制促使其在满足最大化的基础上，进一步提出成本最小化的市场要求，目的地此时极为重视成本、产量和生产能力的充分运用，因此需要通过组织管理创新等方面来改善产业组织以及市场竞争格局，通过企业的规模变动、发展战略的成熟、自我积累和发展机制的形成、组织

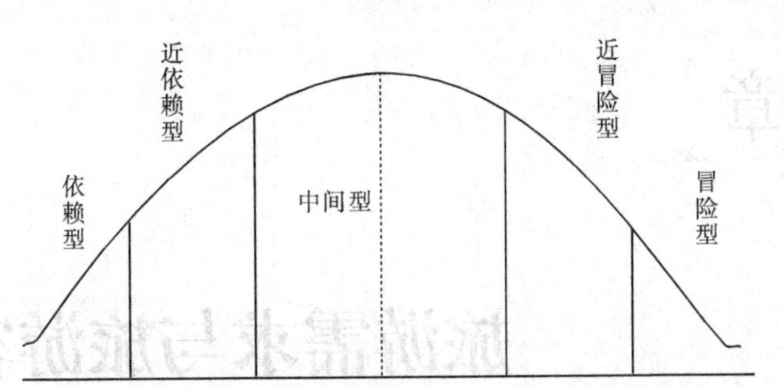

图 3-15 普洛格模型(心理细分类型正态分布模型)

资料来源:普洛格研究中心(转引自张广瑞等[译],2001)

经验和能力以及政府规制下的公平有序的市场环境来改善目的地的竞争力,通过相关制度创新,使目的地获得创新租金,取得景区改革中的先行优势,从而无论在营销影响还是在实质性发展推进方面都可以在与其他目的地的竞争中取得较为有利的地位。该阶段是组织管理制度创新阶段,类似于工业生产中的特性阶段,无论是产品创新还是工艺创新水平都相对下降,进入稳定发展时期,为下一轮创新发展积蓄力量。

思考与练习

1. 请举例说明旅游吸引力的特点和层次。
2. 试结合实际分析旅游供给的特点及其对旅游目的地发展的影响。
3. 结合案例分析旅游目的地生命周期的主要影响因素。
4. 旅游目的地创新的基本思路是什么?请结合某个具体的旅游目的地进行分析。
5. 试分析观光型旅游目的地与度假型旅游目的地在经营开发过程中的差异。

第四章

旅游需求与旅游客源地

案例4-1　订制旅游风生水起 新模式如何满足个性化需求

2014年以来,订制旅游风生水起。据途牛网监测数据显示,订制旅游的咨询量较2013年同期有30%的涨幅。旅游网站的监测数据还显示,虽然价格上比传统跟团游的费用至少高两成,但私家团预订量环比增长了60%左右。

订制旅游的兴起,很大程度上缘于人们对体验式旅游的需求。体验式旅游目的是为游客创造满意的旅行体验,它往往从生活与情境出发,塑造感官体验及思维认同。

与传统大众旅游方式不同,订制旅游是旅游企业通过与旅游者进行一对一的信息交流,让旅游者更多地参与到旅游产品设计与开发中,以满足旅游者个性化体验需求。

为迎合订制旅游浪潮,一些旅游机构扎堆推出"私人订制"服务。去年底,岭南集团旗下广之旅订制旅游俱乐部宣布开业,成为华南传统旅行社成立的首家订制旅游服务机构。首旅集团旗下自主奢华酒店品牌"诺金"宣布推出"诺金旅行",全面进军订制旅游市场。旅游电商更是嗅到其中无限商机,携程等旅游电商大力推出网络自由订制的私家团服务。

旅游法禁止旅行社通过安排定点购物和另行付费旅游项目获利,引发旅游市场的"洗牌"。价格战已经不能带来竞争优势,旅游企业面临如何抓住游客的注意力、改变其消费行为的重大课题,设计独特、服务优质的订制旅游能引发游客共鸣与情感体验,成为一种旅游新模式。

订制旅游在一些发达国家已成为一种普遍的旅行方式,并时常被作为礼物馈赠。在我国,要让订制旅游发展成为一种旅行生活方式,还有许多路要走。

第一,个性化。个性化订制是对传统旅游的颠覆,它让游客自己做主,提供游客更多自主选择,深入体验真正的旅游目的地文化。以携程研发的"私家团"为例,根据游客的情况,提供"我的旅程我做主"的个性化的服务:每个订单独立成团,哪怕两个人也是一个团;提供全程专车及专门导游,享受私密度假和专属服务;行程通过协商可以自由调整,有些线路可以任意组合。这种个性化服务,以前的旅游团难以做到,即使定价较高,游客也愿接受。

第二,参与性。体验式旅游要求消费者可以参与到旅游供给的各个环节之中。订制旅游意味着以游客的设想和要求去设计行程,游客更多地参与旅游商品设计生产,拥有决定符合自己需求的更多的权力。2008年成立的中国名仕旅行网有限公司,目前已经发展成为旅游目的地覆盖范围非常广泛和专业的订制旅行网站。从其发展轨迹不难看出,这家公司迅速壮大的商业密码就是为每一位客户精心设计旅游出行计划,让每位游客都能享受个人专属旅程订制服务的惬意。可以预见,随着订制旅游的兴起,咨询游客将更多,而旅游企业的服务也更加细致、独到。

第三,终端性。旅游法实施后,旅游企业之间的竞争已经转换为供应链之间的竞争。订制旅游要取得成功,必须注重对游客的研究。据《信息时报》分析,开展订制旅游的人群以40岁到60岁的消费者为主,这些游客有一定的经济基础和丰富的旅行经验,他们的个性需求较高,追求新、奇、特的旅游方式及获得突破常规的体验。游客研究可以为旅游企业提供发现新市场的机会。如帕拉私人订制旅行机构发现企业家除了旅行,还希望能满足将旅行作为载体的社交需求。于是,帕拉私人订制旅行机构抢到了高端主题订制旅行市场的第一杯羹。

第四,差异性。订制旅游产品按其价格与服务内容分为高中低等级别。如"诺金旅行"立足于诺金酒店精选其所在城市的优质资源,为客人订制诸如参加艺术展、时装周、狂欢节等私人化行程,还提供私人飞机、游艇服务,着力于满足高端奢华的细分市场。携程操作的私家团相比常规旅游团价格平均要高20%左右,是对常规的团队旅游产品的改良与升级。还有一些旅行社推出了所谓"小订制"的旅游产品,旅行社为游客代订景点门票、当地用车等,游客可根据自己的需要,进行产品组合,既享受团队游的价格和服务,又兼顾自由行的灵活性。随着人们收入水平提高,订制旅游的高端市场会迎来巨大的发展机遇。

第五,延伸性。体验式旅游的目的是为客户增加价值。旅游企业要善于把握游客核心需求,以此为基础,提供延伸服务。从核心层面上看,游客对订制旅游的要求主要集中于三方面:一种是侧重服务,偏好奢华的享受;一种是侧重精神体验,偏好攀岩、滑雪或跳伞等独特活动;还有一种侧重拓展产品某方面的内涵与外延,进行专门的、充满娱乐的深度体验式旅游。

事实证明,订制旅游机构只有尽力提供全方位的延伸服务,创作产品故事,宣传品牌符号,增加产品附加值,才能真正体现订制旅游的本义。

(资料来源:中国旅游报. http://www.cz001.com.cn,2014-02-14.)

随着人们生活水平的提高,越来越多的人旅游已经不再仅仅是为了满足自己欣赏大自然美景的愿望和放松心情了,人们出游的动机越来越多样化,为了满足人们的这些需求,也就有了越来越多的旅游产品。那么,人们为什么会产生这些需求呢?这些需求又是如何才能得到满足呢?满足这些需求会受到哪些因素的影响呢?旅游需求有没有什么规律呢?旅游需求与其他需求相比具有什么特殊性呢?等等。这些都是我们必须加以解答的问题。

第一节 旅游需求基本理论

一、旅游需求的含义

决定旅游目的地、旅游行业独立化及其经营能力的首要因素是市场对旅游服务的需求。没有一定规模的旅游需求,旅游地以及相关旅游企业是不可能取得良好的经营效果的,不可能形成一定的规模经济。

旅游需求,简单来说是人们对旅游活动的需要或要求,是人们实现旅游消费的一种欲望。当然,在商品经济条件下,人们对旅游活动的需要与旅游需求是不同的。旅游需求,即对旅游服务的需求,是指旅游者在某一时期内和一定条件下,愿意而且能够购买的旅游服务数量。旅游需求产生于人们要利用旅游活动满足自身需要的欲望,从需求产生的条件来说,只有人们对某种产品或服务的消费需要具有一定的支付能力时,人们的需要才会转化为经济学意义上的需求,因此,经济学只考虑有支付能力的旅游需要。从微观经济来看,旅游需求表现为旅游者根据收入和人格等因素来决定如何达到消费效用的最大化,如边际消费偏好模型和无差异曲线。从宏观经济来看,一个社会的旅游消费与收入的函数关系便成为关注的问题,如国民收入与旅游支出之间的关系,解决人均国民生产总值达到多少便可产生国内旅游需求和国际旅游需求的问题。我们在研究旅游需求时,通常将旅游的需求量排成表格,通过表格证明,人们愿意并且能够在某一个特定时间内,以某一特定价格支付旅游消费和服务费用。旅游价格和旅游需求量之间存在着某种对应关系,人们对旅游的需求数量总是相对于特定的旅游价格而言的。因此,对旅游服务的需求是指,在一个特定时期内,有旅游欲望的人按特定价格愿意并且能够支付的旅游消费的数量。

与一般消费比较,旅游消费具有异地性以及消费的时限性特点。这些特点使得旅游需求的实现除了要有旅游欲望和购买能力外,还必须有一定的闲暇时间。因此,我们在研究旅游需求时,无论是个人的旅游需求还是全社会的旅游需求,人们的自由时间便是一个重要的限制条件。根据旅游需求的时间约束,我们对旅游需求的认识可以是,旅游需求是在一个特定的时期内,有旅游欲望和足够闲暇时间的人在特定旅游价格下愿意并且能够支付的旅游消费和服务费用的数量。我们可以将社会总需求看作是在一定时期内,在特定的旅游价格下,全社会所支付的旅游消费的总量。在统计研究中,这种旅游需求总量一般可以通过旅游总人数(或旅游人天数)和旅游总收入(或旅游总花费)这两个变量来表示。

从旅游需求的基本定义出发,我们可以清楚地看出,旅游动机、支付能力和自由时间是旅游需求实现的三个必不可少的约束条件。如果从旅游需求约束条件的完备程度上分析,可以将旅游需求分为现实旅游需求和潜在旅游需求。现实旅游需求是约束条件同时具备的状态;潜在旅游需求是约束条件不同时具备的状态。在旅游研究中,无论是理论研究还是应用研究往往更加关注现实旅游需求,因为现实旅游需求有可能构成旅游经济运行的组成部分,有可能对旅游经济运行产生实际的直接影响;潜在旅游需求毕竟是现实旅游需求形成的基础,它在一定程度上反映了旅游经济运行的市场潜力,尤其是在有效需求不足的情况下,对潜在旅游需求的研究,特别在有效转化方面的研究,对一个国家或者一个旅游目的地十分重要。

现实旅游需求还可以分为未实现旅游需求和已实现旅游需求。由于未实现旅游需求并非是由于旅游者的原因,可能是由于旅游地供给不足,或者是供给结构和类型不能完全适应旅游需求等原因造成,所以,我们不妨将这部分需求称为非意愿性的旅游需求。这种非意愿性的旅游需求在旅游发展的初期表现得非常突出,其直接结果是这些旅游者有钱无处花,从而自动退出旅游经济运行。一旦这种退出是长期的话,这部分旅游需求就具有了潜在旅游需求的性质。

已实现的旅游需求则表现为旅游者的出游行为。旅游需求的最终实现不仅与旅游者的内在条件密切相关,而且还取决于一系列的外在条件。所以,当消费者在旅游欲望、旅游支付能力和闲暇时间都具备的时候,我们称之为现实的旅游需求而不是实现的旅游需求。

在现实旅游需求与实际的出游行为之间是通过旅游决策过程来连接的。旅游决策的过程实际上就是旅游者寻找外在的现实旅游供给与内在现实旅游需求之间的机会耦合的过程。旅游者通过对自身条件的判断,对机会的价值和机会实现的可能性进行评价,最后确定某种机会组合,这个机会选择过程就是西方学术界普遍接受的旅游决策概念。他们认为,旅游决策包含三个基本阶段:最初目的地组合的形成,一般称为早期感知组合;进一步对可接受的组合进行评价、剔除,形成一个较小范围的后期备选组合,称为激励组合;从后期备选组合中遴选出最终旅游目的地,称为决策组合。

由于决策的多主体性,在旅游决策过程中,群体旅游者的决策过程与个体旅游者的决策过程存在明显的差异。群体旅游决策在旅游动机的确定与协调和旅游方案的确定与协调方面更为复杂,但是群体旅游决策往往有更高的稳定性,而个体旅游决策的变动可能性更大。虽然存在差异,但是无论是个体旅游决策还是群体旅游决策，目的地相关信息的收集都是十分重要的。信息来源一般包括旅游者自身的旅游经验、个人的相关知识积累、亲朋同事的旅游经验、相关团体的信息、商业性的旅游信息、网络非商业旅游信息等。经过信息的收集、整理、评价，如果有完全符合预期的优选方案则进行旅游安排，最终付诸旅游行动；如果没有完全符合预期的优选方案则要么重新进行信息的收集，要么调整原始的旅游目标，要么干脆放弃旅游。实际上，旅游者的具体旅游目标往往要进行相关的调整。

二、旅游需求形成的时间因素

(一)旅游需求时间因素的意义

在研究旅游需求特点时，将旅游需求的特点与物质产品和一般服务需求的特点相比较，我们会发现这样一个问题：旅游需求的实现与人们可自由支配的时间存在着密切的联系。虽然人们对其他消费品的购买也需要一定的自由时间，但与旅游需求相比较，人们对其他消费品购买所需的时间可以是不连续的，人们完全可以利用每天的工作之余来实现购买行为。然而，对于旅游需求来说，人们要实现旅游行为，必须有一定的连续性的可自由支配的时间，旅游消费行为实际上是对可自由支配时间的消费。因此，从这个意义上说，时间——特别是人们连续性的可自由支配的时间——是旅游需求得以实现的条件。

无论是从旅游现象的产生原因，还是从旅游需求形成的条件来说，连续性的可支配自由时间都是不可忽视的因素。在以前的章节里，曾经对旅游现象的产生作了分析，提出了在工业化社会里，人们的自由时间与劳动时间的分离导致了现代旅游产生的重要结论，这个结论是从旅游发展历史的角度来认识人们的自由时间的。然而，在现代社会里，旅游活动形式每次大的变化，旅游者规模的增加，旅游产业全球化的发展，也是与社会对自由时间的变革和分配的状态相联系的。特别是连续性自由时间的产生，是现代旅游深入发展的重要推动力量。

人们的自由时间的形式与旅游需求有着密切的联系，人们的自由时间形式发生了变化，旅游需求的时间分布就会发生改变，旅游需求的空间结构、需求水平和需求结构也会随之发生变化。我们知道，所谓有闲暇时间就是人们在日常工作、学习、生活之余以及必需的社会活动之外，可以自由支配的时间。在社会生活中，人们的闲暇时间可以分为四种基本类型：每日工作之余的闲暇时间、每周末的闲暇时间、法定假日的闲暇时间和带薪假期。这四种闲暇时间对形成现实旅游需求有不同的意义。

首先，每日闲暇对现实旅游需求没什么实际意义，一般被用于每日的休闲和娱乐。其次，周末闲暇可以促进短期、近距离的旅游需求。例如，我国在1995年实行了一周五天工作制，人们可自由支配的时间由一天变为两天，人们的旅游空间距离也随之延长，由城市范围向城市周边地区扩展，形成了对城市周边地区的旅游需求。这几年，大城市周边地区旅游度假区的形成便是由人们自由时间的增加推动的。再次，法定假日的闲暇时间可以促成更长更远程的旅游需求。如，1999 年我国调整了节假日休息制度，通过"上延下借"的方式，形成了一年三个黄金周，推动了国内旅游以及出国旅游的需求。在节假日总时间不增加的条件下，通过调整休息时间分布，使全社会旅游需求形成相当的规模增量。同时，由于人们的连续性的可支配自由时间的延长，旅游的消费结构也发生了改变。在其他条件一定时，人们的连续性可自由支配时间延长，旅游者的旅行距离也必然延伸，相关旅游消费的比例也必然增加。在这种情况下，旅游产业的相关效应也将会增加，我们常说的用"时间换空间"来提升旅游产业相关效应，就是旅游需求对旅游产业作用的内在规律的具体表现。

最后，带薪假期是旅游真正走向大众的必要的配套制度。国外的国内旅游之所以能够达到较高程度，除了旅游支付能力外，与带薪假期不无关系。许多发达国家普遍实行了带薪假期，美国每年 3 ~4.5 周，法国 4 周，德国 2.5 ~3 周，丹麦 5 周，等等。2007 年 12 月 7 日国务院通过《关于修改〈全国年节及纪念日放假办法〉的决定》和《职工带薪年休假条例》，从 2008 年 1 月 1 日起施行新的放假办法和带薪休假制度，这必将对我国的旅游需求产生重大而深远的影响。

资料 4 –1　职工带薪年休假条例

职工带薪年休假条例

第一条　为了维护职工休息休假权利，调动职工工作积极性，根据劳动法和公务员法，制定本条例。

第二条　机关、团体、企业、事业单位、民办非企业单位、有雇工的个体工商户等单位的职工连续工作 1 年以上的，享受带薪年休假（以下简称年休假）。单位应当保证职工享受年休假。职工在年休假期间享受与正常工作期间相同的工资收入。

第三条　职工累计工作已满 1 年不满 10 年的，年休假 5 天；已满 10 年不满 20 年的，年休假 10 天；已满 20 年的，年休假 15 天。

国家法定休假日、休息日不计入年休假的假期。

第四条　职工有下列情形之一的，不享受当年的年休假：

(1) 职工依法享受寒暑假，其休假天数多于年休假天数的；

(2) 职工请事假累计 20 天以上且单位按照规定不扣工资的；

(3) 累计工作满 1 年不满 10 年的职工，请病假累计 2 个月以上的；

(4) 累计工作满 10 年不满 20 年的职工，请病假累计 3 个月以上的；

(5) 累计工作满 20 年以上的职工，请病假累计 4 个月以上的。

第五条　单位根据生产、工作的具体情况,并考虑职工本人意愿,统筹安排职工年休假。

年休假在1个年度内可以集中安排,也可以分段安排,一般不跨年度安排。单位因生产、工作特点确有必要跨年度安排职工年休假的,可以跨1个年度安排。

单位确因工作需要不能安排职工休年休假的,经职工本人同意,可以不安排职工休年休假。对职工应休未休的年休假天数,单位应当按照该职工日工资收入的300%支付年休假工资报酬。

第六条　县级以上地方人民政府人事部门、劳动保障部门应当依据职权对单位执行本条例的情况主动进行监督检查。

工会组织依法维护职工的年休假权利。

第七条　单位不安排职工休年休假又不依照本条例规定给予年休假工资报酬的,由县级以上地方人民政府人事部门或者劳动保障部门依据职权责令限期改正;对逾期不改正的,除责令该单位支付年休假工资报酬外,单位还应当按照年休假工资报酬的数额向职工加付赔偿金;对拒不支付年休假工资报酬、赔偿金的,属于公务员和参照公务员法管理的人员所在单位的,对直接负责的主管人员以及其他直接责任人员依法给予处分;属于其他单位的,由劳动保障部门、人事部门或者职工申请人民法院强制执行。

第八条　职工与单位因年休假发生的争议,依照国家有关法律、行政法规的规定处理。

第九条　国务院人事部门、国务院劳动保障部门依据职权,分别制定本条例的实施办法。

第十条　本条例自2008年1月1日起施行。

资料4-2　各国的带薪休假制度

荷兰人有世界上最吸引人的休假制度,只要是全职雇员,每年都可享受至少24个工作日的带薪假期,有些公司的假期甚至长达27~28天。此外,弹性工作制还为员工提供了更多的选择。比如,周一,很多商店、小企业一般上午11时,甚至下午1时才开始营业,员工可以在尽情地享受一个周末后再睡个懒觉;再比如,荷兰员工每周的工作时间为38~40小时,有些公司允许员工每天加个班为自己攒出一个休息日。荷兰人的年假可以分多次休,很多企业还发放专门的度假津贴。有些公司老板甚至愿意出钱让员工赶快去休假,以便他们能时时保持精神饱满的工作状态。除了带薪年假,不少企业还给员工一些非常人性化的额外假期。比如:结婚2天,结婚纪念日1天,妻子生产4天(给丈夫),配偶或近亲去世4天,搬家2天(12个月内可申请一次),领养小孩1~5天,从国外领养小孩1~31天,等等。

欧盟各国普遍实行丈夫带薪产假。德国、意大利、英国和西班牙均为3天,葡萄牙5天，丹麦2周，芬兰18天。最近，法国宣布将丈夫的产假由原先的3天增至15天，且工资100%照发。这一非常人性化的休假制度受到了普遍赞扬。

法国的假日很多，除了周末两天的休息日以外，每年还有11天的法定假日（元旦、五一、国庆、"一战"停战日、"二战"停战日以及6个宗教节日），另外还有5周带薪年休，总共140天。除此之外，每个员工还享有每年12天的职业培训假期（视公司的具体情况而定）。为了让假日更加惬意，法国人还建立了"假日搭桥"的办法，也就是说，如果法定假日和周末休息日只差一天，例如7月14日国庆日是周四，那么周五就称为"桥"，可以和周六、周日连在一起休息（这有些像我国的"五一""十一"长假，编者注）。

在联合国工作，除了正常的休息日外，每月还可以有两个工作日作为带薪休假，如果不休，也可以攒在一起。此外，还有每年一次的探亲假期，一般有一个月到六个星期的时间。这是联合国为在异国工作的职员规定的，可以报销全家的往返机票。

（资料来源：根据相关资料整理。）

（二）闲暇时间与旅游产业规模

旅游企业在提供旅游服务的使用价值时，其劳动时间就是直接提供旅游服务价值的时间，而且这种使用价值直接表现在旅游的具体活动形式上。这时，不论是旅游服务价值量，还是旅游服务使用价值量，都与旅游者对这种活动的消费的时间长短相联系。作为一种活动型劳务产品，旅游服务的生产时间与对旅游服务的消费时间在时间上是不可分的，虽然这段时间对旅游生产者和旅游消费者的性质不同（对生产者来说是劳动时间，对旅游者来说是消费时间），然而其时间意义却具有同步性。

正因为这种旅游服务生产与旅游服务消费在时间上是不可分离的，人们的自由时间不仅是旅游需求实现的条件，同时也是旅游服务生产者的一种重要的经济资源。在旅游经济活动中，无论是什么类型的旅游企业进行何种服务的生产都必须以一定社会人们的自由时间为依据。在旅游经济整体活动中，全社会提供的自由时间越多，人们投入到实现旅游需求的时间就越多，在一般情况下，旅游产业创造的旅游服务价值和使用价值也就越多。对于旅游产业来说，旅游产业总体规模的大小一方面取决于一定时期内旅游者总人数，另一方面也取决于在旅游者总人数一定时，投入到旅游需求的总时间的多少。

由此可见，旅游产业规模与全社会自由时间具有正相关关系。在其他条件不变时，全社会拥有的自由时间总量越多，旅游产业规模就越大；相反，全社会拥有的自由时间总量越少，旅游产业规模就越小。旅游产业的地区结构和行业结构也与人们的自由时间状态有关。当人们可支配的连续自由时间增加时，人们的旅行距离也必然延伸，旅游客源地与旅游目的地的空间联系也必然扩展，会对旅游产业的地区结构产生影响；随着人们旅行地域的延伸，旅游消费的种类也会随之增多，旅游服务的供给项目也将增加,旅游产业的外延也在扩大,这些变化将对旅游产业的行业结构产生影响。

(三)旅游需求的时间滞差

旅游需求时间问题也是旅游服务供求矛盾产生的一个重要因素,具体地说,旅游服务供给与需求两者之间存在着时间滞差。在旅游经济活动中或者在旅游厂商经营中,经常会出现这样一种情况,有些旅游服务当人们需要它时,市场却不能通过充足的供给来满足旅游者的需要;相反,当人们旅游需求下降后,旅游服务供给却不能实现其价值。

旅游需求与旅游供给这两种活动间的矛盾会在不同时间段内有不同的表现。例如,某一个避暑海滨旅游目的地,在一年内出现的旅游者度假人数与旅游接待能力上的两种矛盾:在某段时间内可能出现供不应求的市场状态,在另一段时间内可能出现供过于求的市场状态。所谓旅游需求时间滞差是反映旅游需求的变化在时间上低于或超出旅游接待能力的变化的现象,如图 4 -1 所示。

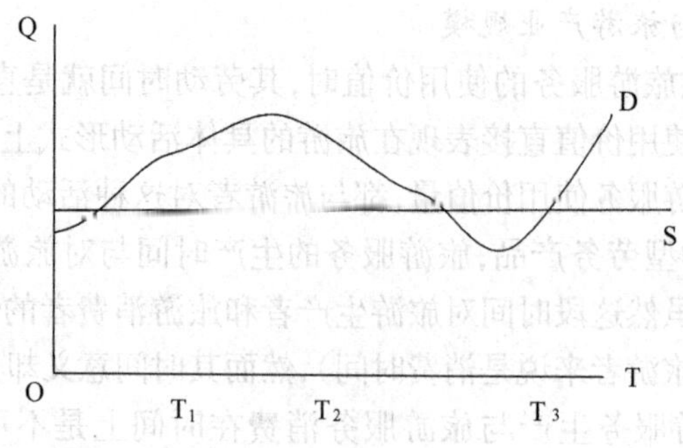

图 4 -1　旅游需求的时间滞差示意图

我们假定某一个旅游地的全年旅游需求总量为 ∑DT,旅游供给总量为 ST,如果在全年时间内,旅游需求总量与旅游供给总量相等,也就是说,当旅游地供给总量 ST 形成的矩形面积等于旅游需求总量 DT 形成的曲线面积时,由于旅游需求与旅游供给的时间滞差的存在,供给与需求之间会出现不均衡的市场状态。这时,旅游需求的时间滞差的一个直接结果是旅游地的旅游需求与供给之间的时间不均衡现象的出现。

由于时间滞差现象存在,"从服务提供者来看,在某一时间或某一季节需要某种服务,是有一定条件的"①。在旅游需求高峰时间内,旅游者出外旅游是要付出一定的代价的。由于旅游需求的集中,出现拥挤和排队现象,各种旅游服务质量会因

① 井原哲夫. 服务经济学. 北京:中国展望出版社,1986:43.

此而下降。按照旅游服务质量与价格的关系，由于旅游服务质量的下降，这时，旅游者将会用代表一定服务质量的价格购买质量较低的服务，如在旅游高峰时，旅游者购买火车票，需要花较多的时间去"寻票"，有时花同样的钱得不到"座票"而是"站票"。在这种情况下，即使旅游服务的名义价格不上涨，旅游服务质量下降也会形成旅游服务的实际价格的上涨，旅游者将为此次旅游付出较高的成本。

当旅游需求存在时间滞差时，需求会与旅游地或旅游产业的经营特点形成一定的矛盾。从旅游地或旅游产业经营特点来说，由于服务供给的各项要素具有常年固定性的特点，经营的高绩效要求服务者所拥有的服务设施和劳动实际使用数量的时间均衡与稳定，在其他条件不变时，服务者拥有的设施与劳动实际使用数量的时间越具有均衡性和稳定性，旅游地或旅游产业也就越具有高绩效。然而，旅游需求的时间滞差现象的存在，使服务者拥有的设施与劳动实际使用数量的时间不能保持均衡性和稳定性，为此旅游经营者将会在旅游需求旺季的服务中分摊更多在旅游淡季中不能补偿的成本，或者更多地实现在旅游淡季不能实现的利润，从而导致旅游需求集中时，旅游价格的大幅度上涨。一般来说，价格上涨幅度的大小与旅游需求时间滞差幅度的大小有关，旅游需求时间滞差幅度越大，旅游价格上涨幅度就越大；相反，旅游需求时间滞差幅度越小，旅游价格上涨幅度就越小。

旅游者如果在旅游需求集中时间内外出旅游，则要在平时旅游价格基础上付出两种额外的支出：一是由于旅游服务质量下降所形成的相对高成本支出，二是由于旅游经营者提高旅游价格所多付出的支出。旅游者被迫将面临四种选择：一是放弃旅游需求；二是寻求替代需求；三是避开高峰需求时间；四是支付高价旅游费用。无论是放弃旅游需求，还是寻求替代需求，都会使全社会旅游需求总量降低。在这种情况下，也会对旅游经济规模的扩张产生不利的影响。

总体而言，一方面，闲暇时间的长短将影响居民的旅游地域范围，从而在某种程度上影响到旅游产业的产业关联度效用的发挥；闲暇时间的长短将影响居民的旅游方式，进而影响到旅游需要的实现程度；闲暇时间的长短还将通过影响居民的旅游效用函数（比如旅游是采取多点流转式的数量型还是少点滞留式的质量型），影响旅游产品的结构升级，影响旅游产业的稳步发展。另一方面，闲暇时间的空间分布将通过影响旅游需求的集中程度，进一步影响旅游业的产业素质。如果闲暇时间过于集中，则容易造成旅游需求的爆炸性增长，使旅游供给难以适应需求，旅游供求严重不均衡，旅游质量难以保证。而且如果对这种需求增长缺乏正确的认识，还容易再度形成旅游供给的无效增长，造成旅游经济的泡沫性增长，影响旅游产业的产业素质。

三、旅游需求形成的其他因素

从旅游需求的定义中，我们已经明确，除了闲暇时间外旅游需求还受旅游动机、支付能力等约束条件的影响。

（一）旅游动机

从心理学认识，动机就是引发一个人为满足自身需要而决定采取某种行为的内在力量。旅游动机就是驱使人们产生旅游行动的内在驱动力，是人们的一种主观愿望，是形成旅游需求的首要的主观条件。

旅游动机对旅游行为有某种规定性和指导作用，比如旅游动机引致的旅游预期对旅游者的体验进而旅游者满意度（Tourist satisfaction）有着很大的影响，所以，旅游动机也就成了各国旅游学者和旅游管理机构以及国际性旅游组织的重要研究课题。美国著名旅游学者麦金托什和戈尔德纳将旅游动机分为四类：身体方面的动机、文化方面的动机、交际方面的动机、地位与声望方面的动机等[①]（Mackintosh & Goeldner，1984）。艾泽欧—阿荷拉（Iso – Ahola，1982）将旅游动机分为逃逸因素和逐求因素；世界旅游组织将团体旅游者的动机分为消遣与更换环境、休息与松弛、寻求赏心悦目的环境、对外部世界的好奇等。正如克罗姆顿（Crompton）、克雷潘多夫（Krippendorf，1987）等人曾指出的，"在大多数决策过程中，发挥作用的动机都不局限为一种"。所以在旅游动机的研究中必须把握住旅游者旅游动机的复合性。无论旅游动机以何种形式表现出来，从本质上都是基于旅游审美的内在规定性，为了满足旅游者精神上的需要。

一般地说，旅游动机的形成受主观和客观两方面因素的影响。其中，主观方面的影响因素包括个人的心理类型、个人的审美背景和知识框架、年龄性别等人口统计因素等；客观影响因素主要包括社会历史条件、政治经济状况、微观生活环境以及旅游信息等。随着消费者旅游经历的不断丰富，网络时代不可阻挡地到来以及消费上的强模仿学习性，旅游动机更多地受个人审美背景和知识框架、微观生活环境和旅游信息等因素的影响，所以要特别注重对这些因素的研究。

人们的旅游动机决定着旅游的类型。根据旅游类型划分，旅游活动主要有观光旅游、度假旅游、公务旅游以及探亲访友等，这些不同的旅游活动是由人们不同的旅游动机决定的。观光旅游是人们对文化或交际的需要决定的，度假旅游是受人身体或健康需要决定的，公务旅游是人们出于经济或者是地位满足的需要形成的，而探亲旅游则是出于人们的精神方面的需要。正由于人们的旅游行动出于不同的需要或者具有不同的动机，旅游形式或旅游类型才表现出多种多样的特点。这种多样性的客观存在，决定了旅游者在旅游目的地选择上的多样性，使得各个旅游目的地才能在激烈竞争的国际旅游市场上找到相应的发展空间。

与此同时，由于人们的旅游动机不同，选择的旅游类型不同，人们对旅游目的地的选择也就存在着一定的差异。旅游目的地因自然条件、旅游资源性质的不同，

① 麦金托什，格波特．旅游学．薄红，译．上海：上海文化出版社，1985：98.

表现出不同的旅游目的地类型。抱有不同旅游动机的旅游者,会选择不同的旅游类型,在旅游目的地的选择上也会有不同的考虑,会很自然地选择能充分满足自身需要的旅游地区作为旅游的目的地。而那些不能适应自身需要的旅游地,即使再具有吸引力,旅游资源再丰富,都不会进入他们的旅游目的地的选择范围。因此,受旅游动机决定,旅游需求具有十分显著的地区指向特点。

应当指出,虽然旅游动机是一个人的个体现象,它的形成主要受人的主观因素的影响。然而,客观因素在人们旅游动机形成中也起着重要的作用。在一个特定时期里,某种旅游类型一旦受到社会的认同,成为一种消费时尚,或多或少会对他们的旅游动机的形成产生影响。如果这种影响成为一种普遍现象时,某种旅游类型便成为一个时期内的需求主流,人们会对适应某种旅游类型的旅游目的地产生强烈的认同感。由于这种现象的存在,旅游目的地的经营就会形成一定的周期性变化,我们在讨论旅游目的地的生命周期时要注意,旅游需求主流类型变化是形成旅游目的地的生命周期一个主要原因。

(二)支付能力

在商品经济条件下,人们从事旅游活动无论是国内旅游还是国际旅游,都是通过商品交换的形式进行的。所以,旅游需求除了消费者个人具有进行旅游消费的动机之外,它的实现在很大程度上还取决于消费者的支付能力。特别是对于长距离的旅游活动来说,人们支付能力的大小直接关系着这种旅游需求的实现程度。因此,旅游支付能力就成了形成现实旅游需求的基本条件。旅游支付能力是指在人们的全部收入中扣除必须缴纳的税金和必需的生活及社会消费支出后的余额中可能用于旅游消费的货币量。在研究中,一般以可自由支配收入作为考察指标,可自由支配收入越高往往预示着旅游支付能力越强。

可自由支配收入的大小受多种因素的影响。首先,居民所在国的经济发展水平直接影响着人们的可自由支配收入的高低。一般而言,在经济发展水平较高的国家或地区,人们的货币收入往往较高,可自由支配的收入也越高,旅游支付能力就越强。从国际范围来看,国际旅游花费较高的国家和地区基本上是经济较发达国家。20 世纪 90 年代国际旅游花费前 10 位的国家有美国、德国、日本、英国、意大利、法国、加拿大、荷兰、奥地利等。中国能在 1998 年列居第 10 位,也是得益于近几年经济的发展。经济较发达国家是国际远程旅游市场的主体。在一国内部也是如此。经济发达地区往往是该国国内旅游市场的主体,如我国的东南沿海地区、江浙沪地区。其次,居民可自由支配收入还与其所从事的职业、家庭结构(人口多少、双收入与否等)等因素有关。家庭结构通过相对降低家庭基本开支、绝对增加家庭收入两种途径对可自由支配收入产生影响。

支付能力对旅游需求实现具有重要的意义,也是确定和评价旅游客源地的一个重要指标。因为,人们的旅游活动的实现不仅取决于人们对旅游活动的欲望,还取决实现这种欲望的经济条件，也就是支付能力的大小。同时，人们的支付能力也决定着人们的旅行距离。在其他条件不变的情况下，人们的支付能力越强，选择远程旅游的可能性就越大，旅游的空间范围所受限制就越小。对于旅游目的地来说，旅游者的支付能力的大小会影响他对一个具体旅游目的地的选择。特别是对那些远离客源地市场的旅游目的地来说，旅游者的支付能力是确定市场范围的一个重要指标。另外，旅游者的支付能力也决定着他的旅游方式和旅游等级的选择，从而决定他的旅游消费结构和消费水平的高低。

四、旅游需求的性质

旅游需求具有指向性。这种指向性表现为两个方面：第一是旅游需求的时间指向性；第二是旅游需求的地域指向性。

旅游需求的时间指向性主要是指旅游需求在时间上具有较强的季节性，形成旅游的淡季、平季和旺季。旅游需求的季节性的形成是因为：一方面从旅游客源地看，不同的国家有不同的社会风俗习惯和不同的休假制度，闲暇时间的空间分布会有较大的区别，比如每年5月的带薪假期是日本的旅游黄金周，不仅其国内旅游红火，来华旅游也在很大程度上集中在这段时间；另一方面从旅游目的地看，受风俗习惯以及自然条件的限制，目的地的人文及自然吸引物往往表现出截然不同的吸引力，甚至有些吸引物自身的存在与否也有一定的季节性。由于旅游目的地原因导致了旅游需求的时间指向性，所以旺季时旅游供给紧张，淡季时旅游供给闲置，产生旅游设施的非均衡使用现象，严重影响旅游地的经济效益。需要引起注意的是，对旅游需求时间指向性的把握除了了解旅游需求在发生时间上的差别外，还需要了解旅游者在不同的时间（季节）内所需求的东西是不同的，旅游企业、旅游目的地的其他供给厂商需要（而且也可以）在不同的时间内提供不同的产品，而不能寄希望于仅仅通过价格来调节旅游需求的“以一变应万变”的经营方式，价格并不是唯一的占领市场的竞争手段。

旅游需求的地域指向性主要指两个方面：一方面从旅游客源地的角度看，旅游需求在地域上表现为地域的集中性；另一方面从旅游目的地的角度看，旅游需求在地域上表现为热点地区和冷点地区的共存。旅游需求的地域集中性是指，由于旅游需求规模与经济发展水平的密切关系，旅游者往往来自经济较发达国家或地区。旅游冷热点地区的形成既有旅游吸引物的吸引力强弱原因，也有旅游者的从众心理原因，自然还有冷点旅游地旅游信息传递不力的问题。旅游信息传递的非充分性还会因为旅游者的从众心理而进一步强化，使热点更热，冷点难以升温。观察旅游者的行为规律，我们可以发现，旅游者总是倾向于选择大尺度的旅游地内的标志性旅游地（或景区景点），外国旅游者到中国旅游一般总是选择在国际旅游市场上有影响力的城市；旅游者到北京一般总是选择标志性的故宫、长城等景点。

旅游需求具有敏感性。主要表现在对政治社会条件的敏感性和对经济环境的敏感性两个方面,但相对而言,旅游需求对经济的敏感性要稍弱。其中,对政治社会条件的敏感性主要是指向目的地,对经济环境的敏感性则主要是指向客源地的经济发展状况和客源国与目的地国之间的汇率变动状况。根据马斯洛的"需要层次理论",安全需要是仅次于生理需要的基本需要,当旅游目的地发生社会动荡或与客源国关系紧张时,旅游者出于安全的考虑,将会放弃旅游计划。所以旅游目的地国拥有一个稳定的政治社会环境对旅游需求的正常增长是十分重要的。不仅如此,由于歪曲的宣传报道而非本质性的目的地国社会动荡也会强烈影响旅游需求。因此为了旅游需求的稳步增长,旅游目的地还必须建立一个"旅游危机"处理机制。

旅游需求的多样性。我们所说的旅游需求是个体需求的市场总和,并不是所说的各个个体的需求。如果我们从个体需求来研究,由于个体旅游者在职业、社会地位、消费习惯、年龄、性别、所在国、旅游经历、旅游偏好等方面的差异,即便是出于同一种旅游动机,个体旅游需求在旅游地选择、旅游方式、旅游等级、旅游时间、旅游类型等方面也都必然存在差异,导致市场旅游需求构成上的多样性。旅游需求的多样性是旅游供给多层次的前提和基础。但是另外,旅游需求的多样性与旅游供给的主体指向性之间又会造成技术性的供求矛盾。

案例 4－2 切尔诺贝利之行

乌克兰两家旅行社推出的"切尔诺贝利游"其费用刚刚超过300美元。这一地区因受到核泄漏污染而"出名"。组织者说,这是一次"极限和生态旅游",旅游者可以进入核污染地区,参观城市、沙漠中的学校、旅馆还有幼儿园,与隔离区的人们接触。他们穿着防核辐射的服装,还可以在核反应堆前留影。不过,要想看核放射的状况就要再交200美元,受污染地区的村民会带领旅游者到他们的村庄和家里参观。这里的核放射率是允许范围的4倍以上。

这一旅游项目的负责人说:"这种旅行是应一些企业家的要求而诞生的,我们不需要遮遮掩掩,因为所有人都有权知道切尔诺贝利发生的事情,这已经不是什么国家机密了。"该人还是反间谍机构的上校,这家旅行社是靠乌克兰紧急状况部提供资金支持的。

案例点评:旅游的敏感性说明旅游很容易受到各种因素的影响,一旦环境或者社会政治因素发生了变化,旅游者人数和旅游收入就有可能出现大幅度的下降。但是危机和突发事件只要处理得当,有时候也可以成为促进旅游发展的一个利好因素,切尔诺贝利核电站的旅游开发就是一个很好的例子。因此,在旅游发展过程中一定要正确地看待危机和突发事件。

第二节　旅游需求规律

一、旅游需求的一般规律

(一)与旅游价格负相关

一般来说,旅游需求量与旅游价格、旅游者的可支配收入和可支配的自由时间存在着相关关系。而这三个因素的变化都会引起旅游需求量的有规律的变化。

在其他条件不变的情况下,人们对某一商品的需求随该商品价格的变动成反方向变化,即需求量随商品价格的上升而减少,随商品价格的下降而增加。旅游价格是影响旅游需求的基本因素。通常,在其他因素不变的情况下,旅游需求量随着旅游价格的变化而变化,当旅游价格上涨时,旅游需求量就会下降;当旅游价格下跌时,旅游需求量则会上升。

如果我们将每一个旅游者在不同价格条件下,所要购买的旅游服务数量关系用表格表示出来,便形成了价格需求表;将这种关系用曲线表现出来,便形成了价格需求曲线。我们假定从北京到西安4日游的组团旅游价格需求如表4－1所示。

表4－1　北京至西安旅游价格需求表

价格(元)	1 200	1 250	1 300	1 350	1 400
需求量(人次)	1 000	900	800	700	600

我们可以根据旅游价格需求表绘制旅游价格需求曲线。

如图4－2所示,旅游需求曲线是一条自左上方向右下方倾斜、斜率为负的曲线。这表明随着旅游价格上升,旅游需求量在不断地减少。

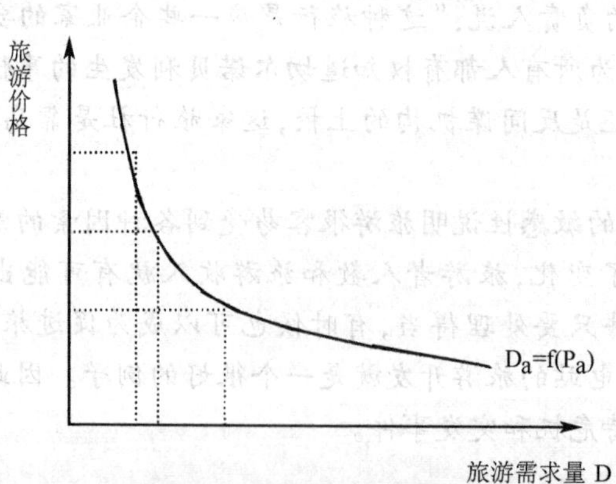

图4－2　旅游价格需求曲线

旅游需求量与旅游价格之间的负相关关系,通常是两种作用的结果:一是边际效用递减作用的结果,一是需求市场面价格作用的结果。从边际效用递减规律来看,人们支付旅游费用是为了得到欲望的满足,是对一种旅游经历的追求,一般地说,他得到的越多,他的欲望就越能得到满足,他的旅游经历就越丰富。但是每次旅游欲望的满足程度以及经历的丰富程度是递减的,这就是边际效用递减规律的作用。例如,一个旅游者第一次到西安旅游,他会感到很满意,他的欲望得到了满足,丰富了对西安旅游的经历。但是,他第二次去西安旅游,他的满足程度就不如第一次,旅游经历的感受程度也不如第一次(除非西安开发了新的旅游资源,增加了新的旅游项目)。随着到西安旅游次数的增加,其欲望的满足率和旅游经历感受程度在不断递减。一般地说,旅游者出外旅游,取决于到一个具体旅游目的地的总费用(价格)和他到这个旅游目的地所获得边际效用之间的比较。如果旅游者认为他支付的旅游总费用(价格)小于边际效用,他就会选择出外旅游;相反,如果大于边际效用,他就会选择其他的旅游目的地。只有当第二次到西安旅游的费用小于第一次的费用时,他才有可能选择到西安旅游。旅游价格随着旅游者出游次数的增加而递减;旅游者出游次数随着旅游价格的降低而递增。从旅游需求的市场价格作用来看,旅游价格是划分市场面的一个重要因素。在人们旅游支付能力不等的条件下,旅游价格的高低决定着旅游需求的市场面,随着旅游价格的增加,具备与价格相对应的有支付能力的需求群体在不断地减少,旅游市场需求面也在不断地缩小;相反,当旅游价格降低时,具备与价格相对应的有支付能力的需求群体在不断地增加,旅游市场需求面也在不断地扩大。这样,便出现了旅游需求与旅游价格的负相关关系的现象。

我们在研究旅游需求与旅游价格之间的关系时,是假定其他因素为一定的情况下而出现的一种负相关关系现象。如果影响旅游需求的各个因素都发生了改变,那么,旅游需求曲线将会发生位移现象。

图4-2所示旅游需求曲线是在假设除旅游价格外的其他影响因素不变的前提下,对旅游需求量随着旅游价格的变化,沿着曲线而滑动的形象表示。但是如果影响旅游需求的其他因素发生变化,则旅游需求曲线会发生往左或往右平行位移(见图4-3)。这时,是决定旅游需求量的其他因素(如人们的可支配收入或者可支配的自由时间)的变化对旅游需求量的影响,而不是旅游价格的变化对旅游需求量的影响,也就是说,在旅游价格不变时,其他影响旅游需求量的因素的变化,对旅游需求数量的影响。如果这些因素的变化对旅游需求是一种刺激作用,旅游需求曲线将从DD位移到D_2D_2,旅游需求量则从A点增大到A_2点;如果这些因素的变化对旅游需求是一种抑制作用,旅游需求曲线将从DD位移到D_1D_1,旅游需求量则从A点减少到A_1点。

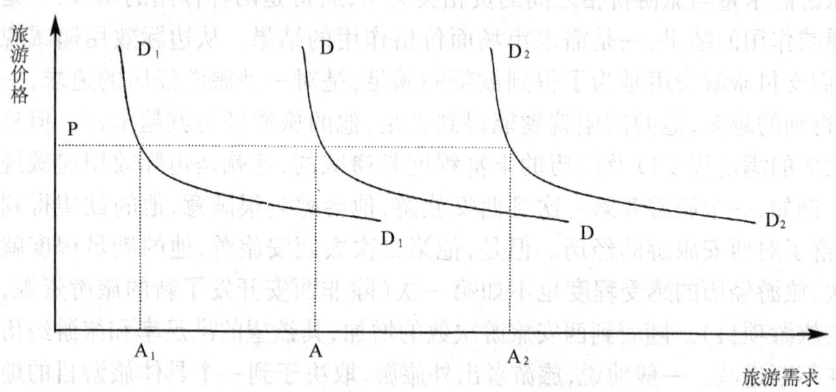

图4-3 旅游需求曲线的移动

(二)与可自由支配收入和时间正相关

旅游需求量与旅游者的个人可自由支配收入通常存在着正相关关系。在其他条件一定时,个人可自由支配的收入越高,旅游需求量越大;个人可自由支配的收入越低,旅游需求量越小。之所以会形成旅游需求量与个人可自由支配收入之间的正相关关系,是因为旅游需求的形成与旅游者的支付能力有关,而旅游者的支付能力取决于他们的可自由支配收入的高低。人们的可自由支配收入增多了,不仅旅游需要可以转化为旅游需求,同时,在同一价格点上原先不具备需求能力的人也可转化为旅游需求者,市场需求面也会随着扩大,引起旅游需求数量的增大。相反,当人们的可自由支配收入减少时,某些旅游需求因支付能力的不足将会转化为旅游需要,对同一旅游价格水平上的旅游需求将会随之减少。

当旅游需要成为人们的一种日常生活消费的重要组成部分时,人们可自由支配收入的变化将会导致旅游需求投向的改变。人们可自由支配收入的增加,意味着人们可以在旅游消费上投入更多的资源,必然会形成对那些高价格水平的旅游服务需求增加,也会促使对长距离旅游和跨国旅游需求的增加。相反的,人们的可自由支配收入减少,意味着人们要在旅游消费上减少资源投入,必然会形成对那些低价格水平的旅游服务需求的增加,也会促使对短距离旅游和国内旅游需求的增加。这时,便出现一种低档旅游服务、短距离旅游和国内旅游随着人们可自由支配收入的提高而相对减少,随着人们可自由支配收入的降低而相对增加,高档旅游服务、长距离旅游和跨国旅游随着人们可自由支配收入的提高而相对增加,随着人们可自由支配收入的降低而相对减少的经济现象。

旅游需求量通常与人们可支配的自由时间也存在着正相关关系。当人们可支配的自由时间增加时,整个社会的旅游需求量将会随之增加;当人们的可支配的自由时间减少时,整个社会的旅游需求量将会随之减少。这是因为旅游消费实际上是一种时间消费,旅游活动要占用大量的连续性的自由时间。如果人们的连续性自由时间不足，即使旅游价格再低，人们可自由支配收入再高，旅游需求量也不可能增加。

如果把可自由支配收入与可自由支配时间放在一起考察，则可能会得到以下图 4－4 和图 4－5 所示结果。

对图 4－4 和图 4－5 我们不妨从宽泛的国内旅游产品和国际旅游产品的关系角度来理解。假设有旅游者 T，他的闲暇时间不变，当闲暇时间不构成 T 进行国内旅游活动的限制性因素，而出境旅游受到限制时，随着 T 的可自由支配收入的增加，T 会增加其对国内旅游产品的需求。但是一旦闲暇时间成为限制性因素时，无论他的可自由支配收入如何增加，他都不可能再增加对国内旅游产品的需求，此时表现为图 4－4 所示的情况。但是一旦出境旅游开放，则随着可自由支配收入的增长，T 可能会减少在国内旅游的开支（包括闲暇时间和货币的开支），相应增加选择出境旅游，此时表现为图 4－5 所示的情况。

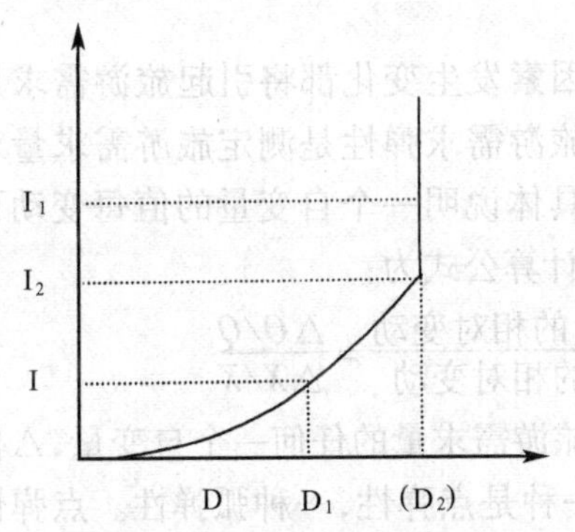

图 4－4 I 与 D 关系例外
（先正相关后零相关）

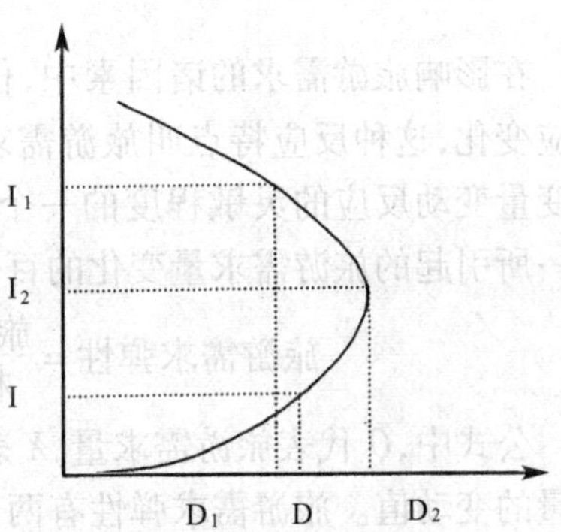

图 4－5 I 与 D 关系例外
（先正相关后负相关）

（三）与互补服务及替代服务的关系

旅游需求通常与互补服务存在着正相关关系，与替代服务存在着负相关关系。在旅游者的旅游服务需求体系中，不同性质和不同功能的旅游服务之间具有相互依存、相互补充、相互促进的关系，一种服务成为另一种服务的补充服务。如在一个旅游目的地内，旅游景点景区与饭店之间就是一种相互补充的关系，景点服务的需求量增加往往会形成饭店服务需求量的增加，两者呈现出一种正相关关系。然而，那些具有相同性质和相同功能的旅游服务之间具有相互替代、互相竞争的关系，一种服务成为另一种服务的替代服务。如在同一个旅游目的地内，两个相同档次和相同类型的饭店之间就是互相替代的关系，在一定时期内，需求量为一定的条件下，住 A 饭店的人数多了，则 B 饭店的人数相对就少了，两者呈现出一种负相关关系。

一种旅游服务存在着许多互补服务和替代服务，对某种旅游服务的需求量的变化不仅与该服务本身的价格水平相关，还与该服务的替代服务和互补服务的价格相关。对一种特定旅游服务来说，当互补服务的价格下降时，该服务的需求量将会上升，当互补服务的价格上升时，该服务的需求量就会下降；当替代服务的价格下降时，该服务的需求量将会下降，当替代服务的价格上升时，该服务的需求量也会随之上升。

如果将旅游需求作为人们日常消费的一个类别，那么，在收入一定时，消费者对其他消费的增加或减少，会直接影响旅游的需求量。当人们对住宅产品或汽车产品需求增加时，必然会减少对旅游需求的数量。从这个意义出发，凡与人们消费活动有关的产品或服务的价格变化，都会对旅游需求量产生影响。

二、旅游需求弹性

在影响旅游需求的诸因素中，任何一个因素发生变化都将引起旅游需求量的相应变化，这种反应特点叫旅游需求弹性。旅游需求弹性是测定旅游需求量对其自变量变动反应的灵敏程度的一个尺度，是具体说明一个自变量的值每变动百分之一所引起的旅游需求量变化的百分值。其计算公式为：

$$旅游需求弹性=\frac{旅游需求量的相对变动}{相关因素的相对变动}=\frac{\triangle Q/Q}{\triangle X/X}$$

公式中，Q 代表旅游需求量，X 表示影响旅游需求量的任何一个自变量，△代表变量的变动值。旅游需求弹性有两种形式，一种是点弹性，一种弧弹性。点弹性是旅游需求函数的不同点上的弹性，其计算公式：$|Ed_X|=(Q_1-Q_0)/Q_0\div(X_1-X_0)/P_0$；弧弹性是旅游需求函数某一区间的平均弹性，其计算公式：$|Ed_X|=(Q_1-Q_0)/[(Q_0+Q_1)/2]\div(X_1-X_0)/[(X_1+X_0)/2]$，公式中 Q_1 和 Q_0 表示旅游需求量的变化区间，X_1 和 X_0 表示自变量变化的区间。在旅游需求弹性中主要有价格弹性、收入弹性、时间弹性和交叉弹性。

（一）旅游需求价格弹性

旅游需求价格弹性就是指旅游需求量对旅游产品价格变动的反应程度，旅游价格弹性系数是指旅游需求量变动的百分比与旅游价格量变动的百分比的比值。由于旅游需求量与旅游价格成负相关关系，所以旅游需求价格弹性系数总是表现为负数，通常用绝对值来表示，其计算公式如下：

$$点弹性\quad E_P=\frac{Q_2-Q_1}{Q_1}\div\frac{P_2-P_1}{P_1}\quad\cdots\cdots\cdots\cdots\ 公式一$$

$$弧弹性\quad E_P=\frac{Q_2-Q_1}{(Q_2+Q_1)/2}\div\frac{P_2-P}{(P_2+P_1)/2}\quad\cdots\cdots\cdots\cdots\ 公式二$$

式中，E_p：旅游需求价格弹性系数；P_1，P_2：变化前后的旅游产品价格；Q_1，Q_2：变化前后的旅游需求量。旅游需求的价格弹性系数可以分为以下三种情况：

第一种情况是 $E_p>1$，表明旅游需求弹性较大，需求曲线表现得比较平坦（见图4-6）。此时，只要旅游价格稍有变化，便会引起旅游需求量较大幅度的变化。也就是说，旅游需求量对旅游价格的变动反应比较敏感。因此，在旅游需求弹性系数大于1的情况下，提价会引起旅游需求量的锐减，从而减少总收益；降价则可以刺激旅游需求量的剧增，从而增加总收益。

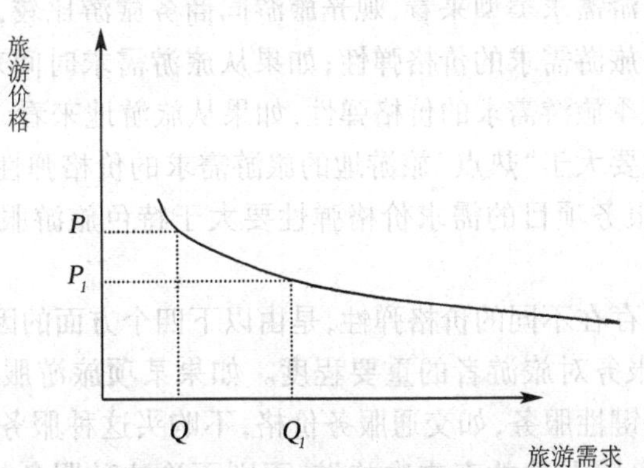

图4-6 旅游需求价格弹性系数

第二种情况是 $E_p<1$，表明旅游需求弹性较小，旅游需求曲线表现得比较陡峭（见图4-7）。此时，旅游需求量对旅游价格反应比较迟钝，旅游价格若发生变化，只会引起旅游需求量较小幅度的变化。因此，在旅游需求价格弹性系数小于1的情况下，适度提价可以增加总收益；降价则会在一定程度上减少总收益。

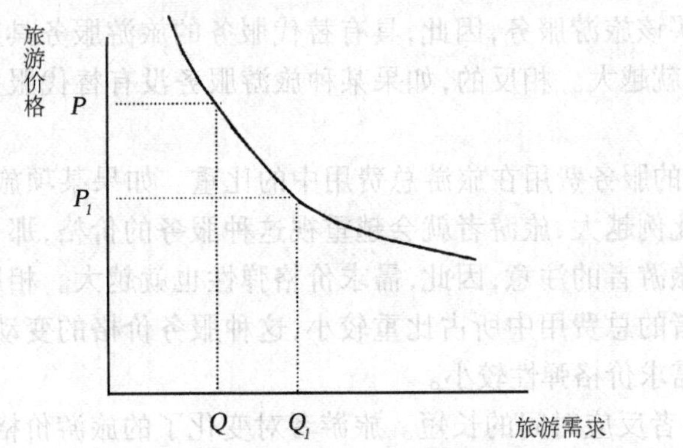

图4-7 旅游需求价格弹性系数

第三种情况是 $E_p=1$，表明旅游需求弹性适中，旅游需求曲线表现为一条正双曲线。此时，旅游产品价格若有所变化，旅游需求量则发生相同比率的反向变化。因此，在旅游需求价格弹性等于1的情况下，提价不会增加总收益，降价也不会减少总收益。

一般来说，基本生活资料的消费需求弹性较小，而奢侈品或高档消费品的需求价格弹性较大。旅游活动在大多数情况下是一种较高层次的消费活动，属于非基本生活资料，因此旅游需求的价格弹性系数的绝对值一般大于1。但是，由于旅游目的不同，旅游服务档次不同，各种旅游服务的功能的不同，表现出的价格弹性也有所不同。如果从旅游需求类型来看，观光旅游同商务旅游比较，观光旅游需求的价格弹性要大于商务旅游需求的价格弹性；如果从旅游需求时间来看，淡季旅游需求价格弹性要大于旺季旅游需求的价格弹性；如果从旅游地来看，"冷点"旅游地的旅游需求的价格弹性要大于"热点"旅游地的旅游需求的价格弹性。从旅游服务项目来看，对一般旅游服务项目的需求价格弹性要大于特色旅游服务项目的需求的价格弹性。

旅游需求之所以存在不同的价格弹性，是由以下四个方面的因素决定的。

第一，不同旅游服务对旅游者的重要程度。如果某项旅游服务在旅游者的旅游活动中属于一种关键性服务，如交通服务价格，不购买这种服务就会影响到他的旅游质量和旅游经历，除非他放弃本次旅游，否则不论这种服务的价格多高，他都必须购买，因此旅游需求弹性较小。相反，如果某种旅游服务不是一种关键性服务，不购买也不会影响到他的旅游质量和经历，如旅游过程中的娱乐性服务，那么他是否购买取决于服务的价格水平，故旅游需求价格弹性较大。

第二，旅游服务的替代状况。如果某种旅游服务有多种替代服务，替代程度较高，旅游者便会具有多种服务的选择余地。当这种服务价格稍为提高时，旅游者将会购买具有替代关系的旅游服务，当服务价格稍降低时，那些购买替代服务的旅游者将会转向购买该旅游服务，因此，具有替代服务的旅游服务具有较高的弹性，替代性越强，弹性就越大。相反的，如果某种旅游服务没有替代服务，那么需求弹性就很小。

第三，支付的服务费用在旅游总费用中的比重。如果某项旅游服务在旅游者总费用中所占比例越大，旅游者就会越重视这种服务的价格，那么，这种价格的变动就越会引起旅游者的注意，因此，需求价格弹性也就越大。相反的，如果某种旅游服务在旅游者的总费用中所占比重较小，这种服务价格的变动不会引起旅游者的注意，那么，需求价格弹性较小。

第四，旅游者反应时间的长短。旅游者对变化了的旅游价格做出需求的反应需要一定时间，在人们旅游准备的时间与对价格反应的时间之间具有一定的时滞性，如果一个旅游者已经做好了外出旅游的准备，即便旅游价格发生变动也很少会因旅游价格的提高而放弃旅游计划，因此，旅游需求价格弹性较小。相反的，如果旅游价格变动给旅游者一定的反应时间，那么，旅游者便会调整自己的旅游计划，因此，旅游需求弹性较大。另外，旅游服务的自给性特点也会形成不同的弹性，旅游者自己可以提供某种服务，如旅游过程中的洗衣服务，如果这种服务的价格提高，旅游者便会转向由自己来提供，因此，对这种可自助服务的需求弹性较大。

案例 4－3　旅游需求价格弹性的计算

A 景区的门票价格定为 100 元，每天有 200 人前来参观旅游；但是如果将门票价格下调为 80 元时，则旅游者人数可达到每日 260 人，试计算当旅游者人数为 260 人时的门票需求价格弹性系数以及旅游者人数在 200～260 人之间时的门票需求价格弹性系数并分析景区应该提价还是降价来增加经济收益。

解：根据旅游需求弹性系数的定义，在旅游者人数为 260 人时所求解的是旅游需求价格的点弹性系数，而旅游者人数在 200～260 之间时所求解的是旅游需求价格的弧弹性系数，因此根据公式可得：

点弹性系数　$E_p=[(260-200)/200]\div[(80-100)/100]=-1.5$

弧弹性系数　$E_p=\{(260-200)/[(260+200)/2]\}\div\{(80-100)/[(80+100)/2]\}\approx-1.17$

由于一般弹性系数取的是绝对值，所以本题中点弹性系数为 1.5，弧弹性系数约为 1.17。弹性系数大于 1，说明旅游者对该景区的旅游需求弹性大，故降价能增加景区的旅游收益。

（二）旅游需求收入弹性

人们的旅游支付能力除了取决于旅游产品的价格外，还取决于人们可自由支配收入的高低。一般来说，可自由支配收入同旅游产品需求量之间存在正相关关系：可自由支配收入越高，则对旅游产品需求量越多；可自由支配收入越少，则对旅游产品需求量越少。

从图 4－8 中可以看出，当可自由支配收入为 I 时，旅游需求量为 D；当可自由支配收入上升为 I_1 时，旅游需求量也升至 D_1；当可自由支配收入下降为 I_2 时，旅游需求量也降至 D_2。两者的这种正相关关系可以用函数式表示：$D_a=f(I)$

旅游需求收入弹性是指旅游需求量对人们可自由支配收入变动的反应程度；旅游需求收入弹性系数是指人们可自由支配收入变化的百分数与旅游需求量变化的百分数的比值。由于旅游需求量与人们的可自由支配收入的变化方向相同，所以旅游需求收入弹性系数总是为正数，其计算公式：

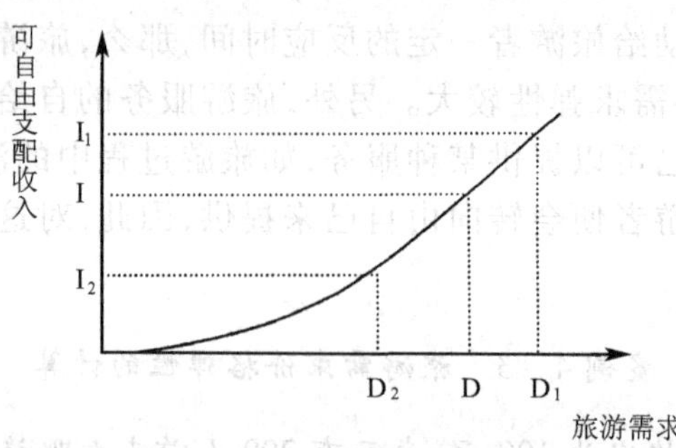

图 4-8　旅游需求与可自由支配收入关系示意图

$$点弹性为：E_I = \frac{Q_1 - Q_0}{Q_0} \Big/ \frac{I_1 - I_0}{I_0}$$

$$弧弹性为：E_I = \frac{Q_1 - Q_0}{Q_1 + Q_0/2} \div \frac{I_1 - I_0}{I_1 + I_0/2}$$

式中，E_I：旅游需求收入弹性系数，I_0，I_1：变化前后的可自由支配收入，Q_0，Q_1：变化前后的旅游需求量。旅游需求收入弹性表现为以下三种情况：

第一种情况是 $E_I > 1$，表明某种旅游产品的需求量受可自由支配收入的影响程度较大，人们的可自由支配收入若发生一定程度的变化，旅游需求量将会发生更大程度的变化，旅游需求曲线表现得比较平缓，见图 4-9。

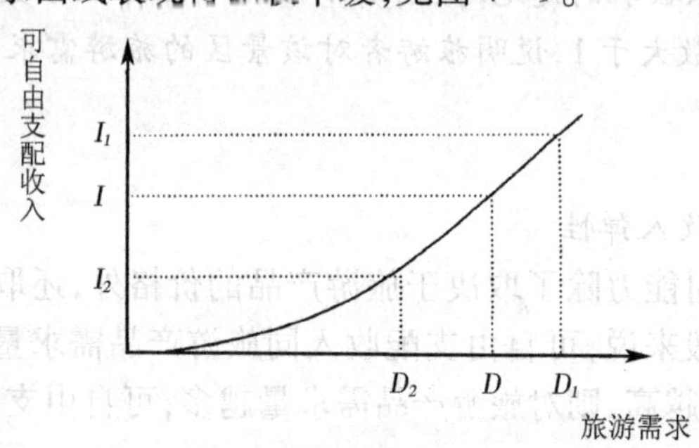

图 4-9　旅游需求与可自由支配收入关系示意图

第二种情况是 $E_I < 1$，表明某种旅游服务的需求量受可自由支配收入的影响程度较小，也就是说，人们的可自由支配收入若发生一定程度的变化，旅游需求量将会发生较小程度的变化，旅游需求量的变化小于人们可自由支配收入的变化。如果用旅游需求的收入曲线来表示，曲线比较陡峭，见图 4-10。

第三种情况是 $E_I = 1$，表明某种旅游产品的需求量受可自由支配收入的影响程度适中，人们的可自由支配收入若发生一定程度的变化，旅游需求量将会发生相同比例的变化，旅游需求曲线表现为一条正双曲线。

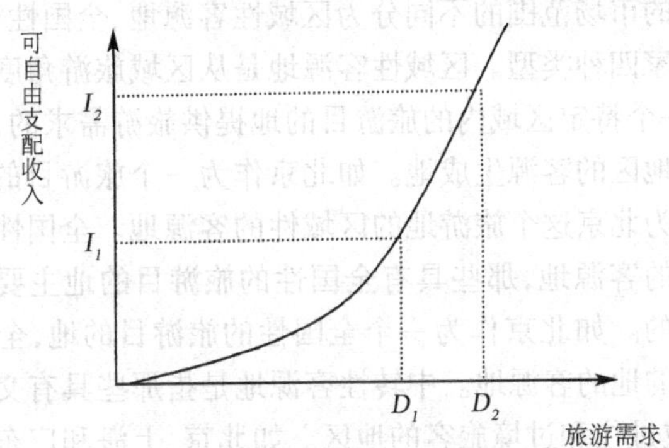

图4-10 旅游需求收入弹性小于1

(三)旅游需求交叉弹性

衡量某种旅游服务的需求量与互补服务以及替代服务的价格变动之间依存度的指标,可以用旅游需求交叉弹性来表示。所谓旅游需求交叉弹性是指某旅游服务价格变化对另一旅游服务需求量变化产生的影响,测量这种影响程度的尺度就是旅游需求交叉弹性系数,用公式表示为:

$$E_{xy}=\Delta Q_y/Q_y\div\Delta P_x/P_x=\Delta Q_y/\Delta P_x\times P_x/Q_y$$

上式中,E_{xy}表示旅游需求交叉弹性系数,Q_y 表示对 y 服务的需求量,ΔQ_y 表示对 y 服务需求量的变动量,P_x 表示 x 服务的价格,ΔP_x 表示 x 服务价格的变动量。

旅游需求交叉弹性系数有正负、大小之分。正负表示两种旅游服务之间的补充或替代关系不同;大小表示补充或替代的程度的不同。如果旅游需求交叉弹性系数是正值,则表示两种服务之间是一种替代关系,其数值越大,说明替代程度就越高,那么生产者之间的竞争程度就越强;如果旅游需求交叉弹性系数是负值,则表示两种旅游服务之间是一种补充关系,其数值越大,说明相互依赖程度或补充程度越强,两家企业之间的合作程度就越强。

第三节 旅游客源地

一、旅游客源地的含义

(一)基本类型划分

从旅游需求产生的地域空间来研究旅游需求时,便形成了旅游客源地的概念。一般来说,旅游客源地是指具备一定人口规模和经济能力,能够向旅游地提供一定数量旅游者的地区。

旅游客源地是一个空间的概念,是相对于旅游目的地而言的。旅游客源地可以根据旅游目的地的市场范围的不同分为区域性客源地、全国性客源地、中转性客源地以及客源地国家四种类型。区域性客源地是从区域旅游角度来划分的旅游客源地,它主要是向一个特定区域内的旅游目的地提供旅游需求的,是一个旅游目的地周边地区或邻近地区的客源生成地。如北京作为一个旅游目的地,天津、河北等省的部分地区便成为北京这个旅游地的区域性的客源地。全国性客源地是从国内旅游的角度来划分的客源地,那些具有全国性的旅游目的地主要是通过全国性旅游客源地提供客源的。如北京作为一个全国性的旅游目的地,全国各个省市都可能成为北京旅游目的地的客源地。中转性客源地是指那些具有交通中转和出入境口岸功能,可以形成过往和过境旅客的地区。如北京、上海和广东三地是我国国际旅游者出入境口岸城市,成为我国国际旅游重要的中转客源地。客源地国家则是从国际旅游角度来划分的客源地,是相对于旅游目的地国家而言的,客源地国家是目的地国家旅游需求的重要空间来源。

(二)输送客源能力的影响因素

旅游客源地输送客源的能力首先取决于这个地区的总人口规模。一般来说,一个特定空间内的旅游需求规模是与这个地区的人口规模相联系的。在其他条件一定时,旅游需求规模是与人口规模成正比的,旅游需求规模随着这个地区人口规模的增加而增加,随着人口规模的减少而减少。如果两个地区的出游率相等,总人口规模大的地区相对于人口基数小的地区,旅游需求总量要高。这对一个国家的国际旅游也是同样的,当两个国家的出游率相同时,人口基数大的国家出国旅游的绝对人数较之人口基数小的国家要多。在通常条件下,人口众多的地区或国家往往会成为旅游目的地重要的客源地或客源地国家。

旅游客源地或客源地国家的旅游需求规模还与这个地区或国家的人口结构相联系。人口结构是指人口的年龄、性别、职业、文化水平等各种人口特征。年龄对于人们旅游需求具有较大的影响,这主要是由于不同年龄阶段的人,其身体状况、心理状态和生命周期不同所致。例如,未婚的年轻人旅游欲望比较强烈,但由于经济条件的限制,难以完全实现自己的旅游需求;35～50岁的中年人一般事业有成,经济状况较好,子女已经自立,因而具有较强的旅游需求,并且有条件予以充分实现;老年人时间充裕,有一定的积蓄,如果身体健康,他们的旅游需求也很强烈,其出游率呈现出日益增长的趋势,“银发市场”值得关注。性别对旅游需求的影响显而易见,主要表现在男性旅游者的比例高于女性旅游者,其中的原因主要在于男性与女性的家庭角色不同。但是随着家务劳动的社会化,女性地位的提高,女性出游的比例正在不断提高。比如日本女青年市场就已经成为许多国家竞相争取的细分市场。职业构成对旅游需求的影响也是很明显的。不同的职业一方面决定了人们的收入水平、闲暇时间、出差机会等的不同,因而决定了其旅游需求的类型、等级、旅游时间及距离的不同;另一方面,不同职业的人受教育的程度也会有很大差别,而较高的教育程度有助于提高人们对旅游审美的兴趣，并且更能够在旅游活动中获得良好的旅游体验，有助于激发进一步的旅游欲望。

在人口规模和人口结构为一定时，旅游客源地的旅游需求规模大小还与这个地区或国家的工业化、城市化的发育程度存在着直接关系。旅游活动是工业化和城市化发展的必然产物，是一个地区成为旅游客源地外在的社会经济环境，也是旅游客源形成的必要条件。从世界旅游发展的现实来看，一个非工业化和非城市化的地区是不可能成为旅游客源地的。工业化和城市化程度对旅游需求的影响主要体现在旅游需求的欲望、消费的等级和出游率上。一般地说，城市居民出游的比例要高于乡村地区：一方面，紧张的工作环境给城市居民造成的精神压力较大，人们希望通过对日常生活环境的逃逸，获得精神上的放松，获得另一种生活体验；另外，城市居民收入较高，产生旅游需求的经济条件较好，而且城市交通发达，信息通畅，实现旅游活动的阻力较小。两个方面因素的结合使城市成为旅游客源的集中地。

此外，客源地居民的消费习惯和客源地政府的旅游消费政策也会影响到输送客源的规模。在这里，消费包含两层意思：一是指如果旅游已经成为客源地居民的习惯性消费，则这些地区的居民将更多地到相关旅游地旅游。更重要的是客源地居民所持的消费态度，如果该地居民是凯恩斯所说的“原始的”、短视的消费者，则他们主要受当期收入的影响；如果是杜森贝里所说的“后顾的、攀附的”消费者，则他们的旅游消费变动不依赖于绝对收入水平，任一特定消费者的旅游支出将随其他家庭支出增加而增加，而且在短期波动中，消费支出不会随收入下降而减少；如果是摩迪里安尼和弗里德曼所说的前瞻性消费者，则他们的旅游消费预算约束将是跨越时间限制的，因此也就可能不受当前收入的影响。

旅游消费政策包括旅游消费限制和旅游消费支持两个方面。旅游消费控制主要出现在国际旅游中。经济发达国家也会对本国居民出境旅游进行相应限制，但相比较而言，发展中国家对出境旅游的限制更普遍一些。发展中国家发展旅游主要是为了通过发展旅游来获得更多的外汇，而发展本国的出境旅游势必会造成外汇的减少。正是基于这样一种考虑，发展中国家会对本国居民出境旅游进行限制，包括对出境旅游征税、严格护照申领、规定换汇以及对允许携带出境的外汇数量进行限制等，从而对该国到目的地国的旅游需求进行人为的约束。比如2005年之前，我国对出境旅游实行的是“适度发展”的政策，对经营本国公民出境旅游的旅行社实行特许经营，对出境旅游实行配额管理，因私出境须提交境外邀请函，携带出境的外汇有限额规定。

也有些国家会出于各种考虑而鼓励本国公民出境旅游。比如，1987年日本政府出于日元升值、增加本国公民的国际公民感觉、降低过高的国际贸易顺差等考虑而提出了“千万计划(Ten Million Program)”，计划指出，到1991年，本国出境旅游人次数从1986年的550万人次增加到1 000万人次——实际上到1990年日本出境旅游人次就达到1 100万人次(Hiroko Nozawa,1992)。

案例4-4 世界正在等待中国游客

AC尼尔森与世界免税协会TFWA联合进行的最新调查结果,令全世界大吃一惊:虽然中国还是一个发展中国家,境外游项目也只是处于起步阶段,中国游客境外旅游的平均购物花费却高达987美元,位居世界首位。《新民周刊》专访了世界免税协会研究部主任琳达·霍普金斯(Linda Hopkins),探究这份报告的出台背景、具体内容及其意义。

记者:为何会做这次有关中国游客境外消费的调查?

霍普金斯:对于世界旅游业来说,中国是一个巨大的市场。目前,全世界有69个国家和地区成为中国的旅游目的地国家。世界旅游组织预计,中国境外游游客在2010年将达到5 000万人次。这样一个游客总量对于旅游零售产业很有意义,有必要研究一下中国游客对于目的地、购物地点和商品选择的预期,从而使机场和其他免税零售店做好准备,为他们提供服务。最终,我们委托了荷兰VNU集团旗下的全球知名市场研究公司AC尼尔森来具体操作这一项目。

记者:中国游客境外人均消费世界第一的结果是怎样得出的?这次调查的人群在地区、职业、出国方式、境外支付方式、购物方式等方面有何特点?

霍普金斯:我们主要调查了北京、广州和上海三地,因为旅游数据表明,大多数出境游的中国人来自内地大城市。受访者是1 500名在之前3个月内到过香港、澳门地区以及到亚洲和欧洲一些国家进行商务或休闲旅游的消费者,调查方式是对他们进行面对面的访问。

我们设计的问题主要包括8大类:旅游主要目的(公务还是休闲);去哪里旅游,为何选择这些目的地;旅游时的主要活动(如观光、购物等);独自旅游,还是和家人、朋友出游;跟团旅游,还是自己独自预订机票、酒店等;目前多久出国旅游一次,将来计划多久出国旅游一次;在每个地点(大街、市区免税店,机场免税店,带上飞机的)的花费(美元);每类商品(烟草、酒类、糖果、时装、儿童用品、电器、电信产品、香水、化妆品)的花费(美元)。

记者:AC尼尔森中国区董事长高恩曾在报告中指出:"随着个人可支配收入的不断增长,中国消费者开始倾向出境旅游,探索新鲜、有趣的旅游胜地。无疑,消费者对境外游的热情为旅行社、免税店以及奢侈品等相关行业带来了积极的信号。"TFWA对此看法如何?

霍普金斯:2004年,中国消费者境外旅游人数达到2 900万(实际为2 885万,编者注),比2003年同期增长43%。虽然中国消费者在单次旅游总花费上略低于日本,位居全球第二,但在购物上的支出却已经位居第一位,购物支出平均占旅游总预算的1/3。中国出境游的增长很快,但仍处于婴儿期,42%的中国游客是第一次出境旅游。这也是我们研究他们境外消费习惯的一个重要原因。受访者表示，观光是他们出境旅游的重要原因，购物是第二大原因。

中国游客去欧洲旅游的购物花费更多，平均达1 781美元。上海游客的平均购物花费高于其他城市的消费者。同时，由于中国境外休闲游客主要人群为女性，时装(53%)、化妆品(50%)、糖果(50%)等高居中国游客购物清单之首。这一消费习惯与欧洲的游客全然不同——他们更倾向于购买酒类、香水及烟草。

记者：此次调查结果说明了哪些问题？

霍普金斯：中国出境游的发展，主要得益于四个方面：其一，中国潜在的出境游人数高达6 000万，约占总人口的5%；其二，中国健康的经济增长和家庭收入增加；其三，出境游政策的自由化：旅游目的地国家从2002年的15个增加到2005年的64个(截止到2005年7月已经达到69个，编者注)，有资格出境游的旅行社从2000年的65家变为2004年的500多家(实际为672家，编者注)；最后，飞中国路线的亚洲低成本航空公司的进入，如泰国航空、曼谷航空、新加坡的valuair等。

此外，VISA卡的普及化，也给中国的出境游夯实了基础。在过去4年，中国的国际VISA卡增长率为300%。2001年是40万用户，2002年60万，2003年170万，2004年是540万。估计，2009年将超过5 000万，他们大多数在亚洲消费，而消费增长最快的地区是欧盟和加拿大。这主要源于中国稳定、积极的宏观经济前景，国内银行的竞争，零售业金融服务急速发展，消费者信用的改善，以及政府支持民众使用信用卡。

(资料来源：金姬．世界正在等待中国游客．http://www.finance.sina.com.cn. 2005-7-27.)

(三)输送客源能力的衡量

旅游消费率。这一指标是指在一定时期内，一个国家或地区的出国旅游消费总额与该国或地区的居民消费总额或国民收入的比率。用公式表示为：

$$旅游消费率=\frac{出国旅游消费总额}{居民消费总额}\times 100\%$$

该指标反映了一定时期内一个国家或地区的居民出国旅游需求的强度。

总出游率。该指标是指一定时期内，一个国家或地区出国旅游的人次与总人口的比率。该指标反映了一个国家或地区居民出国旅游需求的状况。用公式表示为：

$$旅游总出游率=\frac{出国旅游人次}{该国总人口}\times 100\%$$

净出游率。该指标是指一定时期内，一个国家或地区出国旅游人数与该国或该地区的总人口之间的比率，用公式表示为：

$$旅游净出游率 = \frac{出国旅游人数}{总人口} \times 100\%$$

旅游频率。该指标是指一定时期内，一个国家或地区出国旅游人次与该国或该地区出国旅游人数之比。用公式表示为：

$$旅游频率 = \frac{总出游率}{净出游率}$$

该指标反映了一定时期内，一个国家或地区的居民出国旅游的频率，这也是我们选择目标客源市场的又一项参考指标。

从以上这些相关指标可以看到，一国或一地区的已实现的旅游需求的增加可能是净出游率变化的结果，也可能是总出游率变化的结果，或者是两者变化的合成影响的结果。比如，荷兰的净出游率从 1981 年的 62.6% 下降到 1982 年的 60.2%，但是由于出游频率从 1.36 增加到 1.41，因此荷兰的度假市场维持在 1 170 万个假日（holidays）的水平（Tideman，1984）。

二、客源地的经济作用

在以往的旅游经济研究中，一般重视对旅游目的地的研究，而对旅游客源地则很少给予关注。从旅游经济发展的内在逻辑来看，我们应该强化对旅游客源地的研究，推动旅游经济又好又快发展。

旅游客源地是旅游目的地存在的前提条件。从旅游需求与旅游供给之间的关系上来看，旅游供求关系不同于其他产品的供求关系。人们对物质产品的需求满足，可以通过空间的运输形式，直接从生产地点向消费地点移动，消费者可以不离开居住地而实现对另一地的产品的需求。这时，物质生产活动只要运输费用能满足生产成本的经济要求，它可以不必考虑生产与消费之间的空间距离而进行。由于产品的可运输经济特点，生产者也不必考虑需求和消费地点问题。在一般物质生产中空间概念被淡化了。从生产者观点出发，空间概念仅仅是一种市场范围的代码。与物质生产不同，旅游生产的结果不是一种有形的产品，而是一种与旅游者相结合的活动，人们对旅游服务的需求不能通过空间运输，使“服务”从旅游目的地向客源地的转移来实现，而必须通过活动主体——旅游者的空间移动，由客源地向旅游目的地的空间移动来完成。因此，对于旅游目的地经营者来说，必须重视客源地这一空间概念，因为它直接关系到旅游地的经营规模与需求规模。没有旅游客源地，或者客源地的市场规模不足，旅游目的地就不可能良好发育。从这个意义上说，旅游客源地是旅游目的地存在的前提条件。

客源地的社会性因素决定着旅游目的地旅游经济特点。如果一个旅游目的地以某特定的客源地为市场需求的来源，那么客源地的各项社会性因素都会对旅游目的地的旅游经济特点产生影响，从而决定其运行的经济规模。例如，客源地的休息制度会对旅游目的地的时间性波动产生影响。在靠近客源地的一个旅游目的地,到了周五,进入该旅游地的旅游者将会大幅度增加,形成供给不能满足需求的状态,而过了周日,进入该旅游地的旅游者将会大幅度减少,形成需求不能满足供给的状态。同时旅游客源地的节假日制度也会对旅游地的经营活动产生重大影响,那些以国际旅游为主的旅游目的地的经济运行会受到主要客源国的社会性因素的影响。如对于以日本为主要客源国的旅游目的地来说,由于日本人带薪休假一般是在春季,人们可以有更多的时间出外旅游。因此每年春季往往是这些旅游目的地的旺季,这不能不说是旅游客源地的社会性因素对旅游所产生的外力作用。

客源地的经济和旅游行为因素也会对旅游目的地的经济活动产生影响。目的地的旅游供给状况在很大程度上是受其主要客源地需求的经济因素和行为因素决定:一方面,旅游客源地的需求规模、类型和需求结构决定着旅游目的地供给的规模、类型和供给结构,另一方面,客源地的经济和旅游行为因素也决定着旅游者对旅游目的地的选择,决定着目的地资源开发方向。一个旅游地的旅游吸引力大小不仅取决于这个地区内旅游资源的丰富程度、类型、质量状况,还取决于以旅游资源为依托开发形成的旅游项目与旅游客源地输送的旅游需求能否有效耦合,因此,只有树立以资源为基础,以客源地的需求为导向的指导思想,明确旅游资源与旅游项目之间的区别,明确旅游资源优势与旅游经济优势之间的区别,针对主要客源地的旅游需求特点进行旅游项目开发,才能不断提高旅游目的地的吸引力。

旅游客源地也是旅游企业地域扩张的基地。按照需求决定供给的推论,位于旅游客源地的旅游企业接近市场,了解旅游者的需求,并能根据旅游者的需求提供相应的服务,因此与目的地本地的企业具有比较优势。对于那些离客源地文化距离较远的旅游目的地企业来说,客源地的旅游企业更具有比较优势。到一个远离居住地的旅游地去旅游,旅游者所需的各种旅游信息和旅行服务大多是由客源地本地旅游企业提供的。这种情况下,旅游客源地的旅游企业具有了市场客源的垄断力量,这些企业便可以借助客源的垄断实施跨地区的旅游经营。大量事实说明,旅游企业的跨地区乃至跨国经营都是以其客源输出为基础的。根据本地旅游者出游线路和旅游目的地(国)实施跨地区(国界)经营,是世界范围内旅游企业通常的做法之一。

即使旅游客源地不实施跨地区或跨国经营,这种对客源市场的垄断也会使客源,特别是那些为旅游目的地承担组团业务的旅行社等中介机构——比旅游目的地旅游企业居于更有利的市场地位。它们可以借助自己的组团网络以及旅游者规模,同旅游地接待型企业进行讨价还价,并获得更多的经济利益;同时借助于一定的客源规模,迫使旅游目的地的企业提供更多的服务,这样无形中增加了旅游目的地的经营成本。

由此可见,在旅游经济的空间组织上,是一种以旅游客源地为主体的旅游经济组织体系,客源地在整个旅游经济空间中居于重要的经济地位。

三、客源地与旅游地之间的互动关系

旅游目的地的旅游规模以及客源地对特定旅游目的地的需求数量,既与旅游目的地的旅游资源、旅游吸引力和旅游供给等因素有关,也与客源地社会经济因素有关,同时,也取决于两地之间的各种互动因素。这些互动因素成为一个旅游目的地吸引特定客源地,或者说一个旅游客源地选择特定目的地的制约因素和条件。

在旅游目的地旅游资源性质一定的条件下,客源地与目的地之间的经济距离是制约两地之间相互吸引与选择的一个重要因素。经济距离是指旅游者从客源地到目的地往返的旅行时间和交通费用的综合。这是衡量旅游目的地的旅游吸引力的重要指标。可以说,随着现代科技的发展,现代化交通工具的出现,旅游目的地与客源地之间客观的空间距离对旅游需求实现的障碍已经大为降低,但是这种客观的空间距离又在通过两地间的经济距离影响着旅游目的地的吸引力。因为旅游者在远程旅游时,两地间交通往往是旅游开支中的重要组成部分,在旅游预算约束下,过高的旅游交通费会影响旅游者的旅游目的地决策。另外,旅游者的闲暇时间毕竟有限,如果在整个旅游过程中旅行时间太长,则势必相对缩短游览时间,旅游者出于效用最大化考虑,有可能会因此放弃该目的地。

在旅游市场上,随着客源地与目的地之间经济距离的逐渐加大,旅游需求量会呈现逐渐递减的变化趋势,这就是旅游需求的距离衰减规律。这里的距离是经济距离。这个规律表明,在给定的旅游需求约束条件下,旅游目的地与客源地之间的经济距离越大,旅游者面临的需求阻力也就越大,旅游目的地的吸引力就越小,发展旅游的地域空间就相对较小。这也是国际旅游市场形成以洲内旅游为主的格局的原因。

影响两地之间相互吸引与选择的另一个制约因素便是客源地与目的地之间的文化距离。文化距离是指客源地与目的地之间以语言为主要特征的文化差异程度,主要包括语言差异、生活习惯差异、社会文化差异等。一方面,客源地与目的地之间的文化距离可以满足人们的好奇心,文化的差异构成旅游的推动力;另一方面,这种文化距离也可能使人产生不安和恐惧,成为旅游行动的阻碍。除了那种单纯的游山玩水外①,对旅游目的地的旅游体验需要有相关的文化背景和审美知识构架,这种较高的要求本身可能会影响到旅游者的旅游体验程度,从而成为旅游需求扩大的障碍。尤其是当旅游者与目的地之间在文化差异、社会规范、社会制度等方面的距离不可缩减的时候,旅游需求就会减弱。

① 如果面对的是人文化的山水则另当别论。其实中国有很多地方的山水乃因文人骚客或历史风云而成名,但实际上可能很“有说头、没看头、没玩头”。对拥有这样一些旅游吸引物的地方政府而言,如何处理好“说头、看头、玩头”关系,从而“有搞头、有甜头”(魏小安,2002)是一项非常重要的任务。

对于国际旅游活动,影响两国之间相互吸引与选择的制约因素还有汇率。汇率是反映两个国家货币之间的比价。如果目的地国的货币相对客源国贬值了,则意味着目的地国旅游价格相对下降了,从而将可能增加来自客源国的国际旅游需求;如果目的地国的货币相对客源国升值了,则意味着目的地国旅游价格相对上涨了,从而将可能减少来自客源国的国际旅游需求。比如,1998 年泰铢大幅度贬值,加之旅游价格也下降,在亚洲不少国家和地区过夜旅游者人数比 1997 年下降的情况下(香港下降7.7%;新加坡下降14.3%;日本下降2.8%);泰国却上升6.9%,但同时外汇收入却下降了 9.3%(世界旅游组织,1999)。当然,汇率的变动不仅影响国际入境旅游需求,而且还会影响国内旅游需求。如果本国的货币贬值了,则面对本国居民指向的客源国,出境旅游的成本将上升,从而可能将旅游需求的实现转向国内,国内旅游需求比例相对增加;反之亦然。

对于国际旅游来说,政治因素也是影响两国之间相互吸引与选择的制约因素。国际旅游需求的实现需要有一个良好的外部环境,其中最重要的就是政治环境,它包括客源国与目的地国各自的政治环境以及客源国与目的地国之间的政治关系。

目的地国政局稳定,社会治安良好,政府对发展旅游业大力支持等将有助于提高目的地国的旅游竞争力。南非近年来旅游的发展与结束种族隔离政策后国内政局的稳定有很大的关系。若两国政治关系良好,则旅游往来也会相应频繁;反之则相反。另外,某些特殊的突发事件也会影响到旅游需求,比如我国 20 世纪 80 年代末那次旅游发展史上的大滑坡。Gunadhi 和 Boey(1986)研究了印度尼西亚与新加坡政治关系紧张对印度尼西亚居民赴新加坡旅游的影响(弹性系数为 -1.5)。最近的例证是"9·11"恐怖事件对旅游业的影响。自"9·11"恐怖袭击事件以来,作为华盛顿地区支柱产业的旅游业每天损失 1 000 万美元,日营业额仅相当于 2000 年秋季的一半。旅馆业的境况则更惨,平均入住率只有30%,而往年同期的入住率平均为 80%;日本旅行业协会 10 月 24 日公布资料显示,因"9·11"恐怖事件,日本 11 家主要旅行社截至 10 月 12 日共收到 75 万名游客取消海外旅游订单的通知,取消订单金额达 1 200 亿日元;世界旅游组织 2001 年 12 月 22 日公布的一份统计报告显示,当年全世界跨国旅游人数预计将达 7.05 亿,比 2000 年增加 1%,但远远低于年初预计的 3% 的增长率,而"9·11"以前的 8 个月,全世界跨国游客总人数的同比增长率还在 3% ~4%,"9·11"事件后的 10 月份,全世界民航机票预订率平均下跌了 12% ~15%。

特殊的非寻常因素还包括诸如举办世界博览会 EXPO、奥运会或世界杯足球赛等重大体育赛事等,这些因素也会对旅游需求产生重大影响。据 2002 韩国世界杯韩国组委会估计,世界杯期间将有约 40 万名旅游者到韩国观光,其中中国球迷将以 10 万计,而 1999 年全年中国公民访韩总人次为 316 639 人次。1984 年奥运会以后的经验数据表明 1 名外国运动员将可能带来 30 ~40 名外国旅游者。

第四节 旅游决策与旅游消费优化

一、旅游消费决策模型①

(一)目的地选择影响因素研究

有很多研究者分析了影响消费者在旅游目的地选择方面的因素,并构建了相应的模型。Pred(1967)较早地构建了度假者决策行为矩阵。该矩阵强调了距离和信息对度假者目的地选择的影响。很多案例表明,形象可能比其他的事实性信息更容易对目的地选择产生影响。Muller(1991)研究了国际旅游中不同细分市场的概况,认为如果消费者能够自由选择目的地的话,则个人价值观将决定最终的目的地选择②。Crompton(1977)提出了目的地选择的两阶段模型,第一个阶段是与诸如"究竟应不应该进行一次度假"之类基本问题有关的一般阶段;一旦决定要度假,则进入考虑"到哪个目的地"的第二阶段。模型强调了可感知限制(如时间、费用、旅行能力等)与目的地形象对目的地决策的影响,并认为目的地形象对偏好形成起首要作用。Um 和 Crompton(1990)对第二个阶段进行了分析,构建了一个目的地选择的框架(见图 4-11),认为态度在决定候选目的地能否进入激活集合(evoked set)并被选为最终的目的地中起了重要作用。

Crompton 和 Ankomah(1993)在对相关的目的地选择文献进行回顾的基础上指出,对早期进入意识域(consideration set)的目的地进行选择评价的标准往往集中在目的地属性的相对优点上,但是对随后的激活集合的目的地进行选择评价的标准将集中在备选目的地的限制因素上,因此旅游目的地决策是旅游限制与目的地形象相互关系的函数。Woodside 和 Lysonski(1989)则从认知和行为心理学、营销学以及旅游相关命题和研究发现出发,构建了一般模型(见图 4-12)。Mansfeld(1992)对这些关于旅游目的地选择过程的理论性框架进行了评论,认为这些研究缺乏一个合理的理论基础,因为这方面的主要研究都仅仅调查旅游者的偏好和目的地选择行为,而没有考虑相似的目的地选择模式是否导致这些旅游者的空间行为也存在相似性。Mansfeld 认为该领域的深入研究应该从两个方面入手,一是旅游

① 需要说明的是,尽管旅游者在决策时是从总体旅游产品的角度进行的,但是旅游者到目的地后同样还面临一系列的决策问题,这些决策的结果才最后形成目的地的消费结构。不过,对后一部分决策不在此节讨论范围之内。

② 但 Muller 承认了在个人数据收集方面存在方法上的局限,因为调查中发现,被调查者很勉强地将一些对大多数人显然是非常重要的事情给予较低的赋值,从而影响了数据的可信度。

者所表述的偏好的研究，一是旅游者实际选择的研究。

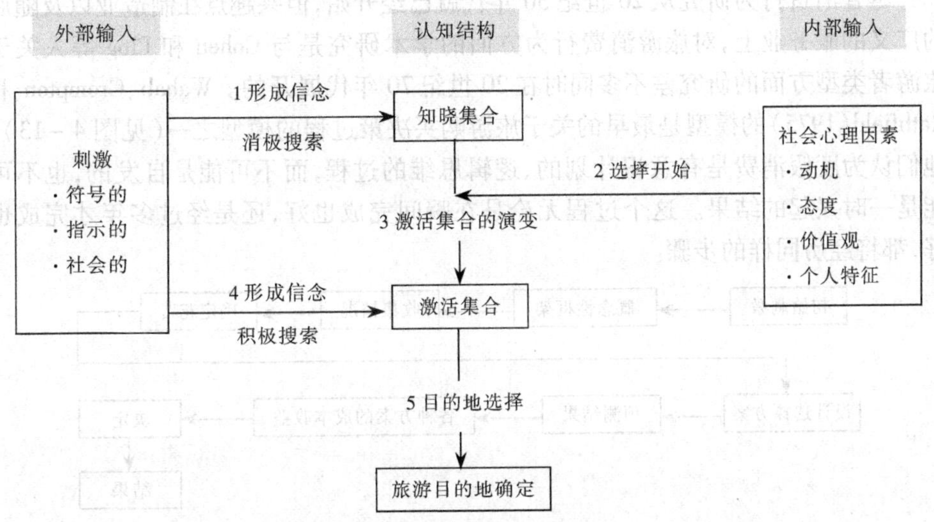

图 4–11　旅游目的地选择模型(Um and Crompton,1990)

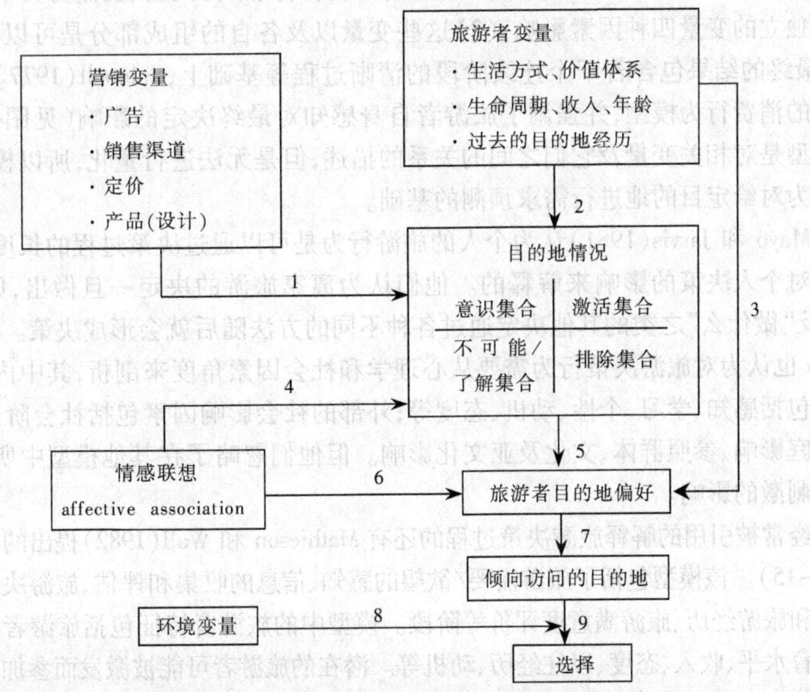

图 4–12　休闲目的地认知和选择一般模型(Woodside and Lysonski, 1989)

(二)旅游消费行为决策过程模型

尽管消费行为研究从20世纪30年代就已经开始,但兴趣点在制造业以及随后的广义的服务业上,对旅游消费行为方面的学术研究是与Cohen和Plog等人关于旅游者类型方面的研究差不多同时在20世纪70年代展开的。Wahab、Crompton和Rothfield(1975)的模型是最早的关于旅游购买决策过程的模型之一(见图4-13)。他们认为度假消费是有意识计划的、逻辑思维的过程,而不可能是自发的,也不可能是一时兴起的结果。这个过程无论是在瞬间完成也好,还是经过多年才完成也好,都将经历同样的步骤。

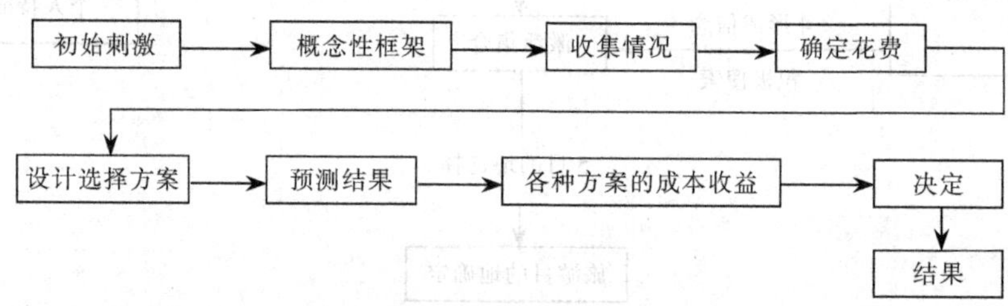

图4-13 旅游消费行为模型(Wahab,Crompton and Rothfield,1975)

(1)决策的过程以及最终的结果受消费者目标、旅行机会、交流努力和相互影响或独立的变量四种因素影响;(2)这些变量以及各自的组成部分是可以确认的;(3)最终的结果包含若干个连续阶段的清晰过程等基础上,Schmoll(1977)提出了自己的消费行为模型,并强调了旅游者自身感知对最终决定的影响(见图4-14)。该模型是对相关变量及它们之间的关系的描述,但是无法进行量化,所以模型并不能成为对给定目的地进行需求预测的基础。

Mayo和Jarvis(1981)认为个人的旅游行为是可以通过决策过程的长度和心理因素对个人决策的影响来解释的。他们认为离家旅游的决定一旦做出,则"去哪里"及"做什么"之类的其他决定通过各种不同的方法随后就会形成决策。Mayo和Jarvis也认为对旅游决策行为需要从心理学和社会因素角度来剖析,其中内部影响因素包括感知、学习、个性、动机、态度等;外部的社会影响因素包括社会阶层、角色和家庭影响、参照群体、文化及亚文化影响。但他们忽略了在其他模型中所强调的外部刺激的影响。

经常被引用的解释旅游决策过程的还有Mathieson和Wall(1982)提出的模型(见图4-15)。该模型包括了旅游需要/欲望的感知、信息的收集和评估、旅游决策、旅游准备和旅游经历、旅游满意度评价等阶段。模型中的旅游者特征包括旅游者的年龄、受教育水平、收入、态度、以往经历、动机等。潜在的旅游者可能被激发而参加旅游,但是必须以获得有关可能的旅游机会的信息为前提,所以旅游者的关于目的地的形象非常重要。Gilbert(1991)批评该模型忽略了一些传统模型包含的诸如感知、记忆、个性、信息处理过程等重要因素,并认为该模型与其他模型一样,在"旅行特征"中都忽略了"度假类型(type of holiday)"因素;同时指出,随着特殊兴趣及行为方面度假的增多,若对模型作进一步修正则应该考虑到旅游者可得的目的地选择"解"过多的情形。

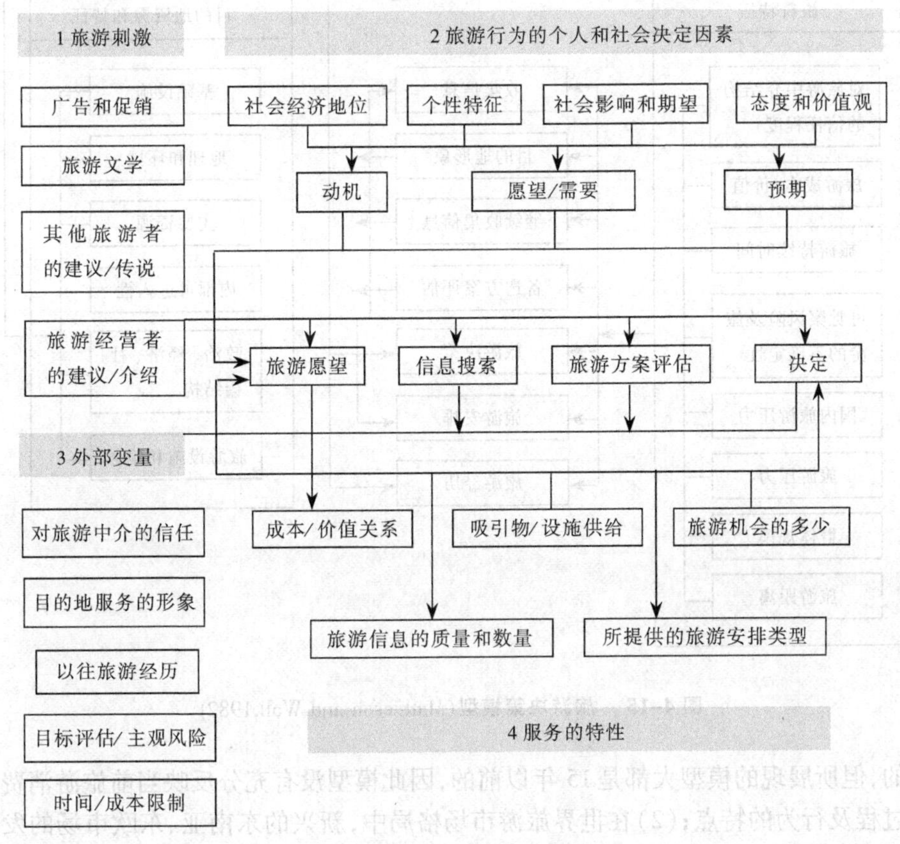

图 4–14 旅游决策过程:一个模型(Schmoll,1977)

Moutinho(1987)提出的模型是最近的关于旅游决策的模型之一(见图 4-16),该模型将决策分为三个不同的相互影响的阶段,明确指出购买决策是动机、认知和学习的结果。Moutinho 将旅游决策视为目的地促销的形象和信息、以往经历、潜在目的地形象、旅游中介、建议或社会交往等一系列冲突的结果。Gilbert(1991)认为该模型的最后阶段可以与第一部分合并,而后发的行为也已经被包含在第二阶段的满意或不满意态度中了。Middleton(1994)提出了一个稍微简单一些的"刺激—反应"消费行为模型(见图 4-17)。

尽管这些模型都各有特点,但是普遍存在的缺点也是显而易见的(John Swarbrooke and Susan Horner,1999):(1)旅游者的消费选择行为是在持续不断地发展变

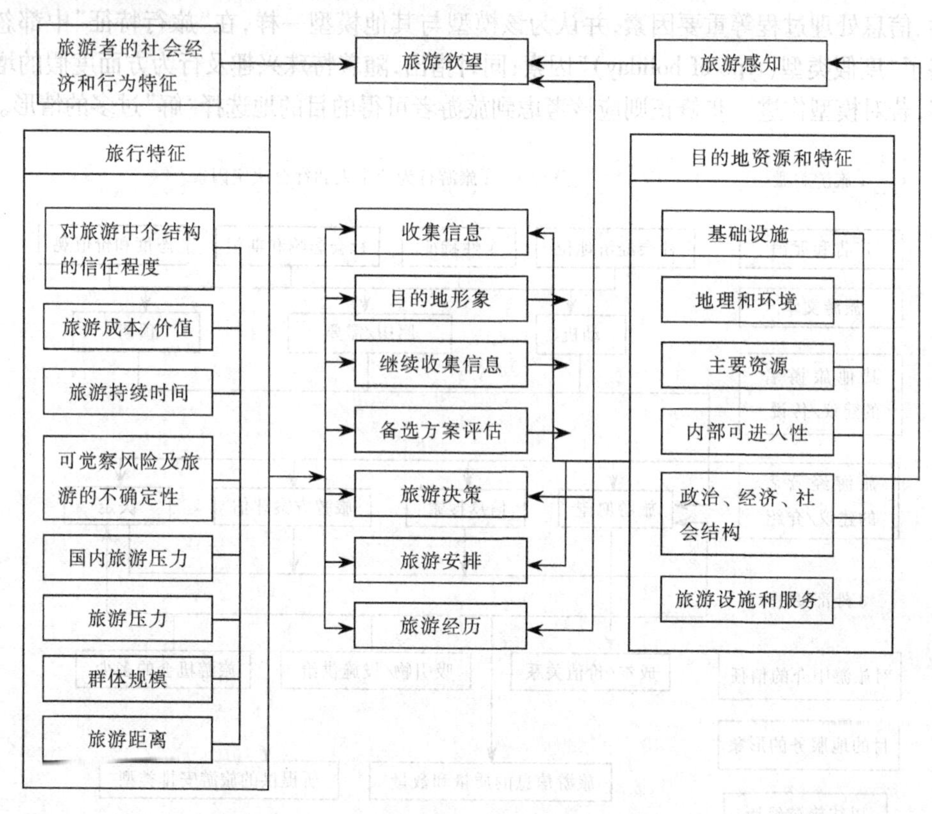

图 4-15　旅游决策模型(Mathieson and Wall,1982)

化的,但所展现的模型大都是 15 年以前的,因此模型没有充分反映当前旅游消费决策过程及行为的特点;(2)在世界旅游市场格局中,新兴的东南亚、东欧市场的发展速度已经超过了欧美等传统客源地的发展速度,可是到目前为止,大多数模型是由北美、澳洲和北欧的学者构建的,因此就很少能够反映新兴的东南亚、东欧等市场的旅游者决策行为;(3)每个旅游者都是不同的,是可以根据影响潜在旅游者个人购买决策的主要因素进行相应的市场细分的,这些因素包括他们是独自旅行还是与家庭或其他团体一起出游、他们曾经有什么样的经历以及他们作为旅游者的阅历、他们是花很长的时间进行决策还是看最后折扣来进行决策等,可是大多数模型都倾向于将旅游者看成同一的群体来对待;(4)大多数模型没有考虑到特定动机及其决定性因素对购买决策影响,比如蒸汽机车之旅、攀岩等;(5)模型大多假设旅游者是理性的,但实际上旅游者的不完全信息以及他们自己的一些非理性观念和偏见显然限制了旅游者的决策理性程度;(6)大多数模型假设购买行为和决策过程是稳定不变的,是与旅游者所购买的度假性质(the nature of the holiday)无关的,而这显然也与实际情形存在差距。

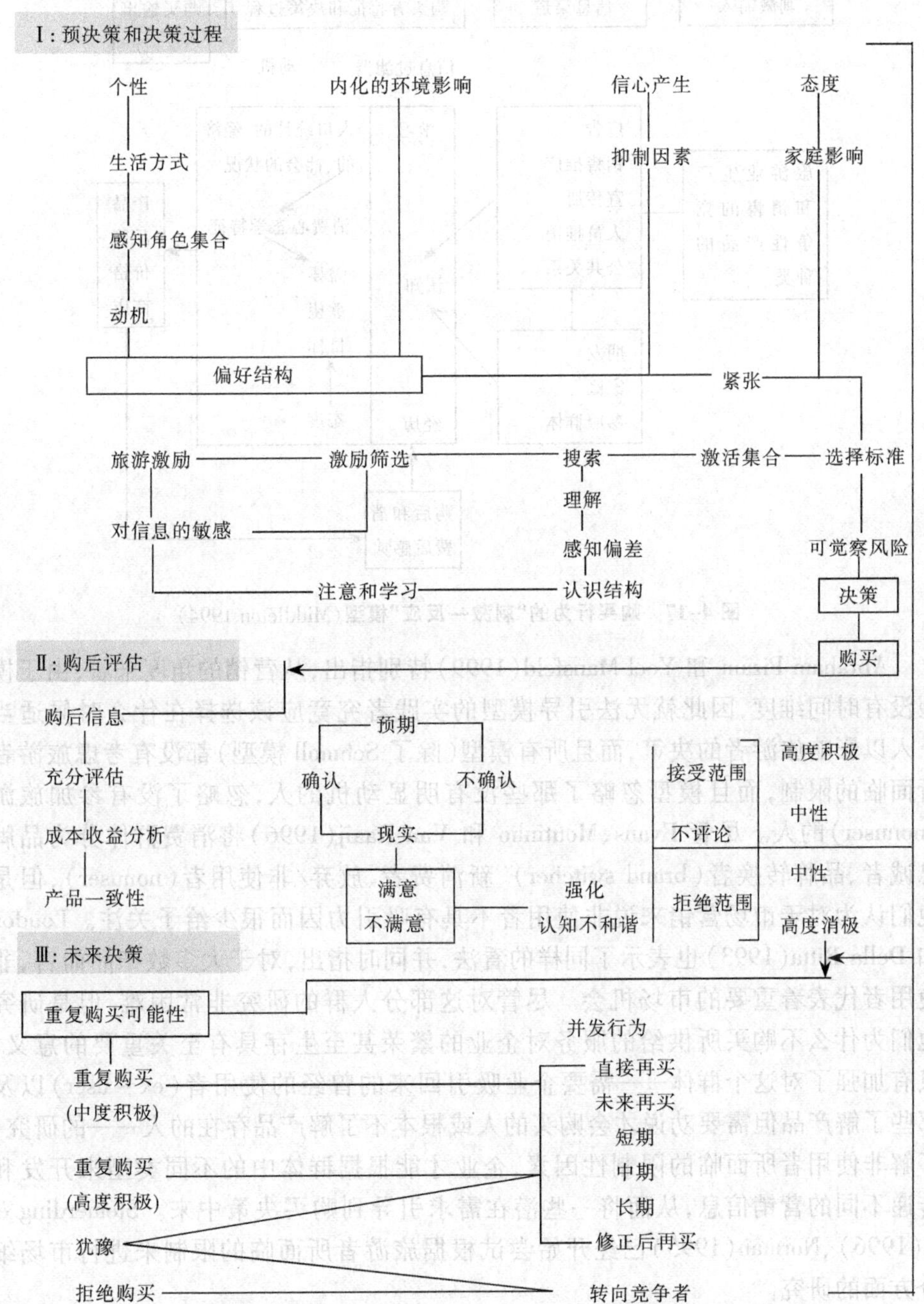

图 4-16　度假旅游者行为模型(Moutinho,1987)

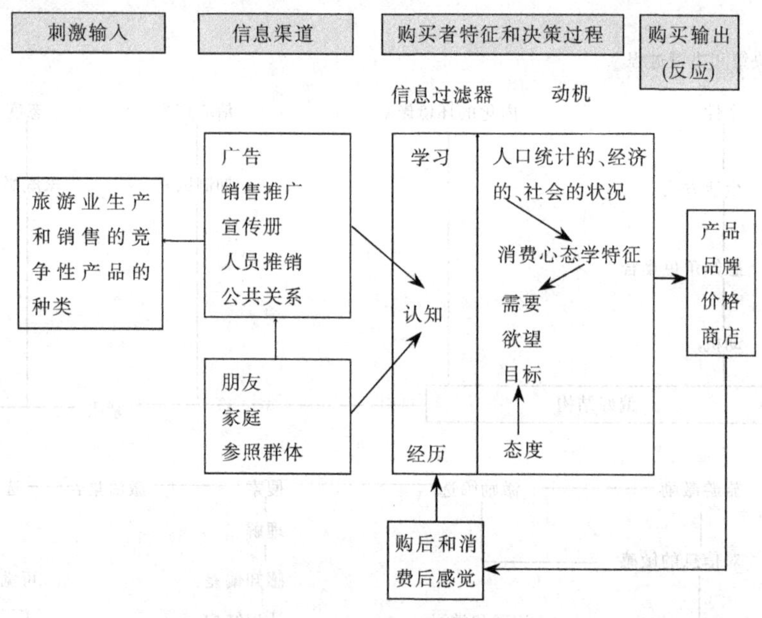

图 4-17　购买行为的"刺激—反应"模型(Middleton,1994)

Abraham Pizam 和 Yoel Mansfeld(1999)特别指出,从营销的角度来看,由于模型没有时间维度,因此就无法引导模型的实践者究竟应该选择在什么时候适当介入以影响旅游者的决策,而且所有模型(除了 Schmoll 模型)都没有考虑旅游者所面临的限制,而且模型忽略了那些没有明显动机的人,忽略了没有参加旅游(nonuser)的人。尽管 Evans、Moutinho 和 Van Raaij(1996)将消费群体分为品牌忠诚者、品牌转换者(brand switcher)、新消费者、放弃/非使用者(nonuser),但是他们认为对于市场营销来说非使用者不具有吸引力因而很少给予关注。Loudon 和 Della Bitta(1993)也表示了同样的看法,并同时指出,对于大多数产品而言,非使用者代表着重要的市场机会。尽管对这部分人群的研究非常困难,但是研究他们为什么不购买所供给的服务对企业的繁荣甚至生存具有至关重要的意义,只有加强了对这个群体——需要企业吸引回来的曾经的使用者(ex - user)以及那些了解产品但需要劝说才会购买的人或根本不了解产品存在的人——的研究,了解非使用者所面临的限制性因素,企业才能根据群体中的不同类型来开发和传递不同的营销信息,从而将一些潜在需求引导到购买决策中来。Stemerding et al(1996)、Norman(1995)已经开始尝试根据旅游者所面临的限制来进行市场细分方面的研究。

(三)旅游决策与目的地形象

Goodall 和 Ashworth(1988)认为旅游者的度假选择是建立在个体特有的动机以及目的地的特性上的,也就是所谓的"推—拉"因素。动机"推动"潜在旅游者进行目的地决策,目的地形象则"拉动"潜在消费者最终确定要前往的目的地。Mayo 和 Jarvis(1981)则指出,潜在旅游者在进行多个目的地权衡时,目的地形象以及目的地的可觉察的满足他需要的能力是最重要的影响因素。可见,各个目的地需要建立自己独特的旅游目的地形象,以区别于其他的尤其是邻近的竞争性目的地。

不仅如此,由于旅游的特性与质量确认成本之间的特殊关系,也要求加强这种目的地形象塑造工作。

"购买旅游"的一个显著特性就是消费者无法取得景区(点)、交通、住宿设施中任何一种对象物的所有权,而是只能借助供给厂商提供的这些相关"生产设备",完成一次体验过程。也就是说,"购买旅游"具有更多的体验属性,相对少搜寻属性。根据消费者获得产品质量信息的方式的差异,可以将消费品分为:(1)搜寻品(search goods),消费者可以在购买这类产品之前通过观察检验而判断其质量;(2)体验品(experience),消费者只有购买并消费以后才能判断这类产品的质量,比如旅游[①];(3)信任品(credence goods),消费者即便消费了这类产品也没法在短时间内判断其质量,比如医生的诊断等。而且,由于旅游活动内在的异地消费规定性增加了消费者进行体验的难度,加之受边际效用递减规律的影响,旅游者再次体验同一"旅游"的可能性较小,所以对旅游质量的判断(供给方决定的质量)就成了旅游者进行目的地选择(也包括后文将进一步分析的不同类型旅游相关供给厂商提供的单项产品)的重大障碍。

尽管现代社会的信息已经足够丰富,但是消费者搜索信息与购买本身一样是需要付出成本的[②],尤其是旅游具有的消费异地性和消费关联性。因此要通过搜索旅游相关信息并对潜在购买对象的质量进行判断或确认需要消费者支付更多的成本——质量确认成本。消费者理性会自然促使其选择经济的判断方式进行相关的质量确认,比如通过价格、其他消费者的反应、广告等替代性指标来判断质量。作为目的地各种因素的集大成者,目的地形象就承担了这种"旅游"质量供给方供给保障能力判断的替代指标。

需要注意的是,真正影响潜在旅游者选择的是在旅游者心目中保有的目的地形象(简称"保有形象"),但依附在保有形象的旅游者预期并不一定等同于目的地"真实形象"能提供的真实效用。可以推论的是,如果保有形象超出真实形象,则可能降低旅游者的满意度,而保有形象低于真实形象,没有充分反映目的地的特点以

① 旅游的体验品属性增加了交易过程中完备契约的难度,进一步增加基于"事前约定"的不完备性而进行再次交涉所产生的交易成本,从而构成旅行社行业内进行纵向一体化的重要动因。

② 我国旅游门市的出现某种程度上就是为了降低潜在旅游者信息搜索以及进行实际购买的成本;如果从目的地面对散客市场而言,提供目的地单项旅游相关的"基础产品"的通用性也是降低散客进行信息搜索和质量确认成本的重要措施——比如对模块化的"基础产品"进行星级评定等标准化战略就是其中措施之一。关于模块化的"基础产品"在第七章中还将进行相关分析介绍。

及能够给潜在旅游者带来的效用,则显然不利于目的地的"销售"。Ahmed(1991)认为如果出现第二种情况,可以考虑:(1)将积极部分从整体形象中分离出来并充分加以利用;(2)举行诸如体育及文化盛会等巨型事件(mega - events)以吸引媒体注意力并吸引投资以改善相应的旅游基础设施;(3)组织诸如旅行作家、旅游代理商、旅游经营商等能够对旅游者出行选择产生重要影响的意见领袖进行"熟悉之旅"(familiarization tour);(4)进行有选择的促销;(5)像印度新德里(1988)出资举办 ASTA(American Association of Travel Agents)一样出资举办国际性旅游会议;(6)如果以上几条措施都失效的话则考虑利用目的地的负面形象。

二、时间和收入约束下的旅游效用优化

(一)旅游效用最大化的简单原则

所谓效用就是指从消费产品或产品组合中所获得的欲望的满足程度。由效用最大化可以简单地延伸出满足最大化和成本最小化两个基本判断。在旅游消费中,旅游效用最大化是指,旅游者在一定的货币支出(I)与时间(T)约束条件下,通过旅游活动或旅游活动中的不同组合所获得的精神上或物质上的最佳感受。假设在两种产品X_1、X_2之间进行选择,则旅游效用最大化是指这样一种状态,在这个状态或组合中,旅游者没有动力再多消费一个单位的X_1(或X_2),也没有动力再少消费一个单位的X_2(或X_1),任何的改变都不再可能增加旅游者的效用,效用达到最大化均衡。

这种旅游效用最大化的决策,投射到旅游活动实践中,演化出两个简单的判断原则:

1. 最大游旅时间比

旅行即旅游者的空间位移是完成一次旅游活动最基本的前提条件,没有旅行就无法完成空间转移,消费就没有了异地性,旅游活动不可能实现。但是旅游者的效用主要从对目的地相关对象尤其是旅游景区(点)的消费中获得的,如果旅行时间在整个出游时间中占的比例太大,则在时间约束下势必减少对主要对象物的消费可能,效用的"原材料"随之减少,效用最大化自然将大打折扣。这种最大游旅时间比的规律同样适用于不同旅游景区(点)之间的空间位移。

2. 旅游目的地最大合意性

旅游效用最大化来自于对存在于目的地的相关对象物的消费,因此,旅游目的地选择是否合意将对旅游者是否能够获得最大效用起到"过滤器"的作用。在现实的大众旅游活动中,旅游目的地合意程度往往黏附在目的地的知名度上。知名度大的旅游地(旅游景区点)往往比知名度小的旅游地(旅游景区点)有更大的稀缺性,因此旅游者通过到高知名度旅游地(旅游景区点)旅游能够消除的稀缺性也就越大,所获得的效用也就越大(保继刚等,2001)。

但是在特定的旅游活动发展阶段或特定的旅游者偏好结构中，具体到某次特定的旅游活动中，旅游目的地数量的多少与旅游者效用的高低并不存在必然的规定性。为了获得最大的效用，旅游者既可能选择某个旅游目的地进行“一地滞留”式旅游，也可能在有限的时间内选择在更多的目的地进行“多地流转”式旅游①。

(二)旅游效用最大化模型与解释

与一般产品消费不同，旅游消费具有与众不同的消费异地性。旅游消费的异地性使得旅游者的旅游需求除了受旅游价格、旅游者可自由支配收入、其他产品价格等因素的影响外，还要受闲暇时间的约束。因此，旅游需求是旅游价格、旅游者可自由支配收入、其他产品价格和闲暇时间的函数。旅游需求的函数式可表示为：

$$D_a = f(P_a; P_1, P_2 \cdots\cdots P_n; I; T)$$

其中：D_a 指旅游需求，P_a 指旅游价格，$P_1, P_2 \cdots\cdots P_n$ 指其他商品或服务的价格，I 指可自由支配收入，T 指闲暇时间，f 表示函数关系。

旅游者效用最大化的函数可以通过两个模型来表示：①旅游者在各个旅游产品的组成部分之间进行一定的技术选择和组合后以求得效用最大；②旅游者在各个旅游产品的组成部分之间进行一定的技术选择和组合后以求得效用最大。在这里主要介绍第二种情况。

Bull(1995)构筑了旅游者在各个旅游产品的组成部分之间进行一定的技术选择和组合后以求得效用最大目标函数：

$$Max\ U_i = U_i(Z)$$

约束条件：①消费技术约束 $Z = g(X)$

②收入约束 $P \cdot X \leqslant Y$

③时间约束 $T \cdot X \leqslant V$

④$X \geqslant 0; Z \geqslant 0$

其中：i 是指单个旅游者或可确认的市场细分；

Z 为旅游产品的一系列特性向量；

X 为总体旅游产品的各个组成部分(如住宿、交通等)的数量；

P 为组成部分的价格；

T 为每个组成部分需要的时间；

Y 为可自由支配收入或可用于旅游的预算；

V 为可用于旅游的闲暇时间的预算。

Bull 的模型除了将旅游决策的有关影响因素模型化外，另一个重要贡献就是将消费技术约束问题引入到旅游决策的分析中来。由于不同的消费者具有不同的消

① 尽管客观上远程跨国旅游可能偏好在目的地国甚至在多个目的地国进行“多地流转”，受示范作用影响较大的国内旅游发展初期也可能会比较偏好于进行“多地流转”式旅游。

费技术,即便旅游地/旅游企业提供的是相同的旅游产品,旅游者对这些"原材料"的加工能力是不同的,所以得到的最终产品——旅游体验自然就是不同的。[①]

Medlik and Middleton(1973)从旅游经历的角度将旅游产品界定为"旅游者从离家到返回的整个经历"。这种经历将影响旅游者如何评价旅游目的地的整体供给,影响他会如何向其周围的人群进行信息扩散[②],影响他是否会成为回头客等。在从离家到返回的整个过程中,影响旅游经历的因素众多[③],虽然有些因素是旅游者无法控制的,但这些因素无疑将影响到旅游经历。对于旅游目的地/旅游企业有意义的自然是另外那些可以控制、可施加影响的因素,这些因素对旅游经历的作用机制将取决于旅游者,旅游者的特征才是影响旅游消费效果的核心因素。

从旅游者的角度看,旅游者的个性特征、所处的社会阶层、生活方式、拥有的旅游阅历丰富程度以及旅游者的态度和预期等因素都会对旅游经历产生重要影响。除此之外,旅游者的消费能力和技术也是影响旅游经历的不可忽视的因素。

如果消费者购买的是汽车、冰箱等涉及所有权转移的实物商品,消费者还可以在购买完成后的消费过程中逐渐学习使用技术,改善使用的满意程度。但是在旅游活动中,旅游者面对的旅游产品具有与制造业产品不同的不可转移性、空间固定性和消费时限性,所以旅游消费只能在特定的时间(temporal)在旅游目的地(location)进行。这种特殊的消费境况使得消费技术显得更为重要。如果旅游者在现场没有运用恰当的能力或技术进行消费,则在本次消费活动中就失去了对这些"旅游原材料"进行组合、加工[④]的机会,如果想再重新对这些"旅游原材料"进行组合、加工,又将重新面临时间和预算的约束。这是旅游消费特殊的时空规定性对旅游者

---

① 当然,如果旅游者消费的是季节性的对象物,尽管消费对象已经随季节发生了变化,但这并不妨碍他从中获得"合意"的满意度——不同的旅游者在不同的旅游季节有不同的旅游效用追求,只要提供适当的"卖点(sell point)",春游黄山与冬游黄山同样能获得良好的市场反应;相反,如果不能提供适宜的"卖点",而简单地采取降价的手段,未必能够解决问题——价格显然不是旅游者出游的唯一决定因素。

② "中国公民出境旅游消费模式研究"课题组调研(2001)发现,调研对象及其家庭主要通过报纸和杂志上的广告寻找旅游信息的占43.7%,主要通过亲朋的介绍寻找旅游信息的占36.6%。世纪蓝图调研(2000)也发现,亲戚朋友的介绍在被访者信息来源中占有很大的比重(25.5%),报刊介绍则占53%。

③ 比如旅游经济研究中的TCL(Tourist Career Ladder)就是解释旅游者旅游经历对满意度影响的分析框架之一,该分析框架认为,旅游者的满意程度将受旅游者的旅游经历的丰富程度影响。

④ 由于旅游消费是一种综合性、整体性的合成消费,是面临预算和严格时间约束的消费,所以为了获得最优的消费效果,旅游者需要对所涉及的各个组成部分进行恰当的组合。由于旅游者需要的是从旅游消费对象中获得内含的特性来满足他的需要,获取相应的效用,旅游者需要的不是旅游消费对象物本身,旅游者是从对附加于旅游消费对象物上的服务享用过程以及针对旅游消费对象物的理解、体验中获得满足的,这就是加工过程,是另一种意义上的生产过程。当然,如果旅游者仅仅是希望通过旅游这样一种主动的自由选择获得一种相对自由的生活,获得一种"不需要考虑生活问题的心无羁绊"(亚里士多德语),获得一种"什么都可以想,什么都可以不想"(朱自清语)的生存状态,加工的过程相对就少些。另外,能力和技术一般只能通过旅游阅历的积累才能获得,但是这种能力和技术的可移植性较差。

能力和技术的最重要的影响，也是旅游消费区别于其他制造业产品消费最重要的方面。

旅游活动过程中，旅行社的参与往往起到一个帮助旅游者进行旅游相关消费要素组合的作用，而导游人员的参与、目的地/景区(点)解说系统的建设和完善[①]充当的就是帮助提高旅游者加工能力的角色。即便如此，起决定作用的还是旅游者自身的消费能力和技术。在没有旅行社等中介机构，没有导游人员等中介服务参与的情况下，要想获得合理优化的旅游经历就更要依赖于旅游者自身的消费能力和技术了，尤其是当旅游者面对的是很有“说头”的人文古迹或人文山水时。比如说黄鹤楼，大多数人只是知道它是我国四大名楼之一，或者可能还有人知道“故人西辞黄鹤楼，烟花三月下扬州”的诗句。而对黄鹤楼所包含的我国古代临山登水以显山水意识的发达之楼阁选址观，登高望远以抒空间之博大与时间之亘古的中国时空观，以一统万、以小见大、与自然合一之中国审美观，以木结构为中国人务实求本、扎根大地、注重整体和谐的一种表象等深厚内涵，则了解定不甚多。在了解不甚多的情况下，要想获得良好的旅游效果恐怕不容易，也不现实。

从这里可以得到启示：一方面，旅游目的地/旅游景区(点)应该加强相关解说系统的建设和完善。著名哲学家维特根斯坦曾经指出，一个不习惯在森林里寻找花朵、浆果或植物的人是不可能找到它们的，因为他的眼睛没有受过发现它们的训练，而且他不知道必须在什么地方专心致志地进行搜索。训练旅游者发现美的眼睛，引导旅游者专心致志地搜索体验的兴奋点，帮助他们发现“花朵”“浆果”的重任就落在了旅游解说系统的建设与管理上。解说系统的建设与完善不仅是增加旅游者满意度的要求，同时也是不断创新(尤其是文化创新)，发展核心竞争力的要求。文化创新是指用文化来包装旅游区(点)、用文化来武装旅游区(点)的管理人员和普通员工、用文化来优化旅游区(点)整体旅游环境、用文化来深化旅游产品的内涵的庞大复杂的系统工程。对于人文性较强的旅游区(点)[②]，文化创新主要是将内化在景点、景观内的文化韵味挖掘出来，使内化的文化内涵能够遵循“外化—内化”的转换模式，通过完善的旅游解说系统，形成旅游者的旅游经历[③]。这种解说系统可以是一种静态文字显示系统，比如简单的介绍指示牌[④]；也可以是一种“人—机”系

---

① 在世界旅游组织为云南省编制的旅游发展总体规划中曾多次指出，解说和展示的落后限制了云南文化遗产和生态资源在市场上的竞争力。

② 在我国“人文山水”的传统里，人文性较强的旅游区(点)除了纯文化景点外，还有很大一部分是自古开发的，文人墨客常至的自然山水。

③ 尤其是当文化信息的发射主体与文化信息接收主体之间存在严重的非均衡不匹配的情况下，这种解说系统就显得更为重要了。再悠久灿烂的文化也只有在有文化的后辈中才能闪光。

④ 旅游区(点)的解说系统要注意与城市解说系统的区别。城市是工业化的产物，以标准化为特色；旅游区(点)是适应居民反城市化需求的，大到建筑，小到垃圾箱、标志牌，都应该尽可能地强调自然、个性与人文关怀。

统，比如便携式的语言导游；或者是"人—人"系统，比如旅游区（点）为散客提供的导游解说服务①。

另一方面，旅行社或者旅游目的地营销机构应该着力宣传目的地相关消费对象的主要特性，从而帮助潜在的旅游者认识这些重要特性，降低旅游者组合、加工的成本，相对地提高旅游者的消费能力和技术，提高旅游经历的质量。

当然，由于旅游者的预期往往构成旅游者对旅游活动的评价目标和标准，因而也会对最终的经历质量产生重要影响，不过旅游目的地/旅游景区（点）需要清醒地意识到，这些预期的形成可能是来自于他们的最近的宣传促销、也可能来自旅游者以前——甚至是很久以前——的关于目的地/景区（点）的知识和印象、也可能来自这些旅游者周围相关群体的信息扩散（"口碑"），所以必须充分重视这些相关的信息渠道，注意信息传递的及时性，防范过时信息对旅游者预期的负面影响。还要引起注意的是来自旅游中介组织（如旅行社）的宣传促销的影响。旅行社组织的团队游客可以稳定客源，保证旅游区（点）收入的稳定性。同时，旅行社的线路设计及其市场推广吸引了散客的大规模进入，促成了很多旅游区（点）的兴起。这是旅行社在旅游区（点）进入市场中的正面渠道作用。但如果旅行社提供的服务存在"缺口"，则不仅将会影响到旅行社自身的形象和声誉，而且还将影响到旅游区（点）的发展。首先，旅行社等中介机构提供的关于旅游区（点）的信息的完整性、客观性等将会影响旅游者的预期；其次，这些中介机构推荐的旅游区（点）是否真正适合旅游者将会影响旅游者对旅游区（点）的评价。如果旅行社等中介机构吊高了旅游者的"胃口"，使其形成关于旅游区（点）的不合理预期，则"服务缺口"出现的可能性将会大大增加；如果旅行社将一个适合 A 市场需求的非常成功的度假产品推荐给一个 B 市场的旅游者，可能会造成该旅游者对旅游度假区的不满②。而恰恰是这些不满的旅游者最有可能成为意见领袖，影响其周围一大批人的旅游购买决策与行为，从而影响旅游区（点）的发展。"告别三峡游"的恶劣影响唤醒旅游区（点）要注意加强与旅行社之间的良性互动沟通，共同为旅游者良好的体验努力，在良性空间中共同发展。旅游区（点）要重视"做概念"与"做产品"之间的关系，"概念"可以推动产品供给实现，同样可能破坏产品供给的实现。

---

① 有些旅游区（点）的确提供此类导游讲解有偿服务，而我们以为，实际上旅游区（点）完全可以提供免费的导游讲解服务。这就需要改变看待问题的角度。提供这种免费的服务将会提高服务的实现机会，从而提高旅游者对旅游区（点）的文化内涵的领会程度，进而提高旅游者对旅游区（点）的满意度，形成良好的口碑。尽管由于各种方面的限制因素，这种良好的口碑可能不会创造太多的回头客，但是旅游区（点）完全可以通过良好的口碑在旅游者亲戚朋友中传播而获益。而且有研究表明口碑的有效性是广播广告的 3 倍，报纸和杂志广告的 7 倍。

② 比如适合单身年轻人的度假地并不一定就适合有小孩的三口之家；反之亦然。

思考与练习

1. 旅游需求的概念是什么？其影响因素有哪些？

2. 结合旅游经济运行特点和收入及闲暇时间的决定，分析旅游者对目的地价格的反应及其作为普通消费者在其常住地消费时对商品价格反应上的差别。

3. 请结合某个具体旅游目的地，谈谈你优化旅游者消费结果的措施及原因。

4. 距离如何影响旅游需求？

5. 旅游需求特点是什么？针对这些特点，旅游目的地应该怎么做以吸引更多旅游者？

6. 案例分析材料

假日经济正因长假而繁荣起来，但仔细研究一下“黄金周”期间与期后旅游业、交通运输业和商业的表现，就会发现，所谓的繁荣无非是“寅吃卯粮”罢了。

首先从黄山看旅游。往年的“五一”，游客一般在5万人左右，今年居然达到了创纪录的15万人，蜂拥而至的游客大大超过了旅游景点的接待能力！但有关专家指出，“五一”期间的集中出游不但使各大景点透支了今后一段时间内的游客资源，也因接待的不尽如人意挫伤了许多人今后假日出游的积极性，其后遗症不是短时间能够消除的。

再从民航看交通。假日期间民航所有的航班常常“爆棚”，绝大部分航班的客座率都在90%以上。但随着假日的结束，航班客座率急转直下。以国内平常算不上繁忙的合肥机场为例，假日期间日旅客吞吐量最高达到3 000多人次，整个假日7天的旅客周吞吐量达到创纪录的近1.8万人次，可假日一结束，日吞吐量锐减至高峰期的一半，平素客座率较高的合肥—广州航班，有的班次居然客座率不到两成。业内人士认为，出现此种情况与目前的整体消费水平关系较大，“五一”期间的乘机热其实也透支了今后一段时期的客源。民航是这样，铁路和公路也未尝不是如此。

最后以王府井看商业。据央视新闻报道，北京王府井各商场的销售额节中节后截然不同，节后王府井商场的日销售额从“五一”期间的最高680万元一下就掉到了不足150万元，还不如平时多，其他几间商场的日销售额也比平时跌了三成以上。老百姓整体购买力并未显著增长，只是把平时要花的钱省下来专门集中到假日期间消费罢了，集中消费行为仅仅是一时一地的消费行为，假日期间花费的钱中难说没有对未来的透支，随后出现购买疲软也就不足为奇了。

(资料来源：张剑. 假日经济是寅吃卯粮？中国青年报，2000-5-19.)

分析：

请分析假日经济是否真的是“寅吃卯粮”？如果是，为什么？如果不是，又可以从哪些方面表现出来？假日经济为什么这么火爆？

第五章

旅游联结体

案例5－1　九华山的公路文化风景线

五九(青阳县五溪至九华山)公路是安徽省规划两山一湖(九华山、黄山、太平湖)的重要旅游干线公路,是连接"莲花佛国"九华山核心风景区的唯一通道。为营造"车在路上行,犹如画中游"的优美道路交通环境,安徽省将五九公路列为全省第一条融安全、舒适、环保、文化为一体的景观公路。

2005年3月起,设计单位根据地形、地貌、地质特点等因素,结合当地风土人情,灵活运用技术,让边坡处、防护栏杆、边沟、标牌富于变化,创新和引进了具有特色的生态护坡、树桩栏杆等。九华山山脚下的五溪至桥庵公路依山傍水,拓宽改造难免破石攻山,开挖山体最高落差达50米,岩石边坡风化严重,坡高壁陡。为解决山体防护问题,减少水土流失,同时避免毁坏景区自然环境,经择优选择确定了生物防护与工程防护相结合的设计,最大限度地减少人工构造痕迹。如今,在五溪至桥庵段14.5公里的护坡上,精心选种的根系发达、生根性强的各种草已茁壮成长,四季更替焕发绿色,它们与路旁的广玉兰、国槐等风景苗木,遥相呼应,凸显九华文化的独特性。池州市公路局按"弯弯不同、自然和谐,体现人文、内实外秀"的要求,在盘山公路99道拐弯处设置不同的防护设施。在附属设施的装饰上,分别采用仿杉木、红枫、毛竹等多种材料饰面,形成天然的植物外表,变化贴近九华文化特色;对山溪凸凹相间的新建警示桩、防护栏,运用曲线形、V字形、菱形等多种镶面工艺,使其在均匀一致中呈现变化。同时,还配合公路沿线分区明确、丰富多彩的自然景色,设置带有典型圆镜式景观的区域标志。五九公路20多公里附属设计已经成了一道文化风景线。

(资料来源:赵柒斤. 九华山:打造公路文化风景线. 中国旅游报,2005－12－7.)

第一节 交通运输与旅游

一、旅游交通的含义

既然旅游是人们从生活居住地(客源地)向旅游目的地的一种移动现象,那么,联结两地的交通运输便成为实现人们旅游活动的主要手段和条件。一般来说,运输是借助运输线及其设施和工具来实现人与物空间位移的一种经济活动。旅游活动空间位移的对象是旅游者,因而我们所说的旅游交通是指利用一定的运载工具,通过一定的交通线路和港口、车站、机场等设施,在约定的时间内,实现旅游者从居住地或出发地向旅游目的地进行空间位置转移的一种特殊经济活动。

旅游交通与一般交通既有联系又有区别,旅游交通仅仅是交通运输的一部分,旅游交通不包括为满足当地居民工作、生活所需的公共交通,也不包括旅游者在旅游目的地内游览所需的各种游览交通工具和设施。满足旅游者旅游体验的各种游船也不属于旅游交通研究范畴。对于国际旅游和长距离旅游现象,旅游交通主要是指旅游者从居住地(国)或出发地(国)至旅游目的地(国)的交通工具和设施;对于国内旅游和短距离旅游现象,旅游交通主要是指旅游者从居住地或出发地至旅游地、旅游景区和旅游景点的交通工具和设施,这两类距离不同的交通运输共同构成了旅游交通体系。

现代旅游交通运输系统是由铁路、公路、航空和水运四种方式组成。铁路作为中距离旅游交通运输方式,具有运量大、速度快、成本和运价低、全天候运输的特点,在铁路运输体系比较发达的国家或地区里,铁路运输往往是旅游——特别是国内旅游——的主要交通运输方式。公路运输则具有机动灵活、客运成本相对低的特点,适合于短距离旅游运输的需要。从长距离的旅游运输看,航空具有重要的意义,它以运行速度快、两点运行时间距离短的特点成为长距离旅游特别是跨国界旅游的主要运输方式。

从旅游发展史来看,交通与交通设施的变革对旅游发展起着重要作用。交通运输方式以及交通运输速度都会对人们的旅游方式以及旅行距离产生影响。旅游发展中的每一次重大变革都是与交通运输方式革命相联系的。现代旅游活动的兴起与现代化交通运输方式的形成存在着密切关系,没有现代化交通运输的保证,旅游不可能成为现代人的一种生活方式,也不可能成为全球范围内的一种活动。

交通运输对于旅游活动的重要作用主要体现在以下几个方面。

首先,交通运输可以拓展旅游目的地的市场空间范围。受旅游目的地基本经济特点约束,旅游目的地以及处于旅游目的地范围内的旅游企业经济收益的增长,取决于满足旅游目的地供给的旅游流量。旅游流量又与旅游目的地的市场空间范围相联系,在其他条件不变时,旅游目的地的市场空间范围愈大,旅游流量就愈大。由于旅游目的地与旅游客源地存在着一定的空间距离,受距离衰减规律的作用,将会限制旅游目的地的市场空间,从而影响旅游流量。而方便的交通运输则缩短了旅游客源地与旅游目的地之间的经济距离,扩大了旅游目的地的市场空间范围。

我们假定有一个旅游目的地 A,其周围地区有两个主要客源城市 X 和 Y,X 城市距离 A 为 500 公里,Y 城市距离 A 为 1 000 公里,如果采用效率较低的交通运输系统,受旅游者的时间与费用约束,A 的市场空间范围仅仅是 X 城市以及其他距离相当的地区(此处为与 A 的距离 500 公里),这时 A 的市场空间是方圆 500 公里的范围。如果改进交通运输系统,采取效率较高的交通运输系统大幅度降低公里运输费用,使旅游者前往 A 所需时间大大缩短,成本相应降低。在这种情况下,A 的市场空间范围得到拓展,原先受费用与时间约束的 Y 城市以及距离相当的其他地区(此处为与 A 的距离 1000 公里)便有可能成为 A 的客源市场。

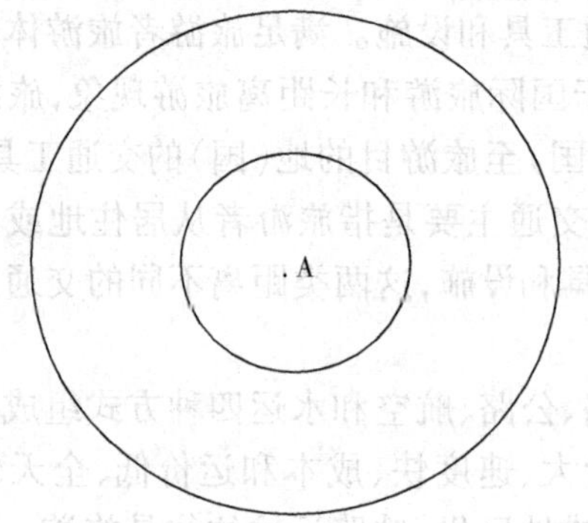

说明:
圆心为目的地 A;
第一圈层为 X 城市集;
第二圈层为 Y 城市集

图 5-1　旅游目的地的市场空间范围图

在低效率的交通运输系统状态下,虽然 X 城市属于旅游目的地 A 的市场空间范围,但在费用与时间的约束下,X 城市向旅游目的地 A 提供的旅游流量却是有限的。通过高效率的交通运输系统,降低交通运输费用,缩短运输时间,不仅扩大了旅游目的地 A 的市场空间范围,也增加了旅游目的地 A 原先市场空间范围内的旅游流量。这时,A 从城市 X 所获得的旅游流量要远远大于在原先交通状态下的旅游流量。

其次,从旅游者的消费选择来说,交通也是旅游者出游选择的一个重要的因素。旅游者的旅游活动首先是一种地域空间范围内的旅行活动,作为实现旅行的手段,交通必然成为人们旅游消费的重要部分。旅游者借助于交通工具的旅行过程要有时间和金钱的支出,通常这种时间与金钱的支出又与旅行距离相联系,存在着一种正相关关系。当旅游者的旅行距离增加时,时间与金钱的支出数量也将随之增加，旅游者的旅行距离越远，投入到交通上的时间就越多，花费的金钱就越多。由于旅游者在向旅游目的地空间移动的过程中，交通运输方式以及交通路线将直接决定着他的旅行成本的大小和旅行时间的长短。因此，旅游者在选择旅游路线和旅游目的地时，不能不考虑交通对时间与金钱的消费。某个旅游地旅游虽然具有较高的旅游效用、较大的潜在旅游吸引力，但如果这个旅游目的地与客源地之间没有与其空间距离相对应的交通方式，或者没有与旅游者的时间与支付能力相对应的交通路线，旅游者一般是不会选择该旅游地作为自己出游的旅游目的地的。从这个意义上说，交通方式与交通路线是旅游者选择旅游目的地的一个重要因素。

第三，从旅游目的地经营来说，交通是旅游目的地经营的一个重要条件。一个具体的地区要成为旅游者的旅游目的地除了要具有一定的吸引力和接待能力之外，还要有一个重要条件，那便是该地区的可进入性。如果这个地区不具有可进入性或者可进入性较差，旅游者不能以较少的费用和时间进入这个地区，那么，地区现存的旅游资源就不可能形成市场吸引力。可进入性强是说旅游地与客源地相联结的交通路线以及交通方式能符合旅游者时间与费用支出的约束条件，符合旅游者的出游目的所表现出来的距离约束。交通方式和交通路线在某种程度上影响着旅游者对空间距离的认识，决定着客源地与旅游地之间的相对距离。也就是说，随着交通方式的进步以及交通路线的改善，可以相对地缩小两地之间的距离。

因此，受旅游规律的影响，当交通方式或者交通路线发生变化时，一些旅游地的可进入性增强了，然而对另一些旅游地来说，可进入性却在相对降低。例如，在某个大城市周边在同一交通路线上有 A、B 两个相同性质的旅游地，能为这个城市的人们提供冬季滑雪等旅游活动，假设 A 旅游地距离城市 60 公里，B 旅游地距离城市 150 公里，在普通公路的交通条件下，这个城市的旅游者前往 A 旅游地需要花费 2 小时时间，到 B 旅游地需要花费 5 小时时间，那么在这种交通条件下，A 旅游地的可进入性相对于 B 旅游地较强。可是如果这条交通路线经过了改造，将原先的普通公路提升为高速公路，该城市的旅游者到 A 旅游地只需要 1 小时，到 B 旅游地需要 2 个小时，B 旅游地将会大大降低，而 B 旅游地的可进入性相对于 A 旅游地将会大大提高，这也是时间与距离决定旅游需求的具体表现形式①。

案例 5－2 青藏铁路建设对西藏旅游的影响

青藏铁路由北往南从青海格尔木进入拉萨，依次经过昆仑山景观带、长江源景观带、羌塘草原景观带、那曲到拉萨景观带等，沿途风光秀美，名胜众多，自然景观、人文景观及藏北牧区独特的民族风情相融合，旅游资源极为丰富。

① 根据旅游流动的一般统计规律，人们的近距离旅游一般是以路途花费时间计算的，通常最佳距离为 2 小时的路程，如果距离过近会使旅游者的旅游收益降低，如果过远旅游者的舒适度会降低。

青藏铁路西藏段,不仅有雄伟的唐古拉山、万里羌塘的"草原牧歌"、错那湖和成群的野生动物,还有雄伟的桑丹康桑雪山、传说为英雄格萨尔王所建的"草原八塔"、巍峨的念青唐古拉山主峰、著名的羊八井地热电站和温泉以及秀美迷人的拉萨河等。这些只有藏北高原才有的独特的自然景观,游客坐在列车里就能一览无余。据介绍,青藏铁路格拉段一共设有34个车站,这些车站中有9个站设立了观光台。每个观光站台都会特别建造一个长500米、高1.25米的台子,供乘客远眺近观。如果你乘坐青藏铁路观光列车,每到一处胜景还可停下来拍照、逗留。而且青藏铁路从外观上看,路基两侧移植和培植了上千万平方米草皮,铁路开通后将成为穿越青藏高原的绿色长廊。青藏高原上独特而无法再生的稀缺自然资源,只需坐在恒温、保湿、氧气充足的火车车厢里就能一览无余,而且可以随时下车到观光站台参观拍照,在这之前是无法想象的。以前要想看到自然奇景,要驱车数百里才能看到且路途劳顿,而坐飞机除了云海压根什么都看不到。同时,车站的建筑、站名和部分隧道充分体现了藏族文化特色,使铁路与沿线优美的自然环境融为一体,成为一道亮丽的风景线。

据悉,青藏铁路运营初期可以做到每天开通客运和客货混运列车6对,全封闭的列车不仅具有增压、增氧功能,而且可为旅客提供餐饮、民族风情表演和医疗等服务。高原列车配置几乎与飞机相似,在每列客车里都配备有两套供氧系统,一套通过混合空调系统中的空气,使每节车厢含氧量提高23%,另一套系统可以让旅客直接使用独立的接口来吸氧。观光豪华列车配有美丽内饰的单人或家庭包间、舒适的可调方向的沙发椅、四面敞亮的安装了紫外线防护膜的观景车窗,再配上周到的服务,令人宛如住进五星级酒店。

西藏的自然风光和风土人情举世无双,是众多旅游者向往的圣地之一。然而,由于目前游客进出西藏主要靠空运,运力有限,且费用高,国内外游客,特别是国内游客进藏旅游受到限制,甚至有人说"出国容易进藏难"。青藏铁路建成后不仅使进藏旅客能选择费用低廉的铁路运输,还可以在列车上饱览风光,逐步适应高原气候,减轻高原反应。不难想象,青藏铁路的建设,将使西藏旅游业实现跳跃式的发展,在国民经济中所起的作用也将更大。

目前在拉萨,为了迎接未来几年旅游潮的迅猛增长,开始加紧建设旅游配套设施。按照规划,拉萨已经形成3大宾馆群,分别是拉萨饭店、西藏宾馆附近一带的中高档星级宾馆群;八廓街一带比较适合背包游客的低星级宾馆群;拉萨大桥附近的高档星级宾馆群落。下一步还将在拉萨火车站附近建设一批中高档宾馆。

据自治区旅游局提供的数据,2004年进藏观光游客总数首次超过100万人次。有专家预测,随着对外交通条件的改善,到西藏旅游的国内外游客特别是国内游客将迅速增加,预计年均增长速度将达到15%~20%以上,到2010年,进出藏客流量将达到180万人,其中铁路进出藏客流量为63万人。

(资料来源:青藏高原的千年期盼.浙江在线.)

二、旅游客流分布

旅游客流是指旅游者为了实现旅游的目的,乘坐运输工具,通过一定的交通线路,从居住地或出发地到旅游目的地的位移活动。旅游客流具体反映旅游客源地与旅游目的地之间的内在联系。人们的位移活动涉及交通运输形式、旅游者的流向、人们的旅行距离等因素。旅游客流在各种交通方式和交通线路上的流量、流向和旅行距离形成不同的数量规模时,就是旅游者客流分布。

客流的产生主要取决于人口分布、经济发展水平以及交通运输的方便程度,但也受到旅游目的地的分布以及各种交通运输的经济特点的影响。由于旅游需求具有地域性和时间性特点,交通客流在时间上和地域上是不平衡的。由于旅游流动是旅游者在客源地与旅游目的地之间的流动,旅游客源地和旅游目的地在空间分布上的不均衡,因此,旅游客流的空间分配也是不同的。在我国,从旅游客流的时间分布来说,全国性主要城市与旅游目的地之间以及城市之间的旅游客流主要集中在长假期的“十一”“暑假”和“春节”;而城市市区向近郊的客流主要集中在周末、“小长假”等短假期,短假期的客流量要远大于平日。旅游者的旅游活动是离开居住地到旅游地,然后再返回居住地的过程。因而,旅游客流总量在往返方向上是较为平衡的。但从短期来看,旅游客源地与旅游目的地之间的客流在时间上分布是不均匀的。在长假的初期,全国性主要城市通往旅游目的地的交通客流较大,而由旅游目的地通往这些城市的交通客流较小;而在长假的后期(收假时间),旅游目的地通往全国性主要城市的交通客流较大,而由这些城市通往旅游目的地的交通客流较小,使得交通运输供给出现同一线路往返不均衡的现象。

从旅游者需求角度来说,旅游者对旅游地的选择以及流动方向是个人选择的结果,是由人们的旅游需求偏好决定的。然而,由于旅游者旅游行为的实现是要借助于一定的交通工具的,旅游者对一个具体旅游目的地的选择是与现有的旅游交通网分不开的,因此,旅游交通线网的布局对旅游者的流动方向以及流量产生重大的影响。我们所说的旅游交通线网主要由线和点两部分组成。所谓线是铁路、水运、公路和航空四种旅游交通运输方式所形成的铁路线、公路线、水运航线和航空航线等交通线;所谓点是指为完成旅游者运输任务所需的有关设施,即各种车站、港口和运输枢纽等。旅游者对具体旅游地的选择不仅要考虑这个旅游地的旅游吸引力,同时也要考虑由交通运输所决定的可进入性问题。在旅游资源存在替代关系时,旅游者总是倾向于选择那些交通便利的旅游地作为出游的目的地。从这个意义上讲,旅游交通线决定旅游者的空间流向和流量,旅游交通点则是旅游者流动的起点和终点。

同时,旅游交通网布局也会对旅游客流在各种运输方式上的分流产生影响。当旅游客源地与旅游目的地之间只存在一种运输方式、一条交通线路时,旅游者从客源地向目的地的流动总量便等于这种运输方式的运输总量。如果客源地和目的地之间具有两种或两种以上运输方式,两条或两条以上交通线路时,旅游者就可以有多种选择。这时,每种运输方式或交通线路的实际客流取决于交通运输方式和交通线路的经济特点。只有那些能充分满足旅游者空间移动的经济、时间和服务等方面要求的交通运输方式和交通线路,在客流多种运输方式分配中才会具有有利的市场位置。因此,与旅游者旅游类型以及经济能力相吻合的运输方式和交通线路是获得较大客流的关键。

三、旅游交通行为选择理论

在交通行为的选择上,尽管不同旅游者选择交通方式的行为有所不同,存在着选择个性,但也存在着一定的规律。所以,旅游者交通行为选择理论研究的是旅游者根据自己的经济收入水平、居住地或出发地与旅游目的地之间的距离以及所花费的时间、出游目的和其他经济属性而在旅游交通方式选择行为上的规律。

在研究旅游者交通方式选择规律时,要注意旅行费用、旅行速度和旅行距离三个变量之间的相关关系。当人们的旅行距离一定时,旅行速度提高,那么旅行费用通常也将随之增加。一个旅游者从美国纽约到英国伦敦去旅游,如果乘超音速协和飞机只需要 3 个小时,而乘坐波音 747 飞机则需要 6 个小时,然而两者的价格却相差了 3 倍;一个国内旅游者从北京到新疆乌鲁木齐市旅游,坐火车需要 3 天,而乘坐飞机则只需 3 个多小时,虽然旅行的速度提高了,旅游者的时间节省了,但(在正常情况下)旅游者要多付出几倍的费用。通常,旅行速度的提高意味着旅行费用的大量增加,这是时间替代费用或者是费用替代时间的一种表现形式①。同时,在旅行速度一定时,人们的旅行费用与旅行距离成正比,也就是说当某种交通运输方式的运行速度一定时,人们的旅行费用随着旅行距离的增加而增加,人们的旅行距离越长,旅行所用时间就越多,旅行花费就越大。如果当人们可支配的自由时间和可自由支配收入一定时,人们的旅行会出现随旅行距离增加而出现衰弱现象,这就是所谓的距离衰减规律的作用②。

旅游者在通过空间移动的形式到达旅游目的地的过程中,需要借助于不同的

---

① 日本学者井原哲夫认为,人们为了缩短从一地到另一地的时间,要花费较多的额外费用,这种额外的费用既是时间的价格,也是费用替代时间或者是时间替代费用的表现。同时他也认为,由于生活水平的提高,选择提前到达终点的办法要比费用的多少、价格的高低更为重要,因此,费用替代时间是社会发展的高级阶段中出现的一种经济现象。参见井原哲夫. 服务经济学. 北京:中国展望出版社,1986.

② 距离衰减现象原是针对以人们的居住地为中心的日常活动而言的。也就是说,人们在居住地日常生活,若从居住地点出发,则随着距离的增加,外出活动量将减少。因为人们的日常活动主要是围绕着居住点特定范围内的上下班以及社交外出活动,而离开居住地的活动毕竟是一种非经常的活动。如果将这种规律用于旅游现象,不能仅仅只考虑空间距离的因素,不能简单地认为旅游需求是随空间距离而衰减的,更要考虑交通方式决定人们旅行时间和旅行费用的作用。

交通工具。由于不同交通工具的经济特点差异，人们必须根据空间移动所花费的时间、移动成本在不同的交通方式之间进行选择。假定旅游者在交通运输方式选择上主要考虑旅行成本与旅行时间两个因素，并且寻求两者花费的最小化；再假定旅游者从居住地至旅游目的地的移动时同时有铁路、公路和航空三种不同的交通方式可以自由选择，在这样的假设前提下，根据各类交通运输方式的特点，我们可以得出这样一个结论：旅游者交通运输方式的选择与出游距离存在着高度相关性，即随着人们出游距离的增加，选择航空交通运输方式的人数在不断地增加，选择公路交通运输方式的人数在不断地下降。

西欧 1997 年的统计资料显示，当人们的出游距离在 450 公里时，人们出游选择铁路、公路和航空三种交通方式均为 30% 左右，达到均衡。随着出游距离增大，人们选择航空交通方式的比例在提高，选择公路交通方式的比例在下降，铁路则保持相对稳定。当运距在 600 公里时，有 40% 以上的人选择了航空交通运输方式，只有 22% 的人选择了公路交通方式。当运距达到 1 500 公里以上时，将有 70% 左右的人选择了航空交通方式，而选择公路交通方式的几乎为零。

四、交通行为模型

根据旅游者交通方式选择理论，我们可以进一步建立旅游者的交通行为模型来深入说明旅游者在旅游过程中对交通方式的选择。交通行为模型包括交通方式最优选择和政策引导的定量确定两个方面，前者主要说明交通选择的技术性和经济性问题，后者则是说明国家相关政策特别是价格对人们交通方式的引导问题。

假设各种交通方式均处于非短缺的状态之下，同时旅游者从出发地至旅游目的地之间的交通方式具有不同的选择可能，则旅游者选择什么类型的交通方式主要取决于个人因素以及交通方式的技术运营特点。在模型研究中，只考虑旅行距离和人们的支付能力两个个人因素；由于支付能力不受个人经济条件的影响，因此，因公务而出行的人不纳入此模型研究。交通方式的技术运营特点则主要考虑安全、快速、方便、经济和舒适五个特点。

我们可以将旅游者的旅行交通距离划分为若干个区间，用 m 表示；A_i 为对应 i 区间距离 D_i 的交通方式的最优选择，我们假定旅游者的旅游距离为 D_i，其旅游者的流量的百分比为 d_i，全部在一定时期内，旅游者在各种交通方式选择结果所形成的总客流量的百分比为：

$$\sum_{i=1}^{m} d_i = 1$$

一定时期内全社会对交通方式的选择所形成的客流量分配比例，是旅游者的旅游距离和他们可支配收入以及可支配的自由时间作用的结果。也就是说，一种具体交通方式的客流量的多少取决于旅游者的旅行距离、旅游者的可支配收入和可支配的自由时间，我们假设 $R_j(j=1,2\cdots n)$ 为规划期间各年度旅游者的可支配收入，$T_j(j=1,2\cdots n)$ 为规划期间各年度旅游者可支配的自由时间，n 为规划的年度，那么，对应于 D_i 距离的 j 年的总旅游客流量的百分数 r_jt_j 为：

$$\sum_{j=1}^{n} r_jt_j = 1$$

至此，我们便可以获得 $A_i(D_i, R_j T_j)$ 的选择排队。一个属于 $(D_i, R_j T_j)$ 特点的旅游者，在选择旅游交通方式时一般先要对两个方面的问题进行考虑：一是对旅行的交通需求特点进行排队。在旅行过程中，旅游者对交通需求的要求主要表现在经济性、快速性、方便性、舒适性和安全性五个方面，旅游者可以根据旅行的距离以及他的可自由支配的收入和可支配的自由时间等各种限制条件进行选择排队。二是再根据各种交通运输方式所具有的技术经济特点进行排队。最后便形成了交通方式的最优选择 A。

交通方式的最优选择 A

A_1 A_i A_m

D_i, R_1T_1 D_i, R_jT_j D_i, R_nT_n

经济性 快速性 方便性 舒适性 安全性

水运 普通铁路 高速铁路 航空 高速公路 普通公路 私人汽车

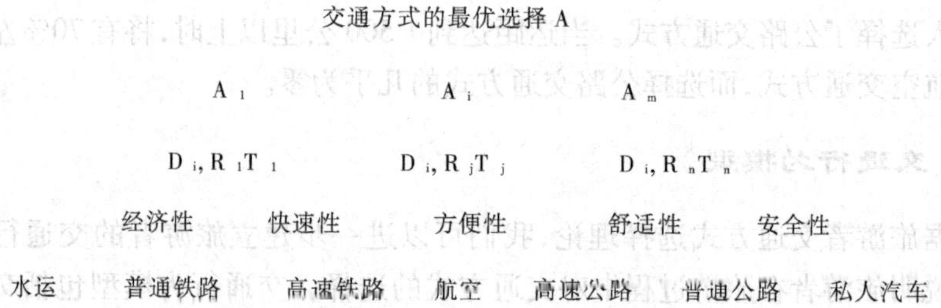

图 5-2 交通方式最优选择层次图

五、旅游运输结构

旅游者运输成本以及向旅游经营者或者旅游者提供服务的多少，主要取决于运输结构。影响运输结构的因素主要有同一运输线路竞争者的数目，运输竞争者在规模、运输线路、速度和设备等方面的差别程度，运费率的确定，各种运输方式之间的联系，运输方式的垄断程度等。

对于旅游经济来说，运输涉及的一个主要问题就是各种运输方式如航空、铁路、公路和水路等运输方式的运费率。运费率通常是每公里单位的价格。各种运输方式的运费率之所以是旅游经济的一个重要问题，在于不同运输方式的运费决定着旅游者的旅行成本，从而影响着旅游者对不同运输方式的选择。特别是在同一交通线路上的不同运输方式的运费率影响着旅游者对某种运输方式使用偏好，决定着不同运输方式的旅游流量。运费率在一定程度上与各种运输方式的服务价值有直接关系，运费率通常与服务价值成正比，运输方式所表现出的服务价值愈大，运费率就愈高。而在某些情况下，它可能会超过其运输方式的服务成本的影响，导致形成某些运输方式的运输价格不与运输里程相联系而与其他因素相联系的现象。在两点之间如果存在多种运输方式,竞争会促使长途运送的运费率反而低于短途运费率,处于竞争态势的长途运输价格可能会低于处于垄断态势的短途运输价格。特别是各种交通代理中间人的存在以及各种运输方式不同的经济特点,很难使它们之间在运费率问题上取得某种适当的平衡。

根据需求与价格关系,同一运输线路上不同交通方式之间的需求规模大小取决于运费率、旅行时间、安全性和舒适性之间的比较。虽然各种运输方式有着不同的安全性和舒适性,然而人们更多的是注意各种运输方式的运费以及时间的比较。在时间允许的条件下,人们会更多地考虑不同交通方式的价格高低。显然,对于一次投资大而边际单位成本小的交通运输来说,要实现低营业成本就必须提高交通设施和交通工具的利用率,低的交通价格又是提高设施和工具利用率的一个条件。特别是对于那些假日旅游者来说,便宜的交通运输方式是他们选择旅游路线和旅游目的地的重要考虑因素,"如果票价昂贵,休假旅行者就不能实现到某些地方的旅游,但是,如果去其他地方的路费很经济,旅行者就会去那些地方旅游。因而运输经营者对休假者选择旅游目的地和旅游季节、时间都会产生影响"①。

在考虑交通运输各种方式之间的均衡时,不能不考虑时间价值问题。对于人们的旅行活动,如果不考虑交通运输方式作为一种经历这个因素时,时间价值是旅行者选择交通运输方式的一个重要的因素。如果到达旅游目的地是人们旅行的最终目的,那么人们对于旅行首先考虑的是时间和舒适,然后才是其他问题。如果减少旅行所用时间,就会相对增加整个预算的旅游时间,就会增加旅游者的游览或度假时间,人们在旅游目的地的边际效益就会随之增加。

由于时间价格的存在,又因为具有不同技术特点的运输方式会影响旅游者旅行过程中的舒适性和安全性,所以在同一交通路线上形成不同交通方式的竞争态势时,那些具有快速、安全和舒适特点的交通运输方式便具有较强的竞争优势,并可以通过这些比较优势来获得其他交通方式的旅游客流量。优势的获得是与人们的旅行距离相联系的,当人们的旅行距离较短时,那些具有快速和舒适特点的交通方式并不会形成较大的比较优势。然而,随着人们的旅行距离的进一步延伸,旅行地域的进一步扩大,那些具有快速和舒适特点的交通方式的优势更加突出。只要这些交通方式在运输价格上能满足旅游者的经济要求,旅游者会对它形成更强的需求偏好,这种交通方式便更具有市场竞争力。

六、交通的景观化发展

交通的景观化发展包括道路的景观化设计和交通工具的旅游化利用两个方面。

---

① 张践,等,译. 西方旅游业. 上海:同济大学出版社,1990:120.

道路的景观化设计是指，道路不能仅仅是交通的道路，还应该是生态的道路、景观的道路，要通过道路的景观化设计，强化风景道的建设，使得旅游者的旅行时间变成游览的时间，要树立"一路风景一路行"的理念。美国交通部1991年的一份关于风景道的报告曾指出，对风景道给出一个明确的定义是相当复杂和困难的。其概念有广义和狭义之分。广义的风景道是指"具有交通运输和景观欣赏双重功能的通道"。而狭义的风景道，则是指"各种具体形式的风景道路，包括风景公路（小道）、绿道和公园道、风景路和自然风景路、遗产廊道和文化线路"等。

案例5-3　美国和德国的风景道

美国蓝岭风景道位于美国东部，道路的设计者们首次提出了风景道概念，它是景观规划、道路设计和环境保护有机结合的卓越案例。它将北部shenandoah国家公园和南部大雾山国家公园连接起来。500英里的道路是连续不断的优美宜人的风景，每年有超过了2 000万名的游客来此道路游览，是世界上最为独特和最受欢迎的吸引物之一。

"浪漫之路"位于德国南部的法兰克福和慕尼黑之间，总长约220英里。自北向南连接了法兰克福到慕尼黑之间很多具有中世纪德国风格的城镇和城堡，并且沿途还有优美的乡村景色，现已成为一个展示中世纪德国文化的主题公园，也是世界著名的遗产类风景道之一。

［资料来源：余青，樊欣，等．国外风景道的理论与实践．旅游学刊，2006(5)．］

交通工具的旅游化利用主要是指对交通工具的理解不能仅仅限制在运输工具的层面上，而是应该从旅游者旅行观光的移动平台和旅游消费的内容本身这两个新的角度来认识交通工具。在这方面，国外在充分结合窗外风景，创新利用火车这种传统交通工具方面的经验值得我们借鉴。

案例5-4　守候窗外流动的风景

南非"非洲之傲"罗沃斯列车(Rovos Rail)可算是世界上最豪华的列车之一，列车上每一节车厢都可以看作是一种艺术品，古典、精致而舒适。列车所经过的地方，是南非南部草原，仰头可以看到满天繁星，低头望去是平整的大草原，也许还会偶遇一些野生动物，风光之美令人浮想联翩。

瑞士黄金列车并非一列火车，而是由三种观景火车接力完成，包括由琉森至茵特拉根的布宁观景快车、茵特拉根至兹怀斯文的蓝色列车、兹怀斯文至蒙特勒的水晶观景快车。这种观景火车，除了路线沿途均风光明媚外，火车上还设有特大的玻璃窗，好让乘客的眼睛不会错过任何风景。

加拿大落基山观景列车是专门为观景而设计的列车，车厢上方的天窗与两侧宽大玻璃窗连为一体,让游人更彻底地感受落基山的风光,并且,列车只是白天行车,晚上下车在市区休息,不错过任何美景。

南美洲希朗—宾汉豪华火车只有4节车厢:一节旅客的车厢兼餐车,一节酒吧车厢,一节露台车厢,还有一节车厢是装备极其现代化的厨房。豪华的车厢,令访古之旅变得舒适。

奥地利阿亨湖蒸汽火车从1889年上路,已经跑过116个年头了,是欧洲第一列使用齿轨铁路的登山火车,至今它不但成为世界上定期行驶历史最长的火车,也是唯一仅存还使用蒸气运行的齿轮火车。(阿亨湖海拔950米,因冰河穿越谷地所形成,四周有阿尔卑斯山围绕,是奥地利提洛尔地区最大、最高,也是最美丽的深山湖泊。)

第二节 旅行服务组织

一、旅游经营商的性质

旅游经营商是为旅游者提供旅行中间服务的个人和相关组织。既然旅游经营商是为旅游者的旅行提供中间服务的,那么旅游经营商通常就会与交通活动发生联系。如果我们从旅游发展史的角度来认识旅游经营商,就会发现现代旅游经营商与交通业之间存在着密切的关系。

现代意义上的旅游经营商最初是从铁路和水运客票代理业务产生,并由交通代理业务向综合服务扩展而形成的。从历史上看,目前世界两大旅行代理商——托马斯·库克公司和美国运通公司——在成立之初都与交通业务相关,所不同的是,成立于1841年的托马斯·库克公司从事的是租用火车经营旅游业务,成立于1850年的运通公司经营的是货运业务,但最终都成为以旅游业务为主的经营商(美国运通1891年发行旅行支票,1915年成立旅游部)。

现代旅游经营商从代理交通客票业务开始成长发育是符合旅游活动性质的。旅游活动首先是一种人们的空间移动,无论是什么类型的旅游活动,都是以人们的空间移动为前提的。而旅游者的空间移动必然要借助于各种交通工具来实现,火车、汽车、轮船以及后来的航空便成为旅游者实现空间移动的主要工具。作为经营这些交通设施以及交通工具的公司,不可能将车站、码头和机场设施深入到城市居民区,由于这些设施远离居民区,与市场存在一定的空间距离,因而设立各种交通票务的销售网点是十分必要的。没有一定的销售网点,交通运输的业务经营将受到重大影响,特别是在各种交通运输之间形成多种形式的竞争时,交通客票销售将成为提高设施和工具利用率、降低单位运营成本的关键。在这种情况下,由于社会分工的需要,便产生了围绕交通客票销售的相应机构。

以交通客票销售或代理业务为主的组织并不是真正意义上的旅游经营商，只能属于旅游经营商的初级组织。这些组织要想成为旅游经营商必须具备两个社会条件。其一是旅行活动已不再是人们进行其他活动的手段，而成为人们休闲的一种消费方式，以休闲为主要目的的旅行活动成为旅行活动的主体。其二是人们休闲活动需求的内容不断扩大，旅行者不仅仅只是对交通客票的需求，更多地表现为对其他旅行服务的需求。社会环境的变化，旅行需求项目的扩展，使那些以交通客票销售或代理业务为主的组织的业务范围不断地延伸，从原先为旅行者提供交通客票销售的单项业务逐渐地转变为向旅游者提供旅游综合服务业务。这时，组织的性质发生了重大变化，从交通客票销售或代理的组织演变为旅游活动的经营商组织。

在旅行组织的演变过程中，一些通过交通客票销售或代理业务建立起来的具有一定规模销售网络的组织逐渐演变为旅游批发商，而那些不具有网络优势的组织便成为旅游批发商的零售商或者成为交通客票的代理商。这样，旅游批发商、旅游零售商以及交通客票代理商共同组成了现代旅游经营商的组织体系。

由于旅游经营商业务上的相互联系，人们在旅游经营商分类的认识上也存在许多的不同。多数研究者是将旅游批发商、旅游经营商，甚至是旅游零售商作为同一个概念来理解的。之所以出现这种现象，主要在于旅游经营商之间的业务活动并没有严格的区别，而旅游经营商从性质上本身是一个中间组织，内部并没有严格的社会分工。虽然多数研究者对旅游经营商的分类有所不同，然而在对旅游经营商的认识上却是一致的。世界旅游组织的前身——国际官方旅游组织联盟认为，旅游经营商是一种销售企业，它们在消费者提出要求之前事先准备好旅游活动和度假地，组织旅行交流，预订旅游目的地各类客房，安排多种游览、娱乐活动，提供整套服务，并事先确定价格以及旅行日程，由自己销售或由旅游代理商销售给团体或个体消费者①。伯卡特和梅特利克也认为，旅游经营商是自行购买"旅游产品"中的各个部分，并将其组成一个旅游项目，以包价旅行的方式向顾客出售或者将这种产品转卖给其他组织的经营者②。

其实，旅游经营商是所有经营旅游或旅行业务的中间机构，是所有各种旅游中间组织的统称。旅游经营商可以有多种分类。如果按客源地内旅游经营商的职能以及作用可以将旅游经营商分为旅游批发商、旅游零售商和旅行代理商；如果从旅游客源地与旅游目的地旅游经营商之间的关系可以将旅游经营商分为旅游客源组织商（旅游批发商）和旅游地面接待商（旅游代理商）。

将旅游经营商划分为旅游批发商、旅游零售商和旅行代理商，是根据旅游经营

① 杜江，戴斌．旅行社管理比较研究．北京：旅游教育出版社，2000：36.

② 〔英〕A. J. 伯卡特，S. 梅特利克. 西方旅游业．张践，等，译．上海：同济大学出版社，1990：156 – 157.

商所具有的职能及作用划分的,这种划分主要是以旅游客源地为依据进行的(虽然从理论上旅游批发商也可存在于旅游目的地,然而就目前情况来说,还是以旅游客源地为主)。旅游批发商是通过市场交易方式,以旅游契约的形式从相关旅游服务生产商那里获得旅游者所需的各种服务,并将这些服务组合成一种活动项目,以包价旅行的产品形式向旅游代理商或旅游零售商出售,或者通过自己设立的销售机构直接向旅游者出售,以获取经济收益的组织。旅游零售商则是相对于旅游批发商而言的。旅游零售商是旅游批发商组织链的下游企业,是承担旅游批发商的"包价旅游产品"零售业务的机构组织。旅游零售商的主要职能是直接向旅游者销售旅游批发商的产品并提供相应的服务。旅行代理商是接受旅游供应商——如交通运输企业以及旅游目的地饭店、餐馆、景点和娱乐性企业——的委托,以合同的形式向旅游者出售它们的服务或产品。旅行代理商也是这些旅游生产商的中间组织,起着中间人的作用,并通过代理数量收取一定比例的佣金。虽然旅行代理商同旅游零售商职能都是一种代理职能,但是两者却有着根本的区别:旅游零售商是代理或零售旅游批发商的服务或产品,是与旅游批发商相联系的;而旅行代理商则是代理旅游相关生产商的服务或产品,是与旅游生产商相联系的。前者是代理一种综合服务,也就是以路线产品形式表现的综合旅游服务,而后者却仅仅代理某种单项服务。

旅游活动是旅游者从居住地向旅游目的地运动的过程。因此,为旅游活动提供的旅游服务必然包括在旅游客源地内的服务和在旅游目的地内的服务这两个部分,作为旅游服务组织的旅游经营商也必然会形成在旅游客源地内的旅游经营商和在旅游目的地内的旅游经营商这两类组织。旅游客源地的旅游经营商主要是向旅游者提供组织、服务项目的安排和活动的日程等各项服务,旅游目的地的旅游经营商则是根据客源地旅游经营商提供的各项服务计划来组织地面接待。因此,从两地旅游经营商之间的关系和业务联系来说,相对于旅游客源地,旅游目的地的旅游经营商便成为一种旅游接待商,也可以说是作为一个存在于旅游目的地的客源地旅游经营商的代理商。客源地旅游经营商通过这个代理商性质的经营商在旅游目的地的经营活动和服务活动,来实现自己的经营目标以及旅游者旅游活动。相对于目的地的旅游经营商,客源地的旅游经营商便成为旅游组织商或者旅游批发商,由它向目的地的旅游经营商提供客源以及相关的活动计划。在实际工作中,我们常说的外联与地接、组团与接团,便是旅游客源地与旅游目的地之间旅游经营商关系的具体表现。

对于一般物流活动来说,批发商往往是那些掌握着物品资源的企业或组织,按物流理论推论,旅游批发商应该产生于旅游目的地的企业。由于旅游目的地是旅游服务的主要提供空间,是旅游服务的来源地,是旅游地的企业向客源地的企业和旅游者提供各种旅游项目和旅游服务的,因此,旅游目的地的相关企业似乎更应成为旅游批发商。

然而,在旅游经济活动中,多数旅游批发商不是出自于旅游目的地而是旅游客源地。对这种现象应该从旅游活动的基本特点来认识。我们知道,一般物质生产活动是一种物流活动,是通过物品的空间移动来满足消费者需要的,物品资源便成为经济活动的前提条件。谁掌握了物品资源,谁就掌握了经济活动的主动权。因此,批发商往往是那些控制物品资源的企业或组织,并最终形成了以掌握物品资源的批发商为主体的物流经济体系。不同于一般物质生产活动,旅游活动是一种"客流"活动,是通过旅游者的空间流动来满足旅游者消费需要的。在这种情况下,谁掌握了一定的"客流"资源,谁就掌握了旅游经济活动的主动权。因此,批发商往往是控制旅游客源的企业或组织,从而形成以掌握旅游客源的批发商为主体的旅游经济体系。客源地是旅游客源的集中空间,旅游批发商主要出自于旅游客源地。

由于旅游经营商的性质是由客源地和目的地的性质决定的,因此,在实际工作中,旅游经营商将存在着多种变数,而这些变数又决定着旅游经营商的类型。如果旅游者在两个地区流动,一个地区仅仅是旅游客源地而不是旅游目的地,另一个地区则仅仅是旅游目的地而不是客源地,那位于旅游客源地的旅游经营商要么是旅游批发商,要么是旅游零售商,要么是旅行代理商,而不会成为旅游接待商;位于旅游目的地的旅游经营商仅仅是旅游接待商或者旅行代理商(为自选旅游者提供交通、住宿以及景点娱乐代理服务),不会成为旅游批发商,也不存在旅游零售商组织。但如果两地互为旅游客源地和旅游目的地,旅游者在两地相互流动时,很可能出现一个旅游经营商既是旅游批发商也是旅游代理商,既是旅游组织商也是旅游接待商的现象。在这种情况下,只能根据每项业务职能来进行旅游经营商的类型划分。

二、旅游经营商的职能认识

(一)旅游经营商的生产性与非生产性

在旅游经营商的职能认识上,其主要职能是中介还是生产,在学术界有较多的争议。综合起来有两种不同的观点。一种观点认为,旅游经营商是兼有产品设计和组合功能的"旅游产品"的销售者,是各种旅游服务供应者与旅游服务消费者之间的中介。因此,从严格意义上说,旅游经营商是旅游经营活动的中介组织。虽然他们在组合旅游产品过程中也提供了一定的服务,然而这种服务都是为了达到产品销售的目的而附加的一种服务,因而旅游经营商本质上是销售旅游产品的中介[①]。另一种观点认为,旅游经营商的核心职能是生产而不是中介,因为他们虽然批量购买的是相关行业的各种旅游服务项目,但必须根据市场需求状况进行组装

① 王尔康. 旅行社经营管理. 北京:中国旅游出版社,1996:2-3.

加工,并融入自己的各种服务,进而形成最终产品。在这个产品中,其他行业的服务仅仅是旅游经营商最终产品的原料,而非产品本身①。

对旅游经营商的生产职能还是中介职能的争论,实质是对旅游经营商生产性质的争论。也就是说,旅游经营商的服务活动究竟是生产性劳动还是非生产性劳动。如果旅游经营商的职能是一种生产职能,那么,他们的劳动也必然是一种生产性劳动。换句话说,如果证明旅游经营商的劳动是一种生产性劳动,也就证明了他们的职能必然是一种生产性职能;相反,如果旅游经营商的主要职能是中介,那么,他们的劳动也必然是一种非生产性劳动。关于生产性劳动和非生产性劳动的问题,是马克思主义政治经济学中的重要问题。马克思认为,对生产性劳动和非生产性劳动可以从两个方面来认识,其一是从生产力方面,即从人与自然之间的物质变换考察,凡能创造一种物质的使用价值,并有抽象劳动体化在其中的劳动,就是生产劳动,否则就是非生产性劳动。从这个角度来说,由于旅游经营商的"旅游产品"是一种组合产品,是将相关旅游生产行业生产的各个不同的产品和服务进行组合、编排形成的,虽然也提供如导游服务等一定的附加服务,但从"旅游产品"总体来说,旅游经营商并没有抽象劳动的体化,因此,旅游经营商的劳动也不具有生产性质。也就是说,它仅仅是作为旅游生产的中介来向旅游者提供服务的。其二是从生产关系方面,即从生产与再生产过程中人和人之间的关系来考察,凡是能为经营者带来利润或剩余价值的劳动都是一种生产性劳动。马克思指出:"资本主义生产不仅是商品的生产,它实质上是剩余价值的生产,工人不是为自己生产,而是为资本生产。因此,工人单是进行生产已经不够了。他必须生产剩余价值。只有为资本家生产剩余价值或者为资本的自行增值服务的工人,才是生产工人。"②如果从这个意义出发,旅游经营商通过向旅游者提供旅行服务,同时能为经营者创造资本的增殖和利润,因此,他的经营活动便是一种生产性活动,他的主要职能就是生产。

根据马克思有关生产性劳动和非生产性劳动学说,对旅游经营商职能的认识,科学的方法应该是将这两个方面结合起来进行。旅游经营商的主要职能是中介还是生产,取决于旅游经营商在旅游再生产中的作用以及所具有的功能。对于旅游批发商来说,由于是借助于旅游相关生产商提供的各种服务,通过自己的服务进行组合,生产出不同于原先的服务或旅游产品,他们大量劳动已经体化在这个新的产品或服务之中。因此,他们的劳动是生产性劳动,旅游批发商的主要职能便是生产性职能。然而对于旅游零售商来说,由于它在旅游再生产过程中,仅仅承担旅游批发商产品或服务的流通,是一种旅游产品或服务的转卖活动,这种活动(或劳动)并没有体现在产品或服务之中。因此,他们的劳动不是生产性劳动,而是一种非生产

① 杜江,戴斌. 旅行社管理比较研究. 北京:旅游教育出版社,2000:39-40.

② 参见《马克思恩格斯全集》,人民出版社,第26卷,第426页。

性劳动，他们的职能也仅仅是一种中介。

无论旅游经营商的主要职能是生产还是中介，不可否认的是，在旅游再生产过程中，旅游经营商都是一种为旅游者的旅游活动提供中间服务的组织。旅游是旅游者从居住地向旅游目的地的流动过程是通过相关旅游生产行业和企业所提供的服务或产品实现的。如果旅游者的旅游需求实现可以通过这些相关企业的经营活动来完成，那为什么在旅游者与相关旅游生产企业之间，还要存在提供中间服务的旅游经营商的经营行为呢？也就是说，在旅游再生产活动中，旅游经营商存在的必要性究竟在哪里。

(二)旅游经营商存在的必要性

旅游经营商出现首先是旅游的社会分工的结果。分工是人类在征服自然和改造自然过程中一种基本活动形式。社会分工主要表现为劳动分工和生产分工两种形式，劳动分工是劳动本身的分化和独立化，它形成了劳动者的专业划分；生产分工是生产本身的分化和独立化，它形成了生产门类的划分。

随着旅游活动日益大众化和旅游需求细分化，由于行业生产的局限性以及地域的分散性，旅游相关行业与旅游需求存在着一定的市场距离。这种市场距离的存在，使旅游服务生产者不可能充分了解旅游者的需求，并根据市场需求的变化来组织生产。同时，旅游生产者的经营活动需要一定的客源组织，没有一定规模的旅游客源，旅游服务的生产者就很难取得最佳的经营效果。旅游服务生产者自己组织客源需要投入大量的资源，而通过中间组织来提供客源，则能相对节省投入，提高经营效益。

另外，由于劳动分工和生产分工的存在，旅游相关企业生产的都是一种单项的旅游服务，而旅游者需要的却是综合性或系列性的服务，要满足旅游者的旅游需要，就必须通过中间组织将这些相关的单项服务组合在一起，以旅行产品的形式向旅游者出售。在旅游社会分工条件下，由于分工可以提高旅游交易频度，扩大旅游交易的广度，提高效率，降低单位产品成本，从而通过降低产品价格来刺激市场需求。市场需求的扩张又进一步刺激了市场分工的发展。

其次，通过旅游经营商组织旅游，可以相对减少旅游者的旅游成本。根据经济学的市场集中与分散的原理，市场控制力量与集中度相关。作为旅游活动的供给与需求双方，如果供给力量集中了，市场价格便向生产供给方利益倾斜；如果需求力量集中了，市场价格便向旅游需求方倾斜，市场价格是供求双方力量对比的结果。在没有旅游经营商存在时，旅游者作为一个个需求个体存在，在与具有集中特点的旅游相关企业讨价还价的过程中，显然处于不利的市场地位，需要支付相对较高的价格。如果旅游经营商介入，通过旅游经营商的组织活动，将分散的旅游需求个体集中起来，形成与旅游生产商相抗衡的市场力量。这样，旅游供给方便会按边际成本向旅游经营商提供旅游者所需的服务或产品，旅游者从旅游经营商那里获得的价格将低于直接从旅游生产商那里购买所要支付的价格，从而大大降低旅游者的旅游成本。

第三，在市场信息不充分或不对称的条件下，旅游服务生产者与旅游服务消费者之间存在着市场距离，而通过旅游经营商可以相对缩短旅游目的地（旅游服务生产者）与旅游客源地（旅游服务消费者）之间的市场距离，从而扩大旅游目的地（旅游服务生产者）的接待（生产）规模。在市场信息不充分条件下，位于客源地的旅游消费者不可能对旅游目的地的旅游资源、旅游接待条件、旅游服务质量有充分的认识。旅游者要实现自己的旅游活动，必然要花费一定的时间和成本去收集旅游目的地的相关服务信息。如果信息收集不充分，旅游目的地相当数量的旅游服务便不可能成为一种有效供给，旅游供给规模也必然随着信息的不充分而下降。当旅游经营商存在时，旅游经营商通过学习的过程了解旅游目的地的供给状况，从专业出发向客源地的旅游消费者介绍旅游目的地相关供给，一方面减少了旅游者对旅游目的地服务信息收集的成本费用，另一方面，又扩大了旅游目的地市场知名度。同时，旅游经营商利用接近市场的条件，根据市场需求来指导旅游目的地的服务供给，从而使旅游目的地的服务供给更能符合市场的需要，在某种程度上为扩大旅游目的地的市场供给规模创造了条件。

对旅游者来说，旅游经营商的重要性大小取决于旅行距离、旅行方式和信息拥有量三个因素。在其他条件一定时，旅游者的旅行距离越远，旅游者对旅游目的地越不熟悉，则对旅游经营商的依赖性就越强，旅游经营商对旅游者就越重要。旅行方式的不同也将影响到旅游者对旅游经营商的依赖程度。如果旅游者的旅行采取点线观光旅游的方式，就意味着在旅游过程中要访问多个旅游目的地，旅游者必然会对旅游经营商产生更多的依赖；相反，如果旅游者的旅行采取板块度假旅游的方式，则旅游者只在客源地与单一目的地之间流动，对旅游经营商的依赖性便会降低（当然还与旅游者购买服务的消费习惯有密切关系）。此外，旅游者对旅游经营商的依赖程度还取决于他拥有的目的地信息量的多少。如果旅游者充分掌握了旅游地的服务供给信息，那他对旅游经营商的依赖程度便会降低；相反，如果旅游者对目的地的旅游服务供给信息了解不充分，则他对旅游经营商的依赖程度便会增强。

三、旅游批发商

旅游批发商也可称之为旅游组织商。作为一个旅行销售企业，它可以是公共企业、私人企业、公私合营企业、合伙企业或合作企业。它购买并组合交通服务以及旅游目的地的住宿和其他各项独立的服务要素，并将其组合成整体旅行产品直接或通过旅游零售商间接地向旅游者出售。此外，如果从旅行产品生产的角度认识，旅游批发商也可以称为旅游产品制造商；从旅游者消费的角度认识，旅游批发商又被称之为旅游组织商。无论称谓如何,旅游批发商在旅游经济活动或旅游产业活动中居于重要地位的事实是不会改变的。

在国外有关旅游学术著作中,对于旅游批发商则有不同的认识。英国学者J.克里斯托弗·霍洛韦认为,旅游批发商一般自行负责购买实物或服务,将其批量分解。也就是说,旅游批发商是大量购买,再根据需求小批量售出,销售的就是它所购买的产品,而并没有改变它①。由此可见,旅游批发商只是将旅游产品进行转售,而没有进行旅游产品的组合。之所以形成对旅游批发商认识的不同,主要在于对旅游活动以及旅游活动的中间组织的功能认识上的差别。

对旅游批发商的功能应从旅游活动的全过程来理解。我们知道,人们的旅游活动不是对旅游活动的中间服务的需求,而是对旅游目的地活动的需求。为了充分实现旅游者对旅游目的地活动的需求,旅游中间组织要从交通行业以及目的地旅游企业那里预先购买相关服务,并根据旅游者的需要,对其进行组合,最后规定一个价格,以旅行计划或旅游项目的形式向旅游者销售。在市场活动中,我们可以将这种旅游项目或旅行计划称之为产品。然而,这种产品并不是由旅游中间商生产出来的,只是经过某种形式的组合而已。因此,旅游批发商的经营活动既是一种组织商的活动,同时也是一个批发商的活动。产品制造与产品销售的一体化是旅游批发商一个重要经营特点。

如果我们从旅游活动的组织方式来研究旅游批发商,可以充分认识旅游批发商的业务性质。人们的旅游活动可以通过旅行代理商(如旅馆代理、航空公司代理)等相关机构来实现自己的旅行需求,也可以通过旅游批发商体系来实现自己的旅游需求。由于人们的旅游活动涉及多项服务内容,通过旅游批发商体系组织的旅游活动必然是一个综合的活动,它所涉及的服务项目远远多于通过旅行代理商所能涵盖的服务项目。旅行代理商只是代理旅游者旅行过程中某个单项服务,如住店服务、机票服务等。以旅游批发商为主体建立起来的旅游综合服务和以旅行代理商为主提供的单项旅行服务充分反映了旅游需求的不同特点,共同组成了旅游中间商的服务体系。

从旅游批发商的主要职能来说,向旅游市场提供组合旅游产品是一项重要的职能。旅游批发商向市场提供的旅游产品"可以看成是一种综合性产品,是游览资源、运输、住宿及娱乐项目的综合物。它的每一组成部分都是由独立经营的饭店公司、航空公司或其他供应者提供的"。② 由于旅游者对旅游目的地的选择存在着不同的偏好,对旅行时间、旅行质量以及旅行方式也存在不同的要求,因此,旅游批发商生产的旅游产品也会存在多种组合方式、多种产品类型,组成旅游产品供给体

---

① J. 克里斯托弗·霍洛韦. 旅游业. 桂林:漓江出版社,1987:180.

② 〔英〕A. J. 伯卡特,S. 梅特利克. 西方旅游业. 张践,等,译. 上海:同济大学出版社,1990:185.

系。旅游者可以根据自己的需求约束条件从中选择适合自己需要的产品,旅游批发商则根据自身规模与市场战略决定向市场提供旅游产品的种类和数量。在实际中,规模较大的旅游批发商往往能以较合适的价格向市场提供种类较多、数量较大的旅游产品,以达到垄断市场的目的。

具有竞争优势的旅游批发商主要表现在产品价格和产品种类两个方面,其中价格优势是最重要的因素。由于度假旅游者对价格的实际水平以及价格的变化非常敏感,具有较高的需求弹性,因此,旅游产品的价格高低直接关系到旅游批发商的市场规模。在旅游批发商的产品结构中,尽管服务项目是综合的,然而旅游产品价格的高低却主要取决于旅游批发商购进的交通服务、住宿服务和景点景区的门票三种价格水平的高低,通常这三种购进成本要占到旅游产品价格结构比例的70%左右。由于这三种服务都具有高固定成本结构、较小的边际成本的经济特点,成本的高低取决于旅游批发商购进的批量。因此,旅游批发商客源组织规模便成为降低购进成本的主要因素。

同时,旅游批发商的发展与能否向市场提供满足旅游者需要的多样化旅游产品密切相关。一般来说,旅游批发商往往是根据旅游者不同的旅游目的地、旅游者对象、旅游需求类型、旅游需求等级、旅游交通方式和旅行时间等约束条件来多样化地组合产品的。比如,按旅游者的旅游目的地,旅游批发商可以组合形成泰国一地游、澳新二地游、新马泰三地游等旅游产品;按旅游者对象可以组合形成学生游、青年游、老年游等旅游产品;按旅游者需求类型可以组合形成度假旅游、观光旅游、体育旅游、探险旅游等产品;按旅游者需求等级可以组合形成豪华产品和经济产品;按旅游交通方式可以组合形成航空包价旅游、邮航包价旅游和火车包价旅游等;按旅行时间可以组合形成一日游、三日游、五日游等。可以说,构成旅游产品的各个要素以及旅游需求的各种条件都可以成为产品组合的因素。

旅游批发商组合的旅游产品可以通过自己的销售机构或旅游零售商向市场出售。选择什么样的销售渠道,既与旅游社会分工有关,也与旅游批发商的组织结构有关。在旅游社会分工较完善,已形成旅游零售商体系的情况下,大型旅游批发商的产品销售往往是通过旅游零售商组织来完成的,自己一般不设立零售机构。如果旅游社会分工不完全,旅游零售商体系尚未形成,旅游批发商也会自己建立销售体系进行产品销售。当旅游批发商通过自己建立的销售机构和零售商销售这两个渠道来销售旅游产品时,如何统一两个销售渠道的市场最终价格便成了一个重要的问题。如何控制零售商的市场行为,使各个零售商的市场价格相一致,便成为旅游批发商进行市场管理的关键。

四、旅游零售商

如果说旅游批发商主要从事的是旅游产品生产、组合的经营业务,那么,旅游零售商便主要是从事旅游产品销售的工作。从旅游经营商的产业链条关系上分析,旅游零售商承担着向最终旅游者销售旅游产品的作用,也就是说,旅游零售商通过向旅游批发商购进产品销售许可权利,向旅游者销售旅游批发商组合的旅游产品。从旅游批发商角度来看,旅游零售商便成为其产品向最终市场进行分配的渠道,旅游批发商所借助的多个旅游零售商构成了旅游批发商的销售网络体系。由于旅游零售商直接与最终旅游市场进行接触,它的销售努力直接关系到旅游批发商的客源规模,因此,旅游零售商的数量是旅游批发商产品规模和市场规模的主要表现形式。大型旅游批发商的实力不仅表现为产品组合数量规模大和种类多,更主要表现为它所控制或利用的旅游零售商的数量多、规模大。一般而言,一个旅游批发商控制和利用的旅游零售商数量越多,市场控制能力便越强,吸收的市场客源规模就越大,市场容量就越大。

旅游零售商是一个代表旅游批发商从事旅游产品销售业务的企业,以佣金的形式从批发商那里获得收入。同一般产品的零售商不同,旅游零售商对旅游批发商的产品销售并不承担一定的责任。作为工业产品的零售商要获得批发商的产品,通常要从批发商那里购买产品,然后再附加一定数量的批零差价向市场销售。因此,在产品销售中,零售商与批发商共同承担一定的经济风险,如果产品不能销售出去,零售商要承担购进成本的损失。然而,对于旅游零售商来说,他从旅游批发商那里获得的只是一种旅游产品销售的权利,而不需要支付购进成本,通常以契约的形式来建立与旅游批发商之间的权利关系。因此,旅游零售商在实际销售活动中并不像一般产品零售商那样,要为产品销售的不确定性承担经济上的风险和利润损失。由于旅游批发商的成本并不转移到旅游零售商,旅游零售商也不承担各种销售上的经济损失,旅游产品销售的风险自然就主要存在于旅游批发商的经营活动之中。

对于旅游批发商来说,需要事先与旅游服务的供应商进行服务的预购,才能组合旅游产品。因此,预购形成的成本需要通过旅游产品的销售来收回,而收回成本又需要通过旅游零售商的销售努力来实现的。这样,选定旅游零售商便成为旅游批发商经营活动中的一项重要工作。英国学者伯卡特和梅特利克提出了对旅游零售商选择的一系列约束条件,认为实行经营许可制度是旅游批发商对旅游零售商进行有效控制的重要手段①。

除了具有专营性的旅游零售商以外,多数旅游零售商并不仅仅销售一家旅游批发商的旅游产品,它可能是几家旅游批发商的零售商,销售几家旅游批发商的旅

① 伯卡特和梅特利克提出,旅游零售商的选定条件:实行固定价格和服务条件;在每个地区内限制指派零售商的数量,以防止由于竞争而降低价格的企图;为安全起见,仅同经济状况良好的旅游零售商建立业务关系;由旅游批发商签发零售许可证并对此进行经常性的检查。参见〔英〕A. J. 伯卡特,S. 梅特利克. 西方旅游业. 张践,等,译. 上海:同济大学出版社,1990. 159 - 161.

游产品。如果旅游零售商销售两家以上旅游批发商的旅游产品,且所销售旅游产品之间具有相互替代性,那么对旅游零售商的控制尤其重要。如果旅游批发商不能对其经营行为进行有效的控制,那会出现旅游批发商的利润向旅游零售商转移的现象。因为,在这种情况下,旅游零售商的利润来源不仅取决于产品销售所得的佣金,更取决于旅游批发商之间为争夺市场销售份额向旅游零售商的让利行为的出现。

如果旅游零售商要将旅游批发商的旅游产品顺利地销售给旅游者,则需要尽可能地接近市场。因此,旅游零售商一般集中在客源地内。旅游零售商拉近与需求市场的距离是通过建立各种销售门市来实现的。因此,一个具有一定规模的旅游零售商总是与一定数量的销售门市相联系的。一个旅游零售商如果能在客源地形成一定数量的销售门市,并在此基础上建立地区销售网络,形成旅游零售商联号经营,那么,一方面会形成客源组织的规模,扩大旅游营业额;另一方面,也具有与旅游批发商进行讨价还价的能力,通过提高佣金比例来获取额外的营业利润。同时,旅游零售商也可以通过自己的销售网络,提高客源组织规模,从而向旅游批发商转变,来获得更大的利润。在一定意义上也可以说,旅游批发商是由旅游零售商业务发展起来的。

五、旅行代理商

在国外旅游研究文献中,并没有明确地区分旅游零售商和旅行代理商,通常都将两者作为旅游中间商组织来认识的。有一些旅游零售商也从事旅行代理业务,而一些旅行代理商也有旅游零售业务,在一个特定的组织中很难将两者划分开来。

然而,如果我们不是从组织的性质而是从旅游业务的性质来认识,则两者是有根本区别的。旅游代理商是与旅游服务供应商相联系的,是直接为旅游供应商——如饭店、航空公司、铁路公司和景点景区以及提供娱乐服务的企业——提供代理业务的中间商,而旅游零售商是为旅游批发商提供销售的中间商。所以,两者一个是从事单项产品的销售代理;一个是为综合产品提供销售服务,虽然两者都具有产品销售的功能,在职能和作用上却并不相同。

一般来说,旅行代理商受旅游供应商的委托,在一定的区域内、一定的代理权限下,以旅游供应商的名义行使包括销售旅游服务在内的各项经济行为,并由旅游供应商承担其法律后果。尽管旅行代理商因地区性质(客源地或旅游目的地)不同、旅游需求不同而具有不同的特点,但从职能来看,代理的主要业务包括向旅行者代理航空、铁路、轮船和汽车运输、汽车出租、旅馆住宿等服务;有的旅行代理商也提供旅行保险、旅行支票和外汇兑换等旅行服务;还有的旅行代理商负责向旅游者提供办理旅行证件的服务。多数旅行代理商一般不向旅游者提供旅游产品的销售业务,但有时扮演旅游零售商的角色,为旅游批发商提供旅游产品的销售业务。对于旅游供应商来说,利用各种旅行代理商来销售自己的服务,同样可以相对缩短与市场的距离,弥补经营能力的不足,从而可以降低经营费用和经营风险。

为了争夺旅行代理业务量和方便旅游者,旅行代理商门市一般设在城镇的中心地点、旅游中心区或者面向居民生活区,从而提高客源吸纳能力。多数旅行代理商是小型企业,它们向旅行者提供世界范围内的有关旅游点、班机、旅游商和相关旅游设施;为旅行者提供各项服务的预订,向旅游供应商提供各种旅行者的信息反馈,并通过与供应商连接的计算机网络向旅行者提供各种旅行票据。

旅行代理商要想代理旅游供应商的业务必须首先获得旅游供应商的许可。如果旅行代理商要代理国际航空运输协会成员的服务并取得一定数量的佣金,就必须取得该组织的许可;如果要代理国内航空业务,也必须经过相应的国内航空组织的认可。对于其他代理项目也必须经过相应的组织或企业的认可,才能从事该项代理业务。

对于旅游供应商来说,旅行代理商承担着旅游供应商服务或产品的销售职能,旅行代理商是他们的销售组织。旅游供应商的规模大小及市场供应能力,一方面取决于旅游供应商的企业规模和供应能力,另一方面也取决于代理商的数量和规模。一个具有市场竞争力的旅游供应商总是与一定数量和规模的旅行代理商相联系的。

六、在线旅游企业

在线旅游是指旅游消费者通过网络或电话向旅行服务提供商预订机票、酒店、度假产品等旅行产品或服务,并通过网上支付或线下付款的行为。随着经济的发展,消费者收入不断增加,消费者的消费观念和消费方式也发生了重大转变。在线旅游市场以其较低的产品价格、较丰富的产品选择和较便捷的订购流程,形成了庞大的市场规模。同时,互联网的迅猛发展和大数据技术的运用,为挖掘在线用户的消费行为特征和需求动态提供了新的手段,在线旅游代理商积极运用网络资源和渠道,有针对性地开发面向终端用户的产品和服务,培养用户在线订购旅游产品的习惯。

2011 年,中国在线机票市场交易规模达 1 042 亿元,在线酒店市场交易规模为 397.4 亿元,在线独家市场交易规模为 211.9 亿元,OTA 市场营收规模为 93.2 亿元。中国在线旅游交易市场主要以机票、酒店和度假市场为主,其中在线自助游的预订快速增长,在线旅游企业利用移动互联网进行业务改造的成效初现。2012 年中国在线旅游市场交易规模达 1 708.6 亿元,增长 30.0%,渗透率仅为 6.6%。在线旅游渗透率是在线旅行预订市场交易规模在中国旅游业总收入中所占的比重,艾瑞咨询预计 2016 年中国将达到 11.8%。

在线旅游企业发展的趋势是与移动互联网相结合,走“移动化”的战略。根据Travelzoo 2013年度“亚太地区旅游者年度指数”调研显示:中国内地旅行者在旅行期间使用手机的比例高达65%,主要使用的功能为查询线路、收发短信、寻找餐馆、搜索风景名胜、寻找当地特色活动。2013年Expedia发布的报告显示:38%用户会选择提前1~3个月预订机票、酒店或租车服务,21%的用户提前14~28天预订,13%用户提前两周以内预订;24%的用户用移动设备搜寻旅游产品折扣信息,21%用户预订酒店,16%用户会查看与旅游相关的社交账号页面。由此可见,移动预订已成为机票、酒店、租车预订的全新渠道。目前,在线旅游移动化应用已经覆盖查询、预订、支付和分享这四个典型环节,基本满足了旅行者通过移动设备解决全流程的需求。

此外,近年来,在线旅游平台加强酒店领域供应商的整合力度,微信、微博等社会化营销受到旅游相关机构或企业的重视,点评攻略在在线旅游消费行为中的作用日益凸显,行业的发展形成开放与合作的主题。

案例5-5 携程旅行网

携程旅行网是中国旅游业第一家在美国纳斯达克上市的旅游电子商务网站。1999年10月,携程旅行网总部在上海设立。多年来,秉持“以客户为中心”的原则,为客户提供便捷、周全、亲切、专业的服务。目前,携程已发展成中国最强大的在线旅行服务网站,分别在北京、广州、深圳、成都、杭州、厦门、青岛、南京、武汉、沈阳、南通、三亚等12个城市设立分公司,全国出发城市超60座,年发送游客百万人以上。从最初的互联网技术公司发展成中国最大的在线旅游企业,携程经历了成长过程中的多次蜕变。2001年10月并购了国内最早、规模最大的订房中心——现代运通,成为中国重量级的网上商旅服务企业和宾馆的分销商;2002年3月并购北京海岸航空服务有限公司;2004年10月退出全新360°独家超市,首推休闲度假旅游的概念;2004年12月斥资2 000万美元建造现代化在线旅行技术服务中心;2006年3月进军商旅管理市场;2008年12月正式启动携程南通呼叫服务中心;2012年2月投资永安旅游(控股)有限公司旗下旅游业务,同年3月收购汉庭连锁酒店集团和首旅建国酒店管理有限公司的少数股份。

携程旅行网整合了旅游产业链的资源,向超过4 000万会员提供集酒店预订、机票预订、度假预订、商旅管理、特惠商户及旅游资讯在内的全方位旅行服务。其“互联网+呼叫中心”的预订模式、“自产自销”的产品模式堪称在线旅游市场经营的典范。2012年携程旅游业务营收为6.9亿元,增长近30%,交易规模约54亿元,纯在线旅游预订率在60%左右。按携程游客出行的旅游目的地来分,2012年出境游和国内游的相对占比为5:5,2011年的该比例约为4:6。

携程的未来发展目标是构建一个贯通旅游产业链的控股型组织架构，实现旅游景点、租车服务、票务公司、酒店、旅游、金融服务等现代化服务业的融合，为游客提供一站式的旅游服务。

（资料来源：作者根据携程网发展历程及相关资料整理.）

在线旅游企业之所以成为其中最令人关注的旅行服务组织之一，这不仅是因为它们极大地改变了以往的旅行服务，出现了一些大型、巨型在线旅行服务集团，而且还是因为这些在线旅游企业借助互联网的力量，形成了很多创新发展模式，给旅游组织的发展带来了很多新思想。

此外，基于人们旅行需求的日益旺盛、旅游越来越成为人们的一种生活方式，这种趋势，以及企业对客户周边需求、衍生需求挖掘和利用的不断深化，银行、航空公司等企业也在不断进入旅行服务领域，推动人们生活世界与旅游世界的社会性融合。

第三节　旅游活动中的契约关系

一、契约关系的产生

旅游批发商、旅游零售商、旅行代理商作为旅游者从客源地向旅游目的地空间移动过程的联结体组织，虽然都销售旅游供应商提供的服务，但只是旅游活动的中间组织。对于旅游者来说，这些中间组织却是以一个最终旅游经营者的形象出现在他们面前。特别是对于旅游批发商和旅游零售商来说，虽然他们所组合和销售的服务并不由自己生产，而是由交通企业或者旅游目的地相关企业提供的，但旅游者并不认为他们是中间商，而是将他们作为旅游产品的生产者来对待。在这种情况下，旅游供应商所承担的市场责任消失了、转移了，旅游供应商的市场责任通过旅游中间商的组织形式转化为旅游批发商以及旅游零售商的市场责任，一旦旅游供应商提供的服务出现质量或数量上的问题，损害了旅游消费者的利益，直接受到损失的则是旅游中间商企业。

如果旅游供应商提供的供旅游中间商组合的产品是一种有形物品，则旅游中间商可以通过对物品的封样以及物品的检验技术标准来对产品质量进行有效的控制。但实际情形是，旅游中间商从旅游供应商处购进的可以组合的旅游产品是各个不同的服务项目，是一种无形的产品，这种服务质量以及服务效用也只有与旅游者的旅游活动结合才能得到体现和检验。因此，从时间上来说，旅游中间商销售的产品不是真正意义上的产品，而是向旅游者的服务承诺或者说是向旅游者销售的一种旅游权利。旅游者支付旅游费用时，并没有获得产品，也不知道所购买的旅游产品的质量或效用能否满足自己的旅游需要。旅游产品销售在前，消费在后，存在着一定的时间差,这种销售与消费的时间差使旅游者对未来旅游活动以及旅游产品消费有着不确定性。同时,作为产品销售活动必然存在向旅游者的服务承诺的行为,如果旅游中间商对旅游者没有服务质量与数量的承诺,旅游者是不会心甘情愿地付出自己的旅游费用的。服务承诺在前,实现服务承诺在后,又存在一个时间差。销售与消费和承诺与实现两个时间差,又分别通过旅游供应商和旅游中间商两个不同组织发生,因而是相互分离的。所以,旅游者以及旅游中间商对旅游供应商能否提供与承诺相一致的服务也存在着不确定性。以上两种不确定性,必然会对旅游中间商以及旅游消费者造成一定的经济和消费的风险。

从理论上说,旅游中间商经营活动的风险以及旅游者的消费风险,可以通过契约制度的设计,形成一系列的契约关系对交易双方加以控制。这些契约关系主要有旅游批发商与交通企业的契约关系、旅游批发商与旅游饭店以及餐馆等食宿服务企业契约关系、旅游批发商与景点景区等相关企业的契约关系。如果旅游批发商组织的客源是由旅游目的地的接待商接待的,那旅游批发商还会存在与旅游目的地的中间商的契约关系;如果旅游批发商的旅游产品是通过旅游零售商进行销售的,旅游批发商便会形成与不同旅游零售商之间的契约关系;旅游零售商在进行产品销售时,还会形成与旅游者之间的契约关系。旅游活动的正常运行是靠这些不同形式、不同内容的契约关系进行的。因此,合理的、严密的契约是保证旅游市场正常交易秩序、旅游经济活动正常运行的主要手段。同时,严密周全的交易契约也是一项维护旅游供应商、旅游批发商、旅游接待商、旅游零售商和旅游者各自经济利益的制度安排。

二、旅游活动契约的不完全性

旅游活动中契约关系的形成是缘于旅游活动的不确定性。旅游活动的不确定性首先是旅游产品销售与消费和承诺与实现两个时间差造成的。同时,多个不同的旅游组织的社会分工造成的旅游产品销售与消费和承诺与实现在组织上的分离又在一定程度上加大了旅游活动的不确定性。由于旅游活动是在特定的自然环境和社会环境下进行的,自然和社会等不可抗拒因素的存在,会对旅游者的旅游活动产生多种影响,也会使旅游活动形成不确定性。

如果旅游活动的交易双方不存在机会主义,如果交易双方是无限理性,如果不存在资产专用性,那么,旅游活动的不确定性不会对旅游者、旅游中间商以及旅游供应商造成经济上的损害。即使在不确定性条件下,只要具备不存在机会主义、资产专用性和人们具有无限理性三个约束条件中的一条,则也不会对交易双方产生经营或消费风险。如果我们假定旅游活动交易双方是机会主义的,交易双方又存在着资产专用性,旅游活动交易双方在具有无限理性的条件下制定交易契约,那么,“契约的所有相关问题都在事前的谈判阶段被确定下来,达成了无所不包的协议，按照这个协议，针对后来可能发生的各种情况所要采取的恰当调整措施，都做出了充分的描述”。[①] 这时，旅游活动交易双方都会对旅游活动过程中的不确定性进行有计划的调整，因此，不会出现旅游活动的交易风险以及经济损失的现象。

然而，旅游活动交易双方一般不具有无限理性的特征。也就是说，旅游经济活动的各个行为主体要受到有限理性的约束，进而交易契约也必然是不完整的。如果行为主体人存在着机会主义，则行为主体人会利用契约的不完整或不完备性来满足自己的利益。在旅游活动中经常出现的旅游供应商利用合同条款上的不完备，减少旅游服务项目或者降低旅游服务质量的情况，便是机会主义的具体表现。

因此，在旅游活动的不确定性条件下，旅游活动交易双方需要通过契约形式规定双方的义务、权利和责任，并对未来活动的可能发生的情况在契约中加以规定。契约的完整性与完备性取决于旅游活动交易双方的无限理性，取决于对旅游活动过程中各种可能发生的事件的准确把握和描述。如果能充分地做到这一点，契约便是有效率的，人们便可以通过它来控制经营风险和消费风险。但现实中由于旅游活动交易的双方并不无限理性，旅游活动行为主体人的有限而非无限理性，以及机会主义行为和资产专用性的存在，契约的不完备也必然会对交易双方带来损害。

在旅游活动中，当契约不完备对旅游者形成一定的经济损失时，通常由旅游中间商对旅游者的损失负责。1970 年，在布鲁塞尔举行的“统一法律”国际会议上通过的一项关于旅行代理商及旅游组织商民事责任的统一规则，成为国际旅游仲裁的基础。根据该协议，旅游契约分为两类，一类是组织旅行的合同，一类是中间商旅行合同。无论哪类契约，在契约履行过程中，旅行中间商要对过程中发生的过失和可能发生的损害负责，同时，旅行中间商还要对其委托实施旅行项目的运输商、旅馆业或其他第三者的责任过失负责。

思考与练习

1. 试从旅游需求与闲暇时间的关系角度分析交通在旅游目的地发展过程中的重要意义。

2. 对本地的旅行服务商生产经营状况进行调研，分析旅行服务商的类别，发现新兴的旅行服务商类型。

3. 组织调研小团队，对旅行社市场中的零、负团费问题进行调研分析，研究旅行服务商作为旅游联结体的重要形式，其信誉对旅游市场需求扩张的影响。

4. 试分析旅行社对旅游消费效果的影响。

5. 试搜集相应资料，分析旅游目的地应该如何在“旅快游慢”的基本原则下，强化对旅游交通环节的创新。

① 威廉姆森．反托拉斯经济学．北京：经济科学出版社，2000：211.

第六章

旅游产业发展中的矛盾与模式

案例6－1　以色列、土耳其的政府主导型旅游业

以色列

管理机构　内阁设旅游部，编制230人，内设公关与促销司、基础资料司、会议司、大型活动司和国际司等部门。以色列旅游部在全国18个地区设有旅游办事处，负责当地旅游业管理和回答旅游者问讯；在世界20多个国家和地区设有海外旅游办事处，负责以色列旅游业的对外促销。以色列旅游部设有一所直属旅游院校，承担导游的考前培训任务。

资金　行政开支全额拨款，基建资金来自中央财政，年度基建预算不固定，由旅游部按年申请。近年来为改善旅游区的基础设施，中央财政已拨给旅游部1亿美元。

职责与权限　拥有旅游业管理的全面职责，诸如规划、计划、投资、行业管理、教育培训、统计信息、市场开发与监督检查等。投资者无论内资还是外资，只要投资建设旅游部导向的重点旅游项目，均获得项目总投资额25%的政府补贴，这种补贴不是贷款，而是赠款。游客使用外币支付有关旅游费用，可免交18%的销售税(不仅免税，还可省去兑换)，如在旅游部特别指定的商店购物，游客还可享受5%的折扣。

行业管理　以色列旅游部对旅游区、旅行社、饭店、餐馆、商店、旅游车船、导游员等实行全面的行业管理，如旅行社成立的审批制，全行业的定点管理，导游培训和考试制度等。

土耳其

管理机构　内阁原设文化旅游部，负责文化和旅游两个部门的业务。1989年1月24日，为了加强旅游业，经内阁提议，报议会批准，正式单独设置旅游部。旅游部现有工作人员2 300人(含海外和地方旅游办事处人员)，而号称大部的外交部，只有700余人。

资金 旅游部利用政府给予的联合国开发计划署提供的援助资金，在全国的重点旅游区建有12个直属旅游培训中心，主要培训饭店技术人员和导游。行政开支由国家全额拨款，基建资金有两大来源，一为国家拨款资金，性质为优惠贷款，所有符合旅游发展方向的旅游基建项目均可申请，期限为15年，如能在5年内偿还，无息；超过5年每年罚息40%。一为土耳其旅游银行（系根据《鼓励旅游法》专为旅游业而设）掌握的世界银行贷款和其他国际商业贷款。此外政府还建立了“旅游周转基金”，该基金系内阁专为“旅游地区、旅游区、旅游中心”的开发建设和旅游促销而设，资本金高达25亿里拉，合3.2亿美元。该基金隶属于旅游部，由土耳其旅游银行具体管理，还款期限为20年，其中15%用于海外市场促销。

职责与权限 根据1989年1月4日通过的《关于旅游部组织与职责法令》的规定，土耳其旅游部有五大职责和权限：①利用、开发和促销全国的旅游资源，使旅游业成为国家经济的有利部分；②吸引内外资金用于旅游业；③取得和征用涉及旅游投资项目的固定资产并在此区域内实施调研、设计和建设工作；④引导、鼓励与旅游有关组织、机构的合作；⑤利用各种形式在国内外宣传推广土耳其的旅游业。

投资、建设和经营的管理 土耳其旅游部依法对所有旅游投资项目、建设项目和经营项目实行许可证管理，例如某财团计划建一家饭店，必须首先向旅游部申领经营许可证，否则不得投资、建设和经营。

游艇旅游管理 土耳其旅游部依法拥有对全部游艇旅游业实行行业管理的权利，管辖范围包括游艇经营，游艇码头的投资建设和经营，进入土耳其领水的外国游艇管理乃至整个游艇旅游业的“导向和发展”。

“旅游地区、旅游区、旅游中心” 为了有利于成片旅游开发和集中统一管理，《鼓励旅游法》授权旅游部在全国划定若干旅游区域，分别命名为“旅游地区、旅游区和旅游中心”。上述旅游区域由旅游部负责开发、招商和管理，区域内的土地和建筑由旅游部征用，公用不动产无偿划拨给旅游部。上述旅游区域是土耳其旅游业的主体。

（资料来源：以色列、土耳其的政府主导型旅游业．//何光玮，等．新世纪、新产业、新增长．北京：中国旅游出版社，1999：591－601．）

上述案例中，以色列、土耳其两国之所以都选择政府主导型的旅游发展模式，是因为：①两国政府首脑充分认识到旅游业对经济增长、促进就业、平衡地区经济、带动相关产业、促进内外开放、改善环境、增进国际理解和推动和平进程等方面的巨大经济社会功能、比较优势和广阔前景；②两国政府都充分认识到本国旅游资源和地理位置的巨大经济优势；③长期以来居高不下的贸易赤字，是促使两国政府倾全力发展国际旅游业的重要经济原因；④在发展旅游业的实践中，两国政府逐步认识到，以国家为主导的旅游发展模式最适合本国国情，最能体现旅游业发展必须集中领导和重点扶持的规律，最能实现旅游业迅速起飞和超前发展的目标。

但是，各个国家的社会经济发展水平不同，发展旅游经济的资源禀赋和发展旅游的目的也不尽相同，因此就形成了不同的旅游发展模式和旅游经济发展战略，这种旅游发展模式和战略的差异性还将对旅游产业发展中的供求矛盾产生影响。在本章中将对旅游产业发展中供求矛盾的成因、我国的旅游经济发展模式和战略、我国旅游经济发展中的地区结构等问题进行介绍。

第一节 旅游产业发展中的供求矛盾

一、旅游产业的含义

为了充分满足旅游者的旅游消费需求，由旅游目的地、旅游客源地以及两地之间的联结体的企业、组织和个人通过各种形式的结合，便形成了旅游生产和旅游服务的一个有机整体，这个有机整体可称为旅游产业。

我们知道，旅游经济活动实际上是以市场交换联结的旅游供给和旅游需求的相互活动，而这种活动的实现是通过旅游产业的运动来完成的，旅游产业有机地结合了旅游需求和旅游供给。因此，从这个意义上说，在商品经济和商品交换条件下，旅游经济运行的主体是旅游产业，旅游产业不仅是实现旅游者活动的一种供给表现，同时，也是推动旅游经济运行与发展的一种主体力量。

然而，学者们在旅游产业的问题上一直存在着不同的认识。戴维森认为，旅行和旅游是为了外出经营、娱乐或私事外出的人的活动，远远不是传统意义上的“产业”，作为一种力量，它是游客或旅游者所有支出产生的效应。因此，我们实际上得到的是一个“支出推动”经济现象，而非“收入推动”经济现象。为此，他进一步指出：“将旅游定义为产业是不正确的，而且这一定义有损旅游的真实状况。旅游是一种社会经济现象，它既是推动经济进步的发动机，同时也是一种社会力量，旅游更像一个影响许多产业的部门。”①我们认为，戴维森从旅游活动——具体地说是从旅游者的旅游行为——出发来讨论旅游产业属性问题，其结论是值得进一步讨论的。在国内，有关旅游是不是产业的问题也曾有过多次争论。申葆嘉认为，旅游其实质是一个文化现象，而不是一个经济现象，经济仅仅是旅游的外壳，而文化则是旅游的内涵②。这种结论也是从旅游者旅游行为以及从旅游消费需求性质出发来理解旅游产业的。

不可否认，旅游现象是一种社会文化现象。对于一个具体的旅游者来说，出外

---

① 〔英〕威廉·瑟厄波德. 全球旅游新论. 张广瑞，等，译. 北京：中国旅游出版社，2001：23－29.

② 申葆嘉. 国外旅游研究进展. 旅游学刊，1996(1～5).

旅游的真实目的不是满足经济方面的需要，主要是文化和精神上的满足，从这个意义出发，谁也不会否认旅游的文化性质。但并不能因为旅游活动是一种文化活动而推断作为满足消费需求的厂商活动不是一种经济活动，更不能由此得出旅游产业不成立的结论。在商品经济条件下，只要旅游活动的实现通过旅游供给来完成，只要存在着满足旅游需求的供给，就必然会存在厂商活动，如果存在着厂商的活动并且通过这些厂商的活动来满足和实现旅游者的需求，就会存在经济问题，而这些也必然是经济学所要关注的问题。同时，在实现旅游者需求的过程中，社会上各个类型不同的厂商向某一特定旅游市场提供相似的产品或服务，具有某种程度的服务或活动的替代，使各个厂商之间存在着竞争或合作的可能，那么，我们就可以认定这种领域中的现象便是一种产业现象。

从经济学意义上讲，产业不仅是具有某种同一属性的企业的集合，同时也是国民经济以某一标准划分的部分。因此，产业概念是介于微观经济(企业)和宏观经济(国民经济)之间的一个集合概念。虽然，人们对产业集合以及划分具有不同的认识，但按同一商品或服务市场为集合划分产业是经常采用的一种方法。根据以上产业划分方法，旅游产业是一个服务性产业，是凭借旅游资源和设施，为人们的移动消费提供行、住、食、游、购、娱等服务的综合性行业。旅游产业作为国民经济中诸多产业中的一个新型产业，与其他产业相对比，具有以下三方面的行业规定性。

如果从旅游产业的范围来看，旅游产业是一个跨地区、跨行业的产业。旅游产业的地区范围包括旅游客源地和旅游目的地，两地的结合组成了旅游产业的空间体系。如果旅游产业空间体系只有客源地或只有目的地，这样的旅游产业是不完整的。由于在一个特定的国家内，存在着多种类型的旅游目的地和客源地以及它们之间又可以相互成为客源地或目的地，并且各个不同的地区相互联系，共同作用于旅游产业的运行，从而组成了一个国家的旅游产业空间网络。因此，旅游产业运动的全过程是各个相关地区共同作用的结果。旅游产业的行业范围是与旅游活动的形式相联系的。由于旅游产业要满足旅游者从旅游客源地至旅游目的地旅游消费的全部需要，必然涉及行、住、游、食、购、娱等项需要，那么从满足需要出发的社会各个相关行业如交通运输业、饭店业、景区业、商业、饮食业、娱乐业、旅行社业等行业便成为旅游产业的组成部分。尽管这些相关的行业在旅游产业运行中承担的作用以及各自的功能有所不同，但却共同地满足旅游者的旅游需要。同时，旅游产业的相关属性也使得旅游产业的各个行业和企业经济职能缺乏统一性，有的行业和企业虽然是旅游产业的组成部分，但其主要职能并不是旅游经济职能。

如果从旅游产业形成的特点分析，我们可以形成这样一个概念，旅游产业不同于其他传统的产业，它的产业边界没有明确的规定，也没有明确的划分，产业涉及的范围是根据旅游形式的演化而变动的。因此，从这个意义上说，旅游产业是一个以旅游活动为中心而形成的配置产业。旅游产业所规定的各个行业之所以成为旅游产业的组成部分,在于这些行业和企业都具有为旅游者提供旅游服务的共同职能。从这个意义出发,即从共同为旅游者提供旅游服务出发,旅游产业的概念可以表述为:旅游产业是以旅游活动为中心而形成的配置行业,凡是为旅游活动提供直接或者间接服务的行业和企业,都成为这个配置产业的组成部分。

如果从产业性质上研究旅游产业,旅游产业是一个以提供劳务产品为主的服务性行业。旅游产业是为人们的空间移动消费提供服务的产业。服务是为实现旅游者在移动过程中的消费而提供的。由于旅游者的旅游消费包括行、住、食、游、购、娱多项消费内容,因此,旅游产业所提供的旅游服务是一种包括直接和间接服务在内的综合性服务。在旅游产业生产的旅游服务体系中,有些服务的价值物化在原有的物品之中,成为一种有形物体来满足旅游者的需要。有些服务并没有物化在一个物体之中,而是体化在一种活动之中,成为一个无形物品来满足旅游者的需要。尽管旅游产业提供的产品内容和形式各有所不同,但从总体上讲,旅游产业所提供的旅游产品是一种服务产品。

二、旅游产业的基本特点

旅游产业作为一个以生产旅游劳务产品为主体的新兴产业,有着与物质生产部门的产业明显不同的特殊性。

旅游产业的一个重要特性是旅游生产与消费的同一性。同一性主要表现为旅游生产与旅游消费在时间与空间是不可分离的。也就是说,旅游生产是以旅游消费的现实存在为前提的,消费的开始意味着生产的开始,消费的完成意味着生产的结束,两个过程是同时同地进行的。

旅游产业所以具有这一特性,是由其生产的性质决定的。物质生产是一种实物性生产,其生产的结果是物品。也就是说,物质生产的产业是通过一种实物的生产活动,以物品所内含的使用价值来满足消费者的效用的。由于生产的结果是以一个物品形式出现的,客观上可以形成物品生产与物品消费在空间和时间上的分离。也正是由于有了这种分离,生产过程与消费过程可以不需要在时间上和空间上直接结合。相对于物质生产,旅游产业生产的结果是以某种活动形式而出现的服务,它不固定或不物化在任何物品对象之中,而是体化在一种活动之中,其使用价值是通过一定的服务活动加以表现的。因而,旅游服务的生产过程与消费过程在时间上和空间上是不能分离的。

旅游产业生产与消费的同一性,必然会对旅游产业的运行产生多种影响。其一是旅游消费对旅游产业的生产牵制,即旅游产业的发展在很大程度上是受制于旅游需求和旅游消费。具体表现为旅游消费类型决定和影响旅游产业生产的类型,形成旅游消费和需求类型的变化牵动旅游产业变动的现实;旅游消费规模直接决定旅游产业的规模,旅游生产规模直接受制于旅游需求规模的变动。其二,旅游产业生产率具有较大的变动。一般来说,旅游产业生产率随着旅游者消费时间的长短和全年的需求分配的不同而有所差异。由于旅游产业生产受制于旅游需求,旅游消费需求时间的长短以及在全年各个时间分布上的差异,必然会直接影响旅游生产规模在全年各个时间里的大小变动,形成旅游生产率的时间波动和周期波动。应当指出的是,需求的变化分布时间状态与旅游生产率有着极其密切的关系。在非需求高峰时间里,通常有着较多的空闲劳动力与设施,需求增加如果发生在这段时间里,会造成旅游生产率较大幅度的提高,而需求增加如果发生在其他时间里,则不可能造成旅游生产率任何程度的提高。从这个意义上讲,需求决定生产,需求数量决定生产率。当然结论的成立应建立在需求时间分布状况与需求时间均衡的基础上。

相对于物质领域的生产,旅游生产具有较强程度的敏感性。各种自然的、政治的、社会的和经济的因素都可能对旅游生产产生重要的影响。虽然这些因素对一些物质领域的生产也会产生影响,但其影响的规模、程度和时间远远不及对旅游生产的影响。

受各种客观因素的制约与影响,旅游生产从时间长短来看,其敏感性表现在两个方面:其一,从长期来讲,旅游生产具有周期性波动,这种周期性波动与物质生产相比较,表现为周期波动的最高值与最低值差距较大,并且受偶然性因素影响较重;其二,从短期来讲,即使在较平稳的时间周期内,全年各个月份也会出现生产的较大波动。当然,波动最高最低值的大小取决于不同自然条件和旅游需求时间分布等诸多因素的影响,由于各地区自然条件的不同,各旅游地旅游生产的短期波动的程度和时间不尽相同。但不管怎样,所有的旅游地区都存在这种波动。

旅游生产的长期与短期波动,既是旅游生产敏感性的表现,也是旅游生产向常规生产转变的客观障碍。第一,旅游生产的长期与短期波动,不论这种波动强度如何,在多数情况下都是非常规性的变动,这种非常规性变动的存在使旅游生产缺乏科学的预测,也就是缺乏依据科学预测而符合规律地决策的条件;第二,由于缺乏科学的预测条件,也就缺乏对旅游生产的宏观控制能力;第三,在形成旅游生产长期与短期波动的诸多因素中,大量因素是非旅游生产本身可控的因素。

努力减少旅游生产长期与短期波动是降低旅游生产敏感性的主要措施。从旅游经济活动来看,尽管由于种种条件的限制还不能完全消除旅游生产的短期波动,然而却能程度不同地减少旅游生产的长期或短期波动的幅度,以达到降低旅游生产敏感性的目的。总之,要使旅游生产同工业生产一样,进行常规化的生产,就当前旅游现实来看,还存在着诸多难以解决的问题。

虽然在旅游生产体系中存在着如酒店餐饮生产等物质化的生产现象,但就旅游生产总体分析,旅游生产是利用和借助物质生产所创造的物品创造非物质旅游劳务的有目的的活动,具有非物质化的特性。旅游生产的非物质化首先表现在生产的结果不是物质化的物品,而是非物质化的劳务,是通过旅游劳务的效用来满足旅游消费需要的。其次表现在生产与消费的同一性。旅游劳务的生产过程本身也就是旅游劳务的消费过程。第三表现在旅游劳务产品无库存性方面,其劳务产品价值实现与劳务产品生产和消费同时完成。最后也表现在旅游生产的结果具有不可转移性和后效性。旅游产品的现场消费和产品的质量及效用评价是在消费过程结束后实现,是旅游生产非物质化的具体表现。

三、供求矛盾的制度性成因

旅游产业运行过程中的供给与需求就是在交换行为发生以前旅游者和旅游供给厂商经济行为人向市场发出的一种信息,作为他们交换愿望的最初表示。在现行价格下,如果双方都没有数量制约,交换愿望都能够实现。如果受到数量约束,则供求的最初愿望显然不能实现,自然就会产生旅游供求矛盾。

(一)旅游供求矛盾的表现

在竞争的市场中,旅游者作为买方,总是希望能够以更低的价格购买更多更好的旅游产品;旅游相关供给厂商作为卖方,总是希望能够以更高的价格出售更多的产品。如果买卖双方在价格和数量上完全一致,则旅游经济的供给与需求达到均衡。

像任何其他市场一样,在旅游市场上,旅游供求之间的均衡也是暂时的,而不均衡则是经常的,这种从不均衡到均衡再到不均衡的运动过程,推动了旅游经济的发展。只不过区别于其他市场的是,旅游市场上这种供求的矛盾由于供给的时空黏性而表现出更加频繁、更快转换的特征。

旅游供求矛盾主要表现在数量、时间、空间和结构等方面。

1. 旅游供求的数量矛盾

旅游供给与旅游需求在数量上的矛盾主要表现在旅游供给或旅游接待能力与旅游者总人次的不相适应上。

旅游目的地往往根据自身的社会经济条件确定相适宜的旅游发展模式,由此形成本国或本地区的旅游供给能力。因此,在一定时间内,旅游供给能力是既定的。而旅游需求则受到客源国和目的地国政治、经济、自然等诸多因素的影响,具有较大的不确定性和随机性。在旅游市场上,旅游供给的固定性与旅游需求的敏感性必然导致两者的不均衡,从而出现旅游产品供不应求或供过于求的局面。在旅游产品供过于求的状况下,如果市场机制不完善,极有可能发生削价竞争,而削价竞争往往伴随着质量的下降,这在我国旅游业的发展过程中已经得到了证明。在旅游产品供不应求的状况下,由于旅游供给增长明显存在时滞,即使不断进行深度开发,也难以迅速扩大旅游供给,而且随着时间的推移,作为目的地供给主体的旅游景区(点)的质量将会下降,使旅游者的需要不能得到充分满足。

2. 旅游供求的时间(季节)矛盾

在客源国(地区)的节假日,人们纷纷出游,形成旅游需求的高峰期,在其他时间则形成一个相对低谷期。旅游供给在一定时期内则是一个常量,餐馆、饭店、游乐场等旅游设施一旦形成,就具有常年性的特点。自然性旅游吸引物在不同的季节常常具有不同的吸引力强度。因此,旅游需求的时间性、旅游吸引物的季节性和旅游设施的常年性之间形成反差,具体表现为在旅游高峰期或某旅游地的季节吸引力较大时,该地的旅游产品供不应求;在旅游需求低落期或该地的季节吸引力较小时,该地的旅游产品供过于求。但是经济实践表明,旅游目的地不能以高峰需求来进行供给能力的设计,否则在淡季必然面临供给能力过剩的价值实现压力;也不能完全按照低谷需求来设计供给能力,否则在旺季时将给需求实现带来供给障碍,这就是旅游经济中供求配置的两难问题,即我们通常所说的淡旺季的季节矛盾问题。

3. 旅游供求的空间(地域)矛盾

这一矛盾是指,由于供给的空间不可移动性——生产能力或产品的"不可贸易性",在供求总量基本平衡的条件下,旅游供求在空间(地域)上会出现失衡,即旅游热点地区供不应求,旅游冷点地区供过于求。由于各个地区旅游资源类型不同,旅游资源的丰富程度不一,旅游设施亦有很大差别,由此形成了游客流量和流向在空间(地域)上的差异。可以说,旅游吸引物的类型、丰富状况和旅游设施的完善程度导致了旅游供求在空间(地域)上的矛盾。

4. 旅游供求的结构矛盾

旅游供求的结构矛盾是指旅游供求在构成上不相适应,主要表现为:旅游供给类型或项目与旅游需求不相适应,旅游供给档次或等级与旅游需求不相适应,旅游供给方式与旅游需求不相适应,旅游供给质量与旅游需求不相适应。

由于旅游供给是根据客源市场预测和旅游地客观条件设计的,一经形成就具有特指性和稳定性。可是,受多种因素的影响,旅游需求往往具有多样性和多变性的特点。因此,就会出现旅游供给和旅游需求在结构上的矛盾,在同一时期,某一种旅游产品出现供过于求的情况,另一种旅游产品则发生供不应求的问题。

(二)制度性成因分析

由以上分析可以发现,旅游供给与需求之所以会产生矛盾,是由旅游需求多样性与旅游供给主体指向性的矛盾、旅游需求多变性及发展性与旅游供给相对稳定性的矛盾、旅游劳务的特殊性、旅游需求的地域性和季节性等原因导致的。这些原因是源自旅游供求自身特性的,所有不同国家、不同社会制度、不同社会生产力水平下所共有的,因此可以说是"技术性旅游供求矛盾",亦即由于技术性因素引起的供大于求或求大于供。这是共性的供求矛盾,只有通过市场价格的变化才可以达到资源的最优配置。

但是,除了纯粹技术性原因之外,旅游供求矛盾的出现还与不同国家的文化、体制、政策、转轨方式、发展战略等因素有关,由于这些特殊性因素导致的旅游供求的矛盾可以称为"制度性矛盾",是个性的供求矛盾。

其一,我国的旅游供求矛盾与我国经济转轨以及特定的产权制度安排存在密切的关系。随着我国经济转轨的进程加快,地方政府与中央政府之间的关系逐渐演化成具有独立利益的行为主体间的相互博弈关系。在特定的"负赢不负亏"产权制度下和软预算约束的体制环境中,在位利益(包括审批权的使用、在位消费等)的激励推动了"个人需求产业化"等畸形旅游相关供给的大量出现,供大于求的程度往往大大超过由市场自主调节的供大于求的程度。

其二,我国闲暇制度的安排也是造成现阶段旅游供求矛盾的主要原因。应该说,现行的闲暇制度对我国国内旅游市场的培育,对我国旅游经济的发展曾经起到过非常重要的作用,这是不可否认的。但这种整齐划一的休假制度同时也客观地强化了我国经济发展中出现需求"同步性震荡""排浪式消费"的概率,人为地造成了旅游需求与旅游供给之间的矛盾。

其三,我国旅游供求之间的矛盾是与我国特定的旅游发展模式和发展战略密切相关的。尽管从短期看,我国优先发展国际入境旅游,不提倡发展国内旅游的政策在当时对旅游供求矛盾的缓解是起了一定作用的,但其实这种发展模式造成了旅游相关供给在市场对象上存在国际旅游市场需求与国内旅游市场需求的非替代性,如果国际旅游需求发生波动则国内旅游需求无法来填补因波动出现的"需求空隙",因而就隐含了造成进一步旅游供求矛盾的诱因。相比而言,国际旅游流主要发生在发达国家之间的一个很重要的原因在于这些国家之间居民的旅游消费层次存在较好的衔接性,国内市场与国际市场之间存在较强的互补性,从而扩大了供给实现的市场范围,从而也反过来有利于进一步提高旅游供给的效率,扩大市场容量。

第二节 旅游产业发展模式

一、旅游产业发展模式的含义与特征

在一个国家的旅游产业发展过程中,如何正确选择旅游产业发展模式是一个重要的问题。一般来说,旅游产业发展模式是指一个特定时期内,一个国家或地区旅游产业发展的总体方式,它包括旅游产业发育和旅游产业演进两层内容。旅游产业发育是指旅游产业形成的方式,也就是在一个特定的社会经济环境下,旅游产业以什么样的方式形成、发育的问题;而旅游产业演进模式则是说明当旅游产业发

育到一个特定阶段时,以什么样的方式促进旅游产业向高度化和现代化方向发展。

由于旅游产业发展模式是研究在一定特定时期内,旅游产业发育或者演进的总体方式,因此,旅游产业发展模式具有概括性、阶段性、相对稳定性和特指性四个特征。首先,旅游产业发展模式作为旅游产业发展的总体方式,是建立在对旅游产业发展战略高度提炼基础上的。通过旅游产业发展模式,全面概括了一定时期旅游产业发展战略的总体思想和基本特征,充分体现了旅游产业发展战略的内在要求与发展方向。其次,旅游产业模式不仅是旅游产业发展的总体方式,就其执行时间来说,也是一定时期内旅游产业发展方式的描述。通过一定的旅游产业发展模式的规定,深刻地勾画出旅游产业在某一时期内的发展方向和发展重点。第三,旅游产业发展模式不仅具有阶段性的特征,同时也具有阶段相对稳定性的特点。某一特定阶段里的旅游产业发展模式一经确立,旅游产业运行的基本性质和发展方向也得到了规定,并在特定历史阶段里保持相对稳定。只有当旅游产业经济运行内部条件和外部环境发生了质的变化,原有的发展模式难以适应新的需求发展时,才会出现新模式替代旧模式的客观要求。最后,旅游产业发展模式总是根据特定的社会经济条件、历史发展的进程和自然环境状况来加以规定的。各个不同的国家或地区,由于社会经济条件、历史发展进程和自然环境条件的不同,旅游产业发展模式是不尽相同的。

二、旅游产业发展模式的类型

旅游产业发展模式从不同角度分析,可以形成不同的发展模式类型。根据世界旅游产业发展过程,旅游产业发展模式主要有以下几种划分。

从旅游产业成长与国民经济发展的总体关系划分,旅游产业发展模式可以分为超前型和滞后型发展模式。超前型旅游产业发展模式是指旅游产业发展超越国民经济总体发展阶段,通过发展旅游产业来引发与其具有相关经济联系的产业和地区经济进步的一种发展模式。超前型旅游经济发展模式一般需要该国家或地区拥有富集的高品位的旅游吸引物,能够形成巨大的足以降低其他因素负面影响的基本吸引力,从而能够形成足够大的外部需求,使得目的地能够通过吸引外部资金(包括国内其他地区的资金和国际资金)形成相应的旅游接待能力,推动旅游经济体系建设,带动国家或地区经济发展。当然,如果从国家范围看,这种超前型发展模式将可能首先在这些国家的经济基础较好的城市或地区首先实施,来全面带动以城市为主体的全国范围内的资源开发、设施建设和服务体系的建立,逐渐形成以中心城市为重心的旅游产业完整体系。相对于超前型旅游产业发展模式,滞后型旅游产业发展模式是旅游产业成长滞后于国民经济总体发展水平,即在国民经济发展到一定阶段后,引起旅游产业成长的一种发展模式。这种旅游产业发展模式的主要特点是旅游供给体系是由适应本国居民对旅游劳务消费增长的需要而逐步形成的。滞后型旅游产业发展模式是一种常规的旅游产业成长模式,反映了旅游活动是社会经济发展的必然产物这一客观规律的要求。

从旅游产业成长的协调机制划分,旅游产业发展模式可以分为市场型旅游产业发展模式和政府主导型旅游产业发展模式。市场型旅游产业发展模式是以竞争为主要动力来推动旅游产业成长与演变的一种模式。政府在一定时期内不对旅游产业的成长施加任何直接的影响,而完全由市场这只"看不见的手"自动调节旅游产业资源配置过程,调节旅游产业的成长过程和变动趋势。这一旅游产业发展模式具有以下三个特点:其一,旅游产业的成长侧重于产业内部的自均衡、自调节过程;其二,外部的政策作用的力量是间接的,是通过一定的市场参数进行的;其三,产业政策对旅游产业成长的影响主要侧重于市场需求方面。相对于市场型旅游产业发展模式,政府主导型旅游产业发展模式是以政府规划或者通过制定产业政策来干预旅游产业的成长与演进的一种模式。这一旅游产业发展模式的产生要有两个重要前提:一是国家干预和控制经济的历史传统;二是短时期内快速推进旅游产业成长的战略目标。

但是随着对市场和政府作用认识的深入,特定国家和地区发展旅游经济过程中市场和政府的作用逐渐被综合运用,在市场主导的发展模式中会强调政府对旅游经济发展的正面作用,在政府主导的发展模式中,也会通过将政府的有关服务和产品的采购以及将有关活动委托给企业等市场化的方式来改善政府主导的效果。因此,两者并不是"非此即彼"的替代关系。

从旅游产业成长的演进模式来划分,旅游产业发展模式可以分为延伸型发展模式和推进型发展模式。延伸型发展模式是一种先发展国内旅游,在国内旅游发展所形成的基础上再发展入境旅游,并随着国民出游能力的发展而发展本国国民出境旅游,最终国内旅游、入境旅游和出境旅游全方位发展的模式。在延伸型发展模式中,政府发展旅游业尽管也有经济动机,但主要是从社会效益比如改善国民生活质量、提高福利待遇、增加社会就业[①]以及维持社会稳定等方面考虑的。而且由于这是一种自然演进(或称常规型)的发展模式(见表6-1),所以相对而言可以充

① 尽管如此,发达国家的旅游业也并不一定表现为劳动密集型的特点,相反往往表现出资本密集型的特点(诸如通过新技术的引入来降低人工使用,从而降低人工成本),当然旅游业在发展中国家也不会一直表现为劳动密集型。由于用于旅游业"生产"的资本要素和劳动力要素之间存在替代关系,所以旅游业究竟是采取资本密集型方式"生产"还是采取劳动密集型方式"生产"主要看目的地的生产要素禀赋情况而定。关于旅游业在我国是不是劳动密集型行业、判断的标准是什么等问题曾有过争论和有益的探索,张凌云(1989)的调查研究指出旅游业是资本密集型,尤其是外资密集型的。李天元(1999)指出是不是劳动密集型产业应该从工资成本在企业全部成本中的比例高低来判断,是较高的工资成本与营业成本比决定了旅游业的劳动密集性;张凌云还曾经以行业之间比较和以旅游上市公司为对象进行过卓有成效的实证研究。但值得考虑的是,由于劳动是由资本(发放工资)组织进生产过程的,如果工资过高,劳动密集型产品实际上已成为资本密集型产品了。

分利用成熟的基础设施，专门为发展旅游经济的投资较少，旅游业表现为较好的投入产出率。而且客观地看，“推进型”发展模式使得本国企业在国际化经营中更具有产业扩张的比较优势，能够在国际竞争中获得较好的竞争优势，获得更大的市场份额，并且能够通过对外投资的方式实施“黑字回流”，减少国内财富的纯外流。

表 6－1　旅游的常规发展模式

阶段 国内/国际	第一阶段 （人均 GDP＜1 000 US＄）	第二阶段 （人均 GDP：1 000～2 000 US＄）	第三阶段 （人均 GDP＞2 000 US＄）
国内旅游	发展	发展	发展
入境旅游	不发展	发展或不发展	发展
出境旅游	不发展	发展或不发展	发展

资料来源：铃木忠义［著］．现代观光论．吉林省经济学会［译］．1983．

相反，推进型发展模式是一种先发展国际入境旅游，通过发展国际入境旅游接待推动本国旅游经济基本构架形成，并随本国社会经济的发展，逐步发展国内旅游，最终形成完整的旅游产业体系的发展模式。在这种发展模式中，政府发展旅游业有强烈的经济动机，追求的目标可能不是旅游产业内存的经济效益，而是强调旅游经济的波及效益，以利用旅游经济的综合性特点，通过对以国际旅游为主体的旅游产业的高强度经济投入，来全面带动国民经济相关产业的发展。因此，在这种旅游发展模式下，旅游产业的作用不仅仅是为经济建设获取外汇和回笼货币，而且它成为经济腾飞的突破口。但由于发展旅游的基础条件较差，所以需要为此进行专门投资，而且由于本国经济发展程度较低，往往需要从国外进口相应的设施、设备甚至人力资源，从而降低了旅游业的投入产出率，与发达国家延伸型发展模式表现出来的“投入少、见效快、收益大”的特征差距较大。在这种发展模式下，不仅对外部需求的影响能力有限，而且客观上存在国内需求与以国际入境旅游需求为导向的供给之间非耦合的可能，加大了旅游经济运行成本和风险。

在以上旅游产业发展模式分析中，从三个角度划分所形成的两种不同的旅游产业发展模式，实际上是在不同的经济发展水平下发展中国家与发达国家的旅游产业成长模式。在世界旅游产业发展进程中，发展中国家和发达国家旅游产业发展模式，其实质可以归结为国际旅游向国内旅游推进和国内旅游向国际旅游延伸这两种不同的发展模式。一般来说，国际旅游向国内旅游推进发展模式，是发展中国家采取的一种模式，它是通过发展国际接待旅游，形成较强的旅游产业体系后，再适时推动国内旅游的发展，然后再发展出国旅游，最终形成以国内旅游为主、国内旅游与国际旅游协调发展的旅游产业体系。从本质上来分析，旅游产业推进型发展模式,是一个通过国际接待旅游产业的发展,来全面带动以城市为主体的全国范围内的旅游资源开发、旅游设施建设和旅游服务体系的建立,逐渐形成以中心城市为重心的旅游产业完整体系;相对于旅游产业推进型发展模式,"延伸型"发展模式是发达国家采取的一种产业成长模式,是通过国内旅游产业体系的建立,旅游地域的延伸和消费水平的提高,形成较强的国际旅游需求,并随着国际旅游需求的增长,建立国际性的旅游产业体系。就目前世界旅游经济发展的现实来看,这两种不同的产业发展模式是并存于世界旅游经济体系之中的。

从经济学观点来看,两种不同发展的产业模式的选择,是由一定时期社会经济发展水平所决定的。从旅游经济与国民经济之间的关系分析,"推进型"和"延伸型"旅游发展模式,是不同经济条件下世界各国在旅游发展道路上的两种不同的选择,具有一定的客观必然性。与此同时,两种旅游发展模式的运行环境以及表现出来的经济特点有着明显的差异。由于"推进型"旅游发展模式是建立在国民经济较低水平之上的,因而,这种旅游发展模式追求的不是旅游产业内存的经济效益,而是旅游经济的波及效益,即利用旅游经济的综合性特点,通过对以国际旅游为主体的旅游产业的高强度的经济投入,来全面带动国民经济相关产业的发展,在这种旅游发展模式下,旅游产业的作用不仅仅是为经济建设获取外汇和回笼货币,而且成为经济腾飞的突破口。另外,由于这种旅游发展模式是建立在一个高经济投入基础之上的,因而在旅游经济发展的初期与中期,旅游产业不具有"投资少、见效快、收益大"的经济特性。相反,"延伸型"旅游发展模式是建立在国民经济较高水平之上的,旅游产业的发展不是经济建设的需要,而是人民消费的要求,因而这种旅游发展模式追求的不是旅游经济的波及效益,而是旅游产业自身的内存经济效益;它的发展不需要较多的经济投入,产业具有"投资少、见效快、收益大"的经济性质;并且,在旅游产业国际扩张过程中,"延伸型"产业发展模式更具有产业扩张的比较优势。

三、我国旅游经济发展道路

作为一个发展中国家,20 世纪 80 年代初开始发展旅游时客观的社会、经济和消费传统等基本国情决定了我国只能采用推进型发展模式,相对于整个国民经济发展水平,旅游经济发展明显具有超前性。这种发展模式特点表现在以下几个方面:

一是从旅游发展的空间结构看,由于我国的中心城市以及东南沿海地区的住宿、交通等方面的设施相对较好,而且离主要客源国(地区)的距离相对较近,国际入境旅游者的可进入性较好,因此,我国的旅游发展是以这些城市和地区为中心,进而向其他地区推进,逐渐形成完整的旅游经济体系的。客观地,旅游城市便构成我国旅游发展的基本框架,从资源的开发、设施的建设,到线路的设置、区域的划分，都以旅游城市为依托来进行。

二是从资源的开发与产品生产组合看，由于我国的观光资源具有很强的垄断性，加之观光产品往往具有全球范围的吸引力（相应的，度假型产品的吸引力范围多是区域性的，纯娱乐性产品的吸引力多为地方性的），所以我国旅游发展首先是以现存的自然与人文景观为基础，而后由观光型产品为主向混合型产品结构推进。因此，目前我国旅游地大多是由人文景观较为丰富的地区所构成的。

三是从旅游组织和旅游的运作方式看，为了将我国最好的资源以及依托这些资源所开发的产品作为我国旅游供给的精华提供给国际旅游市场，争取更多的国际入境旅游者，我国的旅游发展首先是以全程旅游路线和团队旅游为主，而后才由路线型产品向板块型产品推进，逐步形成以路线型产品为基础，主题型产品与特种型产品为主体的旅游产品体系。

四是从旅游设施的建设看，由于旅游发展的市场对象是国际旅游者，为了符合目标市场需求，在我国的旅游发展进程中，首先是以高等级设施为主，而后由高档设施向中、低档设施推进，最终形成以中档旅游设施为主体，高、中、低相结合的旅游设施体系。

第三节　旅游产业发展战略

一、旅游产业发展战略的概念

战略研究在经济领域的广泛运用已是当今社会一种潮流。旅游产业发展战略是在1986年旅游经济纳入我国国民经济总体发展计划后提出的。2009年底进一步提出要把旅游业建设成为国民经济战略性支柱产业和让人民群众更加满意的现代服务业。所谓旅游产业发展战略是指以分析旅游产业发展的各种因素与条件为基础，从关系到旅游产业发展全局的各个方面出发，制定在较长时期内旅游产业发展所要达到的目标、所要解决的重点以及为实现上述要求所采取的措施的总称。从旅游产业发展战略的特征上分析，它是有关旅游产业发展的根本性、全局性和总体性的设计和谋略。从旅游产业发展战略的内容上分析，旅游产业发展战略主要包括确立旅游产业发展目标、旅游产业发展方向、旅游产业发展模式和旅游产业发展措施。

首先，旅游产业发展战略的提出，是旅游产业长期发展的现实要求。从1980年开始，我国的旅游产业经过30年的发展，实现了由旅游资源大国向亚洲旅游大国的历史性跨越，并在不断取得新成绩，这些成绩主要表现在以下几个方面（2010年）：第一，在旅游需求方面，三大市场全面发展，市场前景日益广阔。2010年共接待入境游客13 376.22万人次，实现国际旅游外汇收入458.12亿美元，分别比上年增长

5.8%和15.5%;国内旅游人数21.03亿人次,收入12 579.77亿元人民币,分别比上年增长10.6%和23.5%;中国公民出境人数达到5 738.65万人次,比上年增长20.4%。第二,在旅游供给方面,旅游供给能力全面增长,产业规模不断扩张。到2010年末,全国共有星级饭店13 991家(其中11 779家完成了财务数据填报),11 779家饭店拥有客房147.64万间,床位256.64万张,其中五星级饭店545家,四星级2002家,三星级5 384家。全国纳入统计范围的旅行社共有22 784家,比上年末增加5.2%。第三,在旅游产业的地位方面,旅游综合功能全面发展,增长点的特征日益显现,对国民经济和社会发展的贡献显著。2010年旅游业总收入1.57万亿元人民币,比上年增长21.7%,相当于国内生产总值比重的4%以上,旅游产业已经成为国民经济新的增长点和许多地区的支柱产业。以上三个方面表明,我国的旅游产业无论在产业规模,还是在产业功能上,都成为我国国民经济一个重要的支柱产业。旅游产业在我国的崛起,客观上要求具有一个科学的、合理的旅游产业发展战略,来全面谋划旅游产业的全局性发展。

其次,旅游产业发展战略的提出,也是我国旅游产业今后发展的要求。现在正在努力实现从世界旅游大国到世界旅游强国的转变。应该客观地认识到,我国的旅游产业发展水平与世界旅游强国之间还存在着相当大的差距。一是在国际旅游接待收入和创汇水平上,2010年我国位居世界第四,与旅游前三强美国、西班牙、法国等国相比,我国的旅游外汇收入分别相当于美国和西班牙的44.4%、87.2%;二是在接待入境过夜旅游者人数上,2010年我国接待入境过夜旅游者为5 570万人次,位居世界第三,与位居世界第一的法国的7 680万人次还存在着较大差距;三是在国内旅游方面,我国国内旅游人均消费水平低,2010年国内旅游总收入12 579.77亿元人民币,人均花费仅598.2元;四是在出境旅游的消费能力上,我国的出境人数的绝对数5 739万虽远高于日本1 664万,但实际消费能力还是较低中国人均出境花费约为957美元,而日本人均花费约1 677美元;五是在旅游经济的地位指标上,我国与世界平均水平相差较大。2010年,美国入境旅游收入相当于GDP的1.1%,相当于服务出口的30.5%,相当于贸易出口的9.0%;法国入境旅游收入相当于GDP的1.8%,相当于服务出口的31.7%,相当于贸易出口的7.0%;而我国入境旅游收入仅相当于GDP的0.9%,相当于服务出口的29.3%,相当于贸易出口的2.9%。六是我国在旅游资源开发、旅游设施配套建设、旅游交通、旅游管理、旅游人才培训以及科技对旅游产业发展的贡献率等方面,都与世界旅游强国存在着很大差距。因此,面对这些差距,我国要从亚洲旅游大国向世界旅游强国发展,从长远全面发展的角度出发,制定我国旅游产业发展战略显得十分重要。

最后,制定科学的旅游产业发展战略,也是旅游经济活动的内在要求。旅游经济活动与其他经济活动相比较,具有综合性和系统性的经济特点。旅游经济的发展不仅取决于旅游产业的发展,也与其他产业以及社会经济环境的发展相联系,行业间、部门间和地区间的协调与发展,对旅游经济的运行具有重要影响。因此,客观上要求一个统一的旅游产业发展战略来指导我国旅游经济的发展。

二、制定旅游产业发展战略的原则

旅游产业发展战略作为指导我国旅游产业发展目标、发展方向和发展模式的总体部署,无论战略制定的主体如何,在制定战略中必须遵循成长阶段性等四项原则。

成长阶段性原则。在旅游产业发展战略的制定中,要正确认识旅游发展规律,遵循旅游产业发展成长阶段性原则。正确认识旅游发展的规律,是制定旅游产业发展战略的前提。从旅游发展规律来看,旅游发展特别是国际旅游的发展要受到社会经济环境的制约,因此,在制定一定时期的旅游产业发展战略时,必须客观分析旅游产业发展的成熟程度,以及以成熟程度为标志的旅游产业发展处于什么样的成长阶段。由我国国情所决定的旅游产业成长大体要经过三个阶段,即非常规成长阶段、由非常规向常规过渡成长阶段和常规成长阶段。在不同的旅游产业成长阶段里,旅游产业发展战略是不同的,绝不能不顾旅游产业成长阶段的要求而提出超越成长阶段的发展战略,因为这样做,不仅会造成追求高速度、高指标的盲目发展的后果,同时也会对旅游产业体系的形成以及旅游形象产生损害。

城市中心原则。旅游产业的发展是与合理的旅游经济系统结构相联系的。因此,在旅游产业发展战略制定中,要优化旅游系统结构,坚持以旅游城市为中心的原则。旅游城市是一个地区的政治经济和文化的中心,同时也是我国旅游产业的空间载体,一般都具有丰富的旅游资源和旅游设施,而且也具有较强的辐射能力。以旅游城市为中心来制定旅游产业发展战略,可以优化旅游产业结构和地区结构,促进旅游产业和旅游地区的协调发展。以城市为中心制定旅游发展战略,首先,要注意城市层次结构。全国旅游产业发展要以重点旅游城市为中心,形成科学的旅游产业的区域性发展,要处理好区域内重点旅游城市与一般旅游地区之间的关系;其次,要形成旅游产业的纵深结构,确定好重点旅游城市的性质、功能以及与其他经济活动之间的关系,以便根据其性质确定旅游产业发展规模与发展目标。

可持续发展的原则。保护环境,保护生态,走旅游产业可持续发展之路,是当今世界各国面临的共同任务。因此,在制定旅游产业发展战略的过程中,必须坚持旅游的可持续发展,要强调经济效益、社会效益和环境效益三者统一发展。只有坚持可持续发展的原则,旅游产业才有可能长期稳定地发展,才能在竞争日益激烈的旅游市场中不断前进与提高。

中国特色的原则。在制定旅游产业发展战略时,必须立足中国国情,借鉴国际经验,坚持走中国特色的旅游产业发展道路。坚持中国特色的原则,既是我国国情的要求,同时也是世界旅游产业成长的经验总结。坚持中国特色原则,主要表现在旅游产业发展方针上，要坚持“大力发展入境旅游，积极发展国内旅游，适度发展出境旅游”的总方针；在旅游投资建设上，要坚持“量力而行，适度超前”的原则；在旅游资源与旅游产品开发上，要坚持以观光产品为主，商务、度假、特种旅游产品全面发展的原则，开发具有民族特点和地方特色的旅游项目；在旅游产业发展模式上，要坚持先发展以路线为主体的入境旅游，逐步发展区域旅游，随后发展国内旅游，最终形成以国内旅游为基础，入境旅游、国内旅游和出境旅游三位一体的旅游发展格局。

三、旅游产业发展战略的主要内容

旅游产业发展战略，作为旅游产业总体与长远发展的指导性纲要，其主要内容包括战略目标、战略重点、战略布局和战略措施四个问题。

战略目标是旅游产业发展战略的核心，是整体旅游产业发展战略的主线。旅游产业战略目标是指在一个较长的时期里，旅游产业发展所要达到的最佳程度。一般来说，旅游产业发展战略目标具有质量、数量、时间和空间四个方面的规定性。旅游产业战略目标的质量规定性表现为旅游产业发展应达到的什么水平、什么程度、在世界旅游产业中以及在国民经济中所处的地位；旅游产业战略目标数量规定性是通过一系列总量指标说明与反映战略目标的质量规定性；旅游产业战略目标的时间规定性是指在不同的时期内或不同的发展阶段内，旅游产业发展所达到的程度；旅游产业战略目标空间规定性是指旅游产业战略目标在不同地区或区域内的表现形式以及发展程度。

结合我国旅游产业发展实际，旅游产业发展战略目标主要有四方面的内容：首先，旅游产业增长速度目标。特定空间内的不同时期的旅游产业增长速度目标是战略目标的主体。这些目标主要有旅游接待人次增长速度、旅游收入和旅游外汇增长速度、旅游设施增长速度等。其次，旅游产业规模目标。这是表现旅游产业经济存量的指标，主要有旅游总人数、旅游外汇总收入、旅游总收入、旅游设施总量等。第三，旅游产业地位目标。旅游产业地位目标反映了旅游产业与国民经济或世界旅游经济相比较的经济水平指标。具体表现为旅游产业在国民经济中的位次、在国内生产总值中的比重、在世界旅游经济中的位次等。最后，旅游产业效益目标。旅游产业效益目标包括社会效益、环境效益和经济效益三方面的内容。具体表现为战略阶段内旅游产业平均利润率、旅游结汇率、旅游设施利用率、人均旅游消费水平、旅游就业水平、旅游对社会、环境的影响程度等。

旅游产业战略重点是旅游产业发展战略的一个重要内容。所谓战略重点是指旅游产业在特定的时期内，在全局具有重大关键性作用方面的战略部署和战略行动。战略重点往往是那些涉及旅游产业发展全局以及对旅游产业发展起关键性作用的重大问题，也是战略期内旅游产业发展的主要矛盾以及存在的主要制约因素。

目前,我国的旅游交通网特别是航空港的布局建设、旅游区域布局、旅游产业组织建设以及旅游资源开发等,都属于旅游产业发展的战略重点。一般来说,旅游产业发展的战略重点,是根据一定时期内社会经济和自然条件的现状、旅游产业发展的战略目标和旅游产业发展的战略模式来制定的。

一定时期内的旅游产业发展战略在空间里得以体现便形成了战略布局。旅游产业战略布局是为实现战略目标而进行的旅游产业空间配置、结合及部署,其核心是旅游生产要素的空间合理布局和旅游经济区域分布问题。

旅游生产要素的空间布局是旅游产业发展战略布局的核心,对全国旅游产业的总体发展规模、总体发展速度以及总体的经济效益和社会效益都具有重要的影响。旅游生产要素的战略布局要充分依据优化效益的原则,合理选择战略布局的点与面,不断优化旅游产业的空间组织系统,努力形成一个完整的旅游产业空间组织体系;旅游产业区域分布也是旅游产业战略布局的一个重要问题。根据旅游流量与流向、旅游类型以及各区域内的社会经济和自然等客观条件而形成的旅游区域特征,是旅游经济区域分布的重要依据,通过旅游区域合理分布,形成各具特色、各具风格的旅游区域体系。

旅游产业发展战略目标、战略重点和战略布局的实施,是通过旅游产业发展战略措施来保证的。因此,战略措施也是旅游产业发展战略的重要组成部分。通常战略措施是对实现战略目标、战略重点和战略布局的政策性与对策性研究,其中心内容是旅游产业政策。

四、"十二五"期间我国旅游产业发展战略

(一)指导思想

"十二五"期间,全国旅游业发展的指导思想是:以邓小平理论和"三个代表"重要思想为指导,深入贯彻落实科学发展观,围绕科学发展的主题和转变经济发展方式的主线,把握旅游业发展的良好机遇,进一步解放思想,深化改革开放,加强统筹协调,优化产业结构,提升产业素质,推动产业融合,拓展产业功能,实现旅游业持续快速发展,努力把旅游业培育成国民经济的战略性支柱产业和人民群众更加满意的现代服务业,世界旅游强国建设向前迈进重要步伐,为提高人民群众生活质量、全面建成小康社会、建设资源节约型和环境友好型社会、促进经济社会又好又快发展做出积极的贡献。

(二)发展方针

坚持改革开放,加快旅游业的市场化进程。破除体制机制性障碍,充分发挥市场配置资源的基础性作用,推动旅游业发展方式转变,走内涵式发展道路,实现速度、结构、质量、效益相统一。

坚持以人为本,安全第一。寓管理于服务之中,强化公共服务体系建设,全面

提升旅游服务质量，着力提高游客满意度，不断满足人民群众日益增长的旅游消费需求，促进全民族文明素质的提升。

坚持以国内旅游为重点，不断扩大旅游消费需求，积极发展入境旅游，有序发展出境旅游，实现三大市场协调发展。完善旅游产业要素体系，加快旅游产业结构调整。

坚持因地制宜，突出优势，推动各地旅游业特色化发展。促进城乡交流和区域协调发展，促进旅游业发展与经济社会发展的一体化。

坚持节能环保，推进低碳旅游方式。发展循环经济，合理利用资源，强化旅游业发展科技支撑，丰富文化内涵，实现旅游业可持续发展。

坚持国际化发展，加强国际交流合作。在广泛吸收外资、积极引进海外人才、借鉴先进经营管理经验的同时，推动我国旅游企业“走出去”，提升我国旅游业在国际上的竞争力和影响力。

（三）发展目标

1. 发展目标

到“十二五”期末，旅游业初步建设成为国民经济的战略性支柱产业和人民群众更加满意的现代服务业，在扩内需、调结构、保增长、惠民生的战略中发挥更大功能；我国旅游业在世界旅游业格局占据更重要的地位，在国际旅游事务中的影响力进一步提高，建设世界旅游强国迈出坚实步伐。旅游服务质量明显提高，市场秩序明显好转，可持续发展能力明显增强，力争2020年我国旅游产业规模、质量、效益基本达到世界旅游强国水平。

产业规模进一步扩大，以国内市场为主体的三大市场协调发展；旅游市场主体培育初见成效，发展一批具有国际竞争力的大型旅游企业集团；旅游产品体系更加丰富，形成一批具有国际竞争力的精品旅游线路和精品旅游景区；旅游体制机制创新取得明显进展，运行机制更加健全；区域旅游业发展各具特色，城乡双向交流加快，旅游业发展区域布局更加均衡；旅游服务质量进一步提高，旅游消费环境进一步改善，游客满意度稳步提高，人民群众对旅游业发展的满意度明显提升；旅游业产业素质得到较大提升，发展成为以信息技术等现代科技手段为支撑，与金融、保险、文化创意等现代产业体系广泛融合，充分满足现代需求的质量高、效益好的现代服务业。

旅游消费成为国民消费的热点和重要增长点，旅游业占国民经济的比重进一步上升；旅游业成为推动现代服务业创新发展、调整优化国民经济结构、促进发展方式转变的重要力量；旅游业在扩大社会就业、改善人民生活、促进社会全面发展，以及弘扬中华文明、发扬民族精神和促进对外开放、加强交流合作中发挥重要作用。

2. 指标体系

“十二五”期间旅游发展指标为预期性指标：

国内旅游人数：2010年为21.5亿人次，2015年达到33.1亿人次，年均增长率为9%。国内旅游收入:2010年为1.15万亿元,2015年达到1.9万亿元,年均增长率为11%。

入境旅游人数:2010年为1.32亿人次,2015年达到1.53亿人次,年均增长率为3%。入境过夜旅游者人数:2010年为5 450万人次,2015年达到6 630万人次,年均增长率为4%。

外国人入境旅游者人数:2010年为2 500万人次,2015年达到3 115万人次,年均增长率为4.5%。旅游外汇收入:2010年为430亿美元,2015年达到549亿美元,年均增长率为5%。

出境旅游人数:2010年为5 200万人次,2015年达到8 375万人次,年均增长率为10%。

旅游业总收入:2010年为1.44万亿元,2015年达到2.3万亿元,年均增长率为10%。

居民出游率:2010年为1.4,2015年达到2.25。

旅游业新增就业人数:2010年旅游业直接就业人数为1 150万人,2015年达到1 525万人,每年新增旅游就业70万人。

旅游业在国民经济中的比重:2015年,旅游业增加值占全国GDP的比重提高到4.5%,占服务业增加值的比重达到12%,旅游消费相当于居民消费总量的比例达到10%。

(四)发展方向

围绕两大战略目标和建设世界旅游强国,积极推动旅游业的产业化、市场化、国际化和现代化发展。

提升旅游要素发展的产业化水平。进一步扩大产业规模,加快旅游业与文化、体育等相关产业的融合发展,培育形成新的优势领域,完善产业体系。推动产业发展模式创新,加强新要素投入和现代产业运行方式运用,推进旅游业集聚发展,提高产业素质,提升产业竞争力。

提高旅游资源配置的市场化程度。加快政府职能转变,加强公共服务体系建设,充分发挥市场机制在资源配置中的基础性作用。加快行业协会改革,提升行业协会服务行业发展的能力,促进新型中介组织发展。放宽旅游市场准入,打破行业、地区壁垒,鼓励社会资本公平参与旅游业发展,鼓励各种所有制企业依法投资旅游产业。推动旅游企业面向现代企业制度的改革,加快培育旅游业市场经营主体,促进旅游业的集团化、网络化和品牌化发展。"十二五"时期争取有中国旅游企业进入全球500强。

加紧旅游发展模式的现代化改造。加强现代科学技术特别是信息技术,以及现在代公司治理结构和商业模式在旅游业中的广泛运用,推动旅游企业的自主创新。促进旅游业与金融、保险、信息、文化创意等现代服务业的广泛融合,推动旅游业现代商业模式发展。推进旅游产品和服务的升级,满足多样化的现代需求。

加快旅游产业空间布局的国际化进程。以旅游业作为提升国家整体形象的重要抓手,充分发挥旅游民间外交功能。面向国际市场,提高设施和服务的便利化程度,培育一批国际旅游精品。全面对接国际标准,提升旅游服务品质和管理水平。进一步强化国际旅游合作,形成一批示范性国际旅游合作区域,提升中国在国际旅游事务中的话语权和规则制定权。结合"走出去"战略,加快海外接待体系建设。

第四节 旅游产业发展中的结构问题

一、旅游产业结构的优化

(一)旅游产业结构的含义

旅游产业结构是旅游产业的构成,是旅游经济各产业之间的生产技术经济联系和数量比例关系。旅游产业结构是在旅游经济活动中形成的,它是以旅游经济为中心,以旅游活动的全过程为一个整体,根据社会分工将旅游经济划分为若干个产业。因此,对旅游产业结构应从以下三个方面深入理解:

首先,旅游产业结构反映的是旅游经济各个产业之间的生产技术经济联系。从旅游产业生产联系来说,在旅游经济内部,每一个产业的经济活动都是以其他产业的经济活动为基础的,经济规模的变化也都是与其他相关产业经济的变化相联系的。如饭店产业、旅行社产业的经济活动的运行和规模的扩展要依赖于交通产业的发展,交通产业的投入规模以及产出规模直接或间接地影响着饭店产业和旅行社产业的投入规模和产出数量;从经济联系来说,各个产业之间相互的经济联系便形成了旅游经济的链条,一个产业的经济效率以及在旅游经济中实现利益的比例,不仅取决于产业内部技术和管理水平,还取决于该产业与其他产业之间的交易关系,如果产业之间数量比例不合理,某个产业的经济利益就会通过市场交易的价格不平等形式向其他产业转移,从而影响着旅游经济的平衡。

其次,旅游产业结构也是一种产业间的数量比例关系。从旅游投入来说,旅游产业结构反映了各类经济资源和要素在旅游经济的各个产业之间的配置状态,如资金、劳动力在各个产业的分布。从旅游产出来说,反映的是旅游经济总产出在各个产业之间的分布情况,如某个特定时期内旅游总收入、旅游总利税在各个产业中的分布。

第三,旅游产业结构是旅游产业实际运行的结果,是旅游产业运动的静态反映。旅游产业从不同的角度研究,会形成不同的构成。如果从所有制性质①、行业性质、空间分布和生产组织与管理四个角度来研究旅游产业,就会形成旅游产业的所有制结构、行业结构、地区结构和生产组织结构。这些结构的形成不仅是旅游经济实际运行的结果,也是旅游产业运动的静态反映。通过对旅游产业结构的研究,可以进一步分析和研究旅游产业运行过程中的问题,建立合理的旅游产业结构体系,为运动过程中的旅游产业提供科学的发展方向。

第四,旅游产业结构是旅游生产力和生产关系相互运动的结果。旅游产业结构的各个部分,无论是所有制结构、行业结构、地区结构,还是生产组织结构,既是旅游生产力运动的结果,也是生产关系运动的结果。旅游生产力和生产关系的相互运动状态总是通过旅游产业的基本结构表现出来。因此,对旅游产业各个结构的研究,可以进一步分析旅游生产力与生产关系运动的具体形式,为寻求两者之间的最佳运动方式提供理论依据。

最后,旅游产业结构也是我国国情在旅游产业运动中的具体表现。旅游产业结构是一个国家具体的政治、经济、自然、社会等条件共同影响的结果,什么样的国情创造什么样的旅游产业结构。从这个意义上讲,对特定阶段的旅游产业结构的研究,是对我国具体的国情对旅游产业运动制约与动力问题的研究,通过对这一问题的研究,可以寻求一条符合我国国情要求的具有中国特色的旅游产业发展道路。

(二)旅游产业结构的优化

旅游产业结构的优化是保持旅游产业正常运行和旅游经济活动持续发展的前提,同时也是旅游市场供求平衡的条件。因此,建立旅游产业的优化结构是旅游产业所追求的主要目标,同时也是旅游产业经济运行的内在要求。一般来讲,旅游产业结构的优化是指通过一定的产业政策对旅游产业进行适度调整,使各个产业结构要素实现协调发展,并满足社会和旅游者不断增长的需求的过程。建立合理的旅游产业结构,就是要在各个行业之间及各个行业内部不同层次之间建立起最优的比例关系。当然,旅游产业结构的优化是一个动态概念,它在旅游发展的不同阶段和不同时期具有不同的内容。根据我国现阶段旅游经济发展和产业运行现状,旅游产业结构的优化的标志主要表现在以下三个方面:

合理化 旅游产业结构的合理化是指旅游产业各种不同的结构要素由不合理向合理发展的过程,它要求在旅游经济发展的特定阶段里,根据旅游市场需求变化和资源条件,对旅游产业初始发展阶段所形成的不合理的产业结构进行量与质的适度调整,使各种经济资源在旅游产业之间合理配置及有效率地利用。合理化的

---

① 对于旅游产业发展过程中的所有制结构需要与时俱进地进行分析,需要客观地分析引进外资对我国旅游产业发展的重要推动作用,同时也需要认识到在旅游景区开发经营过程中引进外资的弊端,还要认识对在所有制类型的发展演进过程中如何有效地处理好对内民营经济的开放和对外外资经济的开放问题。在现阶段尤其需要关注对上述最后一个问题的深入思考。

旅游产业结构的标准是:首先,符合我国旅游产业发展的最终目标。我国的旅游产业结构是以国际入境接待旅游为基础建立起来的,在我国国内旅游和出境旅游受经济发展和消费水平的限制,还没有兴起的产业发展的初期,这种产业结构是合理的。但是,随着我国经济的发展和居民消费水平的提高,我国的旅游消费体系要从以国外旅游者为主体逐步转向以国内旅游者为主体,消费主体的变化必然要求旅游产业结构的适度调整,以适应这种变化的需要。其次,符合旅游产业发展的效益原则。旅游产业结构的合理化要求建立具有较高经济效益和社会效益的旅游产业结构,它是旅游产业结构合理化的一个重要标志。最后,符合旅游产业的良性循环。旅游产业各组成要素协调运行,旅游经济的运行顺畅,旅游经济持续稳定的增长,这三个问题是旅游产业良性循环的主要内容。

高度化 旅游产业结构的高度化是指产业结构随着旅游需求结构的变化向更高一级演进的过程。旅游产业的高度化实质是产业结构的集约化、产业服务深入化和产业高附加值化。旅游产业结构的高度化是一个相对概念,它是在旅游需求拉动、竞争促进和技术推动的条件下形成的。旅游产业结构的高度化表现在以下两个方面:其一,旅游产业的网络化。旅游产业的高度化过程首先是旅游产业网络化过程。主要表现在以主体旅游劳务产品生产为中心的资源供给、产品销售、技术服务体系的形成,并使旅游产业间的服务关联、技术关联和供求关联程度日益提高。其二,旅游竞争高级化。旅游产业结构的高度化意味着在竞争方面向"有效竞争"的迈进,使资源配置的有效性和旅游服务深入的动力从垄断中解放出来,使规模经济的利用程度和质量性竞争为主体的"软竞争"得以充分实现。

一个国家的旅游经济要获得较快的增长和发展,使旅游产业结构高度化,关键是要有适合国情的旅游产业结构的转化机制。它既取决于旅游资源、市场需求和市场竞争的推动,也取决于适宜的旅游产业政策和旅游产业发展模式。

均衡化 旅游产业的均衡化也是旅游产业优化的主要标志。旅游产业结构的均衡化有两重内容:一是旅游产业内部的各个经济要素在发展速度和发展进程上保持相对平衡的比例关系;二是旅游产业的各个经济要素的发展相互协调。前者是量的问题,后者是质的问题。

二、旅游产业的地区结构

旅游产业的经济活动总是在一定的空间里进行的。旅游产业在空间上的分布与组织状态,便形成了旅游产业的地区结构。所谓旅游产业地区结构是指旅游产业革命在各地区配置状况以及在全国整体旅游产业中的地位和相互关系。旅游产业地区结构主要包括旅游产业在各个不同地区的发展水平、密集与分散程度、主要旅游地区与出入境地区的区位以及它们之间的空间距离和各种旅游生产要素在各地区的分布状态。它的实质是旅游生产力在空间上的分布与组织。

首先,旅游产业地区结构是旅游生产力在空间上的分布状态。由于社会经济发展和旅游资源条件不同,旅游生产力在各个地区的分布状态是不相同的。对这种状态的分析与研究,是确定旅游产业地区发展的基础。其次,旅游产业地区结构反映了旅游生产力的地域分工与协作的关系。旅游产业的社会分工既表现为行业上的分工,也表现为地域上的分工。在社会分工条件下,旅游地区必然形成各种经济联系,并在客观上存在着一定的比例关系,这种地区之间的经济联系和比例关系是形成旅游产业地区结构的客观基础。最后,旅游产业地区结构也是旅游生产力在空间上组织与协调关系的综合反映。

旅游产业地区结构是受多种因素的影响而形成的。这些因素既有来自旅游产业内部的,也有来自外部的,具体说主要有以下四个因素:

旅游资源的空间分布 旅游资源的地区分布是形成旅游产业地区结构的主要因素。地区间所拥有的旅游资源条件不仅决定旅游区的形成和旅游区的类型,而且会对旅游生产力的空间配置和旅游地区规模产生重要影响。

旅游需求的空间分布 地区作为旅游产业运行的空间依托,它的形成与成长在很大程度上是与旅游需求的空间分布相联系的。由于旅游需求受多种因素的影响,其需求数量和规模在空间上的分布是不均等的,这必然对旅游产业的地区结构的形成产生一定的影响。

旅游设施的空间分布 旅游地区作为旅游产业运行的基地,其旅游产业的运行能力是与一定空间内的旅游设施数量与质量相联系的。旅游产业地区结构主要是依据不同空间范围现存的旅游设施状况而形成的,目前我国旅游产业形成的以中心城市为主体的地区结构,正是这种影响因素作用的结果。

经济发展水平的空间差异 一定时期的旅游产业发展水平,是一定空间内社会、经济和文化发展共同影响的结果,地区间的经济发展水平的不同,会直接影响旅游产业地区结构的基本形态。

旅游地区结构受多种客观因素的影响,形成了一定的旅游生产力空间地域分布的运动规律。这种运动规律主要表现在以下几个偏移趋向:

趋向于沿海地区 纵观我国旅游生产力在空间上的分布与组织,一个明显的特征是,旅游经济总是首先在沿海地区发展起来。这是因为:第一,沿海地区具有良好的经济发展实力,在短期内能形成较大的旅游服务能力和旅游供给体系。第二,沿海地区原有基础较好,尤其交通运输条件较好,能形成雄厚的旅游生产力基础。第三,沿海地区与国外旅游客源国及旅游中转国的经济距离较近,旅游需求强度较高。第四,沿海地区经济发展水平较高,国内旅游相对发达。第五,沿海地区随着对外开放政策的执行,与国外的经济文化联系日趋紧密,这也会使旅游发展的速度与规模进一步扩大。

趋向于旅游资源丰富地区 历史、自然和社会因素的影响,使地区间的旅游资源丰富程度有很大的差异。旅游资源丰富程度不仅决定着地区吸引力和旅游需求强度，也决定着旅游生产力的分布与组织，使旅游生产力的分布趋向于旅游资源丰富地区。这种分布趋向的最终结果是使旅游吸引力与旅游生产能力紧密地结合起来，形成较高的经济效益，充分反映了旅游经济与旅游生产力布局的内在要求。

趋向于出入境口岸 在我国的国际旅游中，口岸地区不仅是主要的旅游目的地地区，也是全国其他旅游地区客源的输出地。相对于全国其他地区，口岸地区有相当规模的客流量。旅游生产力趋向于口岸地区的分布趋势的基础是，这些地区交通发达，对外经济关系紧密。

趋向于中心城市 国内外旅游发展的经验表明，旅游生产力在空间上的分布与组织具有趋向旅游中心城市的基本特征。这是因为：第一，中心旅游城市受社会历史发展的影响，大都具有丰富的人文旅游资源，对旅游者具有较强的吸引力，客观上会形成一定规模的旅游需求；第二，中心旅游城市原有基础特别是交通条件较好，并且具有良好的旅游综合服务能力；第三，中心旅游城市一般是各地区政治、经济和文化的中心，不仅与国外的政治、经济和文化联系紧密，而且经济实力较强，也是国内旅游的主要流向地区。

表 6－2 2012 年各地区国际旅游发展情况

序号	地区	国际旅游（外汇）收入（亿美元）	与上年比较（%）	接待入境过夜游客（万人次）	与上年比较（%）
1	广 东	156.11	12.3	3 489.43	4.7
2	江 苏	63.00	11.4	791.54	7.4
3	上 海	54.93	-4.5	651.23	-2.6
4	浙 江	51.52	13.4	865.93	11.9
5	北 京	51.49	-4.9	500.86	-3.8
6	福 建	42.26	16.3	493.67	15.5
7	辽 宁	32.64	20.3	473.13	16.7
8	山 东	29.24	14.6	469.91	10.8
9	天 津	22.26	26.8	73.75	0.9
10	云 南	19.47	21.0	457.84	15.8
11	陕 西	15.97	23.4	335.24	24.0
12	安 徽	15.63	32.5	331.47	26.1

续表

序号	地区	国际旅游(外汇)收入(亿美元)	与上年比较(%)	接待入境过夜游客(万人次)	与上年比较(%)
13	广　西	12.79	21.6	350.27	15.7
14	湖　北	12.03	28.0	264.72	24.0
15	重　庆	11.68	20.7	224.28	20.3
16	湖　南	9.28	-8.5	224.55	-1.8
17	黑龙江	8.35	-9.0	207.62	0.5
18	四　川	7.98	26.5	227.34	25.1
19	内蒙古	7.72	15.1	159.17	5.0
20	山　西	7.20	27.0	189.18	21.8
21	河　南	6.11	11.4	190.77	13.4
22	新　疆	5.51	18.4	62.49	13.1
23	河　北	5.45	21.7	129.32	13.3
24	吉　林	4.95	28.4	118.27	19.1
25	江　西	4.85	16.8	156.18	15.0
26	海　南	3.48	-7.5	81.58	0.2
27	贵　州	1.69	25.1	70.50	20.5
28	西　藏	1.06	-18.5	19.49	-28.0
29	青　海	0.24	-8.5	4.73	-8.6
30	甘　肃	0.22	28.5	10.20	12.0
31	宁　夏	0.05	-12.0	1.90	-2.5

案例6-2　优化结构,做大做强云南旅游支柱产业

进入21世纪,云南旅游业实现了从“经济产业型”到“支柱产业型”的升级转变,在整体上已基本完成高投入、低产出的初期原始积累阶段,迈进高投入、高产出的稳步发展的关键时期,针对云南旅游业在新世纪发展存在的结构性矛盾和问题,云南进一步采取强有力的措施和手段,优化云南旅游结构,做大做强旅游支柱产业。

(1)优化市场结构,实现旅游客源市场多元化发展。云南旅游客源市场经过多年的开拓,已基本形成了海外客源以东北亚、东南亚和港澳台地区等亚洲市场为主,国内客源以沿海经济发达省份、周边省份和省内游客为主的相对稳定的客源地。但从市场结构看仍存在着客源地不够宽泛,游客消费层次较低等问题。因此,必须通过优化市场结构,采取旅游客源市场多元化发展战略,巩固和提升东南亚、东北亚、港澳台地区及沿海地区客源市场,大力发展欧美国家及周边省区客源市场,积极开拓南亚、非洲、大洋洲及我国西北、东北等新兴旅游客源市场,并在巩固观光游客市场的同时,大力开拓休闲度假、商务会展、康体旅游等高消费客源市场。

(2)优化产品结构,实现旅游产品名牌化发展。目前,云南旅游产品主要是以自然风光、民族风情为主的观光型产品,因此,通过优化产品结构,实施旅游产品名牌化发展战略,在旅游资源开发和旅游产品开发建设上走"高品位规划、高档次建设、高水平管理"和"精品出绝品,精品促普品"的良性循环的发展之路,依托优势资源和特色资源,根据旅游消费需求发展趋势,大力开发生态旅游、民族风情旅游、会展旅游、度假旅游、康体旅游、边境旅游、科考旅游、探险旅游等旅游产品,增加游客的参与性和娱乐性,进一步增强云南旅游产品的吸引力和竞争力。

(3)优化企业结构,实现旅游企业集团化发展。经过多年的努力,2001年云南省各类旅游企业已达9 300家,但旅游企业在结构方面明显存在着规模小、结构松散、整体效益较差,缺乏龙头企业,在国际国内市场上竞争能力弱等突出问题。为了尽快提升旅游企业的竞争力,实现云南旅游业的提质增效,云南省按照"政府引导、企业自愿、优势互补、效益为先"的原则,着力加快旅游企业的改革步伐,通过联合、兼并、收购或股份制改造等形式,优化旅游企业结构,实现旅游企业的集团化、网络化发展,努力提高旅游企业在国内外市场上的整体竞争力。

(4)优化产业结构,实现旅游产业效益化发展。云南旅游业已初步发展成为门类较齐全的产业结构体系,但旅游产业内部结构不尽合理,经济效益与发展规模不相适应。因此,必须加大旅游产业结构调整力度,大力发展旅游交通产业,改善和提高旅游景区景点的通达性;积极搞好旅游景区景点建设,增强云南旅游的吸引力;逐步调整餐饮业的分布和饮食结构,加快旅游娱乐业的发展,丰富旅游内容和促进旅游消费;大力开发特色旅游商品,促进购物,完善旅游社会服务体系,充分发挥旅游业对相关产业的带动和影响,实现旅游产业的合理化发展。

(5)优化管理结构,实现旅游管理国际化发展。云南旅游管理经过二十多年的探索,在实施"政府主导型"发展旅游方面取得了许多成功的经验,但目前旅游组织管理结构与国际旅游发达的国家相比仍存在许多问题。如旅游管理条块分割、政出多门,管理职能相互交叉和重复,总体宏观调控能力弱,执法队伍不健全,管理装备落后等。为了形成统一、协调、高效的旅游业组织管理结构,在充分发挥市场机制的基础上,积极推进旅游管理体制的改革,进一步转变政府职能,改革和规范行政审批制度,加强旅游行业标准的制定和实施,加强政府的宏观调控职能,建立健全“旅游发展联动机制”,积极引导和发挥旅游中介组织作用,建立和完善精简、统一、高效、务实、依法行政的旅游管理体制。

(资料来源:罗明义.旅游经济学原理.上海:复旦大学出版社,2004:286-288.)

旅游产业地区结构的合理化是旅游产业均衡发展的基本条件,它反映了旅游产业发展的客观要求。根据我国旅游产业发展的现状,合理的旅游产业地区结构的主要标志有以下三个方面:

首先,合理地区结构应以旅游生产能力在全国分布均衡为标志。旅游经济发展不仅要从国际旅游重点出发,也要从国内旅游发展趋势考虑。旅游经济长期发展和国内旅游发展的要求,必然决定旅游产业地区结构从目前以重点旅游城市为主体逐渐转化为以城市为依托,各地区共同发展的旅游产业地区结构。从长期发展要求出发,合理的旅游产业地区结构应以旅游生产能力在全国分布均衡为主要标志。具体表现为旅游资源开发和旅游设施建设在全国范围内有了比较均衡的分布;各种旅游交通运输方式形成了相互配合的旅游网,最大限度地消除了旅游路线不合理的现象;各地区旅游资源和旅游设施得到了充分的利用,并且带动了地区或地域内有关行业的发展;各区域旅游中心地区已经形成。

其次,合理的旅游产业地区结构应以尽可能发挥各区旅游经济优势为前提。全国范围内各个旅游地区由于旅游资源条件不同,旅游设施条件不同,社会、历史和经济条件不同以及与国际市场联系程度不同,旅游经济发展特点以及优势条件也会具有不同的要求。因此,充分发挥各旅游地区的旅游经济优势,是促使全国旅游经济不断增长的重要前提。因而,合理的旅游产业地区结构应尽可能发挥各地旅游经济优势,而不是限制旅游经济优势的发挥。

最后,合理的旅游产业地区结构应以能够实现全国范围的旅游经济平衡为标准,保证全国旅游经济总体的协调发展。旅游产业地区的旅游经济既是一个地区的旅游经济总体,也是全国旅游经济的一个部分。旅游产业地区结构状况,不仅关系到地区旅游经济优势的发挥,也关系到全国旅游经济总体协调发展,因此在旅游产业地区结构中,要合理处理口岸地区和重点旅游地区间的比例关系,优化受其决定所形成的旅游产业经济结构状况。

三、旅游产业的生产组织结构

旅游产业的生产组织结构是旅游生产经营规模和经营组织的构造,它包括旅游企业的规模结构和旅游企业组织结构两个方面。旅游企业规模指的是旅游企业生产或经营的规模,是旅游企业劳动力、固定资本集中程度的综合反映。旅游企业规模结构是指同类旅游企业的大、中、小型企业构成的数量比例以及它们之间的联系；旅游企业组织不是指旅游企业内部的组织形态，而是指以旅游企业为单位的旅游产业组织的网络化形态。旅游企业组织结构是指不同的旅游企业之间的结合方式和组织状况。

旅游生产组织结构的形成，一方面取决于旅游需求的基本特性的要求；另一方面取决于一个国家的社会经济特点以及经济体制的要求。旅游生产作为提供旅游劳务商品为主要特征的生产活动，其生产组织结构受旅游劳务生产的特殊性决定，与物质部门生产结构具有很大的不同，表现出固有的特点。这些特点主要有以下几个方面：

旅游企业布局的分散性 旅游企业主要是为旅游者的旅游活动提供各种劳务的。旅游需求的地域指向性特征决定着旅游活动基本上是围绕着旅游资源分布状况进行的。旅游资源地域分布的分散性，必然决定着旅游企业布局的分散化趋势。这种现象与工业企业布局形成强烈的反差：因为工业生产受规模经济和集中经济的决定，工厂区位是相对集中的，形成工业企业布局中的集聚现象。旅游企业布局的分散化是旅游需求特点的必然反映，旅游需求是以移动为形式而形成的，随着旅游者的移动，旅游需求的实现要求移动过程中各个点、各个地区都应设立各种旅游企业，提供能充分满足旅游者旅游需求的各种服务。旅游企业也只有通过旅游需要，才能获得较多的经济效益。

旅游企业规模小型化 促使旅游企业规模小型化的主要因素在于旅游需求基本特征。旅游需求有两个重要特征：一是旅游需求波动性。旅游需求既受自然条件影响形成需求的季节性，又受社会条件影响形成需求的周期性。需求的季节性会使旅游需求在全年各个季节、甚至在各个月份，具有需求规模和需求数量的较大波动。在这种波动中，大型旅游企业很难适应旅游经营的经济要求。二是旅游需求的多样性。旅游需求的多样性既表现为需求类型的多样性，也表现为需求结构和需求等级的多样性，与旅游需求多样性相适应，小型旅游企业可以合理选择总体需求中的某一个等级、类型的需求进行有针对性的服务。

旅游企业组织的集团化 旅游企业布局趋向分散化和旅游企业规模趋向小型化，在一定程度上是难以形成一定的规模经济，并且对于旅游企业的进一步发展、竞争能力的提高、对外促销能力的加强都具有一定的经济阻碍。为此，旅游经济的客观发展，既要求旅游企业分散化和小型化，又要求有一定的规模经济，形成了旅游企业组织的集团化趋向。旅游企业组织的集团化既有同行业旅游企业组织的集团化，也有跨行业旅游企业组织的集团化；既有同地区的旅游企业组织的集团化，也有跨地区、甚至跨国界的旅游企业组织的集团化。旅游企业组织的集团化趋向客观上反映了旅游规模经济的内在要求。

旅游企业配套有序化 旅游企业要有效地发挥旅游经济总体功能，必然要求旅游企业之间配套的有序化。在旅游一体化和旅游生产社会化条件下,承担旅游劳务生产的各个经济单位之间,必然存在着相互依存关系,存在着程度不同的经济联系。这种经济联系既有内部之间的,也有外部之间的。不管其联系形式如何,社会上各个旅游企业都应在充分满足旅游者旅游需要条件下,相互地按照有序原则进行排列和配置。如果各个旅游企业不能按照有序原则进行排列和配置,就不能全部实现旅游者的旅游需求,也不能充分地满足旅游者的旅游需要,最终导致旅游经济整体经济效益的下降。

旅游产业的生产组织结构的合理化,是根据满足旅游者的需要和企业规模经济效益这两个具体目标进行选择的。因此,按照这两个基本目标,建立我国合理的旅游产业的生产组织结构应着重从以下两个方面进行:

实行旅游的专业化经营 旅游的专业化经营既表现为旅游企业服务内容的专业化,也表现为旅游企业职能的专业化。旅游企业服务内容的专业化是指旅游企业在服务对象、服务项目、服务类型和服务方式具有专业化的特点。就目前我国旅行社的经营来看,在服务项目上、服务类型上和服务方式上相互雷同,没有形成各自的服务重点,这种经营的基本格局不仅加剧了旅游企业不正常竞争的程度,也阻碍了我国旅行社向经营深度的发展,延缓了我国旅行社产业升级的步伐。旅游企业职能的专业化是指旅游企业在经营范围和市场分工上具有专业化特点。以前我国旅行社是以类别管理进行市场分工的,在实际运营过程中,二类社经营一类社业务的现象是经常存在的。现在旅行社通过改制,将旅行社划分为国际旅行社和国内旅行社,虽然解决了经营范围不清的问题,但以市场合理分工为核心的旅行社经营网络并没有形成,市场分工不明确是我国旅游企业在职能专业化方面存在的主要问题。

实行旅游经营的专业化不仅是我国旅游产业升级和旅游经济活动深入发展的迫切需要,也是国际市场竞争日趋剧烈、旅游需求日益多样化、细分化发展的需要。因此,加速我国旅游经营的专业化进程是促使我国旅游生产组织结构合理化的关键。

实行旅游经济运行过程的协作化 受旅游产业基本性质决定,旅游经济运行不是一个部门内的经济运行,而是多部门、多环节和多地区运行的结果。旅游业是向旅游者在全部旅游活动中提供旅游产品和旅游服务的产业,旅游者在旅游活动中的各种需要,是通过众多的经济行业和非经济行业在不同的空间及时间得到满足,因此,旅游产业的经济运行在旅游企业的专业化基础上必须要求旅游经济运行过程的协作化来加以配合。

要实现旅游经济运行过程的协作化,必须破除旅游企业的"部门所有制"和"地区所有制"的界限,实行跨地区、跨部门的旅游企业联合。按照旅游产业组织一体化的基本要求对应旅游需求一体化,旅游经济运行过程的协作化,应以横向联合为中心组织联合企业。以横向联合为中心的旅游企业组织，可以存在于一个特定的区域，也可以是跨地区的，甚至于是跨国界的。根据我国目前旅游发展的具体实际，横向协作形成的旅游联合组织，可以以一个特定的旅游线路或者以一个特定的旅游项目的旅游产品为中心，形成这种产品生产、服务和销售的一体化体系。

思考与练习

1. 旅游产业的基本特点对旅游经济运行的影响主要表现在哪些方面？

2. 旅游供求矛盾是否只能通过价格调节来实现？为什么？

3. 旅游产业发展模式可以分为哪几种类型？各有什么特点？中国属于其中的哪种类型？

4. 制定旅游产业发展战略的基本原则是什么？

5. 试述你对旅游产业结构优化的主要原则的理解。

6. 试分析旅游产业的地区结构的主要影响因素。

7. 请解释旅游产业的生产组织结构方面存在的主要特点。

第七章

旅游产业的市场结构与市场行为

案例7-1　文化旅游地产难掩高风险

目前主题公园、剧场、酒店、地产的组合形式，是国内多数文化旅游项目的产品形态。产品雷同，缺乏精品、独特的旅游产品，一直受市场诟病。

“简单复制主题公园的模式泛滥，尤其是部分地域市场内分布了较多同类型产品，让人不得不警惕市场同质化风险。”吴志军举例分析，早期张艺谋的“印象·刘三姐”“印象·丽江”“印象·西湖”等系列演出获捧后，迅速走红全国，如今剧场演出已经成为标配，新意难再。“简单地复制模仿、拼凑叠加并不能维系长久的人流，真正做到给游客‘异境体验’才能保证人气，而这也是文化旅游项目的核心价值。”吴志军认为，抛开动辄几千亩的“恢宏巨制”，如何因地制宜做好专业水准、精品项目更值得思考。

位于内蒙古呼伦贝尔根河市敖鲁古雅乡的“天工部落”，占地2 000亩，此前定位为集休闲、度假、娱乐为一体的综合性度假区，项目在售出88套养生公寓后，一直未见二期踪影。业内人士指出该项目是其开发企业北京神州之旅在黄山“徽州文化园”项目的快速复制，“旅游大环境未成熟。加之当地气候分明，旅游季节性太强，且投资商定位不太准确，进入之前缺乏详细的调研”。

“文化旅游地产给开发企业提出了非常高的资金、开发水准、运营方面的要求，仅仅是简单规划主题公园、演出剧院是远远不够的。”吴志军认为，文化旅游与地产的结合，是市场助推而成，最后也要由市场来检验，“文化旅游项目经营惨淡的不在少数，谁也不敢说自己是一定成功的”。

（资料来源：张甜甜. 文化旅游地产难掩高风险. 中国江西网-信息日报，2014-02-27.）

案例所揭示的其实是旅游产业发展过程中应如何进行有效差异化的问题。这个问题不仅对旅行社而言很重要，对于旅游产业中的任何一个行业都非常重要。

而且对这些行业而言，除了产品差异化之外，还涉及垄断与竞争的关系、进入与退出等问题，这些问题都将对旅游企业并最终对旅游产业的市场绩效产生重大影响。因此，我们需要进行深入分析研究。

同时我们也知道，旅游者的一次出游活动可能需要旅行社提供的产品或服务、旅游交通企业提供的交通运输产品或服务、住宿部门（主要是饭店）提供的床位及相应的服务、旅游景区（点）提供的产品或服务等众多的单项产品或服务。显然，旅行社、饭店、交通企业、旅游景区（点）所提供的单项产品及服务之间并不存在高度替代的关系。因此，所谓的旅游产业，其实也是对旅行社产业、饭店产业、旅游景观产业等产业组织的总称。在进行市场结构、市场行为分析的过程中，也需要分别加以研究。

第一节 旅游产业组织的研究对象与内容

一、旅游产业组织的研究对象

在旅游产业经济分析中，宏观经济分析与微观经济分析是对旅游产业成长过程中两个不同层次上的研究。如果说旅游经济发展模式是从宏观上的研究，那么，旅游产业组织则是对旅游经济成长的微观研究，具体地说是对旅游经济体系中的旅游企业成长的研究。旅游产业组织是运用微观经济理论分析企业、市场和产业之间的相互关系。

在上一章里，我们研究了旅游产业的性质以及产业发展的模式，它属于产业经济的问题，是旅游产业的宏观问题。之所以将它称为旅游产业的宏观问题，是因为我们在研究旅游产业时，是将旅游行业的相关产业如旅游景点业、旅游饭店业、旅行社业以及旅游交通业都纳入旅游产业系统来研究，并没有将它们作为一个独立的产业现象来认识。然而，我们在研究旅游产业组织时，用整体旅游产业的概念作为研究的范围是不行的，因为，组成旅游产业系统的各个产业都具有相关性，不具有替代性，是不符合旅游产业组织研究的假定条件的。因此，我们在研究旅游产业组织时，只能研究具有替代关系的单个产业现象，研究具有竞争关系的产业问题，如饭店产业、景点产业或者旅行社产业。

对于产业组织有不同的理解，有些学者认为：产业组织是企业市场关系的总和，它包括市场结构、市场行为和市场绩效三个方面①。有的学者认为，产业组织是同一产业内的企业关系结构，它包括交易关系、资源占有关系、利益关系和行为关系②。尽管学者们对产业组织的概念有不同的理解，但都认为产业组织是研究产业

① 王慧炯．产业组织及有效竞争．北京：中国经济出版社，1991：3．

② 夏大慰．产业组织学．上海：复旦大学出版社，1994：5．

内企业与市场的关系。在旅游经济运行中,具有相同性质的产业间存在着竞争与垄断现象。市场竞争与垄断是一个矛盾体。过度竞争会影响规模经济,过度垄断又会影响市场绩效。要使各个旅游企业充满活力,实现有效竞争,又充分实现规模经济,避免过度竞争所产生的低效率,必须通过旅游产业内企业与市场的合理组织来加以解决。在我国旅游经济发展的现阶段里,研究旅游产业组织,具有十分重要的意义。

通过对旅游产业组织的研究可以全面分析旅游产业的运行,研究旅游产业运动的过程。在我国旅游经济实际运行过程中出现了许多问题,如部门性与行政性的垄断、地区性的分割、旅游市场上的过度竞争、专业化水平不高、旅游网络化程度低、资产流动性差和旅游企业间联合进展缓慢,所有这些都与旅游产业组织相联系。通过对旅游产业组织的研究,可以进一步分析我国旅游经济和旅游市场的运行实际,为解决问题提供依据。

旅游产业组织研究也是设计旅游经济与产业政策的基础。旅游经济与产业政策是推动旅游经济成长与发展的重要力量,在我国社会主义市场经济条件下,合理、科学的旅游经济与产业政策的设计,对旅游产业的良性循环具有更重要的意义。旅游产业组织政策在旅游产业政策体系中扮演着重要的角色。因此,研究旅游产业组织,有助于国家有关部门针对旅游产业组织的现状,设计合理的旅游经济与产业政策,指导我国的旅游经济的发展也是十分重要的。

一、旅游产业组织研究的理论基础

英国经济学家马歇尔发现,由于有了规模经济性,企业产品的生产成本不断下降,市场占有率不断提高,进而必将导致市场结构中垄断力量的增强;而垄断力量的增强又必将使竞争机制在合理配置资源中的作用减弱,扼杀自由竞争。这就是著名的"马歇尔冲突",也是后来产业组织理论研究的核心问题。

20世纪30年代的经济危机与马歇尔的正统经济理论发生了矛盾,1933年英国经济学家罗宾逊夫人和美国经济学家张伯伦分别出版了《不完全竞争经济学》和《垄断竞争理论》,提出了垄断竞争理论。尤其是张伯伦划分了完全竞争到完全垄断之间的各种不同的市场结构,提出了垄断竞争和寡头垄断的市场结构类型,为现代产业组织理论的市场结构分析奠定了基础。马歇尔、张伯伦、罗宾逊被称为产业组织理论的鼻祖。

在此后产业组织理论发展进程中,出现了著名的哈佛学派、芝加哥学派。

哈佛学派的代表是梅森、贝恩和谢勒等,他们最主要的贡献是建立了完整的产业组织理论体系,即SCP范式。贝恩从垄断竞争模型中首先推导出了市场结构、市场绩效两段论范式,后来谢勒采纳了各方批评意见后,在《产业市场结构和经济绩效》中发展成现代主流产业组织理论中的SCP三段论范式:市场结构决定了企业在市场中的行为,而企业的行为又决定了市场运行的经济绩效,为了获得理想的市场绩效,最重要的是通过产业组织政策来调整和直接改善不合理的市场结构。由于哈佛学派以市场结构为分析的起点,并且非常强调市场结构对市场行为和市场绩效的影响,所以被称为“结构主义学派”。

从60年代后期开始,施蒂格勒、戴姆塞茨、波斯纳、麦吉、布罗曾等来自芝加哥大学的学者激烈批评了结构主义的理论,发展成为“芝加哥学派”。以施蒂格勒为首的芝加哥学派认为,只要不存在政府的进入规制,即使市场中存在某些垄断势力或不完全竞争,长期的竞争均衡状态在现实中也是能够成立的。他们更注重判断集中及定价是否提高了效率,而不是看其是否阻碍了竞争;并认为,兼并未必反竞争,高利润率并不一定是垄断定价的结果,而完全有可能是高效率的结果。芝加哥学派认为,长期存在的大企业不应该被分割,因为大企业的成长和生产的集中是通过企业内部和外部增长实现的,而无论是内部增长还是外部增长都是高效率的结果。

后来,鲍莫尔、帕恩查、韦利格等人在芝加哥学派理论基础上又发展出可竞争理论。该理论认为,特定的市场结构不一定产生特定的市场绩效,良好的市场绩效可以在哈佛学派理想的市场结构以外得到实现,只要保持市场进入的自由、不存在特别的进出市场成本,就无须在市场上存在众多的竞争企业,潜在的竞争压力会迫使任何市场结构条件下的企业采取竞争行为。因此,可竞争理论认为:①任何超额利润都会吸引潜在进入者以同样的成本与垄断企业分割市场份额与利润,故而在可竞争市场上不存在超额垄断利润;②生产和管理上的低效率会增加不必要的成本,这些非正常成本像高于平均利润的非正常利润一样吸引效率较高的潜在竞争者的进入,故而在可竞争市场上,不可能长期存在管理和生产上的低效率。

美国经济学家 Joseph Bowring 则在1986年创立了二元竞争市场结构理论。该理论放宽了以前产业组织理论中关于企业同质的假设,使理论前提更接近现实世界,并指出,根据企业的规模和市场份额,可以把产业中的企业划分为核心厂商(Core Firms)和外围厂商(Periphery Firms);相应地,市场上的竞争也不是一元的,而是具有二元性。Bowring 进一步提出了以产业的二元性为基础的核心——外围理论,认为市场上存在两种普遍性的竞争过程和竞争制度,一是仅有核心厂商参与的,二是仅有外围厂商参与的。企业规模与市场份额相结合所形成的市场力量使得核心厂商将获得比外围厂商更高的利润率,而不是通常所认为的竞争会形成均一的市场利润率。该理论中关于利润率二元性的结论与饭店地域自然分割特性下的利润率非平均化理论非常巧合,而其将产业中的企业划分为核心厂商与外围厂商的分类方法又显然与旅行社行业应该建立一种“大(巨)型旅游批发商主导,小型旅游零售商依附,大中小旅行社共生”的具有垂直分工特点的市场结构非常巧合。因此,该理论对我们研究旅游产业中的市场结构问题具有非常重要的启发意义。

第二节 旅行社产业市场结构

市场结构是指企业市场关系的特征和形式。主要内容包括:卖者(企业)之间的关系、买者(企业或消费者)之间的关系、买卖双方的关系、市场上已存有的买方(卖方)与正在进入或可能进入市场的买方(卖方)之间的关系。从根本上,市场结构反映了市场的竞争和垄断关系。

决定市场结构的因素包括市场集中度、产品差别化、进入和退出壁垒、市场需求的价格弹性、市场需求的增长率和短期成本结构(苏东水等,2000)。下面分别从市场的集中度、产品差别化和进入及退出壁垒等几个主要层面进行分析。

一、旅行社产业市场结构的特点

在旅游产业组织研究过程中,旅行社作为旅游客源地与旅游目的地的一个重要的联结体,对旅游经济运行以及旅游产业的发展具有重要的作用,它的产业组织也成为旅游产业组织的一个十分重要的内容。我们在第五章中提出,旅行社是作为交通产业的一个代理商向旅游业务延伸而形成的,因此,旅行社最先产生于旅游客源地,最初形式是作为交通业务的代理机构。但随着社会化分工的发展,旅行社逐渐从原先的客票代理向旅游业务扩展,特别是由于经营网络的建立,包机业务的增长,一些早先作为交通行业的代理商演变成为专门从事旅游业务的经营商。这些旅游经营商借助于客票代理时的旅游销售网,形成了一定数量的客源群体,具有一定的市场容量,后来形成了具有相当业务规模的旅游批发商,与原先的旅游代理商便形成了一定的业务关系,并同旅游目的地的旅行社形成了现代旅行社组织体系。

旅行社的产业组织的形成具有一定的特殊性。首先,旅行社是以提供旅行服务为主的行业。虽然有的学者认为现代旅行社具有一定的生产职能,但从整体旅游经济运行以及旅游产业体系上来认识,旅行社仅仅是联结旅游客源地与旅游目的地的一个中间性行业,其主要职能是实现旅游者的旅游需求,提供旅游中介服务。旅行社的经营是靠近旅游者第一市场层面的,因此,具有制约市场或者说主宰市场的旅行社是那些在旅游客源地专门从事旅游批发业务的旅行社。旅行社产业组织体系实质上是以旅游批发商为核心建立起来的。至于那些在旅游客源地专门从事代理旅游批发商业务的旅行社以及在旅游目的地专门从事旅游接待业务的旅行社,便成为旅游批发商的下链(下游)企业。这些企业虽然在某种程度上会影响旅行社市场的竞争与垄断关系,却又无法完全改变旅游批发商主宰旅行社市场结构的局面。从这个意义上讲,旅行社产业组织是一个以旅游批发商为主体或者说以旅游批发商为主宰的产业组织体系。其次,除了旅游代理商之外,旅行社的业务性质是与其所在地区或者所处市场位置有关。做旅游批发业务的旅行社，它所在地区必然是旅游者所在地，也就是旅游客源地。然而做旅游接待业务的旅行社，它所发育的地区则必然存在于旅游客源地。地区的性质或者市场的性质决定着旅行社的性质和职能。但在实际上，大多数地区都具有双重属性，表现为既是旅游客源地同时也是旅游目的地，既是一个旅游需求市场也是一个旅游供给市场。在这种情况下，受地区与市场性质的决定，处于这些地区内的旅行社也可能具有双重性质，它可能具有旅游批发和旅游接待的双重性质。对于这种现象，旅行社产业组织并不能简单地认为以批发商为主体的组织结构，这时，决定旅行社产业组织体系的主体力量便是旅行社的规模结构以及由此形成的核心竞争力。旅行社产业组织体系将会以大的旅游批发商为主体。

二、旅行社的规模经济与网络经济

无论什么类型的旅行社，要在市场经营中取得一定的产业组织的主宰地位，规模经济与网络经济是一个重要条件。规模经济通常是指旅行社因经营规模的扩大而减少了经营单位成本而导致的经济，它具体表现为接待规模的扩大或者是组团规模的扩大。网络经济则是指旅行社由于市场客源组织的空间扩散以及销售门市的网络化而形成的经济。

如果从产业组织理论来认识旅行社的规模经济，可以分为规模内部经济与外部经济两种形式。规模内部经济是旅行社随着经营规模的扩大，使单位接待成本下降，收益上升。规模外部经济是指在其他条件相同的情况下，行业规模较大的地区比行业规模较小的地区生产更有效率，行业规模的扩大可以引起该地区厂商的规模收益递增，这会导致某种行业及其辅助部门在同一或几个地点大规模高度集中，形成外部规模经济。因此规模外部经济是实现规模内部经济所需的外部条件，如市场容量的扩大、旅游经济一体化发展、交通条件的改善和旅行社融资方便等。我们在研究旅行社产业组织时，通常是将规模经济的意义定义为规模内部经济，而将规模外部经济仅仅作为规模经济实现的外部条件来认识。我们可以通过边际成本与平均成本之间的关系状态来说明旅行社规模经济与规模不经济，如果边际成本小于平均成本，则存在规模经济；若边际成本大于平均成本，则存在规模不经济。

由于边际成本与平均成本关系同时存在于团队、产品和企业等三个层面上，因此，旅行社规模经济与规模不经济表现为团队规模经济、产品规模经济与企业规模经济三个层次。团队规模经济是同一路线产品的组织与接待的经济性，它是旅行社规模经济的基本形态；产品规模经济则是旅行社开发一个新产品所形成的经济性，它是企业实现规模经济的最低界限；企业规模经济是旅行社通过各种形式的联合或战略联盟所形成的经济性，它是实现规模经济的组织保证。

旅行社网络经济与规模经济相联系，如果旅行社经营规模扩大能降低单位接待成本,则规模经济存在;如果旅行社增加客源组织门市或者客源组织地区的扩散或者增加代理商能节约成本或增加收益,则网络经济存在。与规模经济相同,网络经济也是按照不断下降的平均成本函数来定义的。如果一个旅行社企业边际营业点增量的平均成本小于原先营业点的平均成本,则网络经济存在。对于旅游批发商来说,网络经济是实现规模经济的基础。

企业追求规模经济是为了提高经济效率,但旅行社企业规模的扩大是否一定会导致规模经济呢?对于这样的问题我们必须认真地研究。一般认为,企业规模扩大会增加企业有效管理的难度,从而增加旅行社内部交易成本,旅行社企业规模扩大带来的收益是有限度的,当旅行社企业规模超过一定的限度以后,就会出现由经济变为不经济的现象,因此,我们在研究旅行社企业规模经济时,会遇到一个企业适度规模问题。

我们可以通过平均成本曲线的变化来研究旅行社适度规模问题。我们假设 SAC_1、SAC_2 和 SAC_3 分别表示旅行社不同规模的平均成本曲线,平均成本随着接待量或者组团规模增加而下降,当超过一定限度时,又会随着旅行社接待量或者组团规模的增加而上升。当旅行社平均成本在 BC 区间之内时,企业规模都是适度的,那么 B 点可以认为是最小最佳规模,而 C 点则是最大最佳规模。

这种假设是建立在旅行社的经营活动不存在外部交易成本的基础之上的,但按照新制度经济学的观点,交易成本是旅行社企业适度规模的决定性因素。科斯认为:"企业将倾向于扩张直到在企业内部组织一笔额外交易的成本,等于通过在公开市场上完成同一笔交易的成本或在另一个企业中组织同样交易的成本为止。"①就是说,旅行社适度规模是由企业与市场之间的交易成本决定的,对于那些多产品多网络的现代大旅行社来说,交易成本则是确定企业规模的主要因素。因此,在研究旅行社适度规模问题时,我们不仅要考虑企业的平均成本,同时也要考虑企业的交易成本,将两者结合起来确定旅行社的适度规模。

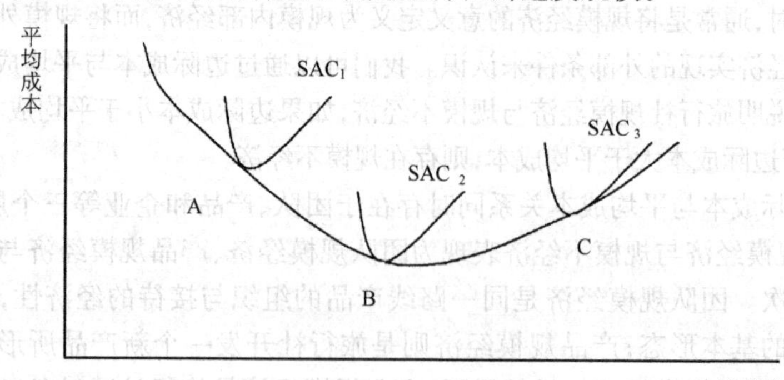

图 7-1 平均成本曲线

① 科斯. 论生产的制度结构. 上海:上海三联书店,1994:10.

三、旅行社进入壁垒与退出壁垒

进入和退出壁垒与旅行社市场集中度有关。如果进入市场壁垒高，那么旅行社产业的市场集中度也就高；同时，如果退出壁垒高，那么，旅行社产业的市场集中度也就低。因此，研究旅行社市场进入壁垒与退出壁垒，是旅行社产业组织研究的一个重要方面。

旅行社进入壁垒是指新旅行社进入市场所多承担的经营成本以及所承受的不利因素。一般来说，对于旅行社来讲，进入壁垒的决定因素主要有网络经济和规模经济、产品差异化、营销费用以及制度与法规四个因素。

旅行社作为一个旅游业的中间商，网络规模特点是十分显著的。如果一个新旅行社在难以形成规模经济要求的网络规模时进入市场，在短时间内是难以达到经营成本和交易成本最低的水平，其结果是在一个竞争激烈的市场环境中，由于网络经济的限制，企业不能获得维持生存需要的规模经济，市场竞争力较低。

在图 7-2 中，我们假设由网络规模决定最小接待规模或者组团规模为年人数 15 000 人次，市场上现有的旅行社均达到这个水平，对应的平均成本为 AC_1 点；新旅行社进入市场初期，由于网络的限制接团或组团能力只能达到 3 000 人次，其对应的平均成本为 AC_2 点，两者之间的成本存在着明显差异。这种成本之间的差异便构成了进入壁垒。如果在市场供求均衡下新旅行社进入，则将打破这种均衡，形成经营能力过剩，此时新的竞争将会出现，具有高平均成本的新旅行社由于缺乏抵御价格竞争的成本优势，将难以应对，从而造成市场的进入壁垒。

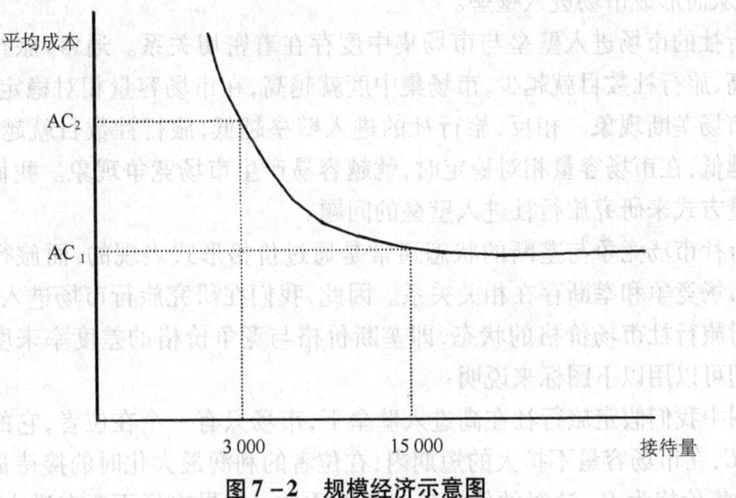

图 7-2 规模经济示意图

如果在旅行市场演化为一个成熟性市场时，换句话说，当旅行社产业发展进入了成熟阶段时，旅行社进入市场壁垒还与旅行产品的差异化有关。旅行产品差异化是指在旅行社经营中,不同企业所提供的旅行产品所具有不同的特点和差异。旅行产品差异化是与旅行产品可替代性相对应的,通过旅行产品的差异可以相对减少同类旅行产品的可替代程度,以便旅游消费者将它同其他经营同类旅行产品的企业或产品相区别,并以此在市场竞争中占据有利的地位。在这种市场环境下,新旅行社进入市场,要花费较多的产品开发费用,或者要花费大量的市场促销费用,以提升企业的市场知名度。因此,新企业在这种市场结构下进入市场的初期,经营成本与交易成本要远远高于市场内现有企业,从而形成了进入壁垒。

同时,旅行社经营费用也会成为新旅行社进入市场的壁垒。我们知道,旅行社经营费用的优势是长期市场运营的结果,旅行社产业内原有企业经过较长时间的经营,与上下链企业形成了比较稳定的市场关系,建立了良好的合作关系。若这些企业实现一笔交易所花费的外部交易费用较低,便可以节约各项经营费用。然而,作为一个新进入市场的旅行社,由于缺乏固定的合作企业的支撑,要寻找符合本企业经营需要的上下链企业,需要进行各种谈判、签订各类经营合同以及维持合同的执行等,这就必然要花费大量的交易成本。同时,从旅行社运作特点来看,旅行社主要是以人力资源为主体进行运营的,管理人员、外联人员以及各类业务人员素质状况直接关系到旅行社运营的市场绩效,市场上原有的企业具有稳定的管理和业务队伍,然而新企业要进入市场,要吸引更多的人才加盟,这就必然要付出较高的报酬以及花费较多的培训费用。所有这些都会加大新旅行社的经营费用,增加这些企业的市场进入壁垒。

另外,国家可以通过各项行政手段以及相关法规等形式对旅行社进入市场进行限制,从而形成市场进入壁垒。

旅行社的市场进入壁垒与市场集中度存在着密切关系。通常,旅行社的进入壁垒越高,旅行社数目就越少,市场集中度就越高,在市场容量相对稳定时,就越容易产生市场垄断现象。相反,旅行社的进入壁垒越低,旅行社数目就越多,市场集中度就越低,在市场容量相对稳定时,就越容易产生市场竞争现象。我们可以通过两种度量方式来研究旅行社进入壁垒的问题。

旅行社市场竞争与垄断的状态通常是通过价格形式表现的,而旅行社进入壁垒又与市场竞争和垄断存在相关关系。因此,我们在研究旅行市场进入壁垒时,可以通过对旅行社市场价格的状态,即垄断价格与竞争价格的差度率来度量进入壁垒。我们可以用以下图标来说明:

在图中我们假定旅行社在高进入壁垒下,市场只有一个在位者,它的平均成本曲线为AC,在市场容量不扩大的短期内,在位者的利润最大化时的接待量或组团量为 Q_1,销售价格为 P_1,这时的价格是垄断性质的。如果市场不存在进入壁垒,旅行社进入者加盟会导致市场价格下降至边际成本曲线、平均成本曲线和需求曲线三者的交汇点上,也就是 P_0 点。在这种市场条件下,在位者不得不接受现实,将自己

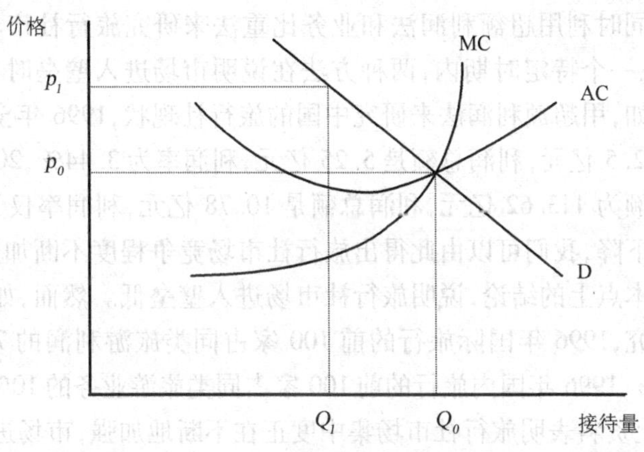

图 7-3 价格差异度示意图

原先的垄断价格降至为 P_0。那么,在位者原先的垄断价格 P_1 与现在的竞争价格 P_0 之间的差额的相对数,便是我们研究市场进入壁垒大小的一个重要的数值,数值越大,市场进入壁垒就越高。

以上方法仅仅是利用微观经济学的研究方法来说明市场进入壁垒的。然而利用这种方法进行研究时的难点是,应该怎样确定垄断价格 P_1 和竞争价格 P_0,因为这两个价格都无法从旅行社产业实际中获得。我们可以借用垄断价格与竞争价格的变形来研究这个问题。

我们知道,在旅行社产业实际中,根据价格与成本关系,竞争价格往往可以通过产业内的平均成本表现,因为任何形式的竞争价格是以平均水平来确定的,价格的最低界限也是平均成本。因此,在充分市场竞争下的价格低点可以用旅行产业内的平均成本来表示。对于垄断价格,我们可以根据垄断价格与垄断利润的关系来说明。这样,我们通过分析旅行社平均利润率与全社会平均利润率之间的差额,就可说明旅行社进入壁垒的度量问题。根据以上假定,设 P 为旅行社产业平均价格,AC 为旅行社产业平均成本,M 为全社会平均利润率,那么旅行社产业超额利润率为:

$$M_T = \frac{P - AC}{P} - M$$

M_T 值越大,旅行社垄断利润就越多,则市场进入壁垒就越高。

在对旅行社产业实际研究中,我们还可以使用最简便的方法来研究进入壁垒,即利用旅行社业的各项统计资料中的企业数量和企业规模比重进行研究。如通过旅行社企业历年数目增长率指标比较产业之间的进入壁垒,也可以通过百强旅行社在旅行社总业务量的比重来说明市场进入壁垒,还可以通过旅行社企业数目与其总人口的国际比较,来说明一个国家旅行社市场进入壁垒的高低。然而,无论通过什么方法、借用什么统计资料,在分析时都要考虑旅行社产业发展的阶段性。

如果我们同时利用超额利润法和业务比重法来研究旅行社市场进入壁垒,我们则会发现,在一个特定时期内,两种方法在说明市场进入壁垒时,是有某种程度上的背离。例如,用超额利润法来研究中国的旅行社现状,1996 年全国旅行社业务收入总额为 152.5 亿元,利润总额是 5.25 亿元,利润率为 3.44%,2000 年全国旅行社业务收入总额为 443.62 亿元,利润总额是 10.78 亿元,利润率仅为 2.43%,旅行社利润率持续下降,我们可以由此得出旅行社市场竞争程度不断加剧,市场价格已经接近平均成本点上的结论,说明旅行社市场进入壁垒低。然而,如果我们利用业务比重法来研究,1996 年国际旅行的前 100 家占同类旅游利润的 72.2%,到 2000 年却占 75.79%,1996 年国内旅行的前 100 家占同类旅游业务的 10%,到 2000 年却占 17.7%,以上资料表明旅行社市场集中度正在不断地加强,市场进入壁垒正在提高。两种方法反映实际不一致的现象的原因,主要是总体与结构的分离所致。

相对于进入壁垒,旅行社也存在一定的市场退出壁垒。一般来说,退出壁垒是旅行社市场经营的环境恶化,企业经营业绩不佳,准备退出市场时所受到的阻碍。企业的沉淀成本、违约成本、行政法规和市场发育不完善是形成旅行社退出壁垒的四个决定因素。由旅行社特点决定的旅行社资产的专用性较弱,使得企业退出不具有较高的沉淀成本。同时,旅行社的业务主要是短期或者是一次购销合同,企业退出市场承担的违约成本较少。另外,就世界各国有关旅行社的规定来说,有关行政法规对旅行社退出市场也没有多少严格的限制,因此,前三个因素对旅行社市场退出的壁垒影响较小,其退出壁垒主要是由市场发育不完善所致。

旅行社进入壁垒与退出壁垒的作用对象是不同的,进入壁垒是作用于市场进入者,退出壁垒是作用于市场在位者。无论作用对象如何,都会对旅行社市场竞争与垄断、市场集中与分散产生重大影响。

因此,旅行社自身的资本、技术特点,以及我国旅行社业非集团化、非网络化、非品牌化发展(至少集团化、网络化、品牌化发展还远未形成气候)的现状使得进入壁垒相对较低[①],加上模块化的基础产品竞争升级事实上又进一步降低了以装配合成为主要特点的旅行社的进入壁垒。在经济内在壁垒失效的情况下,我国旅行社业的进入壁垒自然主要依赖于外在壁垒——法律壁垒和政策壁垒。这种壁垒在我国实际上就是《旅行社管理条例》的政府规制[②]和中国公民出境旅游特许经营权及配额安排。

在原《旅行社管理暂行条例》中曾经规定一、二类社必须是全民所有制,三类社至少是集体所有制,这明显对非国有资本进入予以歧视。尽管后来的《旅行社管理

① 这也是我国旅行社退出壁垒相对较低的原因。

② 在"上有政策,下有对策"的博弈中,《旅行社管理条例》并没有起到预期的进入壁垒的作用,大量的承包社寄生在合法旅行社"肌体"上而存在。

条例》中并没有对非国有资本进入旅行社境外游市场进行限制，但在实际操作中还是对民营资本存在限制，不允许外资旅行社涉足国内公民出境游业务。但这种情况正在逐步打破。1998 年 3 月成立的民营原野旅行社以 5 万多国内游年组接人数和近 1 亿元的营业额优良业绩稳居江苏省国内旅游第一，2001 年投资 600 万元拥有了上市公司"国旅联合"的子公司南京海外旅游公司 94% 股权，从而成为国内第一家从事出境游业务的民营旅行社。2002 年 1 月，由香港中旅与早前收购的中国旅行社香港分社各以 80% 和 20% 股权共同组建的中旅国际旅行社有限公司在京成立，成为国内首家拿到中国公民出境旅游特许经营权的外资独资旅行社。此外，新疆德隆在收购深圳明斯克航母之后，又分别收购了青旅控股 5.64% 的股权和其他地方旅行社；广东则在境内经营权招标中降低开设要求并使新成立的境内旅行社 80% 属于民营资本；如此等等。可见，随着我国加入世界贸易组织后，旅行社业的进入规制将逐渐放松，将工作重点转向行业管理和规范。无疑，这些都将加速旅行社的民营化进程。然而，目前我国旅行社还是一个进入壁垒高（主要是行政法规的限制）、退出壁垒低（主要是沉淀成本低）的产业，市场竞争还不充分。如果没有行政法规的种种限制，仅就旅行社经营性质而言，旅行社应该属于充分竞争的产业。

四、旅行社的市场集中

旅行社进入与退出壁垒主要说明市场在位者与进入者之间的竞争关系；关于市场集中则主要说明旅行社市场在位者之间的竞争关系，两者构成了旅行社市场的竞争关系的全部。

旅行社的市场集中是指旅行社经营的集中程度，它集中反映旅行社市场垄断程度的高低，一般是用旅行社产业中若干个最大的企业所拥有的生产要素或其营业额占整个产业的比重来表示。例如一定时期内，百强旅行社旅行业务量或者利润额占全社会旅行社业务量或利润额的比重，可以说明旅行社市场集中程度。集中程度高则说明在旅行社产业中少数大企业具备了对市场的支配力量，即具备了一定程度的市场垄断能力。

我们可以通过市场绝对集中度来分析旅行社市场集中问题。所谓市场绝对集中度是旅行社产业中最大的 N 个企业的业务量所占全社会所有旅行社总业务量的比重来表示。我们假定某时期内旅行社总业务量为 X，第 i 个企业的业务量为 X_i，i 企业的市场份额为 S_i，R_n 为旅行社产业中最大的 n 个企业所占市场份额之和，则有：

$$R_n = \sum_{i=1}^{n} \frac{X_i}{X} = \sum_{i=1}^{n} S_i$$

如果我们通过这个数学公式，将旅行社的 $R_1 \sim R_n$、$R_2 \sim R_n$ 数值绘成一定的曲线，反映旅行社产业大企业的规模分布状态；同时，我们将不同时期的曲线进行研究，便可比较和分析旅行社产业集中的时间变化情况，还可以通过与其他产业的曲线比较,来说明旅行社产业集中的情况。

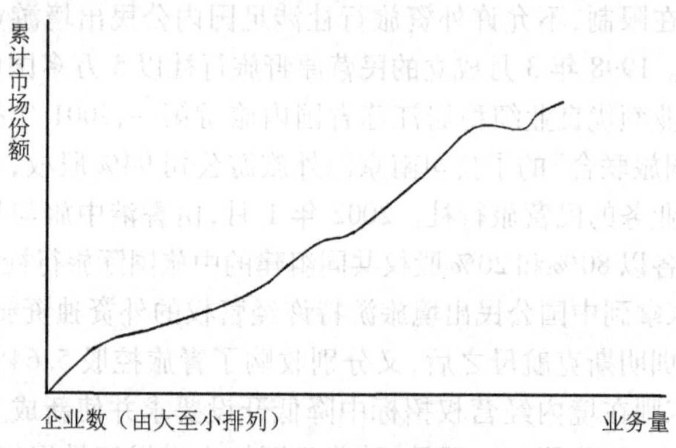

图 7-4　市场集中度示意图

由于旅行社市场组织是以批发商为主体的,在研究旅行社市场集中状态时,可以通过对旅游批发商企业的市场集中度的研究来把握旅行社市场的集中程度。也就是说,通过计算旅游批发商中最大的 N 个企业的业务量所占全社会所有批发商总业务量的比例,来说明旅行社市场集中的状态。

一般而言,旅行社市场集中度是通过计算旅行社的组团量或者旅游经营收入来进行分析的(见表 7-1)。但因我国旅行社体系是适应国际入境旅游而建立起来的,而且在相当时间内,国内旅游对旅行社的利用率较低(基本保持在 8%以下),所以在我国一般是通过旅行社在整个入境旅游接待中所占份额进行分析的。根据数据的可得性以及中国旅行社行业发展的实际情况,我们以"老三家"在国际入境接待市场为例说明旅行社业的市场集中度。

表 7-1　德国、意大利旅游经营商市场份额(1999)

旅行社名称	营业收入			组织接待旅游团		
	名次	收入(万马克)	市场份额(%)	名次	人次	市场份额(%)
1. 德国						
TUI Deutschland	1	764 500	27.05	1	6 043 285	22.04
C & N Touristic	2	638 750	22.06	2	5 884 748	21.46
LTU Touristik	3	298 170	10.55	4	2 610 431	9.52
Dertour	4	181 200	6.41	3	2 927 000	10.67
FTI	5	175 630	6.21	5	1 934 882	7.06
合计			72.28			70.75

续表

旅行社名称	营业收入			组织接待旅游团		
	名次	收入(万马克)	市场份额(%)	名次	人次	市场份额(%)
2. 意大利		(万美元)				
Alpitour	1	44 700	16.42	1	772 220	18.58
Costa Crociere	2	43 100	15.84	2	361 000	8.69
Viaggi Ventaglio	3	26 600	9.77	4	324 000	7.80
Francorosso	4	26 300	9.66	3	354 000	8.52
Valtur	5	15 600	5.73	7	240 000	5.77
合计			57.42			49.36

资料来源:德国《国际旅游经济杂志》2000(1);意大利 旅游经营商协会 2000;转引自:罗明义. 国际旅游发展导论. 天津:南开大学出版社,2002.

需要说明的是,如果我们将在市场经济条件下,投资主体进入旅行社业进行相关业务的经营称为旅行社"产业产权",则这种产权一般具有公共性。也就是说,任何投资主体都可以拥有它,但是投资主体 A 占有的多了必将会导致其他主体占有少了,这种产权不受法律保护,因此保护程度取决于供给厂商自身的市场能力,能力差者失去"产权"而能力强者获得并增加"产权"——产权的拥有是不稳定的。如果其中加入国家的强制力量,形成行政垄断的话,则只要这种行政垄断体制不改变,因此而形成的"产业产权"就远比市场化配置方式形成的"产业产权"来得稳定。问题是正如我们在导论中所分析的那样,地方政府(既可是独立的利益主体,也可能作为旅行社的代言人扮演"影子"利益主体)和各个部门都是具有特殊利益的行为主体,一旦这些行为主体的利益需求由于改革的进程而被激活,原有的行政垄断下旅行社业经营中的长期高利润必将推动它们向中央政府展开游说活动,"要求"通过行政手段——或制度改革——获得一部分"产业产权",一旦这种行政性"产业产权"的土壤发生变化,更多利益主体进入该市场而市场容量增长缓慢时,就会导致市场集中度的下降。

表 7-2 和表 7-3 反映的中国旅行社行业市场集中度变化基本是我国旅行社行业制度变迁过程。在 1984 年以前我国旅行社入境接待实行行政垄断,因此国旅、中旅、青旅"老三家"的市场占有率达到 50% 以上,在旅游业发展初期甚至接近 80%。后来在地方和部门的要求下,放弃了 1981 年重申的"地方不许搞外联"的政策,中共中央办公厅、国务院办公厅于 1984 年转发国家旅游局的《关于开创旅游工作新局面几个问题的报告》,明确指出要在外联工作上打破独家垄断思想,允许中国国际旅行社总社(CITS)、中国旅行社(CTS)、中国青年旅行社(CYTS)等单位展开竞争,充分利用自身优势扩大各自的活动领域和服务对象。在 1985 年旅行社实

行三类分级后，所有的一类社都可以获得外联权①，拉开了以“放权”为内容的外联权体制改革（张凌云，2001）。随着外联权的下放，市场集中度也进一步下降；在1992年，一类社较上年猛增63家，市场集中度进一步下降到30%以下②。据中国旅行社发展现状与对策研究课题组（2002）研究成果③，市场集中度已经进一步下降到15%以下，但数据表明我国旅行社业已经开始出现基于市场的重新集中现象。

表7-2　三大社市场份额变化（1980—1987）

年份＼旅行社	中国国际旅行社（CITS）%	中国旅行社（CTS）%	中国青年旅行社（CYTS）%	合计（%）
1980	18.8	59.9	0.9	79.6
1981	17.2	56.1	1.8	75.1
1982	16.6	47.4	1.3	65.3
1983	16.0	45.3	1.4	62.7
1984	16.0	33.0	1.9	50.9
1985	15.6	25.7	1.7	43.0
1986	14.0	18.3	2.4	34.7
1987	13.3	22.4	3.3	39.0

资料来源：杜江，戴斌．旅行社管理比较研究．北京：旅游教育出版社，2000：97.

表7-3　三大社市场份额变化（1988—1995）

年份	CITS	CTS	CYTS	合计接待人数	有组织接待人数	CR_3
1988	526 217	1 103 949	147 295	1 777 461	4 349 045	40.9
1989	137 776	843 129	99 836	1 080 741	3 228 164	33.5
1990	110 238	1 064 605	135 171	1 310 014	4 251 941	30.8
1991	487 926	1 065 918	155 933	1 709 837	4 963 052	34.5

① 实际操作中，二类社违规外联甚至一些三类社涉足外联已是公开的秘密。

② 按照贝恩的观点，当$CR_4<30\%$时属于原子型市场结构。见王俊豪等．现代产业组织理论与政策．北京：中国经济出版社，2000：68.

③ 中国旅行社发展现状与对策研究课题组．中国旅行社发展现状与发展对策研究．北京：旅游教育出版社，2002：21.

续表

年份	CITS	CTS	CYTS	合计接待人数	有组织接待人数	CR_3
1992	646 901	962 326	149 918	1 759 145	6 326 400	27.8
1993	740 652	820 192	140 354	1 701 198	7 012 756	24.3
1994	810 186	619 409	224 808	1 654 443	7 639 100	21.7
1995	846 515	477 417	305 201	1 629 753	8 026 000	20.3

资料来源:中国旅游统计年鉴(1989—1996 各期)。

需要注意的是,尽管我们在计算旅行社行业市场集中度时详细列出了前三位旅行社集团的市场份额,但显然从行业集中度中反映不出其余企业的规模分布情况,而且如果用于国际比较,可能出现 n 取值的不同而导致对市场集中度高低判断的不稳定,可能:(1) n 取某值(假设为 2)时,A 国旅行社行业的市场集中度高于 B 国,(2) n 取另一数值(假设为 4)时,A 国旅行社行业的市场集中度低于 B 国,(3) n 取其他值时,情况可能又会发生新的变化。比如,与我们前面判断的旅行社行业市场集中度下降不同,如果 n 取值为 100,则 1996 年国际旅行社前百强占同类旅游利润的 72.2%,2000 年上升到 75.79%;1996 年国内旅行社百强占同类旅游业务的 10%,2000 年上升到 17.7%,显然仅从数据判断应该是旅行社行业市场集中度在上升。

对于旅行社产业来说,形成市场集中的因素是众多的。首先,旅行社市场集中程度是旅游市场容量与旅行社规模经济作用的结果。在旅游市场容量为一定时,旅行社产业规模经济的要求越显著,旅行社市场集中度也就越高;相反,在旅行社产业规模经济要求不变时,旅游市场容量越大,旅行社市场集中度就越低。我们知道,产业规模经济的要求是与一定的成本结构相联系的,对于高固定成本结构的产业而言,其规模经济的要求要高于那些高变动成本结构的产业。由于现阶段旅行社产业还是一个低固定成本结构,旅行社产业对规模经济的要求不高,同时,我国的旅游市场还处于一个高速发展时期,市场容量在不断地扩大,受旅行产业规模经济低要求和旅游市场大容量的作用,旅行社市场集中度不高。但随着旅行社研发活动的增强、网络化经营的实现,特别是旅行社市场的批零分工体系的形成,旅行社产业对规模经济的要求必然随之提高。在旅游市场进入一个相对稳定发展的时期,市场只能容纳若干家与规模经济要求相适应的大社时,就会形成与市场容量和规模经济相适应的旅行社市场集中,那么,旅行社市场集中度也必然随之提高。其次,旅行社追求市场垄断行为也会形成市场的集中。在我国现阶段里,在旅行社规模经济要求不高的情况下,一些旅行社市场份额的扩大并不是规模经济的要求,而是因为企业存在追求垄断地位的动机:通过市场规模的实现,以谋取垄断利润和下链或上链旅游企业的利益,同时,限制或排斥竞争对手,以实现对旅行社市场某种程度的控制。“一个企业通过兼并其竞争对手的途径发展成巨型企业,是现代经济史上一个突出的现象,没有一个美国大公司不是通过某种程度、某种方式的兼并而成长起来,几乎没有一家大公司主要靠内部扩张成长起来的。”①旅行社通过各种兼并的形式来扩大企业的规模,实现市场的垄断,在一定程度上也促进了旅行社市场的集中。第三,政府的规制以及相关的政策也会促进旅行社市场的集中。如对出境权实施严格的审批规制,旅行社集团化经营的政策等,都会对某一时期内的旅行社市场集中度的提高产生影响。

第三节　饭店产业市场结构

一、饭店业市场结构的特点

饭店业作为旅游目的地重要的地面设施,其功能是满足旅游者在旅游目的地停留的需要,承担着旅游者所需的食宿、娱乐等项服务,这就决定了饭店业是一个地域性较强的产业。它的市场竞争与垄断状态一方面取决于旅游目的地的性质,取决于旅游目的地的自然环境的季节状况,另一方面取决于在一个特定区域内饭店规模数量以及饭店组织状况。因此,我们在研究饭店业市场组织时,要将旅游目的地的性质和特点与饭店业市场结构联系在一起。

不同于旅行社市场结构的研究,对饭店业市场结构的研究是以旅游目的地为基点的。由于旅行社经营地域范围不是仅限于某个特定地区,它可能是客源地也可以是目的地,在旅行社产业链上它可以是批发商,也可以是代理商,还可以是接待商,因此,旅行社厂商间及厂商与旅游者之间的关系特征和形式同饭店业相比较要复杂得多。作为旅游目的地的组成,饭店业之间的关系除了水平关系之外很少具有垂直关系,又由于地域市场范围的限制,饭店业之间的合作除了在不同类型或者不同等级之间进行之外,同类型和同等级之间的饭店只能通过产权关系进行合作,因此,不同于旅行社业,饭店业的资本关系是十分显著的。

以上所述,我们是将饭店业市场结构的研究限于一个特定的旅游目的地区域内;如果我们在一个较大的区域内研究,例如在一个国家或世界范围里,情况将有所不同。如果说在一个特定的旅游目的地内饭店业属于一个竞争充分的市场结构,那么,在一个更大范围内饭店业也可能是一个具有垄断特征的市场结构。饭店业通过联号饭店、特许经营、管理合同、租赁和拥有饭店股权等各种形式,加速了饭

① 施蒂格勒. 产业组织和政府管制. 上海:上海三联书店,1989:3.

店业的市场集中。“当前国际饭店业中独立所有的饭店的比例有逐渐减少的趋势,1980年美国最大的25家饭店联号经营的饭店数量占所有饭店数量的50%,到1994年,这一比例已经达到65%,越来越多的独立饭店以各种形式加入了饭店联号中,而一些大的饭店联号在扩张时也选择尚未品牌化的独立所有饭店。”①

如果从某个地域来看,饭店业是一个相对分散的行业,处在一个竞争充分的市场结构之中;而从世界饭店产业整体来看,饭店业又是一个相对集中的行业,处在一个竞争不充分的垄断市场结构之中,这就是饭店业地域与产业的“二元结构”。

二、饭店业规模经济

无论什么类型的饭店,要在市场经营中取得一定的市场地位和良好的市场绩效,必然要考虑规模经济问题。饭店业的规模经济是指因接待规模的扩大而减少了经营单位成本。饭店业的规模经济主要有两种形式:一是在同一地点上单一饭店由于接待规模的扩大而形成的规模经济,这是通常含义上的规模经济;二是同一组织在不同地点由于饭店数目的增多,接待规模扩大而形成的规模经济,这是规模经济的外部表现形式。前者是同组织同地点上饭店规模经济,后者是同组织不同地点上饭店规模经济。本节我们主要讨论饭店规模经济的第一种形式,至于第二种形式的饭店规模经济,我们将在旅游产业一体化经营中进行讨论。

在短期内,由于饭店业刚性接待能力的约束,饭店业要追求内部规模经济是存在一定的限度,因为饭店不能调整房间数目。如果旅游目的地的饭店没有能力单独去满足市场需求,对它们来说,卷入一场你死我活的竞争是毫无意义的。随着接待规模的扩大,单位接待成本下降,直至边际成本等于平均成本,这时,饭店业的收益可能会上升也可能会发生下降。如果边际收入不变,饭店的收益将会上升;如果边际收入由于接待规模扩大而不得下降,则很有可能导致收益下降。我们假定有一个四星级饭店,拥有600间客房,平时出租率为50%,平均房价为500元,平均每间房出租成本为250元,这时,饭店年收入为:600×500×365×50% =5 475万元,饭店年收益为2 737.5万元。

为了追求规模经济,饭店努力使客房出租率上升到90%,由于市场容量相对有限,必须将原有的房价降至300元,这时平均每间房的出租成本由250元降为180元,饭店年收入为:600×300×365×90% =5 913万元,饭店年收益为3 547.8万元。

就长期来看,旅游目的地的饭店在位者也不会大大增加其生产能力,因为它们预期在共同超过生产能力市场状态下会有激烈竞争,饭店内部规模的扩张很可能导致规模效益递减或规模不经济的现象。例如,在一个特定旅游目的地有一家原

① 谷慧敏,秦宇. 世界著名饭店集团管理精要. 沈阳:辽宁科学技术出版社,2001:6.

有400间客房的度假型饭店，在旅游旺季经常出现超额订房现象，全年出租水平较高，饭店保持较高的利润水平，我们假定饭店投资者通过增加投资在原地再增加客房200间，则会导致出租率大幅度下降，从而引起规模效益递减。所以，“刚性生产能力约束存在，是递减规模收益的生产技术的一种特殊情况”①。

饭店追求内部规模经济还会受到季节性限制。由于饭店产品不具有储存性的特点，也不能进行空间转移，其价值实现只能限定于特定的旅游目的地，所以，饭店的规模经济的实现不仅取决于旅游目的地的全年总需求，更取决于这种总需求的时间分布状态。假定一个旅游目的地全年总需求为6万人次，再假定平均每一人次在目的地停留时间为3天，那么，这个旅游目的地将会产生18万间天的饭店总需求。如果总需求在全年内是均衡分布的，则旅游目的地只要有一家拥有500床位的饭店便可满足需求；如果总需求不是均衡分布，则生产规模要大于500床位。时间的需求差度越大，所需的饭店数就越多。旅游目的地所需饭店床位是与来这个地区的旅游人数和平均停留天数成正比，与需求季节的时间波动系数成反比，在全年总需求为一定时，需求季节的时间波动系数越大，所需饭店床位数就越大。

由于旅游目的地的饭店规模受总需求和需求的时间分布这两个因素调节，在总需求一定时，其时间分布状态必然会影响饭店业的出租水平，进而影响饭店业的规模经济的实现。当总需求增加但这种需求存在明显的时间分布，饭店不会通过增加规模来追求规模效益。事实上，在旅游需求存在时间波动的条件下，饭店也无法通过内部的规模扩张来实现规模效益。因此，由于饭店供给刚性约束，旅游饭店追求短期规模经济是困难的；又由于旅游需求时间分布的不均衡，旅游饭店追求的长期规模经济也很难实现。

当一个企业不能在一个特定的空间点上形成规模经济，那它必然通过一种企业组织的形式，在不同的空间点上形成规模。因此，饭店业多点经营所形成的联号经营和连锁经营，便成为饭店业追求规模经济的一个重要方式。旅游饭店企业通过多点经营，一方面使自己的经营空间范围随着多点经营而扩大，旅游饭店企业的市场范围进而扩大，从而形成规模经济的市场条件；另一方面，在多点经营的条件下，旅游饭店企业可以建立统一的销售渠道、管理模式和物资供应，实现资源统一调配，降低经营成本，来实现规模经济利益。因此，旅游饭店多点经营所形成的联号和连锁方式不仅反映了旅游需求的经济要求，也是规模经济在饭店业作用的表现形式。

三、饭店业市场进入与退出壁垒

从理论上分析，饭店业的进入壁垒主要有资金壁垒、管理技术壁垒、规模经济

① 泰勒尔．产业组织理论．北京：中国人民大学出版社，1997：272.

壁垒、产品差别化壁垒、策略性阻止进入壁垒。但实际上,这些壁垒并没有真正起到对潜在投资者的进入的约束作用。管理技术不存在边干边学的问题,完全可以通过市场实现;饭店竞争的地域分割性、价值实现的时间黏附性、生产能力的固定性①以及外包形式的出现都降低了传统意义上的规模经济壁垒的作用;我国饭店业发展过程中多根据观光团队客人需要来设计产品,差异化程度低,虽然有像锦江、凯莱等一些品牌,但总体而言品牌化程度较低,差异化壁垒显然也较低。如果说,旅行社的市场进入壁垒主要是政策和制度所形成的进入壁垒的话,那么,饭店业的市场进入壁垒主要是由资本所形成的。在当前的中国,政策和制度对饭店业的市场进入不会产生更大的市场壁垒,因此,就总体来看,饭店业的市场进入壁垒是较低的。

虽然从总体来说,饭店业是一个市场进入壁垒低的行业,但是对不同的饭店市场来说,市场进入壁垒的高低也是不同的。饭店企业由于类型、等级和规模的不同,饭店功能上的差异性存在,使不同饭店的先期投入量形成较大的差异。因此,由资本决定的市场进入壁垒在不同类型和规模的饭店的大小是不同的。对于那些星级等级高的饭店,高质量的服务设施使得这些饭店的先期资本投入量以及后期运行成本较大,因此,在这类饭店市场上形成的市场壁垒较高;相反,对于那些星级等级较低的饭店,先期资本投入量以及后期运行成本较小,因此,在这类饭店市场上形成的市场壁垒较低。由资本投入量决定的不同饭店等级之间的市场壁垒的高低,使不同等级饭店的市场竞争程度形成较大的差异。由于低星级饭店资本需要量较小,市场进入壁垒低,市场竞争程度远远高于那些高星级饭店。

在饭店理论研究中,普遍认为饭店业是一个“活不好、死不了、跑不掉”的高退出壁垒行业(邹统钎,2002)。分析其主要原因有:(1)作为劳动密集型行业,若退出市场则劳动力安置成本较高;而且由于其劳动密集型的特点,在社会失业问题较严峻的情况下,政府自然也会对退出有所措施予以限制;(2)饭店资产专用性程度较高②,一旦转产则很难改作其他用途,所以退出面临较高的沉没成本。不过,对于第二点判断可以作进一步的分析。在很长一段时间内,由于市场体系的残缺,产权交易市场不完善,饭店易手非常困难,所以所谓饭店具有较高沉没成本的确属实,但如果这个判断基础发生了变化,饭店资产能够通过市场易手,则显然沉没成本取决于饭店出售价格与剩余价值之间的差价,而与饭店原始投资的高低以及资产专用

① 这些特点再加上旅游需求的波动性特点,使得饭店的规模经济实现不是表现为“单工厂规模经济”,而是“多工厂的企业规模经济”——饭店的地域广延性分布(或称饭店的网络化发展),只有基于网络化的饭店集团才是符合饭店自身特点和旅游特点的“合意”的饭店集团。

② 资产专用性根据专用程度可以分为四个层次:产品改变后毫无用处的资产;经过有成本的调整可适应新产品生产的资产;不需调整即能适应,但生产成本太高,存在更有效率的替代资产的资产;广泛适应性,产品改变不产生任何额外成本的资产。

程度并不存在必然的联系。

案例7-2　主题饭店的概念与表现形式

主题饭店是通过文化融合的方式，以创造一个或多个文化主题为标志，并围绕主题来营造饭店经营服务与管理氛围，提供特殊的住宿和餐饮等服务的综合体。其最大特点就是赋予饭店以某种具有特色的主题，并围绕它来组织生产经营活动，营造经营服务与管理气氛，使饭店的产品、服务、环境、造型以及活动等都为主题服务，而且始终使主题成为顾客容易识别的饭店特征和产生消费行为的刺激物。

差异化是饭店产品的生命力所在。饭店产品的特征之一就是不能申请专利，不可专利化是饭店产品易模仿和抄袭的根源，使得饭店之间的竞争发展到非正常竞争乃至恶性竞争的地步。如何发掘饭店产品的特点，形成产品差别，积淀产品区隔，并不易抄袭和模仿，成为饭店业共同的难题。而主题饭店却很好地做到了这一点。

主题饭店通过建筑物造型、外环境、外装修、饭店的环境艺术、室内装修设计、设备设施和用品物品的造型、色彩图案、款式、设置创意、视觉效果等硬件和饭店的产品理念、服务理念、文化理念、服务程序设计、产品及业务设计、服务中心的CI设计、服务过程中的文化点缀、服装设计、语言文字设计、背景音乐设计等软件，从外形和内涵上促进品牌的形成、品牌设计差异、品牌内涵丰富、品牌推广、品牌营销、品牌保护。因此，主题饭店较之于一般的标准化饭店更易于形成企业特色，塑造企业品牌。

[资料来源：郭松林，游上，谢惠娟．主题饭店发展模式的创新(上)．中国旅游报"酒店指南"，2005-12-07.]

总之，饭店业作为一个资本和劳动双重密集型的产业，资本的先期投入量较大，后期劳动要素高以及经营和运行成本较低，沉没成本高，饭店的市场退出壁垒较高。① 进入壁垒低和退出壁垒高是饭店业的一个重要特点。

四、饭店业的市场竞争

目前，我国饭店业市场竞争的主要态势是过度竞争。所谓过度竞争就是指市场中的企业已经处于低利润率甚至负利润率状态，但生产要素和企业仍不能从行业中退出，使全行业的低利润率或负利润率的状态持续下去。实践上非但不能退出，而且在大量亏损下仍有大量行为主体投资进入该行业：或以增量的方式进入，或以存量调整的方式进入。增量方式进入饭店业市场自然将进一步增加业已"过

① 张辉，秦宇，厉新建．对我国饭店业竞争现状的深层思考．旅游学刊，2000(3).

载”的市场容量，即便是产权易主的存量调整也因无法退出相应的生产能力，不会显著改善饭店业竞争状况。

从总体来说，饭店业的过度竞争存在是因为：一方面在缺乏政策和技术壁垒的条件下，投资主体的多元化、投资行为的多元化的存在，资本的进入壁垒弱化，形成了饭店业的过度进入；另一方面又因为饭店业退出壁垒高，使得饭店产业中过度进入的生产要素较长期地不能从该产业中退出，形成资源的闲置。具体来说，主要有以下五个方面的原因①：

第一，投资主体的多元化。中国自实施改革开放政策后，地方和部门获得了更大的投资自主权，替代中央成了经济运行中的重要利益主体。同时，在当时饭店供给短缺的市场环境下，旅游发展的投资政策的实施大大地激活了以地方和部门为主体的投资热情，使我国主要旅游目的地甚至一些非主要旅游目的地的饭店数量大幅度增加，我国涉外饭店数量从1978年的203家增加到2000年的10 481家，房间数948 185间。在10 481家饭店中，国有企业占到6 646家，其中大多数是由部门和地区政府投资形成的。除此之外，市场经济制度的实行，产生了其他市场主体如集体企业、股份合作企业、联营企业、有限责任公司、股份有限公司和私营企业对饭店业投资行为，对外开放形成了大量外资对饭店业的投资行为。在改革开放政策下，无论是地方和部门利益主体、市场制度建立后产生的其他市场主体，还是实行对外开放政策产生的外资利益主体，在饭店投资上都不约而同地选择主要旅游城市作为投资区域，形成了饭店投资明显的区域指向。短期的投资主体多元化的形成以及投资区域的指向性存在，使得我国一些主要旅游目的地城市的饭店供给数量极度膨胀，必然形成饭店业的过度竞争。

第二，投资行为的多元化。在我国饭店业市场活动中，有相当一些饭店属于政府的直属企业，这些企业投资目标不是为了商业利益，而是满足政府接待的需要，有的企业便成为政府福利的提供者。在这些饭店中，大部分饭店的建设、经营本身就有多重目标，其中一部分饭店是通过行政性资源建成的，属于无偿投资。由于我国饭店业中存在着大量不独立、不健全的市场主体，并同一些独立的市场主体共同组成了旅游饭店统一的市场主体结构，形成了中国特有的二元性市场主体结构。由于二元市场主体结构的存在，必然产生二元性饭店经营行为：独立性的市场主体出于投资与经营回报的各种压力，往往会通过各种竞争方式来改善经营状况，然而，非独立的市场主体由于没有投资回报的经营压力，便可以通过简单的价格竞争来获得竞争优势。因此，在商业性行为和非商业性行为的二元结构的饭店市场环境下，由于非商业性运作的饭店与商业性运作的饭店，在投资成本、投资利息和经

① 当然，对饭店业内这种现象的深入思考还需要结合地皮升值与经营获利两者之间的关系，这样可能更有助于理解悖论现象的真正原因。

营成本等方面存在着明显的差异,形成了制度上的投资的比较利益,在企业化经营中便可以利用制度上缺陷所形成的较低的经营成本,与那些商业化运作的饭店进行市场竞争,过度竞争也必然会形成。

第三,对市场需求预期的失误。因为投资主体关于是否进入饭店业的投资决策取决于对未来市场需求变动的预期和成本的判断,而在我国旅游经济发展过程中往往容易出现需求的"同步性震荡",形成需求旺盛的"假象",容易造成投资主体的判断失误。

第四,对饭店业经营的过度自信。很多投资主体进入竞争如此激烈的饭店市场是基于对市场的正确判断和对市场驾驭能力的自信。亏损有时也可以成为吸引新投资主体的原因。可以推论的是,亏损可能源自在位饭店在生产和管理上的低效率,低效率会增加不必要的成本,而恰恰是这些非正常成本像高于平均利润的非正常利润一样吸引着效率较高的潜在竞争者的进入。只不过若产权交易制度是完备的,则潜在投资主体可以以存量调整的方式进入,而在像我国这样产权交易市场缺失的情况下,新的投资主体只能以增量方式进入。

第五,饭店业缺乏市场细分意识。尽管在饭店行业实际生产能力不可能退出,但这只是针对企业的终极退出而言的;实际上在饭店行业还存在另外一种退出方式,那就是细分市场的退出或者称为经营领域的退出。市场退出或经营退出可以在不改变生产能力的情况下改善饭店的市场的配置,重新寻找新的细分市场,从而有效改善饭店的经营业绩。由于我国大多数饭店还没形成明确的市场细分,在我国饭店行业在过度竞争的同时,在某些细分市场却表现为竞争不足。

如果将旅游饭店作为一个经济组织来认识,那么,在它的早期发育中,由投资主体的二元市场结构以及投资行为的二元性市场行为所形成的过度竞争现象,主要表现在一个特定的行政区划内。因此,通过企业组织调整行为,如饭店企业之间的合并、兼并和联合来解决饭店业的过度竞争问题,在空间上是没有障碍的。1998年国务院实施的各级党政机关与直属企业实行的政企脱钩的决策,将会促进一批饭店向独立的市场主体过渡。在这种条件下,饭店业的组织调整便可以有两种选择:一种是当饭店企业成为一个独立的市场主体时,在市场竞争的作用下,通过购买或兼并的形式组建饭店集团,实现饭店业之间的组织调整;一种是利用行政性手段,通过联合和合并的形式,实现企业组织重组。前一种方式是市场自然发育的方式,它的最终实现是需要一定的时间,而后一种方式是制度上的设计,是利用一定的行政性资源形成的,不需要市场自然发育的时间,因此,后一种方式往往是现实的选择。

无论是通过行政性手段还是通过市场自然发育过程,饭店业的组织调整是解决过度市场竞争的有效途径。因此,在一个旅游目的地内,市场竞争的结果必然会形成饭店业的市场集中。一般来说,决定饭店业市场集中的因素有两个,一是饭店企业规模的变化,二是市场容量的变化。从饭店企业规模的变化来看,在市场竞争的压力下,特别是在我国饭店市场上"国际竞争国内化"的客观条件下,都有希望使自己的企业规模扩展到单位劳务产品的成本和费用最小水平,形成最佳企业规模经济。在市场容量既定的条件下,既定的市场容量与饭店企业追求规模经济的意愿相结合,必然造成饭店业的集中。因此,在市场容量既定条件下,少数大企业规模越大,集中度就越高;从饭店市场容量变化来看,一般来讲,市场容量与饭店业集中度具有负的相关性。也就是说,市场容量扩张,饭店业集中度降低;市场容量缩小或不变,饭店业集中度提高。

第四节 旅游企业市场行为

在前面章节中,我们分别介绍了在不同市场上旅游产业的市场结构问题。可以这样认为,旅游产业的市场结构构成了旅游企业的外部经营环境,这种由市场结构所决定的市场环境影响着旅游企业在市场上的各种经营行为。也就是说,一个时期内市场结构的特征会决定旅游企业采取相应行为。市场行为是指旅游企业为实现经营目标而根据市场环境的情况采取相应行动的行为。旅游企业经营目标是企业市场行为的目的和动力,具体表现在获取更大利润和更高市场占有度两个方面;市场环境是指旅游产业的市场结构,它是企业市场行为形成的基础。旅游企业市场行为与旅游市场结构存在着密切的联系,旅游市场结构状态决定旅游企业市场行为,同时,旅游企业市场行为又反作用于旅游市场结构,影响旅游市场结构的状态与特征。

一、旅游企业定价行为

在旅游经济活动中,无论是旅行社、饭店企业,还是交通运输和景点企业,都是旅游服务的提供者,都通过向旅游者提供一定的服务项目并以商品交换的形式来获取经济收益。在旅游需求弹性条件下,由于服务价格直接影响旅游需求数量,同时也影响这些旅游企业的营业收入,因此,如何定价是旅游企业最重要的经营行为。

旅游企业的价格具有多种不同的理论模式。在不同的价格模式下,旅游企业价格行为是不同的。一般来说,旅游企业价格模式主要有利润最大化定价模式、相同产品竞争定价模式、差别产品竞争定价模式三种类型。

利润最大化定价模式是最常见的一种理论模式。这是因为,在一定的市场结构下,旅游企业追求利润的最大化是采取价格行为的前提条件,也是经济学分析企业价格行为的基本假设。如果我们以 TR 表示旅游企业的总收益,TC 表示旅游企业总成本,旅游企业利润 $M = TR - TC$。根据最大化原理,当边际收益等于边际成本时,旅游企业利润为最大化。因此,旅游企业利润最大化定价模式便是按照边际收益等于边际成本,也就是根据边际成本的数量来确定价格水平。

利润最大化定价模式是假定旅游企业接待能力与旅游需求数量是在一个平衡状态下的定价模式,也就是说是以接待量为决策变量,其存在条件是旅游生产能力具有一定的弹性,同时,旅游需求也具有价格弹性。在这种条件下,每一服务的数量单位都按边际成本来出卖,如果价格超过边际成本,服务生产者就会扩大服务生产而增加利润;相反,如果生产这种服务的边际成本超过价格时,服务生产者就会减少生产,直到边际收益等于边际成本为止。然而,由于旅游服务能力具有某种刚性,旅游企业利润最大化定价模式仅仅是一种理论意义上的模式。

在旅游服务能力刚性条件下,旅游企业的价格决策应该是对价格的决策,而不是对接待量的决策。因此,相同产品竞争定价模式便成为旅游企业价格决策中一个重要的模式。我们假定在一个旅游目的地内,所有饭店企业生产的饭店服务是完全相同的,旅游者拥有完全信息,也就是说,旅游者对旅游目的地内所有饭店价格以及服务的信息都十分清楚;每家饭店都假定竞争对手的饭店价格是固定的;在服务刚性下,每家饭店的边际成本相同;在需求不充分的条件下,某家饭店降低一定的饭店服务收费,便可以独占该旅游目的地内的需求市场客源。

在这种情况下,当旅游目的地内饭店价格不同时,所有前往该地的旅游者会接受向市场提供低价饭店的服务,因为所有的饭店向市场提供的服务是无差别的,低价饭店服务对高价饭店的服务具有完全的替代性。那么,旅游目的地内向市场提供高价饭店的服务将会无人光顾,也就是说,高价饭店的服务需求量等于零。出于竞争的需要,每家饭店都想将自己的价格定得比竞争对手的价格略低一些,从而获得一定的客源量。其结果无论初期饭店价格是什么水平,最终都会形成旅游目的地的价格均衡,即价格等于边际成本。然而,旅游目的地饭店价格向边际成本定价的过渡所用时间的长短不仅取决于饭店之间的竞争程度,也取决于饭店之间价格协定关系。如果旅游目的地饭店之间竞争程度加剧,那么,向边际成本定价演变的速度会更快,实现边际成本定价的时间将会缩短;相反,如果旅游目的地内饭店之间实现了价格协定,那么,边际成本定价的时间将会更长。

竞争性产品定价模式也是一种理论假设,是在一种完全市场竞争条件下存在的一种价格模式。通常,旅游企业是在不完全市场竞争条件下经营的。从旅游企业提供的服务来说,造成不完全市场竞争的一个重要原因是旅游企业向市场提供的服务存在差异化。旅游服务的差异化是指在同类旅游劳务的生产和经营中,不同旅游企业所提供的旅游服务具有不同的特点和差异。差异化可以体现在服务的类型上、质量上,也可以体现在经营方式上。旅游劳务差异化是与旅游劳务可替代性相对应的,通过旅游劳务的差异来减少同类旅游劳务的替代程度,有助于旅游消费者对基本企业与其他生产或经营同类旅游服务的企业相区别。当旅游企业向市场提供的服务具有差异时,可以形成旅游者的特殊偏好,旅游者无法将它的服务与其他生产者的服务进行比较。在缺乏服务比较的情况下,需求价格弹性将会大大降低。因此,旅游企业如果能向市场提供差异化的服务,则可以通过提高价格来实现利润的最大化,旅游企业可以高于边际成本甚至高于平均成本来定价。

旅游服务差异化程度决定了旅游企业价格与边际成本之间的差距程度。如果我们将边际成本定价看作是一种完全市场竞争价格,则由于服务差异化造成了一种不完全的市场竞争,其价格是一种垄断价格,旅游服务差异化程度越高,价格越远离边际成本;相反,旅游服务差异化程度越低,价格就越接近边际成本。因此,旅游企业在对具有差异化特点的服务定价时,其利润最大化的价格水平是根据旅游服务差异化程度确定的,具体表现为旅游需求价格交叉弹性。

在旅游企业定价过程中,无论是在垄断的市场条件下还是在竞争的市场条件下,以利润最大化的边际原则定价是很少出现的。多数旅游企业是按照成本加成的方法来确定自己的市场价格。之所以会形成这种现象,主要是因为若按边际原则实施定价则旅游企业要清楚地掌握旅游需求曲线以及企业边际收益和边际成本的各项数据,而边际收益与边际成本的各项数据是难以计算的。特别是旅游需求价格曲线是假设在其他条件不变时,价格与需求之间的数量关系,对于旅游实践活动来说,需求的数量变化是多种因素作用的结果,这种与价格之间的关系仅仅是一种理论上的假设,不具有可操作性。同时,对于旅游企业来说,经营目标是多元化的,由于市场环境的不同,在一个特定时期内,多数旅游企业并不是以利润最大化作为主要的经营目标,因为有些经营目标可能比追求利润最大化更为重要,如市场份额、企业的市场形象,等等。由于成本加成法中成本与利润之间的逻辑数量关系比较清楚,更容易操作,因此,常常是旅游企业定价时采取的一种方法。

成本加成法是以平均成本为基数,在此基础上增加一个利润数形成的价格。由于作为基数的平均成本既有平均变动成本,又有平均固定成本,包含了旅游企业服务生产过程中所有的成本,因此,这种定价方法也是一种完全成本定价法。其基本公式是:$P=AC(1+K)$。其中K为成本加成率。

二、旅游企业价格歧视行为

旅游企业如果拥有一定的市场垄断力量,旅游市场需求存在一定的需求价格弹性,并且在经营活动中能有效地防止需求者或中间商之间的服务转变行为的出现,就可能会实行价格歧视行为。我们所说的价格歧视是指对购买生产成本相同的同一服务的不同旅游者或中间商收取不同的价格,或者对同一旅游者或中间商的不同购买量以及不同时间购买相同量收取不同的服务价格的行为。例如航空公司向旅行社收取某一航线上同等舱位的价格一般是低于向零散旅行者出售的价格,饭店在旅游旺季向旅游者收取的房费高于在旅游淡季收取的房费,景区向旅游团收取的门票价格低于向散客收取的门票等，都是旅游企业实行歧视价格行为的具体表现形式。

并不是说所有的旅游企业都能对旅游消费者实施价格歧视。旅游企业要实施价格歧视首先必须具有支配市场的力量，拥有市场的垄断力量；其次，旅游企业可以通过有效的手段防止旅游服务在不同市场或者不同旅游消费者之间相互转卖行为的出现；最后，在实施价格歧视的市场中，旅游消费者具有不同的价格弹性，即同一种价格对不同的旅游消费者的需求数量影响存在差异。从理论上说，旅游企业实施价格歧视是获取旅游消费者剩余——旅游者为购买的旅游服务愿意支付的价值超过价格的部分——的常用手段。价格歧视按获取旅游消费者剩余的多少可以分为一级价格歧视、二级价格歧视和三级价格歧视。

一级价格歧视也是一种完全价格歧视。当旅游消费者购买某种旅游服务时，旅游企业如果对每个不同的旅游消费者收取不同的价格，且这种价格恰是旅游消费者愿意支付的最高价格——旅游消费者对于一种旅游服务有一个他愿意支付的价格，则这种情况便是一级价格歧视。

旅游企业完全价格歧视的实行前提是假定旅游消费者具有不同的需求曲线，旅游经营者知道每个不同旅游消费者的需求曲线。因此，旅游企业能不能实行完全价格歧视，取决于它对每个旅游消费者的认知以及信息的获得。一般来说，旅游消费者在购买旅游服务时，显然是不会向旅游企业经营者表露他属于那些愿意支付最高价格的旅游消费者。通常，旅游企业只是知道愿意支付最高价格的旅游消费者在全部旅游消费者总数中所占的比例，但不清楚哪一个旅游消费者是属于愿意支付最高价格的人。因此，完全价格歧视在旅游企业经营活动中是难以出现的现象。

在旅游经济活动中，尽管完全价格歧视难以实现，但旅游企业常常会根据旅游消费者的支付能力制定旅游价格，这也可以被认为相当于一级价格歧视。如饭店企业中的总统房和豪华房的定价就是根据每个旅游消费者的支付能力来确定的。这种房价是一种“明码不实价”，通过讨价还价的方式来确定最终房间出租价格。旅游消费者可以根据自己的支付能力以及对房间的价格评价提出愿意支付的价格。在高开价的前提下，饭店经营者通过与旅游者的讨价还价逐渐了解了他愿意支付的最高价格，旅游消费者剩余将会在讨价还价的过程中转变为饭店经营者的利润。

在旅游者的旅游服务消费中经常会出现某一时间段或某一区段内消费的连续性，但超过这个时间段或消费区段后，旅游消费者的消费意愿会下降。因此，旅游企业为了实现旅游消费者的连续性消费，对消费意愿下降的服务销售收取比较低的价格，这种价格行为就是一种二级价格歧视行为。相对于一级价格歧视，二级价格歧视是旅游企业将旅游服务划分为不同的消费量区间，对旅游服务不同的消费量区间实行不同价格的行为。如果说一级价格歧视是针对不同旅游消费者实行的价格行为的话,那么,二级价格歧视则是对相同旅游消费者的不同消费数量实行的价格歧视。按照二级价格歧视原则,企业根据消费数量区段的不同来确定对旅游消费者的服务收费,因此旅游者消费同一种服务支付的价格是不同的。例如,某饭店规定,同一个房间的出租价格视旅游者住宿天数不同而价格不同。如果旅游者住宿不满3天者,按400元/天收费;超过3天不满5天,按350元/天收费,超过5天则按300元/天收费。同理,航空公司也可以按累计航空旅行的里程确定航空机票价格。如某航空公司规定,每位旅行者旅行里程在10 000公里之内,按全票价格计费;超过10 000公里者,按全票价格的90%计费;超过50 000公里者,按全票价格的60%计费。因此,在旅游企业经营活动中,凡是按照旅游消费者累计消费的不同收取服务费用,都可以视为二级价格歧视的行为。

无论是一级价格歧视还是二级价格歧视,都是建立在个人旅游需求曲线上的价格行为,都是一种建立在个人消费单位基础上的价格行为。而如果旅游企业将所有的旅游消费者划分为两个或两个以上不同的综合消费曲线,提供相同的服务但按不同的价格向不同旅游消费者组群收费,则这种价格行为可以视为一种三级价格歧视。如铁路公司对铁路客票实行学生票和成人票两种票价,航空公司对商务客人和普通旅客的机票收取两种不同的价格等,都属于三级价格歧视的价格行为。

对不同旅游消费者组群收取不同的服务费用,其前提条件是不同的旅游消费者组群存在着不同的需求弹性。也就是说,旅游经营者向具有不同需求弹性的旅游消费者收取不同的价格——对需求弹性低的旅游消费者组群收取较高的价格,对旅游需求弹性较高的旅游消费者组群收取较低的价格。由于旅游消费者群体按旅游动机不同可以被分为观光旅游者、度假旅游者、商务旅游者和会议旅游者;按旅行的国界不同可以被分为出境旅游和国内旅游等,这种多样的需求类型以及不同旅游需求所具有的不同需求弹性,使得旅游企业通常可以通过三级价格歧视来获取旅游消费者剩余。

在旅游经济活动中,旅游企业根据旅游需求的季节性以及需求高峰和低谷的差距,实行不同的价格,这也是价格歧视的一种表现形式。如果旅游企业将不同时间和季节进行旅游活动的旅游消费者划分为不同的需求市场,并实行不同的价格,这是时间价格歧视。如同一个旅游饭店标准间房价为300元,在旅游淡季收费为180元,旅游旺季收费680元,那么,旅游淡季价格和旅游旺季价格便是一种时间价格歧视。时间价格歧视是一种根据旅游需求价格弹性来调节旅游需求时间分布的方法。旅游服务基本特性决定了旅游企业经营绩效的提高,这既取决于旅游需求总量,也取决于这种总量的时间分布。当旅游需求总量一定时,旅游需求时间分配越均衡,旅游企业经营绩效就越高。当旅游需求不能实现时间的均衡分配时,旅游企业便可以通过时间价格歧视来实现需求时间的相对均衡。通过时间价格歧视，一方面可以将旅游旺季或旅游需求高峰时间内的旅游消费者剩余转化为旅游企业的超额利润，另一方面，在旅游淡季或旅游低谷时间内的旅游消费者由于低价而得到一定的消费实惠，从而也大大提高旅游接待设施的利用率，减少由于需求不足所形成的资源浪费，从全社会来看，将大大提高资源的合理利用。

三、限制竞争行为

在旅游经济活动中，旅游企业总是想通过对旅游市场的垄断来获取高额利润。因此，通过各种手段限制市场竞争，便成为旅游企业一个重要的市场行为，一般来说，旅游企业限制市场竞争是通过掠夺性定价、合作性定价、旅游服务差异化和寻求政府相关政策支持等手段实现的。

掠夺性定价是旅游企业将其生产的旅游服务以低于成本向旅游需求者收取费用的行为，其目的是要驱逐与其对抗的市场在位者以及阻止市场进入者，从而达到对旅游市场的垄断。在旅游客源地空间范围内，旅游企业的掠夺性定价主要表现为旅游经营商之间为了争取客源而进行的竞争行为，通过低于成本的竞争来扩大自己的市场占有份额，并在短期内以较低的价格来驱逐市场在位者以及阻止市场进入者。在旅游目的地，掠夺性定价主要表现在旅游供应商之间为了争取更多的旅游者、提高旅游设施利用率而形成的竞争行为，其目的也是对旅游目的地内的市场在位者以及市场进入者构成一定的经营威胁。无论是旅游目的地还是客源地，掠夺性定价行为是一种经常存在的经济现象。

在市场客源需求不充分的环境下，掠夺性定价是最常见的一种企业市场行为，因为旅游企业经营绩效是与市场容量和市场集中相联系的：在市场需求不充分条件下，市场容量不足，旅游企业长期发展以及利润的取得就不能靠有效的市场容量扩充来实现，而只有靠市场的某种程度的集中来完成。在有限的市场容量下，如果企业不是通过组织制度的重新设计来实现市场集中，掠夺性定价则是实现市场集中的一种有效手段。通过掠夺性定价行为，有实力的旅游企业可以对市场在位者构成一定的经营威胁，造成市场在位者在低价竞争中难以形成一定的经营绩效，最终不得不退出市场。同时，掠夺性定价也对市场进入者构成一种进入阻碍，使这些企业在进入旅游市场时不得不考虑其市场的经营价值以及竞争能力。这样，掠夺定价者便可达到市场相对集中的目的。

案例 7－3　发改委整顿旅游企业垄断和价格欺诈

为了集中整治旅游市场的种种乱象，今年以来，发改委在全国开展了旅游行业价格行为专项检查，截至目前，已经在海南、云南两地依法查处了 39 家涉及价格欺诈、低价倾销等违法旅游单位，共计罚款 1 800 多万元。

据发改委价格监督检查与反垄断局调查，在海南三亚、云南丽江等地区，接待旅游团队购物的水晶店、螺旋藻店普遍存在先虚高标价、再虚假优惠打折的违法行为，绝大部分水晶、螺旋藻标示售价都在购进成本价的10倍以上，有的水晶达到几十倍甚至上百倍。这类行为违反了《价格法》第十四条的相关规定，属于虚构原价、虚假优惠打折的价格欺诈行为。

此外，有的景区旅游购物店缔结价格同盟，海南三亚的铂莱晶工艺品有限公司(海石水晶购物店)、亚帝佳贸易发展有限公司(帝佳水晶购物店)、三亚亿佳哈斯理水晶有限责任公司(昌源水晶购物店)三家公司签订协议，共同协商水晶价格、佣金标准、市场份额等内容，违反了《反垄断法》第四十六条等相关规定。

除了商贸企业，也有旅行社缔结价格同盟，丽江市丽江携程旅行社有限公司等8大旅行社集团“抱团取暖”，统一接待旅游团队对外报价，并在各旅行社之间实施收入二次分配，即按照约定的市场份额比例，分配从各旅行社收入中提取的旅游综合服务费、景点返佣、古城维护费返佣等收入。这些行为违反了《反垄断法》第十三条、十六条等规定。

(资料来源：孙春祥.发改委整顿云南海南两地旅游市场 39家旅游企业被罚1 800万.北京晨报,2013-09-30.)

旅游企业掠夺性定价行为实际上是一种低价倾销，其目的是要对旅游市场形成一种垄断力量，因此政府会对此种市场行为进行管制。政府对掠夺性定价管制的一个重要条件是对掠夺性定价的成本标准的判断，以判断正常的价格竞争与掠夺性定价。我们知道，掠夺性定价是一种低于成本的定价行为，而成本有个别成本、边际成本、平均变动成本和行业平均成本。对掠夺性定价是以哪种成本作为判断标准，在学术界有不同的争论。根据我国旅游企业的情况，以掠夺方的平均变动成本作为判断标准比较科学。

如果旅游市场上的力量是均衡的，每家旅游企业都难以通过掠夺性定价行为获取更多的利益，则合作性定价将成为一种必然的市场行为选择。合作性定价也是一种卡特尔理论在价格上的表现形式。“根据卡特尔理论，寡头利润取决于卡特尔成员间相互信任的程度。成员间越能达成信任，并保证不通过降价来挖取对方的客户，它们就越能成功地制定一个高于竞争性价格水平的价格。”[①]因此，合作性定价是指两个或两个以上的旅游企业相互订立某种口头或文字协定，通过规定共同的市场价格以达到限制市场竞争、控制旅游客源、增加经营利润的目的。

旅游企业之间的合作性定价行为受多种因素的影响。从旅游需求条件来说，合作性定价一般产生于旅游需求比较稳定，市场容量不发生较大增长和变动的市

① 戴伯勋，等.现代产业经济学.北京：经济管理出版社，2001：161.

场环境中。只有在旅游需求不发生增量变动或者需求形成某种程度下降、市场竞争加剧、旅游企业利润趋于下降时,旅游企业才有动机形成合作性定价。在旅游行业发展阶段,由于市场上增量旅游需求的存在,不断扩大的市场容量会刺激旅游企业通过价格竞争来扩大自己的市场份额,合作性定价难以实现。因此,合作性定价一般存在于旅游行业发展的成熟阶段。从旅游服务的差异性来说,旅游企业合作性定价与旅游服务之间的差异性大小存在着重要的联系。如果旅游企业之间生产的旅游服务存在着明显差异,有着不同的旅游需求市场,旅游企业之间就不可能形成合作性定价行为;只有当旅游服务不存在明显的差异、旅游市场又同一时,各个旅游企业服务成本又是相似时,合作性定价才会实现。

在市场竞争环境下,如果旅游企业不能通过掠夺性定价和合作性定价来限制竞争,则实施旅游服务的差异化便成为旅游企业限制市场竞争的重要市场行为。一般来说,旅游服务的差异化与市场竞争具有负的相关性,与市场垄断具有正相关性。如果旅游企业向市场提供的旅游服务差异程度越大,旅游企业对某种市场的垄断力量就越强;相反,如果旅游企业向市场提供的旅游服务差异程度越小,旅游企业对某种市场的垄断力量就越弱。当一个旅游企业具备了旅游服务生产或经营上的差异化时,它就具备了对旅游市场进行某种程度垄断的条件。因此,旅游企业服务的差异化是对抗市场竞争的一个重要手段。

差异化行为对于那些中小型旅游企业更为重要。由于成本、价格、市场和企业规模的比较劣势,中小型旅游企业无法与大型旅游企业抗衡,在市场竞争中一般处于不利的地位。如果这些企业生产的旅游服务与大型旅游企业生产的服务具有某种替代性且无差异性优势,就很难在激烈的市场竞争环境下生存和发展。如果这些企业通过合理的市场细分,针对特定的旅游需求提供具有差异性的旅游服务,使旅游服务不再具有替代性,旅游者无法与其他旅游企业生产的服务进行价值比较和价格判断,则在服务比较中的价格失灵时,这些旅游企业的比较劣势也将随之消失。

在旅游市场中寻求政府政策上的保护往往是旅游企业一个重要的市场行为。利用政府对旅游市场的管制行为提高市场进入者的进入成本,对市场在位者经营范围的某种限制,达到对某种旅游市场的垄断,常常成为一些旅游企业争取的目标。如我国政府对出境旅游市场的管制,那些具有出境旅游经营权的企业便形成了对出境旅游市场的垄断,而这种垄断的实现是通过政府的出境旅游市场管制而不是通过市场的自然发育形成的。如果说旅游企业自然形成对市场垄断是有一个市场竞争的过程,是通过旅游企业间的市场竞争获得的,则寻求政府的政策规定以及市场的管制行为,以达到对市场的垄断并不需要市场发育和竞争过程。对于旅游企业来说,与其通过市场竞争达到垄断,倒不如通过寻求政府政策的支持和市场管制来实现垄断。更多的情况表明,通过政府力量形成市场垄断的成本支出与实现时间都相对经济，因此，便出现了旅游企业“寻利”不如“寻租”的经营行为。

四、市场促销行为

在旅游经济活动中，旅游企业的市场促销行为主要表现为以广告为核心的促销行为。促销是旅游企业实施非价格竞争的主要手段。旅游企业的促销支出与其经营收入存在密切联系，一般来说，促销费用的增加将会促使旅游企业销售收入的增加；对于竞争性的旅游产业，促销也是提高市场集中度的主要力量。旅游企业的市场份额是随着促销活动的成败而变化，促销竞争会使旅游企业市场份额的差距拉大，最终导致市场集中度的提高；同时，促销努力也使得市场进入者进入市场的成本增加，因为旅游市场在位者通过大量的促销活动，在特定市场中树立了品牌效应，企业品牌已为旅游者所认同，这就为市场进入者进入市场增加了壁垒。

我们所说的旅游企业促销行为主要表现为旅游企业在市场上的广告行为。一般来说，广告是一种向市场旅游需求者提供旅游服务的价格、质量以及旅游企业有关销售信息形式。对于旅游企业来说，广告的主要目的是通过向市场的信息传递，使旅游者认识本企业的旅游服务的差异性，以便同具有竞争关系的旅游企业所提供的服务区别开来。因此，广告的基本类型有劝说型和信息型两种。劝说型广告主要是增强旅游需求者对本企业生产的旅游服务形成某种偏好；信息型广告则主要是向市场传递旅游服务的某些基本信息。

对旅游者来说，旅游市场上提供的旅游服务有两种不同的类型，一种是经验品；一种是搜寻品。所谓经验品，是旅游消费者在购买之前是无法知道这种旅游服务的效用，只有通过自己的亲身体验才能了解旅游服务的效用，只有自己购买了旅游服务，参加了旅游活动之后，才能识别这种旅游服务的质量和效用。搜寻品则是指旅游消费者在购买这种服务之前，就能了解和识别这种服务的质量和效用。除非旅游者经常消费某种旅游服务，大多数旅游服务都属于一种经验品性质的旅游服务。

同那些有形物品相比较，旅游服务的经验品决定的后效性、无形服务决定的有形化展示的缺乏，使旅游企业市场促销中的劝说性广告作用被弱化，而以向旅游者介绍旅游服务基本信息的传递性广告便成为旅游企业广告宣传的主要形式。旅游者对旅游服务的选择是需要有关旅游服务的信息的，若没有传递性广告，旅游者就难以知道现有旅游服务的多样化、难以知道旅游服务的价格和商谈旅游事宜的地点，旅游者就不会形成对这种旅游服务的购买欲望。为此，旅游企业通过传递性广告，可以将旅游企业的旅游服务信息传递给旅游者，以便他们了解自己提供的旅游服务的项目和价格。

案例 7－4　喜来登公司的促销策略

喜来登饭店公司采取的促销策略有广告、人员推销、价格优惠、设立国际俱乐部、特殊活动项目，利用饭店内部的文体娱乐设施为顾客提供方便、周到的服务。在喜来登饭店公司众多的促销手段中有两点属于国际饭店业的创举：一是设立国际俱乐部，其目的是为了吸引高档市场客人，并且鼓励他们经常到饭店来住宿；二是开辟“喜来登塔”，提供特殊的服务，从而在世界饭店业中加强了喜来登的高级、豪华的形象。

喜来登公司很注重促销工作，除了发布有效的广告之外，更重要的是发动“喜来登销售闪电战”。公司总部设“攻坚销售部”，每个喜来登饭店都有专职的销售人员，总部需要时可随时抽调。这些销售人员负责发掘所在地的宴会、公务会议、社会团体聚会等市场，而喜来登公司会用他们吸引来的活动的预订数来评价销售成绩。

1986 年 6 月，喜来登联号首次在全世界范围内推出一项优惠常客的活动——喜来登国际俱乐部，这是在国际旅馆业上的一个创举。顾客根据在喜来登饭店的花费获得一定积分，而这些积分可以用来在喜来登联号饭店中度假，或换成自己需要的商品。俱乐部成员还可以受到优待，如自动提高住房等级，延长离店结账时间到下午 4 点和快速结账等。

为了取悦于世界各地经常外出的公务旅行者，喜来登还推出了喜来登公务旅行者计划。凡参加这一活动的人，公司保证提供一个在一年内不变的优惠价格，在美国、加拿大可 24 小时使用免费电话预订世界各地的喜来登饭店，每天提供免费报纸，使用同一房间的配偶免费等优惠。

除此以外，喜来登还举办多种特别销售项目。其中有“喜来登家庭旅行计划”，17 岁以下的儿童与父母同住一房间不另收费；“政府价格”：给予各级政府官员因公旅行时在喜来登住宿以政府优惠价；“退休人员计划”：给予 60 岁以上的退休人员住饭店 25% 的优惠；凡与喜来登饭店有业务往来的航空公司与旅行社职员，住在喜来登饭店均可得到 50% 的优惠。它还向大旅行社老板、各国旅游业的首脑和喜来登联号内的旅馆主颁发“喜来登金证书”，持证者在联号各饭店享受住宿免费待遇。

喜来登还和世界上的国际航空公司合作，共同做奖励促销。凡到喜来登饭店下榻并付全价的客人，可享受在泛美、快达、西北航空等大型航空公司 500 英里航程的免票待遇，如住套房，免票里程提高到 750 英里。这样既可增加客房的全价销售，也为航空公司赢得了更多的乘客。

为了便于各地旅游者对喜来登饭店的预订，公司在世界 33 个国家和地区设了国际预订中心，并在五大地理区域设立 29 个专门销售点。为了赢得更多的顾客，提高饭店的吸引力，喜来登还采取了许多新措施。它在许多饭店里开设了“无烟客房”“残疾人客房”。特别考虑到公务旅游者的需要，各饭店增设了现代化的健身与体育活动场所与设施。现在喜来登联号有30多家饭店设有高尔夫球场，150多家饭店设有网球场，绝大部分设有游泳池与健身娱乐中心，有60多家饭店建在机场附近，对商务客人或中转客人十分方便。近年来，和其他大饭店联号一样开设了“商务中心”“商务楼层”，以取悦于商务旅游者。它还在世界40多家喜来登饭店开辟了“喜来登塔”专用高级套房。这种“喜来登塔”是为客人提供一种更加豪华、舒适的“饭店中的饭店”(a hotel within a hotel)。“塔”中有单独服务台办理各种手续，有专用休息处，有人为客人安排各种业务与社会活动，客房有特殊的用品和特殊的服务等。这一新产品的推出，更加强化了喜来登在世界饭店之林中的高级、豪华的形象。

(资料来源：谷慧敏，秦宇．世界著名饭店集团管理精要．沈阳：辽宁科学技术出版社，2001:173 – 175.)

思考与练习

1. 阅读产业组织理论研究文献，把握理论前沿，并思考其对旅游产业组织研究的启示意义。

2. 分析旅行社产业市场结构的特点。

3. 试分析旅行社产品差异化的特殊性及其实现路径。

4. 搜集相关资料，试分析经济型酒店如家是如何成功实施产品差别化经营的。

5. 组织调研团队，对你所熟悉的城市的主题酒店发展状况进行调研，撰写分析报告。

第八章

旅游企业一体化经营

案例8－1　港中旅与中旅集团的合并

2007年8月15日是港中旅和中旅具体重组方案上报国资委的时间。合并重组的雏形一点点浮出水面。中旅内部人士预测，中旅并入港中旅成为其全资子公司，将在保留“中旅”品牌的同时将旅行、酒店、景点投资、商贸四大板块进行合并同类项，分别并入港中旅对口业务中。在最为外界关注的旅行社业务方面，港中旅拥有11家海外分社，中旅的龙头企业中国旅行社总社是国内最大的旅行社之一，双方的重组可以实现两家企业在境内外旅游市场的优化配置。

自2003年以来国资委合并重组国资旅游企业的步伐就从未停止，全力打造大型跨国旅游集团。由于两家央企同属国资委管辖，此次合并通过国资委行政划拨，不会涉及并购资金的问题，所以有业内人士将其形容为“钱从左边口袋装进右边口袋”。但事实却远不只这么简单。

其实，港中旅与中旅的分分合合已经进行了6年。有媒体将其形容为“私订终身”的甜蜜一对，中旅内部人士却不认同，“这些年实际上是中旅不断谋求发展，与港中旅一争高下的时期。”“港中旅和中旅同属于综合性旅游集团，中旅有的业务港中旅都有，在竞争上针尖对麦芒。”

由于复杂的历史关系，全国曾有200多家中旅品牌旅行社，但其间并没有直接的资产关系。2002年起中旅集团和港中旅竞相采取多种形式并购“中旅系”旅行社，战火从沿海烧至内陆。一位从业三十年的中旅副总回忆道：“港中旅开始与中旅分庭抗礼，由父子关系转变为兄弟关系了。”

“当时中旅的目标十分远大，就是收编全国中旅系旅游企业，包括港中旅。”该中旅高层人士不无遗憾地说，“要不是2003年突如其来的‘非典’让中旅错过了最佳的上市时期，也许今天就不会被港中旅合并了。”

2006年中旅集团高调推出品牌加盟特许经营方式，此举虽然吸收了36家加盟旅行社，但在增强中旅整体实力方面收效甚微。

“中旅与港中旅的实力距离仍旧越拉越大,2006年年底港中旅的资产总额将近300亿元,中旅的资产总额只有它们的十分之一。一旦国资委决意将两家合并,被吞并的当然是中旅。”上述中旅高层坦率地说。最终,国资委批准中旅集团并入港中旅集团。

作为一家57年历史的中国最早的旅游企业,中旅的资产状况盘根错节,极为复杂。据悉,目前中旅内部各相关负责人正在进行庞杂的资产、人事的统计,围绕本次并购的大小会议不断召开。中国中旅集团由数十家全资子公司和参控股公司组成。尤其是旅行社业务中的几十家“中旅系”旅行社,分别采用了独资、控股、合营、加盟等多种形式进行收编,归入港中旅的大盘中之后,将面临一场大整合。

以上海为例,三年前上海中旅和中旅的合并谈到一半时被港中旅横刀夺爱,中旅只好另建上海东方旅行社来进行在沪业务。类似一地出现中旅和港中旅旗下两至三家旅行社的情况还出现在北京、山西、江苏等地。“资源的浪费十分明显。但目前我们都不知道将来会怎样。”一位工作二十年的中旅地方旅行社经理茫然地表示。

相对于资产的划拨,不同背景的企业文化差异使可能出现的矛盾更加微妙。港中旅之前确定了以旅游为主业,以钢铁、地产和物流为三个重要的支柱产业的思路。2003年到2006年年底的三年时间内,港中旅盈利从8.5亿元增至38亿元。“合并后,港中旅如果无法改变中旅的原有节拍,双方的合作效率将大打折扣。合并的排异反应或将出现。”中旅内部人士表示。

港中旅此次通过整合中旅资产,总资产将达到前所未有的300多亿元。“此举标志着旅行社行业正在由低利润率的恶性竞争转向行业整合。”中投证券分析师曾光评价。

港中旅集团董事长张学武表示,两家企业重组后,旅游业务资产将占到总资产的一半。2007年,预计整个集团旅游收入将超过100亿港元。到2010年,港中旅将不仅是旅游的中间商,还将成为供应商和批发商。届时,旅游板块将形成几个上市公司。

2005年以来国旅总社也先后通过资产划拨、收购和品牌特许经营等方式控制了河南国旅、新上海国旅、承德国旅、广东国旅等十多家地方国旅。而中青旅也通过组建“中青旅联盟”,联合部分中小旅行社降低采购成本,从而扩展网络。未来更多的并购案将发生在旅游企业之间。

(资料来源:从对抗到收编,两大“中旅”整合案戏中有戏.中国经营报,2007-07-14.)

上述旅行社整合案例其实是旅游企业横向一体化的表现。对此,我们需要关注是什么因素导致了这种整合?除了这种横向的、同行业之间的整合外,还有没有什么别的整合方式?除了将小的合并成大的外,存不存在将大的拆解成小的现象?产生这些现象的原因究竟是什么?

第一节 旅游企业纵向一体化的原因

一、纵向契约与一体化

旅游服务的生产与销售涉及众多的企业活动,从获取旅游目的地各种旅游要素暂时使用权开始到旅游产品的组合以及产品的分配和销售整个过程,我们称之为纵向链条,也就是旅游产业链或者旅游产品链。从旅游产业链或者产品供应链入手来研究旅游产业内企业之间的各种关系时,我们会发现处于产业链上各个旅游企业在市场上或在旅游产业的职能是不同的,有的企业在旅游产业链上居于"上游企业",有的企业则居于"下游企业",这样,在旅游产业内不同职能的企业之间便会形成一种上下链的经济关系。面对这种经济关系,旅游企业可以有两种不同的选择,一种是自己生产和销售,形成旅游企业纵向一体化;一种是通过市场交易。前者形成企业组织关系,后者形成市场交易关系。无论是企业组织关系还是市场交易关系,我们把这两种关系都称为旅游产业的纵向结构。就旅游产业的实际情况来说,纵向结构的大多数是以各种复杂的契约安排形式建立起来的,这些契约安排称之为纵向约束。由于每个组织在旅游销售链上的各个层次上所处的市场地位不同,这种以旅游产业一体化所形成的纵向关系也是比较复杂的。

假定旅游批发商经过合理的组合推出一个包价产品A,如果它是这种产品的唯一生产者,也不向最终的旅游消费者销售这种产品,而是通过一个下游企业的旅游零售商出售给旅游者,在契约签订后,零售商或代理商便拥有了可以将这种中间产品转化为最终产品的垄断技术。如果我们用 P_0 表示旅游批发商的批发价格,P_1 表示旅游者从旅游零售购买的价格,q 表示旅游零售商从批发商购买的数量(或者是最终组织的旅游者人数),则在旅游经营中常见的旅游批发商与零售商之间的契约关系有:

营业收入的支付:旅游批发商首先通过一定的契约规定要求旅游零售商向自己进行营业支付,支付总额为:$R(q)=P_0q$。

特许经营费:如果批发商处于市场垄断地位,而零售商则处于一个市场竞争的环境之中,则旅游批发商很有可能通过契约向旅游零售商收取特许经营费。此时,旅游零售商向旅游批发商所支付的营业收入便成为:$R(q)=A+P_0q$,其中 A 便是特许经营费。

价格约束:旅游批发商为实现自己的发展战略以及市场政策,也会通过契约的形式对旅游零售商的最终价格进行约束。一般来说,旅游批发商要对旅游零售商的最高价格和最低价格进行限制,如果旅游批发商所规定的最高价格为 P_x,最低价

格为 P_y,那么,零售商实际价格 P_1 满足条件:$P_y \leqslant P_1 \leqslant P_x$。

数量约束:旅游批发商为了实现自己的市场计划和市场占有目标,也会通过契约的形式对旅游零售商的组团数量与人数进行约束,形成了数量配额和数量定额。数量配额是旅游批发商对旅游零售商所规定的最高组团数量或人次,它往往是对旅游产品畅销时的一种数量约束。数量定额是旅游批发商对旅游零售商所规定的最低组团数量或人次,它往往是在旅游产品滞销时的一种数量约束。如果旅游批发商所规定的数量配额为 q_x,数量定额为 q_y,那么零售商实际可销售数量 q 满足条件:$q_y \leqslant q \leqslant q_x$。

旅游批发商通常还会通过各种契约对旅游零售商经营的市场区域和排他性经营进行约束。如果某个旅游批发商的产品在同一市场上通过两个以上的旅游零售商作为下链企业进行销售,则旅游批发商可能对各个零售商进行一定的约束,通过排他性区域在各个旅游零售商之间划分市场范围。此外,还对那些可能销售与自己存在竞争关系的旅游批发商的产品的零售商实行排他性经营的约束。

但通过各种契约对下链企业进行约束并不能完全实现上链企业的经营目标。我们知道,旅游企业各种交易关系都是借助于契约进行协调和激励的,通过不同形式的契约,上游企业和下游企业要规定在不同情况下各自的经营行为,并对未来经营行为进行约束;交易双方在相互考虑对方利益的前提下、在降低交易成本的条件下通过契约使各自的经济利益得到充分的实现。要实现上述目的,契约必须是完全的,只有完全的契约才能实现交易的合理化。

然而,要达到完全契约,则要求旅游企业交易双方能够充分预见契约期间可能发生的、对双方经营行为具有影响和决定意义的相关事件,能通过契约条款对这些偶发事件进行详尽的描述并以此来规定各自的行为,交易双方还要严格遵守签订的各项条款。可见,完全契约需要满足一系列的假设条件。首先,缔约旅游企业各方具有完全理性,能够按照稳定的偏好进行行为选择。然而,完全理性的假设在现实中并不成立。按照西蒙的说法,同现实世界当中必须以客观理性行为加以解决的问题数量规模相比,人类头脑用于系统阐述和解决复杂问题的能力是非常小的。这其中既有信息接收与处理等生理方面的限制,也有问题描述和规定的语言方面的限制。其次,缔约和履约的环境是完全竞争的,不存在垄断行为。也就是说,参加契约的旅游企业双方都能自由选择交易伙伴,自愿缔结契约,每个缔约人都十分了解和掌握与契约有关的市场信息。但这个条件在现实中也无法满足,因为旅游企业双方要实现完全信息对称是不可能的。最后,参加交易的双方不存在机会主义的行为。机会主义是指在交易中缺乏坦率或诚实,包括以欺诈手段来谋求自身利益。但在履行契约的过程中,由于各自追求自身利益的最大化,常使自己的经营行为与契约规定产生性质的改变。若某一旅游组团社在假日期间与旅游目的地的某饭店签订了一个短期契约,按照双方约定的价格,为一个旅游团提供三晚共30间客房，但由于在假日期间门市散客的旅游者流量特别大，饭店价格大幅度上升，受利益驱动，饭店便会要求组团社提高支付价格，或者以种种理由拒绝执行契约，这种机会主义的现象常常出现在交易双方契约履行过程之中。

总之，通过契约这种市场交易形式实现产业内旅游企业纵向联系，会因为人们的有限理性、信息的不对称、市场垄断现象、各种不确定性以及机会主义的存在，而使契约具有不完全性。通过不完全契约建立的交易关系具有不确定性，进而对旅游企业的市场绩效产生诸多的影响。为解决不完全契约造成的交易关系不确定性问题，必然要用企业内部的组织关系替代市场外部交易关系，出现纵向一体化的形式。

二、外部性与纵向一体化

在旅游产业运行过程中，纵向结构形成是与旅游产业链上的各种变量相联系的。这些变量主要有旅游生产商——饭店、航空公司、景区、铁路公司等企业——通过各种契约形式向旅游批发商或组团社提供各类服务的价格和数量、旅游批发商向旅游代理商或者旅游零售商提供的批发价格和数量、旅游者最终的价格以及各旅游代理商或旅游零售商的销售努力等。由于这些变量的存在，每个下链企业的价格变化以及由这种变化所引起的销量变动，都会导致上链企业的收入或利润的变动。

我们假定所有产业链上不同层次的企业都追求短期利润最大化，不同层次上的价格由处于该层次上的企业自己决策；再假定上链企业的边际成本为 C，在线性定价的条件下，上游企业将向下游企业收取一个高于边际成本 C 的价格 P_0，则上游企业的利润总额取决于 P_0 与 C 之间的差额与最终市场需求量的乘积。也就是说，下游旅游企业所作的任何使其对中间产品的需求增加一单位的价格决策，都会为上游旅游企业带来一个利润的增量 P_0-C；反之，下游旅游企业所作的任何使其对中间产品的需求减少一单位的价格决策，都会为上游旅游企业带来一个利润的减量 P_0-C。如果下游企业按照上游企业给予的价格 P_0 来销售产品，在这个价格水平上对应的旅游需求量（q_0），那么，上游旅游企业的利润总额则为 $(P_0-C)\times q_0$。但下游企业在销售产品时，是以自己的利润增量而不是以上游企业利润增量为目标的。如果下游企业处于非竞争的市场，垄断价格是边际成本的增函数，只要上游企业向下游企业收取的价格 P_0 高于边际成本 C，我们便会推理出下游企业也会向旅游者收取高于 P_0 的价格 P_1。如果下游企业按照自己确定的价格 P_1 来销售产品，在这个价格水平上对应的旅游需求量 q_1，则上游旅游企业的边际利润总额则为 $(P_0-C)\times q_1$。由于存在着双重加价，中间产品的最终需求量会降低，从而影响上游企业的边际利润，这就形成了纵向的外部性问题。因此，纵向外部性的出现是由于下游企业在决定最终销售价格时不考虑上游企业的边际利润，并由于它的产品销售价格决策而使上游企业形成边际利润降低所致。

相反,如果在旅游产业链上的上游企业与下游企业形成了一体化经营方式,那么情况可能发生变化。我们假定对某种旅游服务的最终需求函数为$f(P)=1-P_1$,C为旅游批发商的边际成本,且$C<1$,P_0为旅游批发商向旅游零售商收取的价格,同时也是旅游零售商的边际成本,P_1为旅游零售商向最终旅游者提供的市场价格,设M_1为旅游批发商的边际总利润,M_2为旅游零售商的边际总利润,未一体化经营旅游零售商所追求的最大化边际利润为:$max[(P_1-P_0)f(P)]=max[(P_1-P_0)(1-P_1)]$,(对$P_1$求一阶导可得到)$P_1=\frac{1+P_0}{2}$时得到边际利润最大值,将$P_1$代入旅游需求函数式$f(P)=1-P_1$,则最终市场对旅游服务需求为$q=\frac{1-P_0}{2}$时,旅游零售商的总边际利润则为$M_2=(\frac{1-P_0}{2})^2$,同理,旅游批发商所追求的边际利润最大化为:$max[(P_0-C)f(P_1)]=max[(P_0-C)(1-P_1)]$,$P_0=\frac{1+C}{2}$时旅游批发商的总边际利润为$M_1=\frac{(1-C)^2}{8}$,这时,旅游批发商与旅游零售商两项利润总和为:$M_1+M_2=\frac{(1-C)^2}{8}+\frac{(1-C)^2}{16}=\frac{3(1-C)^2}{16}$,最终的市场销售价格$P_1=\frac{3+C}{4}$。

如果旅游批发商与旅游零售商两个组织形成一体化经营时,它向最终旅游需求市场投入的边际成本为C,则会形成$max[(P_1-C)(1-P_1)]$,由此得出最终市场销售价格$P_1=\frac{1+C}{2}$,边际利润总额为$\frac{(1-C)^2}{4}$。显然,一体化经营的旅游产业获得的利润总额比未进行一体化的旅游产业要更多$[\frac{(1-C)^2}{16}]$,而且旅游者还会以更低的价格来享受这种产品服务。

三、交易费用与一体化

在旅游企业不完全契约的基础上,旅游企业与市场之间必然存在一定的交易费用。科斯认为交易费用是交易双方谈判、制定和执行的时间和费用。对交易费用的范围至今还没有一个明确的解释。一般认为,旅游企业的交易费用主要包括界定和发现交易对象的费用、界定合理交易价格的费用、讨价还价的费用、制定交易契约的费用、监督违约行为的费用、执行契约的费用,等等。

旅游企业利用市场进行交易的活动中,界定和发现市场交易对象所形成的费用——搜寻成本——构成了交易费用的主体。新古典经济学假定界定和发现交易对象是没有成本的。新古典经济学认为,在信息对称和价格均衡的条件下,交易双方收集市场价格信息不需支付成本,因为买者和卖者只是作为一个价格的被动接受者存在,他们不会也不可能影响市场价格。但现实的经济活动不能满足这种理论的假设。就旅游现象而言,一个旅游批发商或者组团社要面对不同的旅游目的地,面对同一目的地不同的企业,每个旅游企业具有不同的接待规模和能力,它们又具有不同的经营战略和目标,这些处于不同空间和时间下的旅游企业会有不同的接待成本和接待价格,因此,旅游市场上的价格并不是一个恒定的数值,而是一个随着空间和时间变动而发生变化的数值。对于旅游服务来说,价格既是生产成本与规模之间关系的表现,也是质量与生产成本的表现,因此,即使在同一个价格水平下,也不会出现同一水平下的质量。在这种情况下,旅游批发商或组团社要想保证自己的服务与成本的一致性,只有进行实地考查,同旅游目的地的各个旅游接待企业进行高密度的接触,亲自体验其服务,才能全面把握市场上旅游服务价格与服务质量,才能确定自己的支付价格,才能保证契约的合理性。所有这些都要花费一定的时间和人力物力,都要为之付出一定的成本和费用,从而构成了旅游批发商的市场交易费用。旅游企业搜寻成本与市场范围、旅游服务的差异化以及市场竞争与垄断程度相关。旅游企业市场范围越大、服务种类越多、提供各类服务的差异化程度越高、旅游市场竞争程度越高,旅游企业为之付出的搜寻成本就越多;同时,当旅游企业花费的搜寻成本越高时,由搜寻所获得的收益也会越高。

旅游企业在购买过程中也会因讨价还价而产生费用。在一个合理的价格区间内,只要双方有利可图,任何一个价格区间的点位上都是可能被接受的价格,在讨价还价过程中所形成的价格溢价,便成为私人收益的一个重要来源。在谈判过程中,讨价还价的行为将会延续到交易双方的某一方边际收益为零时。这个过程将会发生大量的成本。

旅游服务是各种不同职能的旅游企业提供的各种服务的综合。这种服务多是以一个旅游批发商为市场主体,经过它的组合以一个产品化的形式提供给市场,旅游批发商自己并不生产旅游产品,而是通过各种契约形式与提供相关旅游服务的企业建立供应关系来供应产品。因此,契约对于旅游批发商的经营具有重要影响。契约是对旅游服务种类、价格、数量和质量供应及交换条件的共识。完备的契约可以从根本上消除交易双方的机会主义、准确把握相关事件的变化以及变化中的契约人的责任和权利。然而现实中难以制定完备的契约,进而由于契约的不完备会形成大量的费用以及双方执行契约的分歧、争论,甚至通过法律进行诉讼。契约的不完备若造成对旅游消费者的损害,还需进行经济赔偿。这些都构成旅游企业的交易费用。

交易费用是旅游企业纵向边界的衡量标准,也是纵向一体化的决定条件。科斯理论认为,企业可以通过市场外部交易也可通过企业内部组织来实现其经营活动。因此,旅游企业纵向一体化与否,关键在于交易费用与组织费用的比较,如果外部的交易费用大于内部的组织费用，旅游企业将会通过企业内部一体化的形式实现其经营活动；相反，如果内部组织费用大于交易费用时，旅游企业将会通过市场交易形式实现自己的经营活动。

第二节　旅游企业纵向一体化的形式

一、纵向一体化的经济优势

当旅游企业不能通过契约的形式来实现自己的经营目标，或者通过契约建立起来的市场交易费用高于一体化组织成本的交易费用，或者由于外部性存在使得自己的预期收益不能实现时，旅游企业会通过实施纵向一体化的组织形式，来防止机会主义以及契约的不完备对其经营活动的损害，消除外部性，降低交易费用。

在旅游产业内，经常可以发现实行一体化的旅游企业比未实行一体化的旅游企业具有更多的竞争优势，更容易实施自己的既定发展战略和经营目标。所有这些都可以归结于纵向一体化本身所具有的性质与特征。

实行一体化经营的旅游企业可以节约由于制度安排所引起的费用。旅游服务从其特性分析，具有高度协调性和一体化服务的特征。旅游者投诉、旅游服务质量不符合契约要求及旅游收入拖欠等问题的大量出现，在一定程度上是旅游服务市场失效的表现，市场失效引起旅游企业相关费用的增加。通过旅游企业一体化的制度安排，可以相对减少市场的外部性，并通过内部组织对市场替代使其内部化。一般说来，旅游企业经营一体化作为内部组织替代市场的一种形式，具有激励、控制和内在结构优势，内部组织创造了一个不同于外部市场的激励机制，消除了由市场制度安排所形成的交易双方对立的谈判关系，各种原有的利益主体通过组织形式达到了协调。同时，通过一体化经营，旅游企业便获得了一种对其经营过程带有强制性的控制手段，拥有一种比较有效的冲突解决机制，可以极大地发挥组织的效用，有效地控制旅游服务链条并对该链条上的经营活动全过程进行准确的绩效评价。

在旅游企业经营活动中，由产权界定不清所引起的外部不经济现象层出不穷。假定市场上有组团社A和接团社B，两者通过短期契约形成了一种交易关系，从而也形成了纵向关系。在旅游团接待过程中，B社由于压缩了参观项目或降低了服务质量，引起了客人的投诉，形成了A社对客人的赔偿或影响了A社的市场形象，增加了A社的成本。B社对A社产生了外部不经济现象。如果产权的界定是适当的或者契约安排是明确的，B社便会对A社进行补偿；如果A社所处的环境（在旅游旺季或旅游目的地属于垄断性经营）对于产权界定与裁决是不健全的，或者不可能通过完全的契约建立交易关系时，A社便会产生实施纵向一体化经营的冲动和愿望,通过一体化经营使以上制度安排的缺陷内部化。

旅游企业一体化经营相对于分散性经营能更有效地对市场实施价格歧视。旅游企业要想实施价格歧视,必须能对不同的旅游者实施市场隔离。而这个条件只有在旅游企业实施一体化经营时才能满足。

假定有一个处于航线垄断地位的航空公司为两个具有竞争性关系的旅游市场下游企业提供该航线的航空机票,这两个企业经营着两个不同的市场,一个是商务旅游市场A,一个是观光旅游市场B,再假定商务旅游者对航空机票的需求是无弹性的,观光旅游消费者对航空机票的需求是具有弹性的,则航空公司可实施价格歧视的机票政策,对商务旅游消费者市场实行高机票价格,对观光旅游消费者实行低机票价格,使$P_A>P_B$。

当下游的这两个经营不同市场的旅游企业处于竞争的市场环境内时,旅游企业提供给最终旅游者的机票价格将等于航空公司提供给它们的机票价格。也就是说,这时的市场价格如同航空公司直接将机票销售给最终旅游者的价格。由于航空公司对两个旅游市场实施了价格歧视($P_A>P_B$),市场会出现在这两个市场间的套利现象,处于商务旅游市场A的旅游企业也许会通过各种方式从观光旅游市场B的旅游企业购买航空机票,或者出现处于观光旅游市场B的旅游企业以P_B的价格购买航空机票转销给商务旅游市场A的旅游企业,这种机会主义现象的出现将会破坏航空公司的价格歧视政策。有效的方法是实施一体化经营,通过购买或兼并观光旅游市场B内的一个旅游企业,并以P_B的价格作为这个企业的最终价格,然后以P_A的价格向两个市场A和B的其他旅游企业出售航空机票,即通过内部化的形式来实现价格歧视政策。因此,只有在一体化经营的框架内,旅游企业才能区分旅游消费群体,才能对这些消费群体进行市场隔离。

多数学者认为,因为一体化将增加市场进入壁垒,故旅游企业实施一体化经营可能具有反竞争的后果。尽管旅游企业实施一体化经营的主要目的是通过一体化的企业组织形式替代市场的失效而非对市场进行垄断,但实施一体化经营的旅游企业确实为新企业进入市场抬高了壁垒。因为一体化扩大了旅游企业的规模,而规模越大则进入市场所需资金也就越多,所需资产专用性就越强,进入市场的难度也就越大。旅游企业纵向一体化会使那些准备进入旅游产业的新企业无法与那些控制了资源供给的一体化企业进行竞争,处于一体化经营的旅游企业便形成了一定的竞争优势,客观上形成了市场的进入壁垒。

旅游企业实施纵向一体化经营也在一定程度上减少了道德风险的发生。在纵向分散结构中,由于市场交易契约的不完备、信息的不对称和机会主义的存在,旅游市场的交易极有可能产生道德风险。目前,旅行社之间的拖欠款现象、不按预先合同进行接待的现象、倒卖出国配额现象都是道德风险的具体表现形式。理性地说,这些道德风险可以通过长期的契约以及严密的合同来规避,但因不确定性的存在增加了道德风险防范的难度。特别是风险与决策之间的混淆使得我们难以划分道德风险与自然风险之间决策的界限。通过纵向一体化经营,旅游企业便有了防范道德风险的控制机制,通过激励、组织手段来减少道德风险。

二、纵向一体化与产业生命周期

斯密在他的《国富论》一书中曾经指出:"劳动分工受到市场范围的限制",这一结论被后人称之为斯密定律。按这个定律可进一步推断,旅游企业是否实行一体化经营将会受到市场规模的限制,而市场规模大小又受旅游产业的生命周期所决定。因此,我们可以得到这样一个结论:旅游企业纵向一体化与旅游产业生命周期存在着密切关系。对于这个问题,威廉姆森引用斯蒂格勒的一段话时提出:"在新兴产业的企业当中,纵向一体化广泛存在;随着产业的成长,将会观察到一体化的解体,而随着产业逐渐走向衰落,将出现重新采取一体化的现象。"①

按照斯密定律,旅游产业的分工是企业在进行经营性资产投资后经营活动和服务技能的专门化,市场范围则是对这些经营活动和服务技能的需求数量。旅游企业可以通过自己生产或经营,也可以通过市场交易去满足旅游者的市场需求。比如满足旅游者需要的旅行社产品中通常包含了饭店产品、景区产品、交通产品、饮食产品等要素,从而使旅行社产品成了满足旅游者不同需要的各个产品的综合,同时,这些产品也成为旅行社的中间产品。对于构成旅行社产品的中间产品,旅行社可以自己去制造和经营,也可以通过市场进行交易。如果自己来经营,则旅行社便将外部的市场分工转化为企业内部的职能;相反,如果自己不制造或经营,则原先的企业内部职能将转化为外部市场分工。相互转化的前提是,旅游企业所承担的内部职能要比通过外部市场交易更有效率或者是通过外部市场交易要比旅游企业所承担的内部职能更有效率。

一般来说,旅游经营活动的专门化具有内生的经济优势。因为旅游企业拥有旅游经营的专门化,可以提高企业效率,在市场上这种有效率的企业活动是形成市场竞争优势的主要因素。如果旅游市场能够充分发挥专门化的经济优势,旅游企业就会通过社会合理分工来分解自己所承担的内部职能,通过减少一体化链条的长度来增加市场交易的比重;相反,如果旅游市场环境不足以充分发挥专门化的经济优势,那旅游企业就会增加一体化经营链条的长度,实现市场交易的企业职能的内部化。

旅游企业职能的内部化和企业分工的外部化则是相对于旅游市场规模而言的。相对于规模较小的旅游需求市场,规模较大的旅游需求市场更能支持旅游企业实现专门化。从动态发展的角度来说,旅游需求的发展会进一步激起旅游产业

① 威廉姆森. 反托拉斯经济学. 北京:经济科学出版社,1999:98.

专门化的增长，这也是旅游产业不断专业化、高度化发展的主要原因。

旅游市场需求规模是与旅游产业的生命周期相联系的。在旅游产业发育初期，新兴的旅游产业对所有的经营者均是一个陌生的课题，由于不清楚旅游活动的内在规律，所以不可能通过市场分工，而必须通过边干边学的方式来认识掌握旅游经营过程中各项技术问题，旅游企业也必然会形成一体化经营的现象。如在我国旅游发展的初期，旅行社产业之间没有形成分工，旅行社既是批发商同时也是零售商，既是组团社也是接团社，在旅行社之间没有形成一体化经营的格局；对于航空公司来说也是如此，也没有通过社会分工将其机票销售业务交付给专门的代理商或旅行社销售。出现这种产业内一体化现象是与我国旅游市场规模特别是国内旅游需求规模过小分不开的。只有当旅游产业发展进入成长期后，市场需求规模不断扩大并且具有广阔的发展前景，每项职能都具有一定规模的业务量时，旅游服务或产品的各项职能才会通过各种形式的分解转化为由各个具有不同专业化职能的企业去完成，只有到了这个时候，旅游产业的专门化才会形成。根据斯密定律，我们还可以进一步推断，旅游产业将有一个从纵向一体化到纵向分散化，再到纵向一体化的演变过程。

三、旅游企业纵向一体化的形式

旅游企业的纵向一体化可以有两种形式：一种是纵向集中，即通过资本扩张而形成的纵向一体化，一种是纵向联合，即通过各种形式的战略联合而形成的纵向一体化。纵向集中和纵向联合是发生在旅游服务链上两个不同层次之间的组织的集中，这种集中可以是前向的，如旅游批发商兼并旅行代理商，航空公司兼并旅行社，形成前向一体化；也可以是后向的，如旅游经营商兼并航空公司或者旅游目的地的饭店企业，形成后向一体化。旅游企业纵向一体化还有一种特殊形式，便是混合兼并。混合兼并是不同产业企业与旅游产业企业之间的兼并，这类兼并的主体多为与饭店关系密切的房地产企业、银行财团等。1993年，摩根斯坦利财团（Morgan Stanley Group Inc.）投资6.2亿美元购买了当时全球第22大的联号红屋顶饭店联号（Red Roof Inns）的共210家饭店；1994年，私人控制的史达屋财团（Starwood Capital Group LP）和高盛公司（Goldman, Sachs & Co.）合作，花费5.37亿美元购买了威斯汀饭店联号（Westin chain）；1992年，黑石集团（Blackstone Group）下属的私人控股投资银行（Blackstone Capital Partners LP）用2.5亿美元从Tollman - Hundley Hotels手中购买了Days Inns，包括1352座特许经营饭店，在此基础上形成了酒店特许连锁系统股份有限公司（HFS）；1999年1－5月，不动产发展商和饭店所有者哈克姆（Efrem Harkham）通过成立卢克斯公司（Luxe Worldwide Hospitality），先后兼并了Jarinen Worldwide Hotels（拥有100家饭店）、Boutique Hotels Of Australia（拥有80家饭店）、Robert F. Warner distinguished Hotel Group（拥有120家饭店），迅速成为一个在5个国家拥有超过3万间客房的能提供预订、营销、管理和特许经营的公司。

在现实旅游经济活动中，前向一体化更为普遍，因为就旅游产业体系来看，它是以一个要么是资源要么是客源为中心建立起来的体系。具有资源或客源垄断性质的旅游企业更容易形成一体化经营。同时，作为一个旅游服务的中间商，要实现前向集中，兼并处于旅游服务生产层次的组织——如饭店和航空公司——需要有强大资本作保证；相比之下，这些组织要兼并处于代理层次上的销售商则不需要更多的资本。从这一个意义上讲，由于旅游组织的特殊性以及各个组织所需要的资本投入的不同，纵向集中往往发生在旅游服务链的高层次向低层次之间，形成了高层次向低层次的前向集中。

在旅游产业内，旅游企业的成长可以有两条途径：一是内部成长，旅游企业利用内部的人力物力和财力，依靠企业经营积累的资源或筹集资本投资建立新的经营单位，并与其主业形成一定的产业链关系，实现一体化经营。如一个旅游批发商，可以通过自己投资建立一个新的旅游代理企业，或者一家航空公司投资建立一家旅行社，这种方式便是内部成长方式。与一体化内部成长不同，外部成长则是企业通过兼并、收购或合并处于旅游产业链不同层次的其他旅游企业而获得成长的。

无论是通过内部成长还是通过外部成长，都可以实现旅游企业一体化经营。然而，两种不同方式的经济特点却是不同的。旅游企业通过内部成长方式实现一体化经营，从旅游企业成长理论来看，实际上是一种发展新业务、进入新产业的方式，那么，市场进入的各项壁垒都会发生作用。这时，旅游企业需要经过前期调查、分析论证和形成接待能力，需要重新建立销售渠道、树立顾客信誉，需要进行工商登记注册，特别是进入由国家旅游行政管理部门进行数量管制的产业时，旅游企业将花费大量的进入成本和费用。同时旅游企业还要考虑，进入新产业能否形成实现经济绩效的最低接待规模，能否克服进入市场的各种障碍，能否防范产业内其他企业的联合排斥行动等。所有这些，使得通过内部成长形成一体化经营的方式不具有经济优势。

相比之下，通过外部成长的方式实现一体化经营，可以实现经济优势。施蒂格勒指出“一个企业通过兼并其竞争对手的途径发展成为巨型企业，没有一个美国大公司不是通过某种程度、某种方式的兼并而成长起来的，几乎没有一家大公司是靠内部扩张成长起来的”。[①] 从世界各个大的旅游企业一体化经营发展来看，也都是通过兼并的外部成长方式进行的。例如法国的Accor集团和美国的Carlson集团通过兼并收购，不仅在饭店业中具有重要地位，同时还涉足旅行社业务、餐馆经营和娱乐业，“这些巨型企业同时在饭店业及其相关产业展开经营活动，可以统一使用客源、营销、预订、人力资源等各方面的经营要素，获得了其他单一经营饭店业的公

① 施蒂格勒. 产业组织与政府管制. 上海：上海三联书店，1996：3.

司所不能获得的竞争优势”。①

旅游企业通过兼并和收购的形式进行一体化经营，主要在于这种形式可以形成协同效应和比较收益。一般来说，协同效应是旅游企业通过并购所形成的总绩效大于原先分散企业绩效的总和，这是旅游企业并购所追求的主要目标，同时也是旅游企业实现纵向一体化的必要条件。比较收益是旅游企业通过并购形式获得的绩效大于通过投资建立新企业的绩效，这是旅游企业为什么采取并购形式的主要动因，同时也是旅游企业实现纵向一体化的充分条件。从协同效应出发，旅游企业可以利用并购行为重新整合旅游经营能力和接待能力，以达到规模经济的要求。通过并购旅游企业能有效地解决由旅游产业的社会分工所形成的旅游业务流程上的市场隔离，减少由这种市场隔离所形成的操作成本，并且由并购所形成的旅游企业纵向一体化经营，大大降低由市场交易所形成的交易费用。在市场同一的条件下，一体化经营可以借用统一的销售网络和营销手段，可以对中间产品的营业税进行合理避税，所有这些都会降低旅游企业单位产品的营销费用和经营成本。从比较收益出发，旅游企业利用并购形式比利用内部投资新建方式更具有比较经济优势。利用并购方式有效地降低了旅游企业进入新经营领域的行业壁垒，进入新领域时的成本劣势将转化为成本优势，同时，利用并购可以大幅度降低投资成本和市场风险，减少各种不确定性，所有这些便形成了旅游企业并购的比较收益。

四、高级纵向一体化与低级纵向一体化

旅游企业纵向一体化存在着高级纵向一体化和低级纵向一体化之分②。我们可以将我国现行的旅行社业水平分工体系下的“全能旅行社”和饭店业的“全能饭店”称为低级纵向一体化。斯蒂格勒（1982）曾围绕斯密—杨定理，运用产业生命周期假说讨论了企业内部分工和社会分工的关系，并认为在产业发展的新生期和衰退期，因为市场容量狭小，所以不足将相应的生产环节独立出来形成专业化的企业，产业内出现“全能企业”有其客观必然性。但是当该产业的市场容量发展到一定的程度，市场容量已经足以支撑由专业化的企业来更有效率地进行相关环节的生产，企业内部分工就将转化为社会分工（见图8－1）。可以以饭店为例进行简要说明。在我国旅游经济发展初期饭店数量有限的情况下，每个饭店都需要有自己的洗衣房，但现在饭店数量已经很多，在这时候就没有必要每个饭店都有自己的洗衣房，而是可以将洗衣房从饭店的生产服务工序中独立出来，形成独立的专业化厂商——非核心资源外取（或称外包）。

基于我国旅行社行业非效率现状提出的垂直分工思想其实与纵向分解同义。

① 谷慧敏，秦宇．世界著名饭店集团管理精要．沈阳：辽宁科学技术出版社，2001：18.

② 孙天琦．产业组织结构研究．北京：经济科学出版社，2001：45.

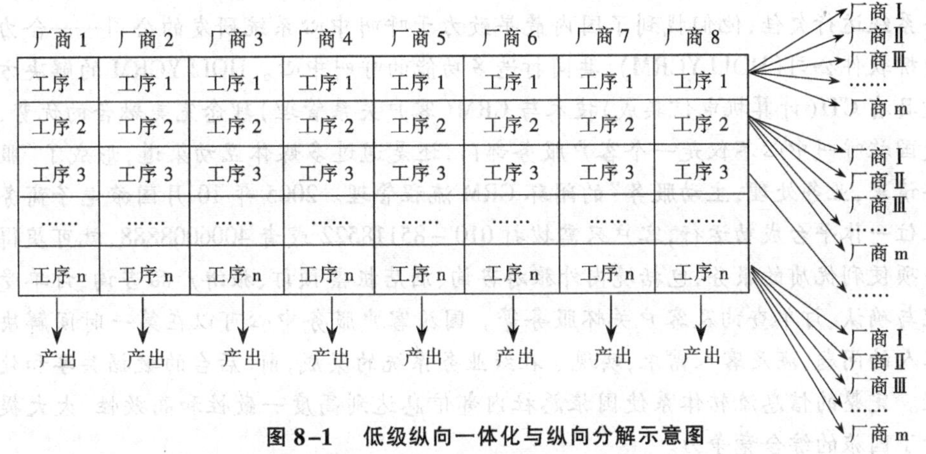

图 8-1 低级纵向一体化与纵向分解示意图

注:其中 m 远远小于 8。

资料来源:根据孙天琦(2001)修改。

旅行社业的纵向分解就从现在分工体系中根据市场发展的内在要求将诸如生产、销售等环节从“全能旅行社”中分离出去,由专业化厂商来分别提供相关工序的产品——形成包含旅游批发经营商、旅游零售代理商等的垂直分工体系。李天元、王娟(2001)曾就我国旅行社业为什么难以形成垂直分工体系作了分析,并指出如果形成旅游批发经营商和旅游零售代理商的分工体系,则现在的微薄的利润率水平显然难以支撑垂直分工体系下旅游零售代理商的佣金。从分工和专业化有助于改善效率的角度看,这个问题应该是可以解决的。问题还是在于特定体制下人为地抬高了利用市场机制的交易费用,使得纵向分解后的收益难以弥补因此而产生的交易费用(孙天琦,2001)。

案例 8-2 中国国旅 CITS 服务外包案例分析
——呼叫中心技术服务外包的成功与启示

旅游业的蓬勃发展使国内外各大旅行社之间的竞争日趋激烈,服务质量和效率成为影响各旅游企业声誉和经济效益的关键。中国国际旅行社总社有限公司(CITS 以下简称“国旅”)借助计算机、网络、现代通信、多媒体等丰富的信息技术手段,整合内部资源,提升业务处理能力,建成了以呼叫中心为业务处理核心的中国国旅客户服务中心。2010 年该社 43 家境内外企业实现税后净利润 5 856 万元,同比增长 121%,利润总额 7 847 万元,同比增长 131%。国旅为什么能以如此惊人的速度增长,其中最重要的“杀手锏”就是服务外包战略的成功。

国旅成立于 1954 年,是中国旅行业名副其实的龙头企业,也是中国 500 强中唯一的旅游企业。进入新世纪后，通信技术与计算机技术应用整合后的综合信息服务系统运行欠佳，他们找到了国内最早致力于呼叫中心系统研发的公司——合力金桥软件公司(HOLLYCRM)，共同打造多功能的呼叫中心。HOLLYCRM 的解决方案具有 CTI(计算机电信集成)技术与 CRM(客户关系管理)理念完美融合的优势，使国旅呼叫中心不仅是一个客户服务部门，还是通过多媒体互动渠道，形成了“服务请求，业务处理，主动服务”的闭环 CRM 流程管理。2005 年 10 月国旅电子商务三位一体平台成功运行，客户只需拨打 010－85118522 或者 4006008888，就可获得多项便利优质的服务，包括境内外旅游咨询、酒店机票预订、旅游产品咨询、订单受理与确认、订单查询及客户关怀服务等。国旅客户服务中心可以在第一时间解决客人的问题，满足客人需求，实现了在线业务系统的集成，前、后台的数据共享和处理。完整的信息流转体系使国旅总社内部信息达到高度一致性和高效性，大大提升了国旅的综合竞争力。

为追求更优的管理模式和改进业务流程，2011 年前后，国旅又与思科系统(中国)网络技术有限公司(CISCO)的通力合作，应用最新 IP 呼叫中心(IPCC)和自动语音系统(CVP)解决方案，实现了对中国国旅旅游预订中心 400－600－8888 的扩容升级，使其能够为全球客户提供更加有效和专业的 7×24 小时旅游咨询和预订服务。国旅总社在此次扩容建设中，进一步优化了网络架构，完成了基于全 IP 网络结构的呼叫中心平台部署。凭借这一领先的技术平台，国旅呼叫中心坐席可与总社和各地分社专家坐席实时远程联络，实现前后台高度协作；同时支持呼叫中心南方、华东分中心的快速部署，为建立全国统一的标准化旅游预订服务体系奠定了平台基础，显著提升了服务效率和服务质量，系统运维成本大幅降低。国旅认识到：“现代服务业的运作理念与先进的网络技术手段是打造中国旅游业龙头企业的法宝。”

呼叫中心经历了热线电话、交互式语音应答(IVR)、计算机电话/电信集成(CTI)、多媒体呼叫(MCC)等阶段不断发展，体现了信息服务现代化的发展趋势。国旅与 HOLLYCRM 和 CISCO 的合作创造了服务外包的新鲜的经验，提高了自身的核心竞争力，也给我们以下启示：(1)服务外包是企业适应客户需求和管理升级的战略选择。现代呼叫中心使传统的以商品为中心的商业服务模式转移到以用户为中心的模式，其优势十分显著，它的优势表现为无地域限制、无时间限制、个性化服务和信息记载。(2)服务外包实现了企业内部服务流程的标准化。呼叫中心后台的应用软件包含了企业对工作人员、客户信息、产品质量投诉信息管理，实现了客户服务的自动化。同时，呼叫中心促使企业转变观念，加强内部管理，提高工作效率，实现了经济效益与社会效益的完美统一。(3)服务外包节约了企业运营成本，创造了新的商业机会。相比面对面的会议方式交流和采用人工话务方式进行交流，现代呼叫中心的交流成本是最低的。国旅的实践说明，作为一种新兴的信息服务形式，呼叫中心不仅具有先进、安全、可靠的特点，而且节约营运成本，贴近大众，扩大了客户群体，是拓展信息服务市场，创造商业机会的金钥匙。(4)服务外包是ITO模式的创新与发展。国旅与HOLLYCRM和CISCO的合作的模式既有伙伴关系型的特点，又更具有转型外包的特色，是ITO模式的创新与发展。在中国，目前已有越来越多的旅游企业采用呼叫中心技术服务外包来提升自身的综合实力，尤其是在线旅游企业，如携程、青芒果、艺龙等，而国旅率先走出了一条属于自己的道路。

（资料来源：袁永友，吴开琴. 中国国旅CITS服务外包案例分析. 中国服务外包，2012-1-16.）

第三节 旅游企业横向一体化

一、旅游企业横向边界

在以前的章节里，我们介绍了旅游企业纵向一体化问题，与此相对应，在旅游产业活动中，还存在横向一体化问题。根据世界旅游业发展的情况分析，在旅游资本增量增加的同时，一个重要特点是旅游业内各个不同的产业之间和企业之间形成了一个集中的趋势。集中式经营成为旅游业的一个重要特点。如果说，旅游企业纵向一体化主要是追求协同效应，减少由市场交易所产生的交易费用的话，那么，旅游企业横向一体化则是为追求规模经济和网络经济，减少固定成本在产品或服务之间的分摊比例。

旅游企业横向一体化会产生旅游产业集中，因此，多数人将这种形式认为是一种反竞争的形式。不可否认，横向一体化会导致旅游市场垄断行为的出现，也会形成旅游产业的市场集中，旅游企业也可以利用这种市场集中和垄断力量，对旅游服务进行市场控制，从而降低市场竞争的程度。

然而不同的是，由于旅游服务的特殊性，旅游企业的横向一体化所产生的垄断力量远远小于其他产业。首先，旅游服务的生产活动是一种与旅游者活动空间结合的经营活动，其服务产品不具有移动性和储存性。当一个产品不具有空间移动和储存性质时，则对这种服务产品的垄断也就不会是整体性的垄断，而仅仅是一个特定区域内的垄断现象。其次，旅游服务的生产是一种与旅游者活动时间结合的经营活动，产品无法进行时间调整和分配。当一个产品不具有时间调整和时间分配性质时，垄断力量仅仅是某个时间内的现象。最后，旅游需求具有高需求弹性和高替代性的特点。垄断力量面对一个高需求弹性和高替代性的服务产品时，是不可能通过一种垄断价格来控制旅游市场的，就旅游产业总体来说，是难以形成垄断利润的。

如果从旅游流动特点来分析可能会更深刻地认识这个问题。旅游者的流动是在一个旅游客源地与一个或多个旅游目的地之间的流动，这种流动可以是点线式的，也可以是板块式的。由于旅游产业是围绕旅游者的空间流动而建立起来的，因此，旅游者这种流动方式决定着旅游企业的经营方式。如果旅游企业实行横向一体化，也必然要按照旅游者的空间流动方式进行，或者是两地横向一体化，或者是多地横向一体化。例如，某个饭店集团主要为客源地 A 的旅游者提供住宿服务的，假定这个客源地 A 有两类不同的旅游者群体，分别是 X 和 Y，X 群体的旅游者流动方式是点线式的，Y 群体旅游者的流动方式是板块式的；再假定作为板块式流动的 X 群体旅游者主要是到旅游目的地 M_1 度假，作为点线式流动的 Y 群体旅游者主要到旅游目的地 N_1、N_2、N_3观光，如果旅游企业要形成横向一体化经营，它必须在旅游目的地 M_1 投资或并购与 X 群体旅游者相适应的饭店，以满足 X 群体旅游者对住宿服务的需要，同时要在 N_1、N_2 和 N_3 投资或并购与 Y 群体旅游者相适应的饭店，以满足 Y 群体对住宿服务的需要。由于旅游需求规模的有限性，无论如何这种投资或并购所形成的横向一体化经营，不足于实现对旅游目的地市场的垄断。因此，旅游企业之所以形成横向一体化经营趋向，其主要经济动力来源于“多地点经济性”。

所谓“多地点经济性”是指随着旅游企业经营地点的扩大，市场经营空间范围延伸而产生的单位经营成本下降和全程经营利润增加的现象。多地点经济性是规模经济和范围经济一般理论在旅游产业中的具体表现形式，也是旅游经济内在规律性在旅游产业运动中的外部表现。我们知道，旅游企业规模经济不仅仅取决于接待人数的规模，也取决于在需求人数规模一定时每个旅游者的到访次数。而这种接待次数要么与接待天数相联系，要么与接待频度相联系。比如说，作为板块式流动的一个度假旅游者，如果在一个旅游目的地停留 5 天，虽然从需求人数规模是一个人次，然而对他所住宿的饭店来说，却是出租了 5 间夜。如果一个饭店企业通过横向一体化在不同的旅游目的地都有自己经营的饭店企业，对于点线式流动的旅游活动，同一个旅游者在不同的地点接受同一饭店企业组织提供的住宿服务，饭店企业在不扩大市场规模的条件下获得了接待规模的增加。这种由经济地点增加所形成的市场规模扩大而导致的经营收入增加的现象，便是多地点经济性的具体表现形式。

规模经济乃是指，在其他条件不变时，产量增加的比例大于各种要素增加的比例，也就是当全部生产要素增加等于 1，产量增加大于 1 时，规模经济才会出现。对于旅游产业来说，规模经济的表现形式会有差别，且差别不仅在于概念和语言表述上的不同。工业企业的规模经济表现为工厂规模、产品规模和企业规模，而旅游产业则主要表现在接待规模上；更在于规模经济表现形式上的不同：短期内工业企业的即时产量并不取决于市场需求即时规模，它可以独立于即时的市场需求而形成自己的规模经济，旅游产业却由于其接待能力（或生产能力）的既定性，接待规模的大小取决于即时的市场需求，也就是说，旅游产业规模经济是与市场即时的旅游需求相联系的：当先前投入为一定时，市场即时的边际需求增加，意味着分摊于一个单位服务或产品的固定成本下降，从而形成规模经济。这就是说，旅游企业要想追求规模经济，就必须依据旅游市场需求规律，根据旅游者空间流动的形式来增加生产要素，安排企业的生产能力或接待能力。通过旅游者的空间流动追求规模经济，这时，横向一体化经营将演变为多地点一体化经营。

在研究旅游企业横向一体化经营时，横向边界是不能回避的问题，因为横向边界是旅游企业规模扩张的一个理性界限。在这个界限里，旅游企业横向规模扩大多可视为是合理的、经济的，如果超过这个界限，旅游企业规模扩大便被视为不经济现象，同时，还会受到反竞争规章的限制。从旅游活动行为出发，凡属于旅游者前往的旅游目的地均可以是旅游企业涉足的空间范围，因此，旅游企业横向一体化可能是世界范围的。这是旅游企业横向边界的最大化，也可称旅游企业的横向物理界限。随着旅游企业横向地域的扩张，初期收益是递增的，但当企业规模扩张达到一个最佳点后，就会形成规模经济的边际收益递减现象，因为规模扩大会导致旅游企业内部组织管理层次的复杂性，权利与市场范围的相互交叉使得组织成本大幅度上升，层级组织的增加也会使得旅游企业效率降低，过大的企业组织也会出现创新动力的减少、官僚成本增加的现象。一般来说，旅游企业规模扩张所形成的边际收益等于边际成本，是旅游企业横向经济界限。

不可忽视的一点是，旅游企业能力也是确定横向界限的一个重要因素。通俗地说，旅游企业能力是“企业能做什么、不能做什么”。资源、流程和价值观是构成旅游企业能力的三个要素。资源是一个旅游企业人力、设备、技术、资本等有形物质和信息、商标、信誉、销售渠道、商业关系等无形物质的综合体。资源是旅游企业进行横向一体化经营的物质基础。流程是旅游企业将资源转化为服务或产品的过程中，企业内部各不同层次人员之间互动、协调、信息传递和决策的方式，也就是发现问题、处理问题和战略决策的程序和方法，其实质是旅游企业的管理和运营的模式问题。决定企业能力的核心问题是旅游企业的价值观，它表现为对企业扩张的认知、对运营模式的认知、对成本结构和利润构成的认知和对商业机会的认知。旅游企业进行横向一体化经营时，不能不为企业的资源、流程和价值观所制约，也就是企业能力的制约：当一个旅游企业所具有的企业能力不足于在一个更大范围内经营时，其横向边界必然会缩小；相反，如果企业能力能够在一个比较大的市场范围内运营时，则旅游企业横向边界必然扩大。旅游企业横向边界是与企业能力成正比的，旅游企业能力也构成一个横向界限。

二、旅游企业横向一体化的形成

旅游企业横向一体化也称为水平一体化，是旅游企业通过兼并、联合同类企业或投资组建新的经营单位形成的多地点的企业集团，以扩大企业规模，如旅行社之间的一体化经营、饭店之间的一体化经营、航空公司的一体化经营等。水平一体化经营所形成的经济绩效主要表现为"多地点经济性"。旅游企业横向一体化经营是通过两种形式进行的，一种是兼并和收购形式，一种是企业之间的联合形式。

旅游企业横向兼并是指两家或两家以上具有相同服务功能并且相互独立的旅游企业合并成一家企业，通常是由一家占优势的旅游企业吸收一家或多家企业。在西方公司法中，对公司兼并划分为两种不同的形式，一种是吸引兼并，一种是创立兼并。吸引兼并是一家占有优势的旅游企业兼并了另外一家或多家旅游企业，被兼并的旅游企业其公司名称从此不复存在。创立兼并是两家或两家以上的旅游企业通过合并，建立一个新的旅游企业，这个旅游企业被称之为新设公司，新设公司接管原来的两家或两家以上的旅游企业资产和业务，同时原有的两家或两家以上的旅游企业同时消失。

不同于旅游企业兼并，旅游企业横向收购是一家旅游企业通过购买股票或者股份，取得与自己职能相同的另一家控制权或管理权，被收购的这家旅游企业不必消失，它只是由收购企业收购，成为被收购的旅游企业。

由此可见，旅游企业兼并和收购都可以形成横向一体化经营，通过这种行为实现旅游企业的重组和控制权的转移和实现。但旅游企业的兼并和收购并不完全相同。兼并行为是在两个旅游企业的行为主体之间进行的，是通过兼并企业和被兼并企业的法人代表的行为实现的，因其为企业重大经营行为，故必须经过股东大会的批准才能实施；收购行为则是收购者和被收购旅游企业股东之间的行为，被收购的旅游企业的股东可以是企业法人也可以不是企业法人，只要收购者与被收购的旅游企业股东达成收购协议便可执行，而不需经企业法人的同意，也无须经过股东大会的批准。因此，旅游企业兼并的法律后果是被兼并的旅游企业法人主体的消亡，存在着财产、债权和债务以及权利和义务向兼并前的企业或兼并后的企业转移问题，而收购只是收购者对控制权的收购，被收购的旅游企业法人主体地位并没消亡，也不会产生财产、债权和债务以及权利和义务向收购企业转移的问题。

旅游企业之间的横向联合也是横向一体化经营的方式。横向联合是指两家或两家以上旅游企业为了实现互利的目的共同投资或分享信息和资源所结成的一种合作关系。相对于旅游企业的兼并和收购，由于联合是在不变更产权和控制权的前提下进行的，因此，是一个松散型的横向一体化经营方式。

旅游企业实现横向联合主要通过联号、管理输出和租赁三种方式实现的。联号是一家具有优势旅游企业通过特许经营的出让，向与本企业具有相同服务功能的其他旅游企业提供品牌、技术等经营性资源以及客源组织与销售渠道而形成的旅游企业横向一体化经营的方式。参与联号的旅游企业不受品牌出让者的控制，财产、债权和债务以及权利和义务不发生变化，只是定期接受出让者的检查，以保证向旅游市场提供的旅游服务或产品的质量一致性和稳定性。联号虽然是旅游企业在品牌以及服务质量方面的约定，但在实际运行过程中也起到了横向一体化的作用。特别是多数联号企业由于共享联号体系的销售渠道和客源组织，在服务和产品销售上便形成了一种同盟。

三、旅游企业的横向一体化现象

2000 年下半年，中青旅先后收购了广州、桂林、苏州、新疆数地的旅行社，并配合旅游电子商务、旅游门市，大举组建营销网络；中旅总社 2001 年收购旅行社约 20 多家，并计划未来控股 20 家的省级旅行社；全国百强旅行社中排名第六、广东排名第一的广东中旅集团继 2000 年末陆续获得 5 家旅行社控股权之后，又联合香港中旅、澳门中旅、深圳中旅、江门中旅、南海中旅、汕尾中旅发起设立广东中旅股份有限公司，成为目前省内控股旅行社数量最多的旅行社集团；国旅总社近期与全国百强前 20 名中的部分国际旅行社联合筹划发起设立中国国旅股份有限公司，并计划在重要的出入境口岸和旅游目的地城市购并一批旅行社，实现连锁化网络经营；广东海外旅游总公司与其在广东各地的 25 家代理社、5 家境外旅行社组建国旅假期旅游连锁企业，成为广东旅行社业第二艘航母。

具有中资背景的香港上市公司中旅国际在获准开办可以经营入境旅游、出境旅游、国内旅游业务的独资旅行社之后，已把 20 亿港币的资金划入专款专用之列，据目前掌握的资料，香港中旅国际已经在北京、上海、福建、广东、海南实施“精确打击”，而战术目标始终锁定在“中旅”，它将逐步扩大势力范围，以全资或控股的形式，最终购入全国各大城市约 40 家旅行社①。这一系列发生在旅行社业内的兼并行为都可以称为横向一体化行为。

横向一体化行为②在国际旅行社业内也非常活跃，旅行社业内的水平兼并风起云涌。美国运通旅行社 1993 年收购瑞典的 Nyman & Schults 旅行社、1995 年收购

---

① 欲进一步了解我国旅行社之间的兼并状况可参考《资本为旅游业注入活力》，载《中国旅游报》“市场扫描”栏目，2002－3－27

② 这里需要注意的是，由于国外旅行社的分工体系与我国旅行社业的分工体系不同，所以不能逻辑地推断在国外发生在旅行社业内的兼并都是横向一体化行为，正如后面将要介绍的，有很多发生在旅行社业内但处于不同环节的兼并行为其实属于纵向一体化行为。同样，也不能简单地认为我国原来的一类社、二类社、三类社的分类法以及现行的国际旅行社、国内旅行社的分类法是完全的水平分工，一类社组团（外联）、二类社接待的设计其实应该视为垂直分工，只不过这是政府主导下的垂直分工而已。

德国 West LB 旅行社、1995 年收购法国哈瓦斯旅游集团①在法国的商务旅行部、1997 年收购比利时 BBL 旅行社、1998 年进一步收购了法国第二大旅游公司哈瓦斯旅游集团的全部股份②,此外运通的兼并范围还涉及巴西、澳大利亚等多个国家。

表 8－1　世界饭店业兼并收购案(1987—1999)

年份	事　　件	金额(亿美元)
1987	Ladbroke 购买 Hilton International	10.7
1988	Seibu/Saison Group 购买 Inter－Continental Hotels	21.5
1989	Bass PLC 购买 Holiday Inn Hotels Worldwide	22.3
1990	Accor 购买 Motel 6	13
1993	New world Development……Cheng Family 购买 Stouffer H&R	15
1993	Aoki Corp. 同 Bass Group 合作购买 Westin Hotels and Resorts	13.5
1994	ITT Corp. 收购 Caesars World Inc	17
1996	Doubletree 购买 Red lion Hotels Inc	12
1996	Granada Group PLC 购并 Forte PLC	57
1997	Doubletree 和 Proums 合并	47
1997	Patriot American Hospitality Inc. 购并 Interstate Hotel Co	21
1997	Patriot American Hospitality Inc. 购并 Wyndham Hotel Corp	11
1997	Promus Hotel Corp. 和 Doubletree Hotels 合并	47
1998	Starwood Lodging Trust 收购 Westin Hotels & Resorts	16
1998	Starwood Lodging Trust 收购 ITT Corp	102
1999	Ladbroke Group PLC 购买 Stakis PLC	18.9
1999	Park Place Entertainment 购买 Caesars	30
1999	Accor 收购 Red Roof Inns Inc.	11

资料来源:1. 根据 1997—1999 Hotels 中相关资料整理;2. Hospitality World: An Introduction. Harold E. Lane,Denise Dupré. Van Notstrand Rinhold. 1997 年,第 73～81 页。

与旅行社业内进一步垂直分工,形成旅游客源地的旅游批发经营商和旅游零售代理商(门市)、旅游目的地的旅游总代理商(区域总地接)与旅游分代理商(单地地接)、旅游客源地与旅游目的地之间的旅游批发经营商(组团社)和旅游接待商(地接社)等分工关系不同,饭店是面广链短行业(邹统钎,2002),基本上不存在形成这种垂直分工的可能,因此理论的推断应该是饭店业比旅行社业应有更强的横

① 哈瓦斯旅游集团(Havas Voyages)拥有法国最大的旅游代理销售网络,国内销售网点达 632 个(其中 326 个是传统经营形式的旅游代理商,306 个是专营商务旅游的旅行代理商),1997 年营收达 135 亿法郎。

② 更多的旅行社水平兼并例子可参见:杜江,戴斌. 旅行社管理比较研究. 北京:旅游教育出版社,2000:109;李宏. 欧美旅行社业的一体化进程研究. 旅游学刊,1999(6).

向一体化的动机(在我国一般称之为饭店集团化),但是在我国旅游经济实践中,饭店业的横向一体化表现出了异化现象。这种异化现象不仅表现在横向一体化进程缓慢,而且还表现在主要发生在狭小地域范围内(主要以城市为地域范围)而很少发生地域间;主要发生在国内单体饭店与国外著名饭店集团之间而很少发生在国内单体饭店与国内饭店集团之间。

我国饭店"合意"[①]横向一体化(集团化)进程可以从两个角度来看:其一是国外著名饭店集团在我国的发展,其二是我国本土饭店集团的发展进程。以往研究中指称的我国饭店集团化进程缓慢多是指本土饭店集团而言的。本土饭店集团发展进程缓慢既有客观原因,也有主观原因。具体而言,(1)我国旅游发展道路的选择造成了本土饭店集团化环境与国外饭店集团化环境的差异。一方面,国外旅游发展进程要大大早于我国,因此国外饭店集团大多已久经市场考验,已经在竞争的环境中建立了相应成熟的战略能力、知名的系列化品牌(见表8-2)、规模化的跨国网络(见表8-3)和先进的预订系统、多样化管理形式(见表8-4)、营销技术以及丰富的消费者知识[②]和雄厚的资金,在进军新兴的中国饭店市场中具有供给优势。另一方面,我国是在基础差、底子薄的经济背景下,在"神秘中国"平台上采取"观光切入、入境优先"的非常规方式发展旅游的,创汇是发展旅游的主要目的。这种发展道路必然导致建成的饭店也主要是以境外客源市场为主,远程旅游和特定中国感知[③]下的安全需要以及旅游者普遍的选择模式[④]导致这些境外旅游者往往倾向于选择自己熟悉的品牌,而且落后的国民经济基础和创汇的内在要求使得我国饭店发展过程中需要大量的外来资金和"进口"人力资源——管理力量,因此在饭店业发展历史过程中,对国外著名饭店集团基本上是采取鼓励而非抑制的态度,这种态度显然大大降低了这些集团的跨国经营壁垒。不仅是境外旅游者偏好这些世界著名品牌集团,由于国内旅游者成长与这些品牌在中国成长的某种契合,国内旅游者也偏好于这些品牌。这就从供给和需求两方面优化了国外饭店集团的发展环境。而且这些外国集团之所以加速进入中国市场,原因之一就是为原有市场的激烈竞

① 如前面几章所分析的,所谓"合意"的饭店集团其实就是指网络化广域分布的饭店集团,这是符合饭店业和旅游业特点的内在规定性的。

② 一直以来,国内经营者多认为自己对国内旅游者的了解要甚于国外同行,也正是基于此,有很多人认为随着我国出境市场的兴起,国内旅游企业将迎来新的春天,实际情况是否如此,尚有待实践检验。

③ 远程(跨国)旅游往往需要面临诸如旅游经历不能满足心理预期的心理风险、所购买旅游产品不值所付的经济风险、旅途中可能遇到伤病的安全风险、可能遭到目的地居民敌视或骚扰的社会风险以及所受服务和接待不尽如人意的功能风险等(Ken W McCleary)。刚开始发展旅游时,国外旅游者往往将中国看成是"铁幕下的国度"的目的地——当然这是不符合实际,但对这些旅游者来说,中国毫无疑问是一个完全陌生的、神秘的旅游地,这增加了旅游者的不安全感。

④ 旅游者往往根据自己的使用经验(如品牌形象)进行后续的购买决策,尤其是面对难以确认质量的体验性产品时。

争所迫[①]。本土饭店集团国内成长空间受挤压[②],而国际成长空间又竞争激烈,自然不利于本土饭店集团的发展。(2)国有饭店产权的不可流动性。国有饭店在饭店存量中占有绝对比重。在位饭店生产和管理上的低效率以及在此基础上增加的非正常成本像高于平均利润的非正常利润一样吸引着效率较高的潜在竞争者的进入。但在国有饭店产权不可流动的情况下,以存量调整为主要特征的兼并行为很难展开,要进入市场就只能再建饭店,这样就造成整个饭店市场"生产能力"的进一步过剩,恶化了市场竞争,降低了市场上饭店企业进行规模扩展的能力,横向一体化的边界受到非市场效率的约束。(3)既得利益者(集团)的阻挠。以国有饭店为主的许多饭店的确是出于"个人需求产业化"的动机、出于炫耀性动机等非商业性目标而建设的,但非商业目标不足以成为集团化进程的障碍。因为从理论上讲,被横向一体化(集团化)后往往能够给企业带来更多的收益,因此尽管建设之初是出于非商业目的,但如果在经营过程中能够给企业带来更多利益显然是应该受到欢迎的。而问题恰恰在个人利益和企业利益的冲突上:集团化能够增加企业利益,但是集团化后的饭店管理必然要制度化、规范化,这势必给饭店"内部人"——管理层以及饭店的上级领导、饭店管理部门[③]的领导甚至工作人员的在职消费带来不便,有违他们的个人利益,因此集团化进程自然会受到这些实际掌握饭店命运的既得利益集团的阻挠。这些既得利益集团不仅阻挠当地潜在行为主体的集团化,也阻挠区外潜在行为主体的集团化行为——这种地方保护主义显然人为地增加了企业通过兼并联合方式集团化的交易费用,延缓了横向一体化进程。当然,出于政绩与引进外资之间的关系,地方政府可能会对潜在的外资行为主体的集团化行为放松阻挠。(4)缺乏经营战略。从集团化的潜在行为主体的角度看,我国的饭店企业往往注重经营企业,但缺乏经营行业的长远战略安排,因此实际情形可能是经营某个饭店时很成功,可是一旦规模扩张,走向横向一体化的发展道路时却成功者甚少。这与我国特定制度安排下企业家能力的成长缺陷有重要关系。也有很多学者提到,缺乏强大的预订网络是我国饭店集团进程缓慢的原因,其实对这个问题倒需要辩证地看待,第一,从我国目前的集团化形式而言,区域性(准确地说是城市型)饭店集团根本不需要预订网络;

---

① 解释跨国经营动因的"寡占反应论"所揭示的就是这样一种情形。"寡占反应论"认为,在寡占市场结构中,少数大型跨国公司互相警惕地注视着对方的行为,如果有一家率先到海外发展,为使竞争环境不致恶化,其余几个竞争对手就会相继效仿,追随领头者到海外去投资,以期在新的市场上巩固自己的竞争地位。

② 据《中国旅游报》(2002. 3. 27)报道,国际排名前十位的酒店管理集团已基本进入我国,并加快了争夺市场份额的步伐,1984 年进入并已拥有 17 家酒店的香格里拉集团计划将其所辖酒店扩张到 30 家;圣达特集团计划至 2003 年年底将规模扩张到 20 家,2020 年年底扩张到 100 家;雅高集团计划 5 至 10 年内在我国投资和管理的酒店达到 200 家。在抢占高档酒店市场的同时,境外酒店管理集团近一两年又开始向中低档经济型酒店扩张,如圣达特集团的天天、豪生、华美达,万豪集团旗下的万怡,巴斯集团旗下的假日、假日快运,雅高集团的美居等中档品牌,其中雅高集团计划至 2008 年将美居品牌酒店网络发展到 50 家。

③ 饭店的管理部门多之又多,有税务、工商、公安等职能部门,甚至还包括街道办。

第二,从国外著名饭店集团的发展进程看,这些集团也并不是在有了强大的预订网络才开始集团化发展的,预订网络只是集团化进展到一定程度后的需要,并进一步成为推进集团化的重要工具而已,而不是说先有预订网络后有饭店集团。

表 8-2 著名饭店联号所跨国家数量比较

1999 年		2000 年		2010 年		2011 年		2012 年	
饭店联号名称	所跨国家数量	饭店联号名称	所跨国家数量	饭店联号名称	所跨国家数量	饭店联号名称	所跨国家数量	饭店联号名称	所跨国家数量
巴 斯	95	巴 斯	98	洲际	100	最佳西方国际	100	最佳西方国际	100
最佳西方国际	76	最佳西方国际	84	史达屋	100	洲际	100	洲际	100
雅 高	72	雅 高	81	雅高	90	史达屋	100	史达屋	100
史达屋	70	史达屋	80	最佳西方国际	90	雅高	92	雅高	92
卡尔逊	54	卡尔逊	57	希尔顿国际	82	希尔顿国际	88	希尔顿国际	90
希尔顿国际	53	马里奥特	56	卡尔逊	77	卡尔逊	80	卡尔逊	83
马里奥特	53	希尔顿国际	53	马里奥特	70	万豪	73	万豪	74
福 特	50	福 特	51	温德姆	67	温德姆	66	温德姆	66
精选国际	36	地中海俱乐部	40	REZIDOR	62	凯悦	45	凯悦	46
地中海俱乐部	35	精选国际	36	凯悦	45	罗浮宫酒店集团	41	罗浮宫酒店集团	43

资料来源:Special Report Hotels. 1999(7);2000(7);2011(9);2012(7、8);2013(7、8)

表 8-3 前三位的饭店品牌及结构分布

	酒店品牌	国内数量	国外数量
InterContinental Hotels Group	InterContinental Hotels & Resorts	29	149
	Crowne Plaza Hotels & Resorts	65	326
	Hotel Indigo	5	50
	Holiday Inn Hotels & Resorts	67	1 149
	Holiday Inn Express	42	2 216
	Staybridge Suites Hotels	0	196
	Candlewood Suites Hotels	0	312
	EVEN Hotels	0	0
	HUALUXE Hotels & Resorts	21	0

续表

	酒店品牌	国内数量	国外数量
Hilton Worldwide	Waldorf Astoria Hotels & Resorts	2	27
	Conrad Hotels & Resorts	5	20
	Hilton Hotels & Resorts	21	58
	Double Tree By Hilton	20	13
	Embassy Suites	0	245
	Hilton Garden Inn	1	573
	Hampton	0	1 948
	Homewood Suites by Hilton	0	345
	Home2 Suites by Hilton	0	36
	Hilton Grand Vacations		
Marriott	The Ritz-Carlton	10	78
	BVLGARI ® Hotel & Resorts	0	4
	JW Marriott ®	7	66
	EDITION ®	0	2
	Autograph Collection ® Hotels	0	60
	Renaissance ® Hotels	18	146
	AC Hotels by Marriott	0	76
	Marriott Hotels ®	19	486
	Courtyard by Marriott ®	11	977
	SpringHill Suites by Marriott ®	0	319
	Fairfield Inn & Suites ® by Marriott	0	732
	Residence Inn by Marriott ®	0	672
	TownePlace Suites by Marriott ®	0	237
	Marriott Executive Apartments ®	6	20
	Gaylord Hotels ®	0	5
	Marriott Vacation Club	0	60

资料来源：http://www.ihgplc.com/；http://zh.hiltonworldwide.com/；http://www.marriott.com/hotel-search.mi（更新至2013年）

表 8－4 美国前二十位品牌的管理方式分布结构

品 牌	公司所有	特许	管理合同	其他	国外资产	品 牌	公司所有	特许	管理合同	其他	国外资产
Holiday Inns/Hotels/Suites	5	1 004	47	0	479	Holiday Inn Express	0	1 078	5	0	143
Best Western Hotels	0	0	0	2 143	1 910	Countyard by Marriott	1	253	256	27	44
Days Inns Worldwide	0	1 943	0	0	127	Sheraton Hotels/Inns/Resorts/Suites	40	105	44	0	199
Ramada Franchise Systems	0	1 005	0	0	0	Hyatt Regency	公司未提供相关数据				54
Super 8 Motels	0	1 933	0	0	84	Radisson Hotels Worldwide	1	230	10	0	186
Marriott Hotels/Resorts/Suites	4	168	234	7	136	Quality Inns/Hotels & Suites	0	425	0	0	342
Hampton Inns/Inn & Suites	1	1081	27	0	15	Fairfield Inn by Marriott	0	412	52	0	0
Comfort Inns	0	1 276	0	0	373	Residence Inn by Marriott	0	242	116	14	10
Hilton Hotels	40	171	15	4	0	Howard Johnson International	0	425	0	0	73
Motel 6	689	121	2	0	4	Econo Lodges	0	677	0	0	33

注：国外资产指除前 4 项国内资产外的海外资产；单位为：家（饭店）

资料来源：Lodging Hospitality /August 2001.

思考与练习

1. 简要分析我国饭店集团化发展进程缓慢的主要原因。

2. 找一些世界著名旅行社的发展案例,并比较分析我国旅行社在集团化发展过程中存在哪些不足。

3. 试分析旅行社行业垂直分工体系的发展现状和面临的障碍。

第九章

旅游企业跨国经营

案例9－1　中日两国的旅游企业跨国经营

日本政府1987年推行国民出境旅游"五年倍增计划"后，经济的繁荣促使日本企业和相关组织加快了对旅游饭店、度假地、交通系统和餐馆的广泛投资，尤以饭店和度假地方面的投资为甚，其中夏威夷超过60%的饭店为日本企业所拥有(Hiroko Nozawa,1992)。在20世纪80年代，对海外不动产的投资是日本对外直接投资的最重要组成部分，而饭店和度假地综合投资则是日本海外不动产投资的主体。随着赴澳大利亚的日本游客数量从1985年的10万人次(占澳大利亚入境总数的9%)增至1995年的70万人次(占澳大利亚入境总数的21%)，日本对澳旅游直接投资也占到了日本对外直接投资的25%以上(William Purcell,2001)。

相比而言，我国旅游企业跨国经营的状况并不是太理想。根据商务部网站的数据，如果假定1990年为旅游业对外直接投资的发端，则1990—2003年间，中国旅游业对外直接投资企业数量年均增加18家，对外直接投资的速度也较慢，平均对外投资额仅有45.27万美元，投资力度明显偏小。目前进展较好的主要是像国旅集团和首都旅游集团这样的大型旅游企业集团。国旅集团在全球8个国家和地区设有海外公司，分别是中国香港地区1家，中国澳门地区1家，日本4家，分别在(东京、大阪、福冈和名古屋)，美国2家(洛杉矶和纽约)，法国、德国和丹麦各1家。国旅日本(4家)公司2001年实现利润150万美元，向国内输送日本游客2万多人，2002年向国内输送的游客数增至32 490人，占所有国旅海外公司向国内组织游客总数的74.6%，到2005年这一数字超过了75%，成了国旅总社的三大客源支柱之一。从经营业绩看，除日本4家公司经营状况较好外，其他公司多数只能勉强维持收支平衡，少量企业则是在亏损中运转。

(资料来源：杜江.中国旅游企业经营的国际化.北京：旅游教育出版社，2006.)

看了上述案例后我们或许会问，世界旅游组织已经修正预测，认为到2015年中国将成为世界第一大旅游目的地国家。可见中国旅游市场发展前景广阔,也有很多外资看中中国旅游市场的前景,不断加大对中国的旅游投资,比如2006年美国卡尔森全球酒店集团与英国莲花酒店投资基金(Lotus Hotel Investment Fund)用于亚洲酒店投资的资金达到30亿美元,其中用于中国投资的资金比例在35%~40%左右,约10亿美元。在这些大型旅游集团纷纷看好中国市场的同时,为什么中国的旅游企业不在本国做好经营而要到他国去投资呢?这些国外旅游集团又为什么会选择到中国而不是在他们本国投资呢?导致这种旅游企业跨国经营的原因究竟是什么呢?在跨国经营的过程中又会碰到什么问题呢?这种跨国经营跟我国入境旅游发展初期的经营方式又有什么区别呢?如此等等,有一系列的问题需要我们去思考,去回答。

第一节　旅游企业跨国经营理论分析

一、国际生产折中理论与跨国经营

国与国之间的旅游关系可以有三种不同的形式。

第一种是旅游跨国贸易,也就是通过旅游者的跨国界流动,旅游客源输出国与旅游目的地国之间通过各种形式的契约,建立旅游者组织与接待关系,形成国际间的旅游合作。如果两个不同的国家存在客源之间的相互流动,也就是互为旅游客源国和旅游目的国,那么这种旅游者组织和接待体系则是双向的,从国际服务贸易来说,两个国家同时存在旅游贸易出口与进口的经济现象。由于旅游者跨国旅游,两国旅游企业之间市场交易行为发生,然而,它并不是旅游企业跨国经营行为。

第二种是契约性技术转让,一国通过技术转让或特许经营的方式向另一国转让与旅游经营相关的系列技术,如饭店的联号经营、客源体系共享以及管理技术的输出等,都是这种关系的具体表现。然而以技术转让的旅游关系也不是旅游企业的跨国经营。

第三种是旅游客源国直接在旅游目的国投资,建立旅游企业或开办各种形式的分支机构,如旅行社在海外开办合资旅行社、独资旅行社,饭店在海外投资建立合资或独资饭店等。这是我们所说的旅游企业跨国经营行为。

一个国家的旅游企业是否通过直接投资在东道国进行跨国经营取决于许多因素。邓宁认为,"一个国家的企业之所以能克服种种风险而进行海外投资和经营,是因为海外经济活动能有更多的'所有权特定优势'和能够充分利用东道国的'区位禀赋优势',区位优势对企业来说是外部的,而所有权特定优势则是内部的"。[①]旅游企业的所有权特定优势主要表现为比较优势。比较优势有两层含义,其一,如

① 张泽荣,等.20世纪的经济学发现.北京:经济科学出版社,2000:415.

果一个旅游企业在东道国进行投资，只要拥有东道国与其具有竞争关系的旅游企业无法获得的旅游客源组织技术，或者能独立性拥有东道国旅游企业无法拥有的无形资产，如专利、商标、品牌和管理技术时，那么这个旅游企业就有了同东道国旅游企业的比较优势；其二，如果一个国家的旅游企业在东道国所拥有的分支企业以及战略同盟的数量和规模多于东道国与其具有竞争关系的旅游企业所拥有的分支企业以及战略同盟，或者这个旅游企业在多国拥有旅游经营业务和分支机构，则这个旅游企业便拥有了同东道国旅游企业的比较优势。一个旅游企业跨国化程度越高，拥有的分支企业越多，分布的国家越广，就越能充分利用不同国家的区位优势和市场需求。因此，旅游企业所有权特定优势是形成跨国经营的基础。

由于旅游市场的不完全性，先前以旅游服务交易为主要手段在客源国与旅游目的国之间建立旅游贸易关系的企业，存在着一种内部化活动的动机。从旅游客源地企业来说，需要通过市场的内部化避免旅游目的国旅游企业服务供给的不确定性、旅游交易价格的不确定性以及旅游服务质量的不确定性；从旅游目的国来说，由于客源国的旅游企业拥有相当规模的旅游客源和优势性的销售通道，有利于旅游目的地国的旅游客源规模扩大，同时，通过市场的内部化可以对特定客源实施价格歧视的政策。

邓宁认为，根据所有权特定优势理论和内部化理论还不能完全解释企业跨国经营现象，因为这两个理论只是说明了企业跨国经营行为的存在，却无法解释企业在一个具体国家的投资行为，而决定企业在一个具体国家的投资行为，主要是区位特定优势。[①] 对于旅游企业来说，之所以要在一个具体的旅游目的国进行投资以及跨国经营，主要是这个旅游目的国具有一组旅游区位特定优势，它可能是因为目的地国具有优势的旅游资源，表现出较高的旅游吸引力，是世界旅游重要的旅游目的地，旅游市场具有相当的规模；也可能是这个国家所拥有的旅游资源性质符合世界旅游发展趋向，具有良好的市场发展潜力；也可能是这个国家在吸引外资和引进跨国企业等方面，具有优势的投资政策和税收政策，旅游企业进入东道国的市场壁垒和经营成本较低；也可能是东道国具有与投资相关的政治环境、经济环境和政策支持，等等。

由此可见，旅游企业形成跨国经营是所有权特定优势、旅游企业市场内部化和东道国旅游区位优势三者相互结合与作用的结果。一个特定的旅游企业所拥有的所有权特定优势越大，内部化动机越强，东道国旅游区位特定优势越大，则这个旅游企业在东道国进行旅游投资的动力就越强，旅游企业跨国经营就越容易实现。

二、市场不完全与跨国经营

如果世界范围内的旅游产业都在同一个时期发育，如果世界各国同一时期发

① 张泽荣，等. 20世纪的经济学发现. 北京：经济科学出版社，2000:416.

育的旅游产业在相同的市场环境下运行，则生产同类旅游服务的不同国家企业有获得旅游生产要素的平等权利，市场力量在全球范围内是均衡的，一个旅游企业进入特定国家经营将会面对来自东道国的旅游企业的竞争，而且由于市场竞争处于一个均衡状态下，这些企业的进入过程必然会付出较高的成本和费用。因此，在完全竞争的市场环境下，特别是在旅游产业发育水平相同时，旅游企业的跨国经营是不具有比较优势的；反之，之所以形成旅游企业跨国经营行为，正是在于旅游市场的不完全性和各国旅游产业发育的不同步性，市场的不完全性和旅游产业发育的不同步性使得那些旅游产业先行发育的国家获得了在国内旅游市场上的垄断地位，形成了垄断优势，并可通过直接投资进入东道国的旅游市场。

旅游企业的垄断优势主要表现在三个方面。首先，由于旅游服务市场上的不完全竞争，先期发育的旅游国家通过时间与发展的积累，形成了在旅游产品的开发、性能与差异化程度方面高于东道国企业的比较优势，特别是通过与相关企业实行的价格与服务联盟，使其更具有竞争优势。其次，由于客源市场竞争的不完全性以及受经济发展阶段性的约束，旅游先期发育国家的旅游企业拥有充足的旅游客源和客源渠道，并且又接近旅游客源市场，因此同东道国的旅游企业相比较又具有客源垄断的优势。最后，模经济的优势。由于旅游产业先期发育国家的旅游企业形成了相当的企业规模，纵向一体化和横向一体化的企业组织创造了更大的市场空间和经营领域，从而与东道国旅游企业相比较具有一体化经营优势。

三、内部化理论与旅游企业跨国经营

市场不完全性与旅游产业发育的不同步性的存在，还只能说明同东道国的旅游企业比较，这些跨国旅游企业具有竞争优势、垄断优势和比较优势，但无法解释这些旅游企业一定要用直接投资进行跨国经营，而不是以其他经营方式——如特许经营、客源共享等方式——来利用国外市场。可见，由市场的不完全性和旅游产业发育的不同步性形成的比较优势仅仅是旅游企业跨国经营的必要条件，却不是跨国经营的充分条件。旅游企业能否将这些比较优势转化为跨国经营，可用于内部化理论来分析。

内部化理论产生有三个假设条件，一是旅游企业外部交易市场是不完全的；二是旅游企业存在一种将旅游服务的中间产品内部化的动力；三是当市场的内部化一旦超越国界时，就会产生跨国经营。外部市场的不完全性是内部化形成的主要原因。科斯在《论企业的性质》一文中指出，由于市场失效导致不完全性，企业通过组织形式组织内部交易来减少市场交易成本。科斯认为，企业为了进行市场交易，有必要发现谁希望进行交易，有必要告诉人们交易的愿望和方式，以及通过讨价还价的谈判缔结契约，督促契约条款的严格履行等，这些成本常常是很高的。企业是作为通过市场交易来组织生产的替代物而出现的，在企业内部，生产要素不同组合

中的讨价还价被取消了,行政指令替代了市场交易①。内部化理论沿用了科斯的观点,认为企业外部市场的失效是促进内部市场建立的主要原因。按照内部化理论,只要旅游企业内部组织交易所花费的行政组织成本低于通过外部市场交易所花费的成本费用,那么,旅游企业就会选择由自己来承担这部分交易的职能并使之内部化。在旅游活动的市场关系上,旅游企业是采取市场交易还是直接经营的方式,取决于跨国经营资源配置的内部化成本与市场交易成本之间比较,只要在某国的旅游经营资源配置内部化成本低于通过国际旅游的市场交易成本,那里就会有跨国旅游企业。

在没有旅游企业跨国经营时,旅游者的跨国旅游需求实现多数是通过旅游客源国旅游企业与旅游目的国的旅游企业之间的市场交易实现的,虽然旅游活动的实现是一个最终产品,但在实现过程中它却是一个中间产品,旅游客源国的企业要满足本国居民跨国旅游需求,它必须依靠旅游目的国的旅游企业提供相应的产品和服务,这必然存在一种中间产品和服务的市场交易行为。在这种情况下,只要这种市场交易成本大于跨国经营的组织成本时,旅游企业就会放弃旅游市场的交易,采取直接投资方式进行跨国经营,使市场交易内部化。

四、旅游者效应与跨国经营

企业国际化理论中的“客户带动论”认为,服务行业的国际化过程往往与其服务对象(客户)的国际化进程密切相关,当所服务的客户先期打入国际市场时,这些客户随即产生了相应的服务需求,而这些服务性企业为了不失去这些客户就需要拓展经营地域范围,展开跨国经营(郭朝先,2004)。“客户带动论”同样适用于包括饭店住宿、旅行安排等在内的旅游服务行业。对于这个问题的研究,杜江教授曾做过有益的讨论。在其所著《旅游企业跨国经营战略研究》一书中,提出了“给定旅游者的消费偏好和约束条件,客源地——目的地的时空距离与旅游者的收益预期成正比,与旅游过程的安全预期成反比”的命题②。其含义是随着旅游者旅行距离的增加,旅游者将远离自己熟悉的生活空间,安全预期将会降低,旅游者旅行空间距离越大,旅游者的安全预期就越小,同时,随着旅游者旅行的空间距离增大,旅游者的收益预期将会越来越高。根据以上命题,杜江教授进一步得出结论,认为跨国旅游可以放大旅游者的时空距离感,同时降低旅游者预期的安全感,只要旅游者的安全预期能够保证,旅游者将会选择更远距离的旅游行为,而跨国经营便是增加旅游者安全预期的一种有效的途径。

---

① 科斯.社会成本问题//陈昕.财产权利与制度变迁——产权学派与新制度学派译文集.上海:上海三联书店,1994:20-21.

② 杜江.旅游企业跨国经营战略研究.北京:旅游教育出版社,2001:90.

的确，在多数情况下，旅游者的旅游空间距离是与旅游者的旅游预期收益和旅游者的安全预期存在一定关系的。寻找这三者现象并且将它们之间的关系联系起来，需要高度的理论概括和抽象能力，对此，杜江教授深刻地认识到并借助一定的科学命题揭示了三种现象之间的关系。但仅从时空距离角度分析旅游者的跨国旅游和旅游企业的跨国经营现象，还不能准确地把握实质。如果将人们出外旅游定义为对一种生活经历与适度冒险的追求的话，旅游者的时空距离并不是导致跨国旅游以及旅游企业跨国经营的主要因素。比如，一个居住在云南昆明市的旅游者，他到泰国曼谷旅游与到我国哈尔滨市旅游，从空间距离上讲，他到哈尔滨市旅游的空间距离远远大于到曼谷旅游的空间距离。因此，按以上命题，这个旅游者到哈尔滨市旅游的预期收益高于到曼谷旅游的预期收益，安全预期低于到曼谷旅游，但这个推断显然是不符合实际的，虽然杜江教授也认为"跨国旅游一方面意味着地理学意义上更远的空间距离；另一方面也意味着人文科学意义上更远的心理距离"①。然而，跨国旅游与时空距离却是两个不同的范畴。

人们之所以跨国旅游，除了旅游资源的吸引共性之外，更多是为一种文化、制度、生活习俗和价值观的差异——可以将这些差异归类为文化差距所吸引。正是这种国与国不同文化差异，适应了以对一种生活经历与适度冒险的追求为主要特征的旅游需要，才会出现跨国旅游行为。因此，用客源地与旅游目的地的文化距离来替代时空距离，更能准确地理解跨国旅游以及由此而形成的跨国经营行为。故而可以将杜江教授的命题修正为，旅游客源地与旅游目的地之间的旅游文化距离与旅游者的收益预期成正比，与旅游过程中的安全预期成反比。

在旅游活动中，旅游客源国与旅游目的国之间的文化距离对旅游行为的影响具有双重性。一方面，由文化、制度、生活习俗和价值观念不同所形成的两国之间的文化距离，对两国旅游者具有较强的旅游吸引力，旅游行为所追求的正是这种文化差异。因此，可以说旅游者通过跨国旅游所获得的旅游收益远远大于国内旅游的收益。另一方面，国与国之间的文化差异又会增加旅游者的不安全性。从心理学和环境学来看，人们到一个与其居住国文化、制度、生活习俗和价值观念大不相同的陌生国家，一切都要重新学习和重新适应，人们的不安全感将会增大，旅游者跨国旅游的安全预期远远小于国内旅游。如果我们能通过合理的制度设计来增加旅游者跨国旅游的安全预期，那必然会大大提升跨国旅游需求比例，而旅游企业跨国经营正是增加旅游者跨国旅游安全预期的最佳制度设计。

① 杜江.旅游企业跨国经营战略研究.北京:旅游教育出版社,2001:91.

第二节 旅游活动的国际化与跨国经营

一、旅游活动国际化

对国际化问题的研究通常是企业层面的,企业层面也主要是从跨国集团的范围出发的。许多人认为,国际化就是跨国公司所进行的活动,没有资本、技术要素在国际转移,就不属于国际化经营,因此,国际化经营便是跨国公司或多国公司。

具体到旅游经济中也多有人如此认为。其实,旅游的国际化与旅游企业跨国经营是两个不同的问题。美国学者罗宾逊在《企业国际化导论》中指出,"国际化过程就是生产要素流动性逐渐增大的过程中,企业对市场国际化而不是对某一特定国家市场做出的反应"。[①] 从罗宾逊的观点推广开去,国际化是旅游企业根据全球国际旅游行为的产生并不断增加的市场环境,有意识地进行国际旅游市场经营活动的行为。因此,旅游的国际化应该包含两层意思,一是旅游活动的国际化,二是旅游企业跨国经营,前者是旅游企业为国际旅游者提供产品或服务的市场行为,后者是旅游企业跨国直接投资经营的行为。

在没有国界和人为约束的条件下,在工业化完成或向工业化运动中,人们具备了一定的旅游需求条件时,其旅游空间行为会是怎样的呢?若假设不存在国界和人为的约束,则虽然在全球范围内由于旅游吸引力的原因,有些地区不会成为旅游者的旅游目的地,但只要交通条件具备,旅游者必然会越过地区界限,在全球范围内去寻求自身的旅游满足,人们的旅游活动的交易行为不再是地区范围的行为,而是全球范围内的行为。如果是这样也就不存在旅游国际化问题。所以说,国际化问题是相对于国界约束的旅游活动而言的。如果我们将国界因素除去,这种行为实际上是一种跨地区旅游活动的行为,与旅游者在国内不同地区旅游的行为没有本质上的区别,引起国内旅游行为产生的各种因素都会作用于国际旅游行为。因此,旅游活动的国际化是旅游者的旅游空间范围冲破了国界的约束,国与国之间的旅游联系以及由此而形成的经济联系,导致一国旅游市场同国际旅游市场的融合,最终向旅游无国界转变的过程。

旅游活动国际化的过程是世界各国社会经济发展高级阶段中所出现的一种文化消费的现象,它既是一个自然发展的过程,同时,也是工业化发展的过程,更是国民意识与人们的生活方式转变的过程。由于旅游者在世界各国间进行旅游选择,只要旅游资源所表现出的旅游吸引力能充分满足不同旅游者的需要,只要交通条件符合旅游者的时间约束和支出的经济利益,只要各国在跨国旅游方面没有特殊

---

① 罗宾逊.企业国际化导论.北京:对外贸易教育出版社,1989:1.

的限制，世界上每一个国家都可能成为各国旅游者的旅游目的地，一国的旅游市场也必然与世界旅游市场相融合，地区旅游市场也必然是全球旅游市场的重要组成部分。

然而，旅游活动的国际化并不一定意味着旅游企业跨国经营的出现。也就是说，旅游活动的国际化仅仅是旅游企业跨国经营的必要条件而非充分条件。当旅游活动进入国际化时代时，旅游者国际旅游行为的实现可以通过本国旅游企业的跨国旅游经营行为来完成，也可以通过旅游者所在国的旅游企业与旅游目的国的旅游企业之间的市场交易行为来完成。如同国际贸易活动一样，旅游者的出国旅游，形成了旅游目的国的旅游服务贸易的出口，形成了旅游客源国的旅游服务贸易的进口，这种进口与出口的行为完全可以通过两国旅游企业之间的市场交易来完成。这时，旅游活动虽然国际化了，但并没有形成跨国经营，对旅游目的国的旅游企业而言，接待国际旅游者如同接待国内旅游者一样，在经营上和制度上没有重大变化，唯一不同的是国际旅游接待可以形成国际结算以及外汇收入。

因此，我们要看到，旅游企业的跨国经营是多重因素共同作用的结果，即使单就市场因素而言，中国旅游企业在对本国公民需求、消费特点以及行为趋势等方面也还缺乏深层把握，此外，还有许多因素值得我们认真思考。只有在思想上高度重视可能存在的问题，我们才能更好地发挥潜在的优势，使我国旅游企业的国际化进程顺利、有效地展开。

第一，尽管同属东方民族，但是中国具有与日本不同的文化习惯和文化传统，而且中国公民的消费民族主义可能表现得不如日本出境旅游者的消费民族主义那么强烈。

第二，在旅游发达国家对外旅游直接投资进程中，寻求安全感的消费心理曾经是发挥了重要作用的因素，但是这个因素在中国公民出境发展过程中对中国旅游相关企业的对外直接投资发展的正面推动作用未必如同发达国家当初那么明显。因为在很长一段时间内，中国公民对开放的旅游目的地的文化持有的更多的是一种大胆地接触、吸纳而不是战战兢兢的心态，况且中国现在的主要旅游目的地是东南亚，这些国家的文化与中国文化传统颇有些渊源，不存在因为文化差异而导致的消费安全感的缺乏。

第三，出境市场之所以能够促进本国企业对外直接投资的发展，很大程度上是因为这些旅游企业在长期的国内经营中已经形成了相当高的知名度，国内消费者在长期的使用中已经形成了对这些旅游企业所提供产品及服务的使用偏好。旅游者在出境时很难拥有异国他乡旅游企业产品及服务质量方面的充分信息，降低服务质量确认成本的内在理性推动这些旅游者选择熟悉的品牌或企业。但是，中国公民对饭店等旅游相关企业的品牌意识觉醒、品牌认知积累具有更多的“全球化”而非“民族性”特征，选择国外知名旅游品牌可能恰恰是中国出境消费者的理性选择。

表 9-1 1993—2012 年中国公民出境旅游发展状况

年份	出境人次(万人次)	增长率(%)	其中:因私出境(万人次)	增长率(%)	所占比重(%)	其中:旅行社组织(万人次)	增长率(%)	所占比重(%)
1993	374		147		39.2	72		19.3
1994	373	-0.3	164	12.0	44.0	110	51.8	29.4
1995	452	21.2	205	25.1	45.4	126	14.7	27.9
1996	506	11.9	241	17.5	47.7	164	30.2	32.4
1997	532	5.2	244	1.1	45.8	143	-12.8	26.9
1998	843	58.3	319	30.8	37.9	181	26.6	21.5
1999	923	9.6	427	33.7	46.2	250	37.8	27.0
2000	1 047	13.4	563	32.0	53.8	430	72.4	41.1
2001	1 213	15.9	695	23.3	57.2	370	-14.1	30.5
2002	1 660	36.8	1 006	44.9	60.6	372	0.7	22.4
2003	2 022	21.8	1 481	47.2	73.2	387	4.0	19.1
2004	2 885	42.7	2 298	55.2	79.7	559	44.3	19.4
2005	3 103	7.5	2 514	9.4	81.0	680	21.7	21.9
2006	3 452	11.3	2 880	14.6	83.4	843	24.0	24.4
2007	4 095.40	18.6	3 492.40	21.3	85.3	987.42	17.1	24.1
2008	4 584.44	11.9	4 013.12	14.9	87.5	1 090.91	10.5	23.8
2009	4 765.63	4.0	4 220.97	5.2	88.6	1 234.68	13.2	25.9
2010	5 738.65	20.4	5 150.90	22.0	89.8	1 663.88	34.8	29.0
2011	7 025.00	22.4	6 411.79	24.5	91.3	2 021.92	21.5	28.8
2012	8 318.27	18.4	7 705.61	20.2	92.6	2 830.57	30.0	34.0

二、旅游企业国际化

旅游企业的国际化是以旅游活动的国际化为前提的,在没有旅游活动的国际化时,旅游企业是不可能形成国际化经营的。从理论上讲,特定国家的旅游企业的国际化应该有两层意思,其一是国内市场的国际化,即国内旅游市场成为世界旅游投资市场的重要组成部分,表现为本国旅游企业的国际化,其二是本国旅游企业对国际旅游市场的资本参与和扩张,表现为国际化了的本国旅游企业。前者是作为一个国际旅游目的地,外国旅游企业通过合资、独资等直接投资的形式进入本国旅游市场,在本国旅游产业中建立旅游企业,这些旅游企业主要向投资国的旅游者提供到东道国旅游的各项服务，当然也向东道国的国内旅游者提供各项服务。这是一种开放吸引式的国际化，可称为“内引型旅游企业国际化”（旅游企业国际化形式Ⅰ）。后者则是作为一个旅游客源地，本国企业向本国旅游者出游选择的旅游目的国直接投资，建立功能不同的旅游企业，为本国居民提供跨国界的旅游服务，也称之为“外推型旅游企业国际化”（旅游企业国际化形式Ⅱ）。因此，从旅游企业国际化的结果来看，应该是双向的而不是单向的，旅游企业国际化的高级阶段是一种双向组合。然而，由于不同国家经济水平、工业化程度以及社会文化等方面发展上的差异对旅游发展阶段的制约，旅游企业国际化的程度会呈现出不同的特点。

第一种形式的旅游企业国际化是建立在旅游客源国的基础之上的。也就是说，第一种国际化是在国内旅游发展已经成熟，旅游者的旅游地域不断延伸，出国旅游已成为这些国家旅游者的一个重要需求时才出现的现象。当然并不是说只要有了本国居民的跨国旅游，就会有这种形式的旅游企业国际化，较之旅游活动的国际化，旅游企业的国际化在时间上具有一定的滞后性，只有当本国居民的跨国旅游形成一定规模，并且旅游流向与流量相对于集中在一个或几个特定的旅游目的国时，才会出现旅游企业的国际化问题。

在旅游企业国际化形式Ⅰ条件下，表面上形成了旅游客源国与旅游目的国的旅游经济联系，通过这种旅游联系或多或少能为旅游目的国带来一定的经济收益，形成一定的旅游服务贸易外汇收入，特别是对于那些发展中国家，其经济意义更是重大。然而，这种经济联系是建立在满足客源国的旅游者需要的基础之上的。对于这样一个问题，如果从其经济实质上来分析，情况可能有所不同。杜江教授在其《旅游企业跨国经营战略研究》一文中指出：“无论我们如何定义跨国旅游企业，那些在跨国经营领域做得比较成功的旅游企业基本上以主要客源国为母公司或总部所在地。至少到目前为止，那些以接待入境旅游为支撑的发展中国家的旅游企业在国际旅游市场分工体系中暂时还处于从属地位，即使有部分发展中国家的旅游企业已经开始了跨国经营的尝试，但还是处于比较低级的形态。”①由此可见，在旅游企业国际化形式Ⅰ条件下建立起来的旅游客源国与旅游目的国的旅游经济联系，实质上是一种以旅游客源地为主体或者说为主宰的旅游经济联系。由于各国经济发展的不平衡性，以客源国为主宰的旅游经济联系，也必然会转化为经济发达国家与经济发展中国家之间的经济联系。

发达国家之所以先期进入跨国经营，除了旅游客源优势以外，还在于这些国家“大都是资本充足、技术和管理先进的发达国家，它们有能力为目的地国家带去资本、技术、管理模式和客源市场。与此同时，这些国家的旅游企业熟悉与自己具有相同或相似社会、经济、文化背景的国际旅游者的消费模式，有能力通过在旅游目

① 杜江．旅游企业跨国经营战略研究．北京：旅游教育出版社，2001：17．

的地国家投资经营的方式更好地满足本国旅游者的旅游需求。"[①]由此可见，一定的客源自然垄断、充足的资本、先进的技术和管理模式，是旅游企业跨国经营的必备条件。

从旅游企业跨国经营的主体来看，旅游企业国际化形式Ⅱ的经济意义更为重大。如同旅游企业国际化形式Ⅰ，旅游企业国际化形式Ⅱ也是建立在旅游活动国际化的基础之上的，特别是本国居民旅游活动的国际化以及这种国际化旅游的规模。从满足条件来说，旅游企业国际化形式Ⅱ的国家背景也不再是仅仅作为一个旅游目的地国家，而是作为一个旅游客源地国家出现。

综上所述，对大多数国家，旅游企业国际化应该包括国际化形式Ⅰ和国际化形式Ⅱ两个部分。旅游企业国际化形式Ⅰ形成了明显的旅游客源国与旅游目的国之间的旅游关系，而且是以旅游客源国为市场主宰的关系，作为旅游客源国国民跨国界旅游的一个空间环节，旅游目的国成为客源国旅游企业的一个旅游经营的"飞地"，就旅游的社会分工来说，旅游目的国成为向旅游客源国输出旅游资源或旅游吸引物的一个基地，更是客源国旅游企业扩展经营领域的一个空间，因此，从作为客源国的发展中国家来说，旅游企业国际化形式Ⅰ是旅游企业国际化的最初形式。不同于旅游企业国际化形式Ⅰ，旅游企业国际化形式Ⅱ是一种双向国际化，此中的发展中国家不再是作为一个旅游目的国，同时也成为一个旅游客源地。这样，一个国家既有外国旅游企业资本的进入，又有本国企业资本的输出，以资本与市场建立起来的国与国之间的旅游市场关系也不再是以一个特定的国家为主宰的市场结构，而是更多地表现为一种市场平等的旅游关系，双方的旅游企业可以通过这样的旅游关系在更大的旅游市场上合作，其直接结果是扩大了旅游市场容量，促进了旅游活动国际化程度的进一步提高，因此，这种旅游企业国际化便成为一种高级形式。

表9-2　中国旅游企业国际化的区域分布

大洲/地区	非金融类对外投资企业数量(家)			非金融类中方协议投资总额(亿美元)		
	总数	服务贸易类		总量	服务贸易类	
		总数	旅游类		总量	旅游类
中国港澳地区	2 281	2 156	18	43.65	37.59	0.03
亚洲	1 442	713	47	15.49	3.58	0.16
美洲	1 226	679	35	19.5	3.19	0.31
欧洲	1 220	846	107	5.79	2.82	0.49

① 杜江．旅游企业跨国经营战略研究．北京：旅游教育出版社，2001：18.

续表

大洲/地区	非金融类对外投资企业数量(家)			非金融类中方协议投资总额(亿美元)		
	总数	服务贸易类		总量	服务贸易类	
		总数	旅游类		总量	旅游类
非洲	593	237	23	8.20	1.35	0.04
大洋洲	304	140	13	5.66	0.54	0.07
累计	7 066	4 771	243	98.27	49.07	1.10

注:表中数据为截至2003年1季度在原外经贸部批准或备案的企业统计。

资料来源:作者根据商务部网站有关资料整理。

三、跨国经营与企业规模

一个国家的旅游企业是否跨国经营,取决于这个国家的国民旅游的国际化,因为只有本国国民旅游活动形成了一个国际化现象时,旅游的空间地域不仅仅是一个国家内的现象时,旅游企业才有可能根据本国国民的国际化旅游的国别选择以及旅游形式进行跨国经营的选择。从旅游发展进程分析,一个国家国民旅游的国际化是一个渐进发展和演变过程,是按照区域旅游、国内旅游和跨国旅游的发展顺序渐次演变的,国民旅游的国际化阶段是建立在区域旅游及国内旅游充分发展基础之上的,是国内旅游发展到一定阶段所产生的一种必然现象或者趋势。与此相对应,旅游企业的国际化或跨国经营,也是在国内旅游业务和企业规模得到充分发展、企业经济实力得到增强、管理模式不断成熟的条件下所形成的一种经济现象。为此,在许多学者看来,旅游企业跨国经营与旅游企业的规模和企业集团的发展存在着密切关系,认为能够从事跨国经营的只有那些具有垄断优势、有一定规模经营能力的大型旅游企业,并进而认为,只有在旅游业内部形成一批具有一定规模的旅游企业集团后才能实现我国旅游业的跨国经营,杜江教授提出:"可以说,旅游企业的跨国经营是以集团化为前提和保证的,旅游企业的集团化规模、深度和广度在旅游企业跨国经营从低级形式向高级形式提升的过程中发挥着极为重要的作用。"①

旅游企业跨国经营的确与旅游企业的集团化以及企业规模有一定的联系,特别是对那些多国企业经营来说,一定规模的企业组织是实现跨国经营竞争实力的基础。但旅游企业跨国经营与旅游企业集团化和企业规模并没有必然联系,中小型旅游企业也可以参与跨国经营。著名管理学家德鲁克认为:"跨国公司的发展在很大程度并不是想扩大公司的规模,它是以共同利益为基础的。"②旅游企业之所以

---

① 杜江.旅游企业跨国经营战略研究.北京:旅游教育出版社,2001:26.

② 德鲁克.论跨国经济.世界经济译丛,1989.

形成跨国经营,要么是将旅游市场外部性形成内部化,要么是与东道国的旅游企业存在着比较利益,要么是为了减少外部交易费用,它与垄断地位没有直接关系,只要中小型旅游企业具有一定的客源优势,就可以在特定旅游目的国进行提供某些旅游服务的跨国经营,同样可以取得一定的跨国经营效益。同时,中小型旅游企业跨国经营也可以采取多种形式,不一定通过收购和兼并的方式,也可以通过一种与国外旅游企业建立利益集团,通过合资经营的方式进行。只要这个旅游企业在国内有一定的客源组织渠道,只要它所拥有的客源具有跨国旅游需求,这个旅游企业就可以通过借用旅游需求的国际化进行跨国经营。因为,旅游企业特别是旅行社企业跨国经营实力不是表现在资本上,更是表现在客源组织上。

同时,旅游需求的差异化与多样化,也为中小旅游企业的跨国经营创造了市场条件。我们不可否认具有一定规模的旅游企业在共性化产品经营上的比较优势和垄断力量,在跨国旅游经营方面表现出较强的市场竞争力,但在满足个性化旅游需求方面,中小型旅游企业却具有相当的市场灵活性。由于旅游需求共性与个性并存,中小型旅游企业只要能寻找到适合自己企业的市场对象,通过向特定市场提供更为专业化的旅游服务和产品以满足旅游者的个性化需求,就能如同国内旅游经营一样,在跨国经营中取得一定的成效。

旅游需求的市场发育与旅游企业的市场发育并不是同步的,有时候会出现旅游需求的市场发育先于旅游企业的市场发育。在经济发展过程中,中国的旅游需求特别是旅游国际化需求市场发育很快,目前我国的出国旅游需求无论是从存量上说还是从增量上讲,都引起了世界诸多国家的注意,对于中国这样一个大国来说,较小的跨国旅游增量可以带来较大的市场需求。然而,相对于我国的旅游需求市场发育而言,我国的旅游企业无论是在规模上还是在集团化经营上都发育不足,形成跨国旅游经营的市场需求条件与跨国经营的企业规模不对称的现状,如果我们强调集团化以及规模化是旅游企业跨国经营的基础和条件,等到旅游企业条件成熟之后再来实施跨国经营就会错过市场机会。在市场客源“文化性”垄断的条件下,不能与国外相抗衡的中国旅游企业,也可以通过这种客源垄断实现跨国经营的目的,并在跨国经营中提升企业规模,增强竞争实力。

四、旅游企业跨国经营形式的重新认识

杜江教授在《旅游企业跨国经营战略研究》中,对旅游企业跨国经营的表现形式作了详尽的研究。他认为,旅游企业跨国经营主要有初级、中级和高级三种形式。初级形式又可分为两种,一种是某国的旅游企业在本国境内接待另一国的旅游者;另一种是某国旅游企业到客源国设立旅游代表处,从事跨国招徕业务。中级形式也有两种方式,一种是某国旅游企业通过契约形式与另一客源国的一个或多个旅游企业进行合作,从事对外招徕、组团业务;另一种是通过合资的方式开展跨

国旅游业务。高级形式也有两种方式，一种是某国旅游企业在另一国直接投资建立旅游企业；另一种方式是综合运用直接投资、合资、租赁、并购以及非维度的管理合同、特许经营、联号扩张、集团化发展等多种商业运作工具来拓展自己在全球旅游市场上的份额①。

杜江教授通过对旅游企业跨国经营具体形式的分析，提出了三种跨国经营的形式等六种具体的方式，可以说，旅游企业跨国经营的形式都一一列举到了，目前世界旅游企业的跨国经营的各种形式都没有超出杜江教授所分析的范围。然而，对旅游企业跨国经营形式的认识，首先应该对以下三个问题重新认识：

旅游者旅游的国际化，我们在以上章节里作了详尽的分析，提出了旅游的国际化是旅游企业跨国经营的前提和基础的结论。也就是说，只有旅游活动的国际化才会有旅游企业的跨国经营。从这个意义上讲，可以将旅游的国际化现象纳入旅游企业跨国经营的前提来认识。但旅游活动的国际化与旅游企业跨国经营却是一个问题的两个方面，旅游活动的国际化并不等于旅游企业的跨国经营。比如在国内的某一个旅游目的地的企业接待了来自一个客源地区的一个旅游者，向他提供了旅游服务，我们只能认为这个旅游企业的客源市场是跨地区的，旅游者的旅游行为是跨地区的旅游，但不能认为向这个旅游者提供旅游服务的企业是跨地区的旅游企业。同样，对于国际旅游者也是相同的，一个旅游目的地国家的旅游企业在境内向来自另外一个国家旅游者提供了旅游服务，不能说这个旅游企业就是跨国经营的企业，只能认为它是一个市场外向性的旅游企业，因此，旅游活动的国际化与旅游企业的跨国经营是不同的，一个是旅游者的跨国界旅游现象，一个是旅游企业的跨国界经营的现象，被研究的主体是不同的。

如果从旅游外汇收入的角度来研究旅游企业跨国经营问题，多数研究者将旅游目的地国家的旅游企业接待境外旅游者纳入了跨国经营的范围来认识，也是有一定理由的。“只要 A 国的甲旅游企业(饭店、旅行社和景区等)开始接待 B 国的旅游者，我们就可以认为该旅游企业已经开始涉足跨国经营了。”②这种认识是基于两点：一是旅游企业的市场对象是跨国界的国际旅游者，市场范围发生了变化；二是旅游企业收入是国际性收入，已经存在着旅游收支的国际性流动。市场对象的国际化和旅游收支的国际化可以在一定程度上视为旅游企业已跨国经营。但我们不能以跨国贸易的特点来理解旅游企业的跨国经营现象，两者是有一定的区别的：跨国贸易是为他国的消费者提供物品的，而旅游企业跨国经营当初主要是为本国国民的跨国旅游提供服务的(并不排除跨国旅游企业为东道国的居民提供服务)，从一个国家的国际收支来看，跨国贸易是为了增加国际外汇收入，旅游企业跨国经

① 杜江．旅游企业跨国经营战略研究．北京：旅游教育出版社，2001：8－14.

② 杜江．旅游企业跨国经营战略研究．北京：旅游教育出版社，2001：8.

营是为了减少国际外汇支出,两者的功能与作用也是不同的。

一个国家的旅游性质决定了旅游企业跨国经营的性质,如果这个国家是一个客源地国家,它必然会出现旅游企业跨国经营现象。一个客源地国家的旅游者流向也决定着这个国家旅游企业跨国经营的选择,如果这个国家的旅游者特别倾向于去某一个国家的旅游,而且具有相当的旅游需求存量,那么,这个国家的旅游企业也必然会倾向于在这个国家实行跨国经营。旅游企业跨国经营的性质以及跨国经营的选择取决于国家旅游性质和旅游流动,充分说明了旅游企业跨国经营的直接目的是向本国国民的跨国旅游提供服务。如果这个结论成立,我们可以进一步推断:一个国家旅游企业跨国经营的边界受这个国家的跨国旅游范围决定,跨国经营的规模受跨国旅游规模所制约。

一个国家以对外直接投资的形式(对外投资形式可以有多种方式)在境外建立的旅游企业才能被视为跨国旅游企业,这时旅游企业的经营行为才是跨国经营行为,而一个国家作为其他国家的旅游目的地,其企业接待国际旅游者的经营行为,只能被看做是一种旅游活动国际化的行为,我们可以将它作为旅游企业国际化的一个过程,而不能将它作为旅游企业跨国经营行为来认识。

第三节 旅游经济的全球化

一、几个概念的区别

在我们研究旅游经济问题时,往往会对旅游活动的国际化、旅游经济全球化和全球旅游经济一体化三个概念产生混淆。有的旅游经济研究文献是将以上三个概念视为同一的意义来理解的,但如果我们仔细分析,会发现这三个概念有着重要的区别。

旅游活动的国际化是旅游者旅游行为国际化的表现,是人们的旅游活动跨越国界的现象。只要世界上存在国与国之间旅游资源的差异,只要存在着由旅游资源决定的旅游活动的比较优势,那旅游活动必然会出现国际化的现象。人们通过跨国界的旅游消费行为,来满足其不同于在居住国旅游的效用,来体验不同于居住国的生活经历,是人们旅游行为追求的一个主要目标。因此,旅游活动的国际化是一个国家国内旅游发展到一个阶段,人们的旅游消费水平提高、地域空间延伸的具体反映。有些学者认为旅游活动国际化现象是旅游经济全球化的现象。澳大利亚旅游学者凯利等人认为,有两种尺度可以度量旅游的全球化,即经济活动的范围以及它对跨国流动影响的程度,国际旅游增长似乎可以确定是有一种全球化的倾向①。

如果世界上不存在旅游活动的国际化现象，旅游经济也不可能实现全球化，旅游经济的全球化是由旅游活动国际化而引起的一种经济现象。从这个意义上说，旅游经济的全球化与旅游活动的国际化存在着一定的联系。然而，旅游经济的全球化并不同于旅游活动国际化，旅游活动的国际化主要表现为旅游者的跨国旅游行为，是旅游消费活动的国际化问题；而旅游经济的全球化是旅游企业跨国经营行为，表现为旅游产业活动的国际化问题。旅游大跨国企业和多国企业在旅游经济全球化的发展中起着关键性的作用。它们利用旅游活动的国际化现象，使旅游生产、旅游投资和旅游组织遍布世界各主要目的地国家，实行全球化经营战略；大跨国旅游企业的母公司和分布在各国的子公司之间有着密切的联系，都在通过自己的发展战略和经营方略影响着各国旅游经济。跨国旅游企业成为世界旅游经济和国际旅游经济关系的重要主体，使得各国旅游经济的运行因大跨国旅游企业的全球经营战略而结合在了一起，使各国的旅游经济相互结合形成全球旅游经济的整体。因此，旅游经济全球化是旅游活动国际化和旅游跨国经营发展的产物，也是世界旅游经济发展的必然结果。

不同于旅游经济全球化概念，世界旅游经济一体化或者全球旅游经济一体化是将各个国家旅游经济组合成为一个整体的意思。但我国许多研究世界经济一体化的学者都将经济的全球化与世界经济一体化混为一谈。戴伯勋等人认为，“全球经济一体化的内涵包括三个方面，一是各国经济活动都按国际通行的规则运行，相互间在运行规则上和机制上接轨，清除生产要素流动的障碍；二是生产要素在全球范围内流动，以寻找适当的位置，进行最佳配置；三是世界经济的相互渗透和相互依赖日益加强，经济生活逐步超越国家界限而形成全球性一损俱损，一荣俱荣的统一体系”。② 如果按这种全球经济一体化的定义来认识旅游经济，是不适用于全球旅游经济一体化的。我们知道旅游资本的国际化和旅游市场的国际化仅仅是旅游经济全球化的表现方式，但不等于全球旅游经济一体化；将旅游经济全球化与全球旅游经济一体化相提并论是不符合全球旅游经济一体化的内涵的。

旅游经济全球化是世界旅游活动自然发展的结果，是一种“非制度性”的全球旅游经济一体化。全球旅游经济一体化的实现，除了旅游经济全球化的“非制度性”自然发展以外，还必须有一种人为的制度设计。也就是说，世界各国就世界旅游经济的发展问题“共同签订一种一体化契约（条约、协议），并且为了保证和监督这些条约的遵守和执行，还必须建立某种全球性超国家权力机构。在这种机构中，各国都以平等一员的资格，享有平等的权力，尽自己应尽的义务。各国都不仅要维

① 张广瑞．亚太旅游协会第五届年会综述．旅游学刊，1999(6)：66.

② 戴伯勋，等．现代产业经济学．北京：经济管理出版社，2001：315.

护本国的利益,而且还要从全球利益出发考虑问题,共同做出决策,共同管理全球事务"。[①] 由此可见,全球旅游经济一体化是全球旅游经济的制度建设问题,是全球旅游经济制度、政策整体化问题。

综上所述,旅游活动国际化、旅游经济全球化和全球旅游经济一体化三者之间既有联系也有区别。

二、旅游经济全球化

不论是旅游资本的国际化还是旅游企业跨国经营,都是旅游经济全球化的表现形式。可以说,旅游经济的全球化既是历史发展的产物,也是旅游活动本身的要求。20 世纪 50 年代,世界范围的国际旅游活动发展,冲破了国与国的界限,旅游活动也不再是一个地区或一个国家的现象,更表现为全球的现象。伴随着旅游活动的国际化,以国际旅游投资为代表的旅游跨国公司的大发展,也使得旅游经营不再是一种服务贸易的现象,更表现为一种资本的现象。这时,旅游经济开始向全球化方向发展。可以说,旅游经济全球化的出现是与旅游经济市场化、旅游活动自由化和信息化相联系的。

旅游经济的全球化是与市场化相联系的,如果没有世界经济的市场化发展,旅游经济是难以形成全球化发展的格局的。20 世纪 80 年代以来,世界各国特别是那些传统的计划经济国家,都开始建立市场经济制度,原先世界范围内两个经济体系、两个市场已不复存在,统一的世界市场开始形成。在这种情况下,旅游经济也不再受到两个市场的分割,不同国家、不同社会制度的旅游经济都在统一的世界旅游市场下,按照市场经济的规则运行。这不仅表现为旅游者可以在不同国家具有更多的旅游选择,更表现为旅游资本可以在世界范围内任何一个国家流入和流出,每个国家的旅游企业的经营也不再限于本国市场,而是可以在世界范围内从事旅游经营活动。市场经济制度的实行,为旅游经济的全球化发展创造了条件。

旅游活动的自由化也是旅游经济全球化的一个重要条件。进入 20 世纪 80 年代,世界各国为了推动旅游经济全球化发展,在旅游者的国际流动、旅游资本的流动以及旅游企业跨国经营等方面的国家壁垒逐渐削弱;在关税降低的同时,一些国家逐渐放宽了本国居民出国旅游的各种限制;一些经济欠发达的国家在对待国际旅游资本进入方面也减少了限制。旅游投资的自由化促进了旅游跨国公司的发展。同时,各国对世界旅游市场的开放,区域间的旅游合作,又进一步推动了旅游经济全球化的发展。

进入 20 世纪 80 年代,旅游经济的信息化推动了旅游经济全球化的发展。因特网的普及使不同国家的旅游者、旅游企业和相关组织都可以获得全球各地的旅游

---

① 李琮,徐蔡. 经济全球化、地区化与中国. 北京:中共中央党校出版社,2000:14.

经济信息。这进一步加强了不同国家的旅游者与旅游企业之间、旅游企业之间的旅游业务联系。

三、旅游经济全球化与中国

通过对旅游经济全球化过程的分析，我们可以得出一个这样的结论：在全世界统一的市场制度下，随着旅游活动的国际化发展，旅游企业跨国经营现象的出现，特别是多国跨国旅游企业和大跨国旅游企业的形成，旅游经济必然会呈现出全球化的发展态势。这时，各国旅游经济不再是一种国界内的现象，而会在旅游活动国际化和大跨国旅游企业的联系下，形成旅游经济全球性整体。

在这种环境下，中国旅游经济是不可能在一种封闭的条件下获得发展的。如果一个国家不能正视旅游经济全球化的发展，不能实施旅游经济全球化发展战略，那么，必然会对本国旅游经济发展产生较大影响。长期以来，我们对旅游产业的功能认识是从旅游创汇的角度出发的，这不仅表现在我们对旅游发展政策制定上（如大力发展入境旅游、积极发展国内旅游和适度发展出境旅游的政策），还表现在我们对旅游产业组织体系和产业结构的建设上，从而导致了一种重视入境旅游接待、忽视出境旅游发展的现象。这种政策导致的旅游产业结构是一种与国际旅游市场相分离的结构。在加入 WTO 后，国际旅游的全球化发展，要求各国出入境旅游客源的对等，因此一方面限制国民出境旅游是不现实的，另一方面也不利于我国旅游企业的跨国经营。

当旅游产业的作用不再局限于外汇收入的一个来源，而发展成为一个国民经济的重要产业时，旅游产业的规模扩张以及持续发展便成为一个重要的问题，旅游产业的国际竞争力便成为持续发展的关键。通过以上各章节对跨国旅游企业经营的理论分析以及旅游经济全球化发展的研究，可以清楚地看出，中国旅游产业国际化发展必将是建立在中国国民出境旅游发展的基础上的，一个国家没有一定规模的出境旅游，要实施大规模的跨国旅游经营是困难的；同时，在世界各国跨国经营的趋势下，如果我国没有跨国经营企业的存在，仅靠国内入境旅游接待，不仅难以形成旅游外汇的增加，也会对我国旅游产业的持续发展产生不利的影响。在旅游经济全球化的环境下，我国入境旅游接待形成的外汇收入会通过客源国旅游企业在我国境内的跨国经营行为而出现“外汇流失”，入境旅游的经济作用也会随着外汇的流失而弱化。

在旅游经济全球化下，一个国家的旅游经济实力既取决于国境内的旅游收入总量、旅游接待总量，也取决于旅游产业的跨国经营的规模。因为受旅游者旅游行为国际化特点决定，旅游经济的总量不仅表现在国内空间范围内，也表现在国外空间范围内。在旅游网络化的作用下，一个国家的旅游企业若不能实施有效的全球化发展战略，则旅游经济的发展就会受到空间的限制，最终会形成旅游经济竞争实力和规模的降低。通过跨国经营,我国的旅游企业一方面可以相对扩大企业经营的空间范围,使旅游业务随着空间的扩展而扩大,另一方面,也有助于我国旅游企业在参与国际竞争中实力的增强,有助于旅游企业的成长和旅游产业的持续发展。可见,我国国民旅游活动的国际化是我国旅游企业跨国经营的切入点,也是我国旅游产业国际竞争力提升的基础。

思考与练习

1. 阅读有关跨国经营(尤其是服务业跨国经营)理论研究进展的最新文献,关注这些研究新成果,说说你对旅游企业跨国经营问题的理解有什么新的启示。

2. 搜集相关数据,分析我国出境旅游市场发展、旅游企业跨国经营与缓解我国贸易顺差三者之间的关系。

3. 思考文化距离对旅游企业跨国经营的影响。

4. 分析旅游企业国际化与旅游企业跨国经营之间的异同。

第十章

旅游发展中的政府与市场

案例 10－1　海南省制订整顿方案，全面肃清旅游市场

“海南游”已成为国内外众多游客的梦想。但近年来，来过海南的人总是带着不同程度的苦恼回家。海南旅游市场混乱，从导游、旅行社、车队，到景区(点)、购物点一系列环节都存在问题，严重地损坏了海南在游客心中的美好形象。

为了重塑海南旅游新形象，6 月 28 日，海南省文明办、海南省纠风办、海南省旅游局联合召开会议，决定在全省旅游行业中开展“做爱国、诚信、守法、明礼的新型旅游从业者，为建设和谐海南作贡献”活动。这次活动制订的整顿方案强调了旅游行政管理部门的服务性，要求其充分发挥“树形象、讲诚信”的表率作用，竭诚为旅游投资者、经营者、管理者、从业人员和广大游客服务，最大限度地维护其合法权益。对于旅游企业，整顿方案要求各旅游企业珍惜海南来之不易的旅游业大发展局面，守法诚信经营，不断提高旅游服务质量。

旅行社应认真编排旅游线路，聘用业绩良好的导游和司机，利用海南特色的旅游行程线路和服务项目，展示海南社会和谐发展的新风采；不得以低于正常成本价的价格参与竞争；不串联制定垄断价格，损害旅游者和其他旅行社的利益；不以承包、挂靠或变相承包、挂靠方式非法转让经营权或部分经营权；不向旅游者提供虚假旅游服务信息。

旅游景区(点)不得介绍和提供含有损害国家利益和民族尊严内容的项目；不用高回扣的方法吸引游客；不安排以“算命测相”“看病抓药”“烧香拜佛”等为诱饵骗取游客钱财的活动，不安排含有其他被法律、法规禁止的内容的活动。

其他旅游企业也应当守法经营、诚信待客，不以套“老乡”购物和“包厢”购物等手段诱骗游客购买假冒伪劣商品；不勾结不法分子对游客进行敲诈勒索；不出售假冒、伪劣、违禁的产品；不虚报价格、强买强卖以及利用“调包”、缺斤短两等手法欺诈游客；不提供低俗节目引诱游客消费，不利用色情或暴力手段敲诈游客。

导游人员必须严格按照旅行社确定的接待计划，安排旅游者的旅行、游览活

动，不擅自增加、减少旅游项目或中止导游活动；不向旅游者兜售物品，不以明示或暗示的方式向旅游者索要小费；不欺骗、胁迫旅游者消费或与经营者串通欺骗、胁迫旅游者消费。

（资料来源：赵叶苹.海南省制订整顿方案　下决心全面肃清旅游市场.http://www.finance.sina.com.cn.2005-06-28.）

我国社会经济发展的大方向是建设社会主义市场经济，应该突出市场在资源配置中的作用，减少政府对企业经营的干预。那为什么海南省政府有关部门要花如此大的力气来整顿旅游市场，对旅行社、旅游车队等旅游企业的经营加以干预呢？为了提高干预效果，政府又应该注意些什么呢？

第一节　市场缺陷

一、问题的提出

旅游经济运行过程中同时存在着政府行为和市场行为，也就必然形成市场与政府的关系。市场与政府之间的关系一直是学术界争论的焦点问题。赞成市场主导、反对政府对旅游经济活动施加任何干预的人认为，既然在市场经济条件下，旅游经济运行所需要的资源可以通过市场交易行为来实现，并且通过市场配置能实现资源最有效的利用，那么，政府就可以不对旅游经济活动进行干预，而完全通过市场机制的作用来实现资源有效配置。而赞成政府对旅游经济活动施加干预的人则认为，通过市场进行资源配置并不具有完全效率性，因为在一个竞争不充分或者市场不完全的旅游经济活动中，市场会出现失灵的现象，而在市场失灵的环境中，仅仅通过市场是难以完成资源有效配置的，只有政府对旅游经济活动施加某种程度的干预，才能使旅游经济活动更有效率。

在旅游经济活动中，有关市场失灵的现象确实存在。设想有一个最简单的旅游现象：一间位于旅游目的地河边的小餐馆，一名游览小河的背包旅行者，在小餐馆内消费，小餐馆获得收入，实现了利润。然而，当小餐馆和旅行者将生产的废弃物排进小河时，尽管这种行为的后果给该经济的外部以及相关环境造成了损害，但旅游交易的双方谁也没有动机来约束这种行为。为了防止这种损害（负效应），就有必要引进一个来自外部的主体——如当地政府——来规范双方的行为。诸如此类市场自身解决不了的问题在旅游经济内是普遍存在的，因而便引出了旅游市场和政府的关系问题。

亚当·斯密提出“看不见的手”的原理，开创了西方经济学。从斯密到穆勒，再到古典经济学的集大成者马歇尔，之后张伯伦、罗宾逊夫人、凯恩斯和希克斯对之进行的三次重大修正，萨缪尔森对以上体系进行“综合”创立新古典综合派，西方经济学的最初出发点——一个前提和三个假设——一直没变,即在面对稀缺资源进行理性选择的前提下,假设消费者是知识完备的并追求自己效用的最大化,厂商是完全理性的并追求利润的最大化,市场是完全竞争的。在这种模型下,一切经济问题都可以通过市场机制的运行自行解决。市场机制说到底就是均衡价格机制。如果以上模型与现实是相符的,那么,市场几乎可以说是万能的。之所以说"几乎",是因为就算基本模型成立,至少还有两点需要非市场的主体如政府来做,那就是市场机制本身所造成的"结果的不平等"和"消费的浪费"是市场机制自己无法克服的。这个模型是个强有力的模型,是经济学的根基,但在实际的运行过程中,这个模型在显示出巨大的预见性、适用性和指导性的同时,也常常偏离既定的经济目标,也就是说,市场(机制)存在失灵之处。

二、市场失灵的表现形式

造成市场失灵的一个重要原因是信息的不对称。在旅游经济活动中,依靠市场实现资源最佳配置的一个前提假设是旅游经济活动的行为主体人都具有"经济人"特征。也就是说,旅游经济活动的当事人都具有全面的知识和无限的理性,可以在现在或者将来本着使自身效用最大化的原则做出理性的选择。然而,在旅游经济运行过程中,旅游经济活动的当事人是不可能具有全面知识和无限理性的,而只能是具有部分知识和有限理性。哈耶克提出了"知识问题"的命题,指出"构造性无知"的观点。推而广之,面对无边无际的信息,每个旅游经济活动的当事人不可能在信息收集、传递、处理和分析等方面面面俱到,对于旅游经营者来说,面对国际和国内旅游市场的变化,面对由不同旅游需求个体所组成的旅游市场总需求,是不可能全面掌握对经营活动或产品开发有决定意义的信息,人们是无法获得他所需的足够信息以做出上述理性选择的。同时,旅游经济活动是在特定的社会、自然环境下进行的,与旅游市场相关的社会自然环境都会随时发生变化,市场存在着相当的不确定性。在这种情况下,即使旅游经营者原先具有较完全的知识,在市场不确定的环境中,也会造成一种新的知识的不完备。对于旅游者来说,要实现旅游效用最大化,也必须具有对旅游服务知识的完备性,面对众多的旅游目的地以及各种提供相同旅游服务的供应商和中间商,需要全面掌握和比较所有提供相关服务的经营者的情况,才能从中选择出能实现自己旅游效用最大化的旅游服务和旅游服务供给者,这显然是不可能做到的。

即使人们有能力全面掌握旅游经济相关信息,但在现实生活中也是难以做到的。因为,旅游经济信息的搜寻是要耗费成本的——被视为"沉没成本",现实生活中由于获取信息的搜寻成本有时会很高,以至于我们宁愿对信息保持一定限度的无知,即保持"理性的无知"。从考虑成本的"理性的无知"出发,个人对信息的搜寻成本不同就造成个人所掌握的信息不同,即对于某个具体的对象,个人所掌握的信息是不对称的。市场固有的信息不对称使得市场本身无法解决很多关乎如此的问题。比如,按照市场机制的均衡价格理论,某条旅游线路的价格越低(其他条件不变)其需求量越大。但实际上,当这条线路的价格降到一个很低的水平之后反而会无人问津了。这是因为消费者掌握的对该线路的信息和推出该线路的旅行社掌握的信息是不对称的:当价格过低时,消费者往往处于信息弱势,会由于无法了解到所需的全部和确切的信息而怀疑该线路(如:是不是要额外购物? 是不是住宿规格有"猫儿腻"?)而放弃选择。这种旅游需求的"逆向选择"以及其他一些基于信息不对称的问题无法依靠市场的均衡价格体系来解决。

旅游经济活动中市场失灵的另一个表现是外部性的存在。所谓外部性是指"某个经济主体生产和消费物品及服务的行为不以市场为媒介面对其他的经济主体产生的附加效应的现象"。[①] 也就是说,外部性是市场价格没有完全反映交易的额外成本或收益。我们假定有两家位于一个较大的景区内的旅游企业,一家是经营餐馆的企业X,一家是经营索道的企业Y。如果X的游客接待量或者旅游收入数量不仅取决于X企业所投入的劳动数量,而且还取决于Y企业的生产规模,那么,Y企业的经营活动对X企业的经营活动就有了一个外部性,便形成了$X=f(L_x;Y)$的关系。对于X企业来说,Y是一个独立的效果,无法控制,但却对其经营收入产生重要影响。如果在景区内旅游者前往某一个景点有乘坐索道和步行两种方式,步行需要3个小时,游客要使用餐馆就餐和休息,乘坐索道只需要20分钟,游客不需要进餐。这样,在景区游客为一定的条件下,X企业的游客接待量以及营业收入就不仅仅取决于它的劳动投入量,也取决于Y企业的接待量,Y企业增加接待量会导致X企业接待量的下降,形成$\Delta X/\Delta Y<0$。这种情况可以被认为是旅游企业Y的经营对旅游企业X的经营形成一种负的外部性,也就是一种外部不经济。

两家旅游企业的关系也可以是互利的。假定有两家旅游企业,一家是经营通往旅游景区运输业务的交通企业X,一家是位于旅游目的地景点企业Y,X企业的接待量不仅取决于劳动投入数量,也取决于Y企业的运输量。如果Y扩大运输规模,可能会使X企业的接待量大幅度提高,为X企业带来正的外部性,形成$\Delta X/\Delta Y>0$,产生外部经济。

从全社会来分析,斯蒂格利茨将外部性分为积极的和消极的两种:当某种经济的社会边际成本(经济中所有个人所承担的边际成本)小于私人边际成本(单个生产者所承担的边际成本)时,将产生积极的外部性;反之,就存在消极的外在性。在旅游经济活动中,外部性有三个内容:一是作为市场主体参与者,包括旅游者和旅游厂商的决策与行为直接影响他人旅游消费或其他企业的旅游经济活动;二是对他人或其他企业所形成的经济影响是不通过市场交易活动来实现;三是会对他人

① 植草益. 微观规制经济学. 北京:中国发展出版社,1992:11.

或其他企业的成本和效用产生一定程度的影响。

由于存在外部性,个人或企业的边际成本与社会边际成本会形成一定的差额,个人或企业的边际效益与社会边际效益之间也会形成差额,这两个差额便是外部成本和外部效益。在旅游经济活动中,无论是旅游者还是旅游经营企业,当受到外部影响产生了外部成本时,便是外部不经济,如果受到外部影响产生了外部效益时,便是外部经济。外部经济与外部不经济现象都存在于旅游经济活动之中,是旅游经济活动经常性的表现。

我们知道,旅游目的地企业的经营活动以及旅游者的旅游消费活动是与特定旅游资源相联系的,没有一定的旅游资源存在,旅游地的旅游企业无法进行市场交易活动,旅游者也不可能实现自己的旅游消费活动。因此,以旅游环境为依附的旅游资源是旅游目的地进行旅游经营活动的主要生产要素,同时,也是旅游者旅游消费的主要对象。如果我们将旅游环境作为社会成本和社会收益来对待,那么,旅游目的地企业经营活动的决策与行为、旅游者旅游活动中的消费决策与行动都会对旅游环境产生影响。这种影响可以形成外部经济,也可以产生外部不经济。从外部经济来看,通过旅游企业个体的投资和经营行为,提高了旅游目的地的市场知名度,改善了旅游目的地的旅游环境,同时,来自经济发达地区的旅游者进入所形成的旅游消费行为,促进了地区社会文明的兴起、观念的改变。在这种情况下,旅游企业的经营行为以及旅游者的消费行为,不仅使经营者和消费者自身受益,而且也使整个旅游目的地社会受益,旅游目的地全社会边际收益大于经营者和旅游者的边际收益,形成了外部经济性。从外部不经济来看,旅游企业的投资和经营行为以及旅游者旅游消费行为,也会对旅游目的地的旅游环境产生破坏影响,如旅游企业在旅游景区和景点的投资行为,可能会破坏当地的自然环境和生态环境,旅游企业在经营活动中所产生的噪声、污水和废气会对环境形成不同程度的污染,旅游企业超规模的旅游接待形成的旅游者旅游活动拥挤现象,旅游者在旅游过程中对旅游资源和旅游环境的破坏和污染行为,都会使旅游目的地产生社会成本。如果出现了社会边际成本大于旅游企业和旅游者边际成本时,便会产生外部不经济现象。

为了实现市场的帕累托效率,唯一的途径是竞争,但前提条件之一是不存在外部性。只要存在外部性,旅游企业私人决策和经营行为并不一定导致资源最优配置。如果 $\Delta X/\Delta Y<0$,说明社会劳动过度表现在对 Y 的资源配置上,将资源配置从 Y 转移到 X,便会增加社会旅游总收入;如果$\Delta X/\Delta Y>0$,则说明社会劳动在 Y 经营活动中配置不足,如果增加 Y 劳动投入,也会增加社会旅游总收入。所以说,在实现利润最大化的过程中,无论是外部经济还是外部不经济都会使存在竞争关系的企业无法实现社会资源最优配置,市场会出现失灵现象。

由于外部性的存在会降低市场的效率,通过市场无法实现社会资源最优配置,这就为政府干预旅游经济活动,通过控制市场来纠正“外部性”所导致的市场无效率提供了理论依据。也有经济学家认为这个理由是不充分的，例如我国就有学者提出“市场干得了的由市场来干，市场干不了的也不一定要由政府来干”①。其潜台词就是尽管市场有缺陷，但无理由证明政府就一定干得更好。科斯教授在《社会成本问题》中提出了外部性可以通过重新分配产权得到解决而无须政府的干预的解决办法②。但是当界定产权的交易成本很高昂（现实中几乎次次如此）或将产权划给私人后私人低估了资源的未来收益从而提前或者过度开发该资源时，外部性便无法消除甚至可能更严重。

旅游企业自然垄断也会使市场出现失灵问题。我们知道，通过市场对社会资源实现有效配置的假定前提为市场是一个完全竞争的社会，也就是说，在竞争中不存在报酬递增的现象。然而，在旅游经济活动中，许多旅游服务都是由报酬递增的企业提供的，这些服务性企业的生产函数具有随着需求规模报酬递增特点。如旅游目的地景区景点企业、为旅游企业提供基础供应服务的气、电、水、邮电服务的企业，这些企业都具有一次性投资很大但边际成本很小的经济特点，在整个服务提供中，平均成本是连续下降的，从而可以按照帕累托价格——价格等于边际成本的定价原则——实现资源的有效配置。然而，由于这些企业对市场形成了自然垄断，追求利润最大化的动机使得这些企业的定价不是按照边际成本，而是高于边际成本，以利润最大化的价格进行定价，那么，利润最大化的价格（平均成本）与帕累托效率最大化的价格（边际成本）之间必然存在一个服务提供量之间的差额，服务的享受者就不可能以较低的价格接受服务，服务的提供量也必然不能达到最大的有效率的数量，资源不能得到有效率的配置。

同时，对于那些具有竞争性的旅游企业来说，逐利竞争的旅游企业为获得“经济租金”会竞相创新，创新使厂商面对的需求曲线变陡从而市场力量增强，创新突出的个别旅游企业的市场力量增强到一定程度就有了左右市场的能力，形成垄断或寡占。诸如此类，自由竞争的发展最终会引致垄断的生成，而垄断是对竞争的否定。这种竞争的肯定发展而至否定的过程被称为“马歇尔悖论”。垄断会给经济带来损失并降低经济的效率：垄断使生产的产量过低而售价过高，垄断产生的租金促使厂商缺乏降低成本的动力而管理松懈、研发不力，这对出资人来说是不能忍受的；垄断租金常常很高以至于厂商宁愿将精力用在“寻租”上而不是专注于经营。

① 我国著名经济学家张维迎认为，在社会主义市场经济条件下，政府不要对经济活动以及市场行为进行过多的干预。提出了市场干不了的，政府也不要去干的观点，因为市场干不了的事，政府去干，也未必能干好。

② 科斯教授认为，政府有能力以低于私人组织的成本进行某些活动。但是政府的行政机制并非不需要成本，实际上，有时它的成本大得惊人。直接的政府管制未必会带来比市场和企业更好的解决问题的结果。他在对庇古在《福利经济学》中的有关政府作用的观点进行批评后提出，在政府不对经济活动进行干预的条件下，外部性也可以通过某种制度安排来消除，也就是说，通过企业之间的产权交易或企业之间的自由谈判，都可以实现资源的有效配置。参见：阿尔钦．财产权利与制度变迁．上海：上海三联书店，1994：1～52.

另外,垄断者不但会掠夺一部分旅游者的消费者剩余,而且还会造成一部分旅游消费者剩余的无谓损失,这是社会经济效用的纯损失。"马歇尔悖论"告诉我们,垄断源于市场,完全依靠市场的自发机制来消除垄断是不现实的。为此,对垄断尤其是自然垄断,除了国有化外,我们更常用的是在引入竞争或民营化的同时进行政府规制。

在旅游经济活动中,造成市场失灵的另一个原因是公共物品的存在。旅游者的旅游消费是以服务作为消费对象的,而人们的旅游服务的消费是多种多样的,如果我们根据旅游者服务消费是否具有排他性和竞争性,可以将旅游者的旅游服务消费分为私人物品和公共物品。

匡林在他的《旅游业政府主导型发展战略研究》中认为,"旅游资源和景区产品是一个公共产品,为了消除或弱化旅游业的外部不经济性,有必要使旅游资源或产品产权明晰化,虽然不同的产权界定会直接影响各个当事人在旅游活动中的损益分配,但从理论上严格分析,就整个社会而言,只要产权清晰,市场机制即可通过产权交易实现有效运作,而这与产权界定方式无关。换言之,将产权界定给当地居民或旅游者,对整个社会来说其结果是一样的。"根据匡林的说法,具有公共物品性质的旅游资源或产品,只要通过产权界定,不论产权界定于旅游者还是当地居民,都可以实现有效的运作。这种说法是值得讨论的。我们知道,按照阿尔钦的定义,产权"是一个社会所实施的选择一种经济品的使用的权利"①,产权有私有产权、共有产权和国有产权之分。这种划分实质上是将经济品的使用权利界定给一个不同的行动团体。作为一种公共物品,旅游资源属于共有产权的范畴,全社会共同体内的每一个成员都有权分享对旅游资源的使用权利。这种权利是非排他性的和非竞争性的,是不能通过一种产权界定的方式将公共物品变成一种私人物品的。

匡林的观点来自于对科斯第二定理的认识。科斯认为,"在存在市场交易费用时,合法权利的初始界定会对经济制度的运行效率产生影响。一种权利的调整会比其他安排产生更多的产值。"②由科斯第二定理得出的结论是:不同的产权制度安排会导致不同的资源配置效率。然而,科斯的制度安排和产权界定主要是针对私人产品而言的,结合旅游资源的属性,我们可以看出对于具有公共物品性质的旅游资源,通过产权界定于私人物品来实现资源的有效配置是不可能的。

根据公共物品的特性,当增加一个人对某产品的消费的边际成本为零时,这种产品就可以说是在消费上是非竞争性的。换句话说,如果公共物品是非竞争性的,则一个人对某种产品的使用不会减少其他人的利益,因此,边际消费者的机会成本为零。当边际消费形成的边际成本为零时,市场是不能对这种物品进行有效的配

① 阿尔钦.财产权利与制度变迁.上海:上海三联书店,1994:166.

② 同上,第20页。

置。这时，如果旅游景区或旅游资源由私人企业提供，必然要对这种物品的消费进行收费，而这种收费行为也必然会使旅游者减少对旅游资源的使用，从而导致旅游资源的浪费。当前，我国许多具有公共物品性质的博物馆、风景区高收费行为，实际上是一种将公共物品私人化的表现形式，是不符合公共物品的性质的。

旅游目的地的旅游环境是一个公共产品，无论对旅游企业来说，还是对旅游者个人来说，良好的旅游目的地环境是旅游发展的必要条件。但是，提供旅游环境这个公共产品需要付出一定的成本，如旅游目的地的公共设施建设、维护和管理、自然环境和生态环境的保护、人们的教育水平决定的好客行为等，这些旅游环境的建设都需要付出相当的成本，这些成本需要旅游活动的受益者共同承担。然而，这些旅游环境生产出来后，无论旅游企业或旅游者是否支付了代价，都可以从旅游环境中获得一定的利益，这就形成了“搭便车”的现象。也就是说，每个旅游企业和旅游者都希望别人生产公共物品，让别人为公共物品的生产付出代价，而自己能不付出代价而消费。在这种动机下，市场对公共物品进行资源配置的机制失灵。

第二节 政府干预与公共失灵

一、政府干预的必要性

在上一节里，我们分析了在旅游经济活动中，由于市场不完全性、信息不对称性、自然垄断现象、外部性以及公共物品的原因，市场会出现失灵现象。市场失灵的结果导致旅游经济活动不能按照资源的最优配置运行。为了保证旅游经济的资源有效率的配置，有必要通过政府行为对旅游经济进行干预，使旅游经济以及市场主体的经济活动向有效率的资源配置方向发展。

我们所说的政府干预是指政府以管理者的角色，通过一系列相关的政府规制措施，对旅游经济进行某种程度的干预，以使旅游经济运行和发展符合政府预定的目标。宏观调控是对旅游经济运行的总体或总量的控制，如在旅游地区结构中，针对西部旅游经济与东部旅游经济总量上发展的不平衡，政府为促进西部旅游经济的发展所采取的一系列政策和措施。政府干预则不仅仅是宏观的调控行为，政府干预是对宏观经济和微观经济领域进行的干预，它比宏观调控的范围要更为广泛。政府干预也不仅仅限于经济手段，也通过经济手段、行政手段和法律手段对旅游经济实施干预。

旅游经济中的政府干预不仅是因为市场失灵，还与我国社会主义市场制度以及旅游经济发育的现实相联系。我国的社会主义市场制度是与社会主义基本制度是结合在一起的，这同西方国家资本主义制度下的市场经济是不同的。一方面，在我国，国有企业和公有财产是公有制度的经济基础，如果没有这个基础，公有制度将会动摇,因此,从国家利益和公有制利益上说,公有财产的维护及发展便成为政府干预旅游经济的主要原因。另一方面,发达国家旅游经济体系是市场自然发育的结果,市场机制的充分实现是建立在市场主体充分发育的基础上的,充分的市场机制与成熟的市场主体是市场作用充分实现的关键,但我国旅游经济体系的形成是政府推动的结果。如果没有与旅游经济相适应的市场主体存在,将会出现市场主体缺位,如果市场主体虽存在但却不能发挥主体作用,那么将会出现市场主体的弱化。无论是市场主体的缺位还是弱化,直接的结果都将是市场均衡无法实现。在这种情况下,市场机制的功能是不能充分发挥的。如果完全依靠市场来调节旅游经济活动,不仅不能实现资源的有效配置,反而会使旅游经济运行出现问题,如旅游饭店出现的削价竞争现象。这种削价竞争不是由于成本降低推动的,也不仅是由于市场需求不足形成的,而是存在着更深层的经济原因。作为一个具有供给刚性的饭店业,在市场主体没有形成的条件下,市场活动也必然是无序的,加上投资性方式的多种多样,企业行为的多目标性,仅靠市场来调节是无法实现旅游经济的有效运行。

政府的干预行为还与旅游经济本身所具有的特点相联系。旅游经济是一个综合的经济现象,综合的经济现象不仅表现在旅游经济体系组成是多行业的,还表现为运行空间是多地区的;同时,旅游经济所需要的各种经济要素相当一部分是公共物品。对这样一种综合的经济现象,仅仅靠市场机制下的私人生产和供给是难以实现全社会资源的有效配置。比如说,旅游目的地形象是旅游经济的一个重要因素,是引起旅游行为和旅游经济行为的主要力量。旅游企业经营的效益不仅取决于通过市场运作的自身努力,在一定程度上还取决于这个旅游企业位于的旅游目的地形象。对于目的地形象这个公共性物品的供给就不能靠市场的私人行为而应通过政府来提供。再比如,某个地区要将潜在的旅游资源转化为经济资源,不仅取决于这个地区对旅游资源进行有效的开发,还取决于客源地与这个地区具有良好的交通通道。如果没有一定的交通作为保证,这个地区是不可能成为一个旅游目的地的,旅游企业也不可能取得一定的经济收益。提供客源地与目的地之间的交通不是旅游目的地所能实现的,靠企业与交通行业就交通问题进行谈判是很难达成契约的,而如果通过政府的行政性资源来进行配置,就可以降低企业之间就交通讨价还价所形成的交易成本,从而大大提高资源的利用效率。

二、政府干预行为

根据以上对政府干预旅游经济活动必要性分析,我们知道,政府对旅游经济的干预主要是解决自然垄断、外部性、公共物品提供、市场发育不完全性以及市场主体弱化等问题。相应的,在旅游经济中政府的干预行为也主要表现在以下几个方面:

培育市场体系是政府干预旅游经济的一个重要行为。在旅游经济中,市场缺陷主要是由于市场发育不完善而出现的功能性障碍。旅游比较发达的资本主义国家经过多年的市场经济发育,旅游经济的市场体系从发育到成熟的自然成长过程花了相当长的时间。我国旅游经济起步较晚,为了加速旅游经济市场体系的形成,必须通过政府出面来清除成长中的市场障碍。当前,旅游经济中非市场因素很多。比如,旅游经济的地区性和行业分割抑制了统一的旅游经济的形成,市场机制不能很好地发挥作用,从而影响了资源配置效益。当然,在旅游经济活动中,政府培育市场的过程实际上是政府职能转变的过程。也就是说,政府要从以行政手段直接管理和干预旅游企业的活动中解放出来。如果政府职能不转变,则旅游经济的市场主体和市场客体都难以发展和完善。

在旅游经济中,培育市场表现在完善市场主体和市场客体两个方面。建立与旅游经济相适应的市场主体是培育市场的一个重要内容。在旅游经济中,市场主体的缺位以及市场主体弱化现象是一个突出的问题。政府要利用各种行政性手段来加速市场主体的培育,使旅游企业成为能与国际旅游企业相抗衡的市场主体。市场主体的培育表现在两个方面:一是政府要转换国有旅游企业的经营机制,建立现代企业制度;二是通过各种行政性和制度性手段促使具有一定规模经济的旅游企业和企业集团的快速发育。健全和完善的市场体系是市场机制发生作用的前提,故而市场客体的培育主要表现为市场体系的建立。我国旅游经济现实是,入境旅游市场体系发展很快,而出境旅游市场和国内旅游市场发育缓慢;点线旅游经济体系发育较好,而板块旅游经济体系发育较慢;观光旅游市场体系发育较快,而度假旅游和特种旅游市场体系发育较慢;旅行社分工体系和旅游饭店的市场细分都还处于初级发育阶段。所有这些,都需要政府发挥自觉培育市场的职能,促使市场的发育。

弥补市场的不足也是政府干预旅游经济的一个重要行为。由于外部性和自然垄断存在会使市场失灵,由市场失灵所出现的市场缺陷需要政府出面对旅游经济进行干预。对此,政府要通过各种干预手段,减少市场主体的外部不经济的现象。由于旅游经济是一个综合经济现象,一个行业或一个企业的经营决策和经营行为会对其他行业和企业产生收益和成本的影响,形成外部性。外部性的存在会大大降低资源的有效配置。如果旅游景区景点企业出于自身利益的考虑,通过大幅度提高门票价格来增加收益,但这可能会对饭店和旅行社企业的经营产生重大影响,形成了外部不经济的现象;民航、铁路等交通运输行业提高价格会受益,但这种受益却是以旅游目的地经济利益甚至社会总收益下降为代价的。由于在旅游经济中,市场主体并不完全承担由他们引发的外部不经济的后果,有些主体反而可以从外部不经济中获得一定的收益,所以,在利益的驱使下,如果没有政府对旅游经济的干预行为,一些行业和企业是不会停止制造外部不经济的活动。同时,由于垄断会破坏市场功能，所以政府还要对市场的垄断行为实施干预，通过各种手段来限制市场的垄断行为，以保证市场机制最有效地发挥作用。当旅游经济的市场主体由于自然或市场的原因形成了对旅游经济某个领域的市场垄断时，市场就难以形成最优的资源配置，垄断的直接后果是市场主体的创新动力下降，因为这时旅游企业的收益可以不通过创新而通过市场垄断行为来实现。

向市场提供公共物品也是政府干预旅游经济行为的表现形式。旅游经济是借助于大量的公共物品运行的，如旅游地的形象、旅游宣传、国际旅游市场的对外促销、国际旅游者的出入境条件、城市旅游环境、旅游基础设施、旅游资源和景点景区等。没有这些公共物品的存在，旅游经济就无法完全展开，而在不存在足够的社会和经济的激励导向条件下，企业只会将努力的焦点放在如果切得更大份额的蛋糕即采取较优竞争策略上，私人企业不会愿意生产和供应这些包括目的地整体形象在内的无利或低价微利的公共物品。在市场机制本身对目的地形象这种公共产品的生产无能为力的情况下，就需要市场机制以外的力量——政府——来向市场提供，相应地，提供一定的公共物品就成了一项重要的政府职能。

建立旅游经济市场规则，维护市场交易秩序也是政府干预旅游经济一项重要行为。市场规则是通过国家法律法规和行政规定以及市场形成的准则与制度。一部分市场规则是国家的法律法规以及政府根据旅游经济的实际情况制定的各种行政规定、命令、管理条例和管理制度，一部分是由市场交易活动所形成的规则和国际惯例，如饭店日间房租规定、旅行社定价规则等等。这些规则虽然不是通过政府来制定，但是政府要按照这些规则对市场主体进行管理，以维护市场正常交易秩序。在旅游经济中，旅游企业以及市场主体进入市场的规则、旅游企业以及市场主体退出市场的规则、旅游市场运行规则以及旅游企业制度等大量的市场规则则是由政府制定的。

政府对旅游经济的干预是对旅游经济进行的总体干预，而不是对旅游经济市场个别旅游经济主体的干预，也不是对从事旅游经济活动的个人经济行为进行干预。因此，政府对旅游经济的干预，除了向市场提供公共物品以外，主要是控制旅游社会总需求与总供给的均衡，其主要干预目标是调节旅游总需求，而不是调节总供给①。对旅游总供给的调节主要是通过产业政策和地区政策来调整旅游产业结构、地区结构。从旅游供给和需求关系来说，政府对旅游总需求的干预是直接的，

① 匡林认为，在买方市场条件下，政府对旅游经济的管理应从供给管理向需求管理转移，也就是说，政府对供给管理还是对需求管理主要决定于市场的供求状态。虽然政府管理的对象是与市场供求状态有一定关系，然而，在我们看来，决定政府管理的重点更与这个国家经济制度和经济机制有关：如果是在市场机制主导下，政府管理的重点必然是社会总需求，而总供给是由私人企业来实现的；相反，在一个计划机制主导下，政府管理的重点则是供给管理。通过计划等行政性资源来决定企业生产什么、生产多少和如何生产，而不是通过市场来决定。

对旅游供给的干预是间接的。政府在干预旅游经济的同时,还应该对经济组织进行引导并提供相应的服务。政府通过建立旅游宏观经济信息网络,可以大大降低旅游经济市场主体交易费用,促进资源最有效的配置。

行为决定职能。对于政府在旅游经济中的职能,学术界也有不同的认识。政府对旅游经济干预的范围既与市场机制作用有关,也与市场发育过程有关。也就是说,在市场经济条件下,政府对旅游经济的干预是因为市场的不完全性引起的,一个国家内旅游经济的市场不完全程度决定着政府干预的程度和干预的范围,从而决定着政府在这个时期的职能。

在比较成熟的市场经济制度下,政府对旅游经济的干预主要表现在向市场提供公共物品、限制垄断和弥补市场不完全性及信息的不对称性、使经济外部性内在化、监督市场合同的执行、界定产权和保护产权等方面。然而,在不成熟的市场经济条件下,在市场还处于发育阶段下的中国,政府对旅游经济的干预除了以上职能以外,还应该包括培育市场、优化环境、规划制定和队伍建设等方面。比如说,无论是旅游产业的市场发育促进方面,还是增强市场机制调节的基础方面,都还需要政府来进一步推动。更进一步说,由于"国际竞争国内化"使得旅游产业同样面临着全球化的冲击,"全球化的进展使孤立于重视市场作用潮流的经济运行变得困难起来"(一柳良雄,细谷祐二,2002)[①],所以全球化的竞争必将推动世界性的对市场作用的重视,迫切需要加快我国旅游产业的市场化进程,提高我国旅游产业的国际竞争力。如果完全依赖于自然进化来形成市场和提高竞争力,显然是不符合我国旅游产业发展的现实和竞争的要求的。因此,必须运用包括行政手段在内的政府力量来推动旅游企业集团构建、旅游企业理性微观主体的重塑,因为在所有组织中,只有"国家及其代理人是唯一可以合法地强制他人做什么的组织"(斯蒂格利茨,2002)[②]。因此,在旅游经济现阶段内,政府的主要职能表现为:培育市场、优化环境、引导信息、制定政策、限制垄断、规划制定、基础建设、监督市场、对外宣传和队伍建设十个方面。

案例 10－2 首旅集团的重组

2004 年 4 月 17 日,三家分别来自北京旅游、商业和餐饮业的强势企业——首都旅游集团、北京新燕莎控股公司和中国北京全聚德集团公司——宣布合并重组。合并后新集团的总资产达到 155 亿元,经营业务将组成一条完整的旅游产业链。参加重组的三家企业都是北京市政府授权经营的国有独资公司。合并的方式是将新燕莎控股公司和全聚德集团公司的国家所有权益 11.72 亿元资产整体划入首都旅

① 青木昌彦,奥野正宽,冈崎哲二. 市场的作用 政府的作用. 北京:中国发展出版社 2002.
② 同上。

游集团公司,增加首都旅游集团公司的国家资本金。

合并后的首都旅游集团公司仍为北京市人民政府出资的国有独资公司,北京市国资委依法履行出资人职责。合并后的首旅集团将对现有的饭店业、旅行社业、餐饮业、汽车服务业、旅游商业、会展业和景区景点业“七大板块”进行整合,酒店业将形成符合国际惯例的、高中低档次配置合理的运营体系,使首旅集团投资及管理的酒店总数超过100家;旅行社业则将形成以北京为中心、辐射全国及海外主要客源市场的接待体系,完成旅游产业链的有机衔接;餐饮业将充分发挥多家著名老字号的餐饮品牌和200多家连锁经营店的经营优势,组成颇具实力的餐饮集团;汽车服务业将按照规模化的发展思路,通过对首汽、友联经营资源的整合,形成拥有8 000多辆运营汽车和相对完善的汽车综合服务体系;旅游商业将着重突出燕莎品牌优势,开发建设高档旅游商务服务中心;会展业将充分发挥北京展览馆及酒店会展设施的资源优势,形成会展市场开发及接待服务整体效益最大化;景区景点业将以资源开发为重点,形成旅游客源地与旅游目的地的有机联系,以此促进其他相关业务的市场拓展。

此次三强联合的背景是国际资本大举进入中国旅游业,对本地产业形成了巨大压力。近几年,国际资本大举进入中国的饭店、旅行社等行业,国内尚处于小、散、弱、低状态的旅游行业感受到巨大压力。合并重组的动力是利用北京承办奥运会的发展契机。合并后的首旅集团提出,在未来五年内实现总资产、经营规模和利润三项指标翻一番。

(资料来源:http://www.xinhuanet.com和www.ynet.com相关资料.)

三、政府失灵现象

政府干预旅游经济是为了解决市场失灵现象,促使资源最优配置。然而,政府的不当干预也会造成政府失灵,不能有效地实现资源配置。一般情况下,政府失灵主要表现在以下几个方面:

首先,在旅游经济中,政府决策会出现失误现象。政府是替代市场的一种正式组织,它按一定的规则运用所获的授权来追求一定的集体目标。政府的有效决策是建立在充分信息基础上的,由于不完全信息的存在,政府要对旅游经济做出正确的分析和判断是比较困难的。同时,在一个不成熟的市场和正在发育过程中的旅游经济体系,政府对旅游经济认识是一个边干边学的过程,对旅游经济运动的本质有一个学习和了解的过程。在这个过程中,由于信息的不完全和知识的不具备,政府决策可能出现失误。决策的失误造成政府对旅游经济的失灵。

政府干预会形成部门利益的现象。在我国,政府是由各个代表政府行使某项职能的部门组成的。在旅游经济中,具体表现为国家旅游局行使对旅游经济行业管理的政府职能。然而，国家旅游局行使政府的旅游行业管理仅仅是对旅游经济的某个方面而非全部。如果从旅游经济整体活动来看，所涉及的行、住、食、游、购、娱六个旅游经济要素分别由民航总局、铁道部、文化部、文物局、宗教事务管理局、建设部、旅游局等相关部门来行使政府管理职能。由于部门利益的存在，在对旅游经济要素进行干预的过程中，往往是从部门利益的角度而不是从国家旅游经济整体利益角度考虑问题，因此，也必然会就旅游经济某个方面政策和制度发生相互冲突，从而影响资源在全社会的有效配置，出现旅游经济干预中的政府失灵。

政府干预也会产生大量的成本。政府在对旅游经济进行干预的同时会产生大量的干预成本。政府要承担规制的执行成本，市场活动的主体要承担服从规制的机会成本，如政府要对旅游经济实行规制，维护市场交易秩序，建立市场规则，就要建立一个相当规模的政府职能机构，拥有一定数量的政府官员，这就会增加政府的行政开支。同时，受政府规制管理的旅游企业和市场主体也要花费更多的资源来接受规制的管理，如旅游企业年审年检、旅游企业审批、旅游企业以及旅游从业人员的资格审查，等等。无论是政府的行政支出增加，还是旅游企业接受管理费用的支付，都在一定程度上增加了社会管理成本，产生了资源的消耗，从资源有效配置来说，形成了旅游经济干预的政府失灵现象。

政府对旅游经济干预的结果具有不确定性，也是政府失灵的表现形式。在市场失灵的存在中说明了政府对旅游经济进行干预的必要性，但并不表明通过政府的干预一定能解决市场失灵的问题，政府在对旅游经济干预上能否达到预期目标存在不确定性。也就是说，政府的干预并不一定能解决因市场的失灵所要解决的问题。这是因为，政府干预旅游经济主要是通过各项政策、制度和规制进行的，而政策、制度和规制从制定、实施到生效，需要一定时间过程，具有效应的时滞性。在这个时间过程中，旅游经济会发生多种变化，可能当一种政策出台时，现实的情况已经发生了变化，政策效用就会受到影响。同时，即便不失效，但由于政府的复杂决策体系，一项政策的出台要经过多个相关的部门会签，如果某个政府部门不同意，这项政策、制度和规制就会流产。政府的政策、制度和规制是针对所有旅游经济主体的，是具有一般性的。当这种政策、制度和规制对一个具体的旅游企业产生不利效应时，这个旅游企业便会从企业利益出发，寻找政策上的漏洞，我们常说的“上有政策，下有对策”便是旅游企业对付政府干预行为的具体表现。因此，当政府通过政策、制度和规制对旅游经济干预发生效果时滞、效力递减和企业对策时，旅游经济便出现了政府失灵现象。

政府对旅游经济的干预也会产生“寻租”现象。政府对旅游经济过当干预是产生寻租行为的主要原因。“寻租一般用于描述个人或厂商投入精力以获得租金，或者从政府那里获得其他好处的行为。”[①]例如,在旅游经济活动中,政府可以通过创造、提高和保护一个利益集团、某个旅游企业集团在旅游市场上的垄断地位,或者给予一些企业如出境权之类的特殊权利,从而提高所偏爱的市场主体获得一定的垄断租金和优惠权力。在旅游经济中,“租金是无处不在的。哪里有垄断、特权和管制,哪里就存在租金;哪里有信息和流动性不对称阻碍资源流动,哪里就存在租金。哪里有租金存在,哪里就有寻租活动的存在。”[②]由于政府干预旅游经济的权力存在,政府官员可以掌握资源的分配权,在追求这种分配权的角逐中,官员们从自身效用最大化出发往往会倾向于“政治设租”,人为地制造稀缺,使旅游经济不能实现有效的资源配置;而对于那些旅游企业来说,从利益最大化的实现,也更倾向于寻租活动,而不是寻利。企业通过各种方式来游说政府制定一些有利于自身发展的政策、制度和规制来获得租金,便成为这些企业主要经济行为。在这种情况下,政府对旅游经济的干预将出现失灵。

为此,需要政府采取诸如在采购产品或服务以及在公共资源分配方面采取招投标制度,将政府的一部分活动委托出去等改进措施,从而提高政府工作效率。已经在旅游经济领域广泛采用的就是在目的地营销领域政府部门和私人部门建立伙伴关系。1999 年,世界旅游组织在亚太地区、澳大利亚、中国香港、印度、马来西亚、新加坡和斯里兰卡等地进行了一项研究,出版了题为《公共部门和私人部门伙伴关系的新形势》的研究报告,分析政府旅游行政管理部门(NTAs)角色的转变及其组织结构和活动状况。

案例 10－3　加利福尼亚旅游业营销法案

《加利福尼亚旅游业营销法案》的通过,使非营利性组织——加利福尼亚旅行和旅游业委员会(CTTC)得以成立。通过该委员会,公共部门和私人部门进行合作,即加州政府可以和其他所有来自旅游业或者与旅游相关行业的企业与组织合作,比如同零售商、照相器材制造商或餐馆等合作。而这些相关行业又能从旅游业当中受益。加利福尼亚旅行和旅游业委员会(CTTC)成立的目的是通过对行业范围内的资产评估,用从私人那里募集到的资金来增加现有的加州旅游营销资金。

私人部门为加利福尼亚旅行和旅游业委员会(CTTC)提供的资金预计为每年 750 万美元。这笔钱作为政府提供资金的补充。这显然有助于改善向旅游者提供的信息和设施的状况,同时还可以增加促销和营销投入。

(资料来源:全球旅游伙伴关系之趋势. 世界旅游组织,徐京供稿. 郭庆,译.)

① 斯蒂格里茨. 经济学. 北京:中国人民大学出版社,1997:507－508.

② 方福前. 公共选择理论. 北京:中国人民大学出版社,2000:121.

第三节 旅游规制

一、旅游规制的必要性

建立各种旅游规制是解决旅游经济市场失灵的一个有效方法。对于"规制"的认识,理论界大致有两种不同的观点。一种是以芝加哥大学的斯蒂格勒教授为代表的观点,即规制是产业所需要的并为其利益所设计和主要操作的法规,其中心思想是政府规制产生于特殊利益集团的需要,因为这些集团有强大的势力和强烈的动机寻求政府的所谓规制来维持自身的优势。这种观点对旅游经济活动中一些特定的经济性规制——如我国对铁路、民航、景点景区的进入规制和价格规制——确实有很强的诠释力和揭批力。另一种观点以Breyer教授为代表,即规制是对市场失灵或缺陷的回应,是通过一定的和适当的政府行为提高资源配置效率以增加全社会的福利。

鉴于旅游业具有综合性、配置性和服务性的特点以及国民化的趋势,对旅游规制的定性我们倾向于后种观点,即旅游规制是政府利用行政性资源和行政手段,从维护旅游者的公共利益和国家的整体利益出发,纠正或缓解市场失灵与市场缺陷带来的不经济和不公正,从而维护旅游经济和旅游市场秩序的稳定、增进所有旅游者的福利水准。由此,旅游规制主要表现在经济性和非经济性两个方面。

从经济性上来说,旅游经济的公共物品属性和外部性主要表现为是旅游地的形象建设;旅游经济相关链接领域的文化塑造;进行产品创新、市场开发培育和市场秩序维护以及旅游环境保护和一些公用、基础设施的建设等方面。对于具有外部性的行为,如果任其由市场机制自行调节,其结果必然出现一种"智猪博弈"(boxed pigs game),即中小旅游企业等着由大的旅游集团和大的旅游企业进行旅游市场的培育、旅游目的地或客源地形象的维护与建设以及各种新产品的研发,而自己却不花成本或花极少的成本搭便车、跟风和模仿。在这种情况下,市场规则的紊乱使竞争机制无法充分实现资源的有效配置,其结果是旅游市场无论是供给还是需求都将为之付出更多的代价。如果不对公共品产权进行排他性地界定,则会导致对该资源的过度使用。但如果完全由(私人)厂商来提供公共品,厂商间博弈的解是公共品的纳什均衡供给小于帕累托最优供给,且二者之间的差额随提供者数量的增加而增加,私人提供公共品将造成供给不足。这时,只有政府规制的介入才是有效的解决之道。有一些公用或基础设施,兼有公共品和私人物品的特征,被称为俱乐部物品,如公园门外的停车场、城市内的主题公园,既能给所有者带来好处,也能给周围的非所有者带来便利或好处。为了保证或提高俱乐部物品使用的效率,最有效的办法是通过某些制度安排以实现其排他性消费。

一般认为,旅游业具有较高的固定成本。旅行社虽然不具有高固定成本,但随着旅游向个性化、多样化和高新化的发展以及市场全球化和竞争白热化的趋势,产品研发、客户维护、服务深化和宣传推广的费用将成为决定旅行社生存而需投入的固定成本,而这些成本显然是巨大的。因此,未来的旅游业必将是高固定成本且高沉没成本的产业。此外,旅游业是劳动密集型和信息密集型产业,对人力资源、创新和信息的依赖性很强,这些因素使旅游业内完全有条件形成垄断和寡占的市场格局。垄断使整个旅游产业的产出不足,造成就业的不充分;垄断的高额垄断租金效应使整个旅游产业的经济效率降低,从而影响旅游经济增长的势头。旅游业作为重要的吸纳就业、拉动需求和促进经济增长的支柱产业,形成垄断是与国家的宏观经济目标及人民的福利目标相左的。既然市场机制自身不能消除旅游业的垄断现象,那就需要政府制定反垄断法、反托拉斯法和智力成果保护法,引进竞争性规制,以形成良好的市场格局和市场秩序,有效地达到规范市场、促进经济的目的。

旅游经济中普遍存在信息不对称,为此将会出现旅游需求的逆向选择,阻碍旅游者享受到低价优质的旅游产品。针对旅游者的逆向选择,提供低价优质产品的旅游企业就必须通过代价高昂的前期投入(如大做广告)和过程投入(如打造品牌、建立信用)实现信号传递。但是由于信道质量、受众分布、传输时滞等因素的影响,信号传递是不充分的。在这种情况下,旅游者获取有关低价优质旅游产品等有效信息的搜寻成本就会加大,此类现象在旅游业内屡见不鲜。由于旅游生产与旅游消费具有同步性,旅游供给方自己又处于信息优势,因此质量差的供给方易于做出过多的承诺,更“热衷”于低价竞争以扰乱市场秩序。为了减少旅游市场上的信息不对称,节约旅游厂商和旅游者的交易成本,引入政府规制的行为是必要的。政府可以通过旅游信息预报制度、运输部门价格听证制度、旅游企业年审制度、评选优秀旅游企业制度,降低由信息不对称所形成的成本,提高旅游经济的效率。

从非经济性上来说,政府干预市场的必要性与社会的价值观和道德体系建设有关。旅游经济的正常发展是与社会的价值观和道德体系相联系的。社会价值观和道德体系如果不受任何约束和引导,逐利竞争的无限发展势必引致市场秩序的极度混乱。一个社会内在价值观和道德体系的建立可以减少旅游市场机制运行成本。社会价值观和道德体系的建立不会在市场机制内自动形成,但完全可以经由政府通过适当的制度安排在市场机制下达成。政府在社会价值观和道德体系方面规制旅游市场健康运行的必要性也在于此。政府有理由也有能力在树立和规范旅游业供需双方向上而健康有序的道德思想上发挥自己的作用。

应当说,旅游规制不仅表现在政府对旅游经济的干预,在我国的现实国情下,它更表现在对以往行政主管部门直接管制旅游经济的松绑、对行政垄断和政企不分的破除、对主管部门设租等公共失灵的纠正。从计划经济中产生的政府对市场的“看得见的脚”,其负面作用的消除仍然是“解铃还须系铃人”。旅游规制不是单方面表现在对市场的规制，还表现在对政府自身行为的规制上，其目的绝不是要限制市场机制的运行，而是为了使市场机制能更有效地运行。

从经济学的角度看，旅游规制是一种公共物品，也是一种正规的制度。制度是人为建立的规则，用以抑制组织成员可能有的机会主义行为，对不服从行为实施某种惩罚。因此，旅游规制权对各经济部门而言显然是一种稀缺资源，掌握旅游规制权的好处表现在三个方面：一是拥有了在旅游市场上寻租的资本，二是可以参与旅游经济丰厚的利润分配，为本部门带来好处，三是拥有了权衡和调整相关利益群体的更大能力和余地。另外，一旦掌握了某种旅游规制权，该部门就能使之按自己的利益路径“依赖”下去，形成对本部门的长期利益回报。旅游规制跨越的行业宽、部门多，对规制权的争夺相对地更普遍更激烈。旅游规制权最终在各部门间的分配及其变更，将致使旅游规制的变迁方式和方向按不同的部门利益标准进行。比如，国家旅游局和公安部对出境游管理权的争夺最终很大地影响了出境游的规制方式和演进轨迹。

旅游规制是要付出成本的，这里的成本主要指旅游规制实施过程中的协调成本。首先，旅游规制的形成需要一定的信息成本。在旅游经济中，旅游规制方从各类渠道获取信息并按不同要求进行公示是旅游规制方的必要的过程。透明信息是旅游规制方的规制目标之一，作为一个提供公共产品与服务、致力于提高消费者福利的政府机构，旅游规制方有义务向旅游者提供产品与服务质量、标准、生产过程、旅游安全、服务商信誉等方面的信息，以弥补旅游者在交易中所处的信息弱势。同时，旅游规制方必须掌握大量信息以监督被规制企业执行规制政策、法规的情况。旅游规制方可要求受规制的个人和企业主动向自己提供相关信息。例如，酒店的星级审批就要求申请酒店提供详细的相关信息。信息提供和信息收集都会形成大量的成本。其次，建立和执行制度的成本。要进行旅游规制，必然要建立起一个完整的组织制度体系和与之相配套的执行机构，规划、设计、开发和组织实施不同时期的旅游规制要耗费巨大的成本。旅游规制作为一种制度安排，在其执行和演进的过程中还包括更正、调整旧制度的成本、消除制度改革阻力的成本和营造新制度进入机制的成本。第三，进行裁决的成本。旅游规制的行政裁决要运用到多种资源，如调查、取证、听证以及发布、执行、监督裁决措施都要耗费时间、精力和金钱，这构成了裁决的成本。

效益是规制作用评价标准。旅游规制的效益是指通过制度安排，实现行政资源的最优配置。如果能够通过旅游规制在无人因此而降低效益的同时使更多的旅游者和旅游企业提高了效益，则旅游规制就是有效益的。作为一种制度要素，旅游规制的实际效益表现在通过合理界定旅游行政管理部门和旅游市场主体的运行边界、对行政资源和经济资源权利的分配，可以打破行政垄断、削弱不正当竞争的市场力量、减少无效竞争和外部性效应从而实现公平交易和有效竞争，在提高旅游规制自身效益的同时实现旅游市场的效率。因此,在制定旅游的规制政策时一定要兼顾市场的效率,如:使制定的价格政策利用收入效应来发挥作用,尽量消除替代效应的作用,以使价格仍能反映资源的稀缺程度,不破坏市场的效率。

二、旅游规制的特点和原则

旅游规制是通过政府制定的各项管理制度实现的。一般来说,旅游规制是对一定的市场机制、行政机制和法律机制运用和管理机构之基本要求的规范化和具体化,充分反映了市场机制、行政机制和法律机制的基本性质和基本属性。

旅游规制具有三个主要特点。首先,旅游规制具有强制性。旅游规制一般是根据旅游管理目标和市场机制、行政机制和法律机制的要求,由一定的行政管理机构制定、颁布的,它充分反映了一定时期旅游经济运行目标管理的要求,反映了市场机制、行政机制和法律机制的作用力,具有强制性,旅游经济的任何利益主体不能违抗,都必须在其约束下开展旅游活动。其次,旅游规制具有相对稳定性。旅游规制是根据一定时期内旅游经济条件和市场环境制定的,具有稳定性。只有当旅游经济条件和市场环境发生了根本的变化,旅游规制才会发生变动。第三,旅游规制具有综合性。旅游规制是由多种制度、原则组成的一个完整体系,既有旅游经济宏观规制,也有旅游企业内部管理规制;既有行政管理规制,也有经济、法律的规制,各项管理规制的相互联系和相互作用,共同对旅游经济运行产生影响。

旅游规制的制定应符合四个方面的原则。

旅游规制边界要明确。这里所说的规制边界是指旅游规制所能作用的领域界限。如果旅游规制的边界模糊,就会影响规制的实施,加大了不必要的"人治"成分。同时,旅游规制的边界不清,也会使规制在执行过程中产生大量的管理成本,使规制效益递减甚至产生负效果。从交易成本经济学的角度看,旅游规制也是一项交易,存在交易成本,因此,正如在确定企业和市场的边界时依据它们的交易成本大小一样,在确定旅游规制和旅游市场行为相互替代的边界时,也要依据旅游规制的成本大小进行。如果旅游规制的成本大于收益,那么就有必要将大于收益的成本部分所包含的内容通过适当的制度安排交由旅游市场去做。

旅游规制的制定要遵循公正、透明的原则。旅游规制是政府规制的一种,政府规制政策的形成是一个交易的过程,是政府规制的需求方(如消费者)和被规制方(如产品和服务的供应商)在政府规制供给方(政府)的参与下经过讨价还价达成协议。然而,产品和服务的供应商由于具有更大的经济动力和经济势力,它可能会比一般的消费者更多地影响到规制决策的选择。为此,旅游规制的制定应公正、透明,真正体现广大旅游者的利益。这就要求旅游行政部门在进行规制决策时更多地引入民间的意愿,包括引入听证制度,引入消费者代表的"参政"制度,建立将年检等规制措施的结果与效果进行公示的制度,科学具体地建立起一套反映旅游者对企业与市场满意度指标的系统,建立各旅游地公正的行政裁决机构,通过制度建立旅游企业的信用登记及控制体系。这样,反映旅游者利益的法规就能维护市场的未来需求,反映受规制旅游企业利益的法规则能促进企业的发展并减少法规执行等规制成本。

旅游规制要有系统性。首先,由于旅游规制的跨行业、跨部门性质,要避免规制中的职能单一和职能分裂。旅游规制当局对旅游产品的最低限价和环境、社会等承载力的管理,如果本身不参与市场进入、需求管理和运作成本的监控,就会形成与被规制企业间信息严重不对称的结局,规制便难免盲目、强制,违背市场规律,因此旅游规制的职能应该是综合而呼应全程的。职能分裂也是旅游规制的"软肋"。由于旅游规制常常涉及多个领域的多个部门,各部门的级别和归口不一,在规制执行中往往职能分裂,典型的例子是我国对出境游的管理和对国家风景区的管理,管理涉及部门多,职能分散。因此,建立旅游联动体系来凝聚职能,如有学者呼吁那样,在我国建立由相关部门联合参与的旅游委员会,便值得进一步探索、完善。其次,由于"旅游部门是一个专业经济管理部门,但是又没有专业管理部门的管理体系……没有职能部门的管理手段……管理基础十分脆弱",在旅游规制中往往存在权威分化的问题。国际经验告诉我们,旅游规制本身不能创造一个公正和自由的交易环境,而必须借助一个有效的执行机构,而旅游规制执行过程中权威分化是一个突出的问题。

旅游规制在直接规制的同时应偏重于"激励性规制",即致力于提高旅游企业内部效率的诱导型规制。其具体方法一是竞争刺激,二是诱导企业提高经营效率。实行激励性规制既可以节约规制成本又能提高规制效率。比如,旅游局对旅行社旅游合同条款的规范,由于对企业的成本不明、操作手段和服务内容不清,难以通过具体界定合同条款达到规范和监控旅行社经营质量的目的,还会因此浪费很多的管理资源,而通过激励性规制(如:旅游局在对旅游者意见抽查的基础上对旅行社的最终服务质量进行评比并公示来引导需求)则能克服这些不足。

三、我国旅游规制的现状

我国的旅游规制起源于计划经济时代对旅游的部门管理。改革开放以后,我国逐步形成了以行业管理为主的旅游规制体系,1996 年《旅行社管理条例》的出台对于该体系的形成具有重要意义(2013 年《旅游法》的出台更是奠定了旅游规制的根本)。现在,我国正处于经济转型时期,培育旅游市场机制、建立旅游市场规则、维护旅游市场秩序构成了现阶段旅游规制的主要目标。

由于旅游经济涉及多个相关产业,旅游规制的宽跨度导致了旅游管理部门和国家其他部门间规制权的争夺与协调问题。旅游管理部门由于缺乏专业管理的组织体系,管理权威缺乏行政性资源的支持,使我国的旅游规制带有弱权威的特性。

另外,我国旅游全行业管理不仅表现在旅游行业管理的"全行业"上,而且也表现在行业管理的"全过程"上。我国旅游规制所使用的行政手段是在改变以往直接干预企业微观运作的改革思路下,通过对市场失灵领域的调节并对企业间接的引导,达到完善市场、激活企业的目的。其工具组合主要有:法制工具,对被规制者而言,最强硬的规制手段莫过于法律规范,国家和各地方都出台了一些旅游法规,国家层面的《旅游法》,地方层面的《旅游管理条例》,相似的还有旅游管理方建立的特许准入制度和有关产品质量和生产安全的法规,如国家对经营出境游的准入条例和《导游管理条例》;审批工具,审批既是政府在必要时代替市场配置稀缺资源的一种手段,同时也是提高行业门槛、规范行业秩序和培育行业自律的手段,如旅行社许可证审批、导游资格证审批、景点和饭店星评、景区立项、开发、规划、建设的审批;监察工具,既是对法治工具运用情况的控制,也是宏观调控的手段,包括旅行社年检和对旅游市场的常规检查;政策工具,即政府通过制定一定的规则和方针来引导旅游市场的发展,这包括了政府对符合规制目标的旅游经济行为的命令、计划、奖惩、号召和宣传,还包括我国制定的旅游产业政策。

值得进一步指出,我国政治体制改革的深入改善了旅游规制的实施环境,特别是对政企分开进一步界定与实施为行业规制创造了有利条件。以前党政机关、各部委、各地方政府普遍办企业,行业规制处于带利益执法的尴尬境地,难以做到公正、透明。体制改革促进了我们的旅游规制向法制化、有序化方向发展的进程。然而,就目前来看,我国的旅游规制建设中存在的问题主要表现在以下几个方面:

首先,制度惯性带来的部门本位主义依然存在。责权、事权界定清晰,则对旅游经济实施管理的部门便可以相互制约并达成必要的均衡。而现阶段,这种"清晰"在各旅游经济管理部门之间还有待明确。事实上部门制约常常带来额外的"扯皮"成本。比如,对景区环保的治理,除景区管理部门外,不但要经由环保部门的审查还要征得政府相关部门的同意,这样参与行动的各方可能是个智猪博弈,也可能是个"囚徒博弈"或"斗鸡博弈",但无论如何都会有效率和效用的损失。

其次,政企改革还未彻底完成,使地方保护主义发作的行政环境和利益诱因仍然存在。尽管我国的旅游业开放较早,改革力度较大,竞争也很激烈,但是由于体制改革和机构改革还未完全到位,尚未形成相互独立的由国家立法通过的旅游规制机构和规制执行机构,二者基本上是同一的。另外,规制机构和被规制者还有未完全脱钩的环节和方面,"政"与"企"的利益纠缠和人事裙带使当地旅游管理方宁愿忽视"消费者主权"。地方旅游局业务上与上级旅游部门联系,但行政上仍然处于地方政府的管辖,因而从经济和政治利益上都难于做到全行业视角上的公正和有效。同样,旅游行业管理处和质监所的关系问题也是在"政出多门"体制下困扰我们多年而未决的问题。所有这些都呼唤着旅游规制真正走向政企明晰的道路。旅游规制机构的横向协调能力较弱,当然也和我国转型期间很多行政资源和连带经济资源从国家垄断走向部门垄断有关。部门垄断比过去的“大一统”时在反应度、灵活性和配置效率方面有了显著提高,但毕竟在行政和经济上还缺乏足够的明晰,部门出于利益考虑,便会加大部门协调的困难。在现实中,对旅游业的行业管理等规制工作牵涉极广,比如出境旅游管理问题就与公安、外交、外汇、海关、工商管理等许多部门直接相关。旅游业的脆弱性使旅游业受其他行业、部门的影响很大,但我国旅游规制机构的行政权力、权限和权威有限,协调能力于是相对软弱,不利于行业的稳定、平衡发展,如何增强旅游行业管理宏观调控能力,这仍然将是今后相当长一段时间内旅游行业管理的大问题。

第三,我国旅游规制的方向还有待调整。我国的旅游市场秩序比较混乱,尤其表现在出境旅游市场上,如超范围经营、零团费竞争、放团等。做空团也是旅行社通过汇差追逐利润的不正当经营手段。我们旅游业发展总体上保持两位数增长,但是,具体的许多行业的利润率却持续下滑:酒店业开房率和价格都在不同程度下降,淡季的情况更是惨不忍睹;旅行社在恶性的削价竞争中效益持续下滑。究其原因,一方面,是由于我们的旅游企业还没有形成具有引领行业动向的领袖企业和品牌,从而使“军阀混战”的行业缺乏自律;另一方面,我国旅游业的法治环境发育不成熟,依法兴旅依然任重道远。在这种情况下,旅游政策、方针的实施势必被动。我国旅游规制具体的方向和重点还有待进一步调整和优化,如增强旅游行业管理宏观调控能力,建立独立或明晰的旅游法律、法规制定、执行和监督体系,引导建立稳定行业走向的龙头企业,等等。

第四节　旅游行业管理

一、旅游行业管理的概念与特征

旅游行业管理就是政府通过规划、法律、政策,引导市场趋势,建立市场规则,进而协调、监督、维护市场秩序,规范企业行为,维护旅游者的权益,为旅游产业快速、健康、持续发展树立良好形象,创造良好的经营环境。简单地说,旅游行业管理就是管理旅游市场,培育旅游市场机制,建立旅游市场规则,维护旅游市场秩序。

我国正处于经济转轨时期。转轨变型时期的一个突出特点就是由于市场机制不完善导致经济秩序混乱。这种混乱表现为旅游企业进入市场资格和程序上的混乱,旅游企业动机的混乱,旅游企业竞争规则缺乏引致的混乱,旅游企业之间竞争不公平性导致的混乱等。既然旅游企业的动机错位是引发旅游行业混乱的原因,那么,旅游行业管理就要针对这种状况培育和建立行业发展机制,包括培育旅游行业的自我保护机制、自我约束机制和市场促进机制;既然旅游行业的混乱是由于缺乏相应的规则,缺乏相应的法律和政策框架,那么旅游行业管理就要建立适当的法规体系,以规则的完善和配套来建立市场规则,约束企业的行为,规范市场关系,以国家性法规和行业性法规来还市场经济以法治经济的本来面目,促使旅游市场上非旅游企业的企业退出市场,从而净化市场竞争,维护市场秩序。

旅游行业管理是对旅游业的行业管理,旅游行业管理的主体是各级旅游行政部门和各级行业组织,尤其是各级旅游局。因此,旅游产业本身所具有的性质和旅游行政部门的部门性质都将对旅游行业管理的特征产生决定性影响。旅游行业管理的特征主要表现在以下几个方面。

旅游行业管理基础的脆弱性。旅游行业管理基础的脆弱性是由于旅游行业管理部门性质的特殊性。旅游产业的综合性使旅游部门有了综合部门的性质,但是旅游部门有综合部门的性质,却没有综合部门的权威;旅游部门是一个专业经济管理部门,但是又没有专业管理部门的管理体系(垂直管理体系);在政府格局中作为职能部门存在,但是旅游部门又没有职能部门的管理手段。旅游部门面临的这种状况使得旅游行业管理的困难非常大,其管理基础是十分脆弱的。

旅游行业管理要素的综合性。众所周知,旅游产业是一个关联性极强的产业。旅游产业的六大要素"行、游、住、食、购、娱"使旅游行业管理的面非常广,管理要素的多元性、分散性决定了行业管理的综合性。

旅游行业管理幅度的宽泛性。旅游行业管理幅度的宽泛性主要是指行业管理涉及的部门多,进而管理中的协调范围宽,协调难度大。在相当程度上,我们可以认为,旅游行业管理部门的工作是进行部门的协调。旅游者的旅游活动是涉及多个部门的一个完整过程。单就旅游的核心依托——旅游吸引物的管理来说,存在严重的政出多门现象。如风景名胜区归建设部管理,森林公园归林业部管理,自然保护区归环保局管理,名刹寺庙归宗教局管理,等等。虽然在理论上,宏观经济管理部门、行业管理部门、职能管理部门之间有较为明确的分工,但是在现实中,往往由于涉及权力和利益问题,政出多门、多头管理造成了中央一级部门之间的协调困难。在中央与地方各级行业管理部门之间的协调上,由于地方保护主义,"上有政策,下有对策",容易产生大量的对策性行为,造成协调的困难。

旅游行业管理的政策性。由于旅游业的综合性和依赖性,旅游行业管理部门与国家的其他部门之间就存在一个管理权的交叉问题,旅游行业管理部门需要通过相关途径来争取某些对旅游产业的发展至关重要的管理权。在这个争取过程中,就表现出很强的政策性。这里的政策性就是在工作中要把握原则。比如,1997年与公安部协调出国旅游的管理权,就是因为国家旅游局把握住了原则,结果就争取到了出国旅游管理权。

旅游行业管理的服务性。对于旅游行业管理部门来说,行政性的资源非常重要,尤其是审批权。但是到目前为止,旅游行业管理部门真正得到授权的只有旅行社的审批,其他都没有行政授权。因此,要想在行业管理中确立起行业管理部门的权威只能靠为旅游企业的服务精神。只有把行业管理的工作做到位，给旅游企业带去了实实在在的利益，企业才能承认你的权威，才会服从行业管理部门的管理。旅游行业管理的服务性以及行政性资源的缺乏，促使在行业管理手段上要尽可能地通过标准化方式来拓宽有效管理的范围。

旅游行业管理的动态性。旅游行业管理的动态性，一方面，体现在旅游行业管理工作的连续性上。通常，旅游行业管理开始时的开拓性工作，要经过几年的运作才逐步为大家接受，形成模式、规范，继而转成日常性的工作。这样，由开拓到规范再到日常形成了行业的动态性管理。另一方面，旅游行业管理涉及旅游企业运行的全过程。比如从旅行社业的管理过程来看，旅行社许可证的审批、质量保证金的收缴、年检工作的展开、全国百强企业的评比和对不合格企业的处理，基本形成一个动态管理体系。

二、旅游行业管理的手段

在社会主义市场经济制度下，有效的旅游行业管理取决于有效的管理手段。一般来说，管理手段是与管理主体相联系的，旅游行业管理的主体有行业管理组织和政府的行业管理部门。从政府的行业管理部门来说，是以行政手段为中心建立旅游管理手段体系；从行业管理组织来说，是以服务为中心建立旅游管理手段体系。

政府部门的主要管理手段就是行政手段，无论是建立市场规则还是维持市场秩序，离开行政手段都是不可能的。关键是要改变运用行政性资源的方式，改变以往那种直接干预企业经营活动的管理方式，而是在政企分开的基础上，用行政手段进行外部规范，尤其是规范市场无法有效调节的领域，以使旅游企业符合市场运行的多方面要求，从而通过保障市场的发育和完善，使企业具有更大的活力。

在市场经济条件下，作为理性的市场主体，企业最关心的当然是赢利。赢利的手段有很多种，比如通过提高产品的市场占有率，比如通过提高企业的社会公众形象，比如通过制定符合企业实际的竞争战略等。因此，行业管理对企业经营的根本促进在于通过行业管理，形成行业自律，使企业降低生产成本和交易成本，从而增加旅游企业的利润、提高企业的市场形象，更重要的是净化企业面对的市场环境，因为如果市场竞争环境不规范，那么即使有再好的竞争战略恐怕也难以发挥应有的作用。

通常，旅游行业管理的手段有行政、经济、法律等三种基本手段。具体地说，可以有以下几种手段：

法规手段。市场经济是法治经济，因此规范市场大体是通过法律规范、政策规范和技术标准来实现的。《旅游法》的出台极大地改变了旅游业的法制化管理能力，目前重点是做法落实、执行能力建设。所以现实的选择是针对行业的具体情况，制定一些行业性的法规，这一点已经在各地的旅游实践中得到充分体现，比如各地的《旅游管理条例》。此外，利用技术标准进行行业管理工作已经取得了很大的成绩，并且广泛推动旅游行业的标准化已成为国家旅游局的一项重要工作。

审批手段。与其他行业相比，在旅游业中，旅游行政管理机构的审批权并不多，主要是旅行社许可证、导游从业资格证、旅游定点饭店的星级标准。随着各地对发展旅游产业的重视程度的不断提高，先后出台有关加快旅游业发展的决定，这些决定在一定程度上强化了旅游部门的权限，比如，在开发利用旅游业资源方面，确立了旅游部门参与立项审批和项目验收的权限；明确规定新建、改建和扩建的景点景区项目须经旅游管理部门同意方可报批。

监督手段。政府对全行业实施监督是宏观调控的重要手段。旅游业的经济监督通过统计、情况汇集等途径，反映旅游经济运行的状态、趋势和规律，为旅游政策提供决策依据。在旅游业中旅行社业最早并广泛运用经济监督。从1991年开始，全国经营国际旅游的旅行社都实行了旅行社经济指标考核和业务年检。旅行社业务年检是政府部门对行业运行实施监督的最好证明。旅游质量监督管理所也已经在旅游行业管理中发挥越来越重要的监督作用。

三、旅游行业管理的内容

通过运用国家法规和行业性法规建立市场规则是旅游行业管理的一项主要内容。我们都知道，在马路上跑的车辆，无论哪个人或单位的都能够做到“红灯停，绿灯行”。为什么？因为有交通规则。旅游行业里的各个旅游企业的隶属关系就像马路上车辆的归属一样复杂。旅游业经过第一阶段的急剧膨胀，供求关系逐渐趋于缓和，旅游需求虽也有一定的增长，但是供给增长的速度更快，旅游供求矛盾的状况趋于严重，市场就处于相对混乱的状态，行业内外对维护旅游行业秩序的呼声很高。那么，如何来维护旅游市场经营活动的秩序呢？只有形成相应的法律框架和执法力量。目前，旅游行业真正的国家旅游法规除了《旅游法》《旅行社条例》等，其他的主要是行业性的法规，比如国家旅游局主持制定的旅行社质量保证金制度。各省市人大或政府制定的《旅游管理条例》等地方性法规有效地规范了旅游行业的市场秩序。

通过建立执法队伍进行运行监督也是旅游行业管理的一项工作。由于国家级的独立的执法力量尚未建立，所以旅游行业管理部门对旅游市场运行的监督主要是通过与工商行政管理部门、公安部门联合进行旅游市场专项整治（1996）、旅游市场重点整治（1997）等形式展开的。1995年成立的各级旅游质量管理监督所也在行业执法中扮演着重要角色。甚至有些地方已经出现类似旅游发达国家的“旅游警察”的旅游执法队伍。在桂林的旅游景区已建立了旅游市场纠察队，在张家界景区，由张家界市财政负担、湖南省公安厅批准编制的旅游警察已经在执行维护秩序、保卫安全和景区卫生等多项使命。云南省也已经建立了旅游警察部队。

通过行业性服务，组织和培育市场也是行业管理的一项任务。随着市场机制在资源配置中基础性作用的加强，旅游行政管理部门对旅游企业的直接干预将会越来越少，而行业管理的服务内容将会越来越多，服务性功能将越来越强，这是旅游企业对行业管理的希望，同时也是旅游行业管理部门在社会主义市场经济中树立自己权威的最终途径。旅游行业管理部门在各地建立旅游综合市场和专业性批发市场方面都给予了大量的支持，尤其是与各地政府一起组织国内旅游交易会和国际性的旅游展销会等。

组织行业性的市场促销，提高竞争力也是旅游行业管理的一项工作。组织行业性的市场促销，提高旅游企业的竞争力，是旅游管理部门中心职能适应旅游产业发展的不同阶段的要求的必然。旅游管理部门的中心职能由初期的建设发展功能，中期的管理规范功能，必将转为成熟期的宣传促销功能。国家旅游局从1992年联合举办的“92中国友好观光年”到2016年的“丝绸之路旅游年”，每年一个旅游主题，组团参加世界上几大主要的旅游展销会，增设海外旅游办事处等等，都体现出行业管理部门为旅游企业服务的功能。地方各级旅游行业管理部门积极组织相关的旅游企业到主要客源地的促销会、说明会，也无非是希望通过这种服务性的工作，提高旅游企业的竞争力。

协调与有关部门的关系，形成有利于行业发展的政策方针，也是旅游行业管理的一项工作。旅游行业管理的每一项工作都包含协调，因为旅游业涉及几乎所有的政府部门，这种纵横交错的职能结构使得旅游业的任何一项政策建议和发展计划都需要取得广泛的支持才能推动下去。在中央层次的协调通常包括以下几个方面：为实行旅游市场秩序整顿工作，旅游行业管理部门与工商行政管理部门、公安部门等之间进行的政策协调；与物价和民航方面进行价格政策的协调，如曾经推行过的星级饭店最低保护价；为批准某一项目而进行的技术协调，如为了旅游饭店星级标准上国标，1993年国家旅游局与国家技术监督局反复协调；为获取某项行业管理权而进行的协调，如1997年为了取得出国旅游管理权而与公安部进行的协调。

加强行业的国际关系，建立国际合作体制也是旅游行业管理的一项任务。这也是世界旅游市场竞争发展的需要。一方面，旅游市场的竞争已经不仅仅限于企业之间的竞争，而是已经上升为举国竞争的高度。另一方面，在世界经济一体化和区域化发展的大趋势下，旅游的区域合作已经日趋重要，欧洲旅游合作委员会、东盟旅游年的举办等都表明了这种趋势。加强国际合作还体现在进行跨区域的国际旅游规划和开发上，比如“玛雅文化”的规划开发。

在过去的十几年中，我国已经在国际合作方面取得了一定成绩，但是在合作内容、合作范围、合作方式、合作层次上还需要进一步深化。我国在共同开发旅游线路产品（如丝绸之路）、旅游客源交流、联合促销等方面的国际合作前景十分广阔。

就目前而言,要充分利用国际性(如世界旅游组织)和区域性旅游组织(如PATA)的力量促进国际合作,“丝绸之路”的开发就直接受到了世界旅游组织的帮助。

四、政府主导型旅游发展战略

在我国,实行政府主导型前提条件表现在三个方面。第一,我们现在走的是有中国特色的市场经济的道路,我们充分重视并创举性地运用宏观调控手段对经济的总量与结构进行调节与引导。具体到行业,国家要对关乎国家经济命脉的行业加强控制与主导,这主要表现在控制力与竞争力的并举上。第二,展望未来,我们假设(同时我们有理由相信)中国经济将进一步稳定增长,中国的旅游业将从大众旅游进入涉及面更广更深的国民旅游阶段。第三,从我们现处的宏观经济的政策环境考虑,我们需将凯恩斯主义与供给学派的政策主张加以均衡,将宏观调控经济、刺激消费和刺激企业活力、促进企业改革和制度创新结合起来,形成宏观政策。这样的宏观政策势必造成对某些支柱产业及企业的特别关注,从而对整个行业产生连动作用。无论是政府主导也好,企业主导也好,必然有一方是带动行业发展的主力,是矛盾的主要方面,是决定整个行业宏观发展方向道路和微观运作模式与性质的主导力量。企业与政府,谁处在这样的对全行业有牵一发以动全局、以点带面功能的地位上,谁就是主导。我们界定政府主导,就是说在我们认定的前提下,政府的作用对于旅游业能实现上述功能,从而居于左右行业经济的主导地位。

政府主导战略在我国有其必要性和必然性。

第一,旅游业的大行业跨度性造成行业内厂商数目众多,这在经济学上是促使旅游市场形成完全竞争市场的重要依据,但我国的旅游市场具有较明显的不完全性,这部分是由于我国的行政性垄断[①],而解决行政性垄断实际是一个政治经济学的问题,需要政府自己来有所为。

第二,旅游市场的不完全信息对旅游市场的影响是否具有决定性,不在于它对企业运作的影响,而在于它造成了整个旅游市场的不完全性。政府行为是解决这种市场失灵问题的有效办法。旅游预报系统是我国旅游业的创举,也是表明政府在主导产业方面发挥重要作用的鲜明例证之一。

第三,政府主导可以解决旅游经济的外部性效应。在我国,对旅游业外在性及公共品的政府干预已上升为主导,主要原因在于旅游产业的跨行业(甚至有涉及全部行业的趋势)以及旅游在我国日渐国民化的趋势下旅游业的外部效应对其产业发展及性质的影响是全面的、决定性的,这有别于对其他产业的局部而非全局性的作用形式。而解决外部效应要靠政府干预。所以政府对旅游业干预以消除外部效应的过程就对旅游业的发展具有主导作用,而不局限于干预(辅助)的地位上。

① 如交通运输,但是交通业是我国的经济命脉,是不可能完全私有化(市场化)的,必然会存在管制。

第四,创新是促进经济增长的主要力量。市场中厂商或企业的竞争促使厂商竞相创新,但竞争所带来的旅游市场中的模仿行为又可能抑制厂商或企业进行创新的积极性。在我国旅游经济实践中,必须对创新进行保护,这种创新保护需求最突出的是在旅行社行业①。企业可以通过创新来获得超额利润,但这种超额利润的获得是以一定的创新保护为前提的。如果企业创新得不到保护,则创新行为就无法持续,旅游经济持续发展的动力就失去了"源泉"。而实际情况恰恰是,旅行社企业("先锋企业")创新形成一个新的产品后不久——信息化发展更缩短了这个时滞——就会有其他旅行社("跟进企业")模仿,先锋企业可能被跟进企业的后进成本优势和产品质量优势击败。从整个旅游经济运行的角度看,先锋企业的创新活动具有正的外部性。但是,这种正的外部性的根源是旅行社产品是一种"装配型产品",其生产具有模块化特征,其组成部分多属非处理接口的基础产品,所以"材料"来源具有很高的公共产品性质。因此,政府规制显然不能采取强制手段来规定别的企业不能生产、经营包含同样"基础材料"的产品。结合产业市场上很多创新型企业依靠良好的创新形象获得长久发展的现象,政府规制应该采取反向规制的方式:为创新旅游企业塑造创新形象提供"援助",帮助企业在市场上树立创新企业的形象,引导旅游者的选择。

案例 10－4　中国休闲创新奖

中国休闲创新奖是由中国休闲领域权威机构组织的面向全国为休闲发展做出突出创新贡献机构、个人、产品开展的评定活动,每年举办一次。活动的开展旨在通过表彰我国休闲领域的杰出组织、机构和个人,传播休闲文化与产品的社会认知,激励更多优秀的社会组织和个人参与休闲领域,为我国休闲事业提供源源不断的社会资源和智力支持。中国旅游协会休闲度假分会副秘书长徐挺表示:"中国休闲创新奖"是对于30年来中国旅游发展中产生的新领域、新业态以及为旅游休闲发展做出卓越贡献的行业人士给予的最高荣誉。奖项评选程序按照《中国休闲创新奖评定办法》,由入围单位和个人负责申报资料核查、筛选,确定入围资料真实、有效,符合"中国休闲创新奖"评定范围。最终,由"中国休闲创新奖"专业委员会评定,在中国旅游休闲网公布获奖名单。

2010年11月17日,首届中国休闲创新奖暨第四届中国最佳旅游供应商评选的启动仪式在京召开。评选活动由中国旅游协会休闲度假分会、中国旅游休闲网

① 当然,旅行社也需要通过自身的努力,尽可能地利用市场化的手段对自身的创新加以"保护",这其中的手段就包括加快网络化建设,改变获取利润的时间模式,从而以短时间、多结点的方式来获利;也可以考虑将创新产品的保护与企业的品牌化发展相结合,通过企业的品牌来带动产品品牌认知上的差异化,从而改善市场竞争的状况;还可以通过对旅行社产品"原材料"(如景点景区等)的"私有化"来突出自身在产品线路上的竞争力(如获得某个景区的经营权管理权、或者取得某个景区的区域销售总代理权等);最后还可以通过挖掘旅行社自身的社会声誉资源等方式来达到自我保护的目的。

(www.cntl.org)、去哪儿网(www.qunar.com)联合主办,中国旅游协会、中国旅游研究院、全国休闲标准化技术委员会、艺恩旅游咨询特别支持,通过网上申报和专家评审,于12月21日公布结果并举行颁奖典礼。首届"中国休闲创新奖"共设15个"休闲创新贡献奖"奖项,主要有:休闲创新贡献奖、旅游形象创新奖、酒店服务创新奖、主题公园创新奖、旅游网站创新奖、休闲和旅游营销创新奖、休闲节会创新奖、旅游景区创新奖、休闲和旅游商品创新奖、户外装备创新奖、景观设计创新奖、休闲和旅游规划设计创新奖、高尔夫设计创新奖等。"最佳旅游供应商"评选针对国内外的航空公司、国内外连锁酒店、在线旅游网站等相关内容设立了数十个奖项。此外,还推出了"年度最佳个性出游驾座"、"最佳老少皆宜出行地"等特别奖。

2011年,组委会共评选出80家单位和个人获选"中国休闲创新奖"。为紧密结合城市、景区、企业的创新实践,紧跟智慧旅游、移动互联网等新事物的发展步伐,2012年"中国休闲创新奖项"(第三届)在评定委员会规模和奖项设置等方面做了新的提升。

(资料来源:http://www.youth.cn,2010-11-25.)

我国的政府主导型旅游发展战略,不仅表现在宏观调控和产业引导上,相较于一般意义上的政府干预,旅游经济发展中的政府干预还包括对旅游行业的微观涉入。但这种涉入已摆脱了原来直接干预企业经营、管理和人事的做法,而是注重通过政策环境和法治空间应用激励因素诱致企业目标与产业目标趋同。

因此,政府主导战略的规制作用主要就是:制定产业政策,引导行业发展;建立健全旅游法制,完善法治环境;建立健全市场体系,建立和监控整个旅游市场的信用体系——这首先表现在政府要营造出一个良好的观念环境;引入竞争,形成激励性规制范式;强化对市场的服务功能;侧重于对社会资源的管理——如科学的规划和开发、积极的环境保护;促进国际交流。

思考与练习

1. 市场失灵的主要原因是什么?在旅游经济活动中是如何表现的?
2. 在旅游经济中政府的干预行为主要体现在哪些方面?
3. 如何解决好旅游发展中的政府失灵与市场失灵问题?
4. 试述你对旅游规制必要性和基本原则的理解。
5. 组织调研团队,分析我国旅游规制的现状和存在的问题。

第十一章

旅游经济影响与效益

案例 11－1　旅游业成为拉动香港经济的重要因素

2005 年 9 月 12 日香港迪斯尼乐园开门迎客，香港人对此寄予了很高的期望，因为据专家评估，乐园开张后 40 年内，可为香港带来 1 480 亿港元的收益。

除这项耗资近 35 亿美元的巨大工程外，投资 9.5 亿港元的东涌至昂平吊车工程项目与耗资 5.2 亿港元、占地 64 公顷的香港湿地公园第二期工程，都将于 2006 年初建成。香港大型旅游基建项目的陆续建成，进一步增强了香港多元化、多层面的旅游吸引力。旅游业已成为拉动香港经济的重要因素。

发展旅游业是香港经济转型时期的重要应对之策。特区政府把旅游业列为四大支柱产业之一，过去数年，香港为开发旅游资源已经投入 310 亿港元。虽然目前香港旅游产业只占本地生产总值的 7%，但旅游业的兴旺，带动了相关行业如零售业、餐饮业、酒店业的增长。以酒店业为例，根据香港旅游发展局预测，未来两年内香港将增加 14 000 间酒店客房。

过去两年，内地放宽了个人赴香港旅游的政策，内地游客促进了香港经济的复苏与繁荣。据统计，2004 年内地赴港旅游人数上升 44%，超过 1 220 万人次。而内地游客的消费已占到香港去年全部零售业的 12%，这个比例比 2000 年上升了 5 个百分点。

与此同时，恒生指数在过去 12 个月内上升了 22%。失业率呈现缓慢下降的趋势，已从两年多前的 8.7% 降至 5.9%。市场调查公司 AC 尼尔森的报告称："香港的消费者指数目前出现了 6 年以来的最好势头。"渣打银行经济师许长泰说："消费物价指数上升主要是受到内地游客赴港'个人游'的带动，加上近期楼市畅旺和失业率下调，市场的消费信心已经开始恢复，零售商也有更好的叫价能力，令物价上升。"

经济界人士认为，在物价指数上，得益于进口商品的增多、零售和餐饮业生意快速反弹，市面一片繁荣景象，刺激香港内部市场需求向好。"拉动香港经济的一个重要因素就是旅游业，来自内地的大批游客促进了香港的消费。""香港明天更好”，基金会行政总裁袁金浩说。

（资料来源：白冰，潘晓燕. 旅游业成为拉动香港经济的重要因素 . 新华网香港，2005－06－27.）

旅游业对经济的影响力已经越来越强，对经济的拉动作用越来越明显。也正因为此，我国在1998年中央工作会议上提出将旅游业列为国民经济新的增长点，随后，众多的省市都开始将旅游业列为当地经济发展的支柱产业。那么旅游业对经济究竟有哪些方面的影响呢？我们又应该通过什么样的方式来测算这种影响呢？

第一节　旅游经济影响定性分析

旅游经济学是研究旅游者在客源地与目的地之间的商品化、社会化的移动而引发的经济现象、经济关系、经济运行和经济影响的专门学科。从前言介绍中我们可以发现，尽管旅游经济影响研究的发展相对于旅行社会影响研究、旅游文化影响研究等方面而言较为缓慢，而且没有出现具有学术意义的突破和发展，但同样不可否认的是旅游现象最早引起人们关注并进行研究的主要就是旅游经济效应，而且在西方国家在很长的时间内是旅游研究的主流领域，旅游经济效应研究中的主流领域则是旅游给目的地国家和地区（主要是经济不发达国家和地区以及发达国家的一些边远地区）带来的收益。

旅游经济表现为哑铃经济特征。因此，旅游经济影响不仅涉及“哑铃”的目的地一端，还涉及“哑铃”的客源地一端。如果这种商品化、社会化了的旅游活动的范围从一国扩展到跨越国境的活动时，还将涉及旅游经济的国际影响，如果目的地国和客源地国之间使用不同货币，则涉及外汇的收支平衡问题。但我们可以将旅游经济的国际影响作为旅游经济“客源地—目的地”影响分析模型一个特例来看待。

一、客源地旅游经济影响

从哑铃经济模型中分析，旅游经济影响的区域首先应该是客源地，直观的影响表现在两个方面：一方面，通过旅游活动促使客源地居民放松了身心、提高了素质，显然有助于改善客源地经济运行的人力资本要素质量，从而有助于改善客源地经济运行的质量（不过客源地视角的旅游经济影响一般不涉及这部分分析）；另一方面，随着旅游者的出游，自然会有消费的流动，如果在本地区旅游，则对本地区经济具有一般意义上的回笼货币、增加就业、带动相关产业发展等作用；如果跨区旅游，则因为在国内旅游不涉及对旅游者流动的限制因素，所以自由流动将导致客源地资金外流；如果旅游者流动跨越国境，就会造成外汇流失，因此很多客源地国为了减少因为出境旅游而导致外汇流失，规定了相关的携汇限制。

但是，对由于本地居民的出游活动而带动了本地相关消费以及旅游经济发展对当地社会分工的影响和资本流动的影响，不妨进一步分析。

首先，旅游需求是指富集在客源地的社会化和商品化了的旅游需求，这种社会化和商品化的旅游需求促进了客源地相关专门机构的出现，即有助于以其居民旅游活动实现为经营目标的旅游批发经营商和旅游零售代理商的出现。这种需求的社会化和商品化程度越高，旅游批发经营商在与目的地相关配套的"模块化"基础产品供给的交易谈判中就处于越有利的砍价地位；这种需求的社会化和商品化程度越高，旅游批发经营商和旅游零售代理商的数量规模就越大；当数量规模的扩展速度大于需求增长的速度时，会产生并加剧这些旅游批发经营商与旅游零售代理商之间的竞争，如果竞争是有效展开的话，则将有助于提高这些厂商的供给效率，增强他们的创新动力，进一步有助于提高客源地旅游批发经营商向区域外扩张的能力。但无论如何这些专门中介机构的出现肯定将为客源地居民增加就业机会。

伴随着旅游者空间移动而产生客源地消费能力外流的同时，客源地还会形成对外投资的资本流动和管理技术流动，拓展本地资本和管理技术的市场空间。这种资本和管理技术的流动可以脱离本地居民旅游流向而存在，也可以附着于本地居民的旅游流向而存在，一般考虑的是后一种流动情况，也就是旅游跨区域（或跨国）经营动机中的旅游者流动效应。尤其是当目的地的经济发展水平较低，需要巨大的外部投资的时候，这种资本和管理技术流动的可行性就更大。这种对外投资可以产生巨大利润，当跨国公司海外投资所产生的利润大于资本输出量时，就可以改善客源地的国际收支状况，在旅游经济实践中形成的"飞地"现象就是这种情形的典型写照。对外投资行为还大大开拓了本地（本国）企业的区外（海外）市场，在经济全球化的背景下，这恰恰是客源地提高地区竞争力的需要。

案例 11－2　出境旅游对旅行社行业经营状况的影响

截至 2008 年底统计，全国有国际旅行社 1 970 家，国内旅行社 18 721 家，总计 20 691 家。根据 20110 家旅行社（国际社 1 970 家，国内社 18 140 家）填报的有效数据统计，2008 年度全国旅行社营业收入 1 662.88 亿元，同比增长 1.44%，毛利润总额 115.30 亿元，毛利率为 6.93%，净利润总额 8.53 亿元，净利率为 0.51%；旅游业务营业收入 1 603.30 亿元，同比增长 1.12%，旅游业务毛利润为 102.87 亿元，旅游业务毛利率为 6.42%；实缴税金为 11.29 亿元，同比增长 2.89%；外汇结汇 11.84 亿美元，同比减少 9.60%；全年促销费支出 5.94 亿元，同比增长 3.31%。

2008 年度全国旅行社入境旅游业务营业收入为 224.87 亿元，同比减少 15.31%，占全国旅行社旅游业务营业收入总量的 14.03%；入境旅游业务毛利润为 17.85 亿元，同比减少 6.48%，占全国旅行社旅游业务毛利润总额的 17.35%。

2008 年度全国国内旅游业务营业收入 1 018.97 亿元，同比增长 0.99%，占全国旅行社旅游业务营业收入总量的 63.55%；国内旅游业务毛利润为 65.44 亿元，同比增长 8.87%，占全国旅行社旅游业务毛利润总额的 63.61%。

2008 年度出境旅游业务营业收入 359.47 亿元，同比增长 15.59%，占全国旅行社旅游业务营业收入总量的 22.42%；出境旅游业务毛利润为 19.58 亿元，同比增长 27.20%，占全国旅行社旅游业务毛利润总额的 19.03%。

2008 年度共组织出境游 1 090.91 万人次，5 046.41 万人天，其中：出国游 603.55万人次，同比增长 20.17%，共 3 477.00 万人天，同比增长 18.56%；港澳游 487.36 万人次，同比增长 0.46%，共 1 569.41 万人天，同比增长 8.71%。另外共组织边境游 42.93 万人次，同比减少 6.29%。

（资料来源：摘自《2008 年度全国旅行社业务年检情况通报》，国家旅游局官网.）

二、目的地旅游经济影响

由于社会化和商品化了的旅游活动涉及的是整体意义上的消费空间从客源地到目的地的转移，所以目的地视角的旅游经济影响自然是在旅游经济影响研究的重点。一般认为，旅游对目的地的经济影响表现在增加外汇收入、增加就业机会、促进当地经济发展和经济结构改善等积极方面和通货膨胀、物价上涨、增加对外部经济的依赖性等消极方面。

（一）增加就业机会

旅游经济活动是一项综合性、服务性的经济活动。一般认为，旅游业是劳动密集型产业，发展旅游业能为目的地提供大量直接就业机会，包括直接为旅游者提供相应产品和服务的景区（点）、旅行社、住宿设施、娱乐设施、购物设施等部门的就业。另外，由于旅游经济是一种具有很强产业关联性的发散型经济，而通过产业链将增加包括农业、制造业、食品加工行业等部门的间接就业。2012 年 WTTC 中国旅游卫星账户的研究估计，2012 年旅游行业直接支持了 2 276.55 万份职位，占全部就业份额的 3.0%，与旅游相关的经济（旅游经济）则支持了 6 377.92 万份职位，占就业总额的 9.3%；预计 2023 年这两项指标将分别上升为 2 622.80 万份、占 3.3% 和 8 955.00 万份、占 11.1%①。

（二）带动相关产业

旅游业的关联带动功能表现在两方面：一方面旅游业的发展需要有物资生产

① 由于 SARS 影响，WTTC 将 2003 年旅游直接就业将从原先预测的 1 402.7 万降至 1 122.5 万，全部旅游就业则从 5 435.6 万降至 4 755.8 万。

部门提供一定的物质基础;另一方面旅游业作为一个服务性产业,在为旅游者服务的整个过程中,需要购买许多其他行业的服务和产品,从而推动这些行业市场需求的增加,比如旅游业对民航业、铁路、林业、文物古迹、风景园林等行业发展的推动。旅游业给林业部门811个森林公园每年带来约6.53亿元人民币。据测算,在国外,旅游业每收入1美元,可促进国民经济增长2.5美元;在我国,旅游业每收入1美元,可使国民经济增加3.12美元,使第三产业相应增加10.7美元,利用外资金额增加5.9美元。

宫浩兴、胡俊平(1989)对西安地区的旅游经济效益进行了分析。最新研究成果为闫敏(1999)根据1992年投入—产出表和国民经济各部门间的直接消耗系数表以1995年旅游发展情况做出的分析(见表11-1)[①]和李江帆等(2001)关于旅游业的产业关联和产业波及分析(见表11-2和表11-3)[②]。

表11-1 旅游者花费要求国民经济各部门投入的全部价值量

比较项目 部门	海外旅游者花费要求其他部门投入		国内旅游者花费要求其他部门投入		占该部门总产出比重(%)
	价值量(亿元)	比重(%)	价值量(亿元)	比重(%)	
农业	91.1	9.6	164.0	9.4	2.82
采掘业	42.2	4.4	79.6	4.5	5.52
食品制造业	70.4	7.3	124.6	7.1	4.80
纺织业	29.9	3.1	52.0	3.0	2.16
缝纫及皮革制品业	3.9	0.4	6.8	0.4	0.70
木材加工及家具制造业	6.8	0.7	12.3	0.7	3.93
造纸及文教用品制造业	23.0	2.4	39.5	2.3	3.54
电力及蒸汽、热水生产和供应业	27.6	2.9	50.5	2.9	6.63
石油化工及化工工业	133.6	13.9	247.6	14.1	6.50
建筑材料及其他非金属矿物生产业	31.5	3.3	58.7	3.3	3.56
金属冶炼、压延加工和金属制品业	71.9	7.5	130.6	7.4	4.40
机械工业及机械设备修理业	52.5	5.5	133.9	7.6	4.55
交通运输设备制造业	77.0	8.0	128.8	7.3	13.35
电器、电子、通信和仪器仪表设备	32.1	3.3	55.7	3.2	3.16
其他工业	19.0	2.0	33.5	1.9	6.68

---

① 闫敏. 旅游业与经济发展水平之间的关系. 旅游学刊,1999(5):9~15.

② 李江帆,李冠霖,江波. 旅游业的产业关联和产业波及分析. 旅游学刊,2001(3):19~25.

续表

比较项目 / 部门	海外旅游者花费要求其他部门投入		国内旅游者花费要求其他部门投入		占该部门总产出比重(%)
	价值量(亿元)	比重(%)	价值量(亿元)	比重(%)	
建筑业	7.0	0.7	12.0	0.7	0.36
货运业	40.3	4.2	70.8	4.0	6.41
邮电通信业	6.1	0.6	10.5	0.6	6.52
商业	89.8	9.3	160.2	9.1	4.53
饮食业	0.0	0.0	0.0	0.0	0.00
铁路客运业	2.2	0.2	4.1	0.2	3.88
公路客运业	2.1	0.2	3.8	0.2	1.75
水上客运业	2.0	0.2	3.7	0.2	7.01
航空客运业	0.7	0.1	1.3	0.1	1.97
房地产业	17.5	1.8	30.1	1.7	6.81
公用事业	8.6	0.9	15.1	0.9	4.75
居民服务业	19.0	2.0	33.2	1.9	6.09
文教卫生科研事业和行政机关	12.6	1.3	22.8	1.3	0.85
金融保险业	40.0	4.2	68.4	3.9	6.33
合计	960.4	100.0	1 754.1	100.0	—

注:由于数据所限,"合计占该部门总产出比重"一项对应的是1992年各部门总产出量,因此只能作为粗略估计结果,实际值应当略低于上述结果。

表11-2 旅游业对各部门的投入系数

部门	投入系数	部门	投入系数
工业	0.424 561 0	狭义居民服务业	0.003 542 3
金融业	0.079 431 9	保险业	0.002 610 7
建筑业	0.074 724 3	公路货运业	0.001 630 8
综合技术服务业	0.042 906 8	铁路货运业	0.001 499 9
农业	0.036 687 2	铁路客运业	0.001 278 9
公用事业	0.018 625 9	水上货运业	0.001 021 6
邮电通信业	0.014 161 2	公路客运业	0.000 824 8
狭义旅游业	0.008 983 1	卫生事业	0.000 650 2

续表

部　门	投入系数	部　门	投入系数
国内商业	0.008 868 3	对外贸易业	0.000 363 0
物资供销仓储业	0.007 125 9	航空货运业	0.000 222 8
教育事业	0.004 906 5	科学研究事业	0.000 142 4
房地产业	0.004 895 1	水上客运业	0.000 120 3
航空客运业	0.003 673 2		

资料来源:李江帆,李冠霖,江波．旅游业的产业关联和产业波及分析．旅游学刊,2001(3):19－25.

表 11－3　各产业的影响力及影响力系数

部　门	影响力	影响力系数	部　门	影响力	影响力系数
对外贸易	4.511 9	2.130 0	航空货运业	2.397 5	1.131 8
社会福利事业	3.300 8	1.558 3	行政机关	2.386 7	1.126 7
工业	3.232 3	1.525 9	物资供销仓储	2.322 3	1.096 3
狭义居民服务业	3.123 3	1.474 5	公路客运业	2.304 2	1.087 8
狭义旅游业	3.123 3	1.474 5	房地产业	2.159 0	1.019 2
卫生事业	3.049 5	1.439 6	金融业	2.147 3	1.013 7
建筑业	3.041 9	1.436 1	公用事业	2.073 6	0.978 9
保险业	2.927 0	1.381 8	综合技术服务	2.030 3	0.958 5
文化艺术广电	2.786 6	1.315 5	农业	1.973 6	0.931 7
水上货运业	2.780 5	1.312 7	铁路货运业	1.972 3	0.931 1
饮食业	2.773 6	1.309 4	国内商业	1.792 4	0.846 2
体育事业	2.725 4	1.286 6	邮电通信业	1.778 1	0.839 4
航空客运业	2.710 9	1.279 8	公路货运业	1.677 4	0.791 9
科学研究事业	2.621 3	1.237 5	铁路客运业	1.524 8	0.719 8
教育事业	2.612 8	1.233 4	粮油商业	−10.782	−5.090 4
水上客运业	2.585 1	1.220 0			

资料来源:李江帆,李冠霖,江波.旅游业的产业关联和产业波及分析．旅游学刊,2001(3):19－25.

（三）促进地区经济发展

由于旅游目的地是人们旅游活动的承载空间,以旅游设施供给为主体的旅游经济体系主要集中在旅游目的地内,旅游者的主要消费也在旅游目的地,因此,相对于旅游客源地,旅游对旅游目的地的经济影响会更多一些。当旅游者对某个地区形成了旅游需要时,并通过各种旅游组织方式前往该地区进行旅游消费时,对于该地区来说,便产生了一种非地区性的外部市场,通过这个非地区性的外部市场为本地区经济创造了一种服务贸易,通过这种服务贸易获取地区以外的经济收入。

如果旅游者是在一个发达地区与不发达地区间流动,则其旅游消费行为可以形成经济收入地区之间的重新分配,并以此缩小发达地区与不发达地区之间的经济差距。在旅游经济研究者中,多数学者更注意旅游的地区间重新分配的作用,尤其对于那些经济不发达地区来说,旅游地区贸易比商品贸易更为有效地促进地区经济的发展。旅游发展对于不发达地区来说,不需要更多的技术性投入,同时,经济上的差异本身可能是一种旅游资源,本身就是一种吸引力。经济发达的地区在经过工业化洗礼后,人们的生存环境以及生活质量都在工业化社会的挤压下逐渐降低,在工业化社会中人们更向往原始的生活环境,向往一种非工业化的生活。由于经济不发达地区往往是一个非工业化地区,自然环境和生态环境没有受到工业化倾向的影响和破坏,旅游资源更具有原始性,同一些经济发达地区的旅游地相比较,更具有旅游贸易的比较优势,更具有市场竞争力。在这些地区其他条件具备时,旅游经济更容易形成地区经济的支柱经济,成为地区经济发展的一个重要领域。

旅游对目的地的经济影响取决于旅游者的需求数量以及旅游需求的基本消费特征。从旅游需求规模来说,当更多的旅游客源地对一个特定的旅游目的地形成需求集中时,该目的地的国民经济可能由于旅游经济的发展获得更大的推动作用。世界上具有旅游资源天然条件的地区如太平洋群岛国家,由于海滨优越的度假条件成为世界主要经济发达国家旅游者度假旅游的少数几个旅游目的地。这些群岛国家由于强大的旅游需求存在,旅游经济在国民经济中的作用更为重要,旅游收入成为这些群岛国家国民经济主要收入来源,如塞舌尔群岛旅游收入占到国家GDP的40%左右。在需求规模为一定时,旅游需求基本消费特征如旅游者类型、停留时间、旅行方式和活动内容都会对这个地区的旅游经济产出总量产生影响。相对于那些仅仅为其他地区提供参观项目的旅游地来说,自成体系的旅游目的地,由于能为旅游者的旅游消费提供丰富多彩的旅游活动,提供旅游者满意的旅游服务项目,旅游收入将会呈现出更大幅度的增长,对国民经济的作用更大。

对于那些经济不发达地区,外部市场的旅游需求存在,会大大刺激当地旅游开发建设,通过旅游开发来改善当地经济环境。作为一个旅游目的地,需要具备基础设施以及旅游接待条件。在多数情况下,基础设施不仅为旅游经济提供相关服务,也为当地居民的生产和生活提供服务。在一些旅游目的地里,交通如机场、高速公路和区域内基础设施,最初主要是为满足旅游需要而建设的,后来,这些交通和基础设施便成为地区经济和产业的发展的基础条件。旅游拉动地区经济发展的特点成为不发达地区经济起飞的一条有效途径。

在我国的旅游经济实践中,经济落后地区尤其是一些贫困地区往往拥有较为丰富的旅游吸引物,在这些地区发展旅游经济实施“旅游扶贫”还具有“开放式扶贫”的功能。也正是因为看到了发展旅游对地区经济发展的重要带动作用,地方政府对旅游景区(点)的民营化进程远比对旅行社、饭店等住宿设施的民营化要积极得多。

案例11－3 旅游业对焦作经济的影响

河南焦作发展旅游业以来，在对经济增长的贡献、环境的改善、社会就业的促进、对外开放的推动等方方面面都产生了巨大的影响。特别是对经济增长的贡献最为突出。发展旅游业以来，焦作全市国民生产总值年均增长11.8%，由1999年的211.7亿元增加到2003年的334.2亿元；人均国民生产总年均增长10.7%，达到9 800元；地方财政收入年均增长21.5%，达到16.9亿元；全社会固定资产投资达到106.2亿元，比1999年增长两倍，旅游业已成为焦作市名副其实的新的经济增长点。

焦作旅游对经济的影响还表现在对周边城市的拉动和对相关产业的拉动上。从每年3月下旬开始，焦作市大小宾馆家家爆满，不少游客不得不到郑州、新乡、济源、山西晋城等周边城市住宿。焦作旅游业的快速发展，不仅繁荣了本地经济，还带动了周边城市的经济发展；旅游业的快速发展，有力地带动了交通运输、餐饮住宿、商贸服务等第三产业的繁荣发展。到2003年年底，第三产业占全市经济总量的30%多，全社会消费品的零售总额突破100个亿，增长10.2%，宾馆饭店的日平均入住率由1999年的不足50%提高到2001年以来的90%以上。

三、旅游与国家经济

当旅游活动随着地域的延伸形成了跨国界旅游时，旅游对地区经济的影响便成为对国家经济的影响。国际旅游是一种无形服务贸易，通过旅游者国别之间的流动，外汇从一个客源地国家流向目的地国家。因此，跨国旅游者的旅游行为，对于客源地国家来说，形成了外汇的国际支出；对于目的地国家，通过对入境旅游提供相关服务，便形成了外汇的国际收入，直接对国际收支平衡中的经常性项目做出贡献。当一国财富通过旅游消费的形式流入另一个国家，便为这个国家创造了国际出口贸易额，为这个国家的企业、居民和政府产生了收入。

由于国际旅游的经济特性，世界上多数国家都致力于对国际入境旅游的发展。然而，世界旅游经济发展实践表明，国际的旅游对不同国家的国际收支影响是不同的。对于那些经济欠发达但具有发展国际旅游得天独厚条件的国家来说，由于人们可支配收入的限制，出境旅游远远小于入境旅游，出境旅游与入境旅游不对称，旅游便成为国际收入的一个重要来源；相反，对于那些经济比较发达并且具有出国旅游消费习惯的国家来说，到经济欠发达国家的旅游人数远远大于到经济发达国家的旅游人数，旅游成为这些国家国际支出的重要部分。

从表面上看，由于经济发达国家与经济欠发达国家之间的人们可支配收入的差异，国际旅游对于经济欠发达国家来说，在国际收支方面处于有利的地位，通过国际旅游一方面可以缓和由商品贸易引起的国际贸易的不利影响，另一方面利用资源的初级配置,形成旅游贸易的比较优势。经济欠发达国家在国际旅游经济中的比较利益的存在,将大大刺激这些国家发展国际旅游的积极性。然而,如果我们不是从旅游收入来分析,而是从旅游资本关系来分析,我们会发现国际旅游对于经济欠发达国家来说未必是经济的。在国际旅游经济中,不仅会存在社会财富从经济发达国家流入经济欠发达国家的现象,同时,也会存在与旅游经济相关的商品与技术从经济发达国家流入经济欠发达国家的现象。也就是说,经济欠发达国家的国际旅游经济,不仅存在着外汇收益,也会存在外汇损益。收益与损益同时存在,是经济欠发达国家在国际旅游发展过程中的一种共同的经济现象。

经济欠发达国家的国际旅游损益是由三个原因形成的:一是经济欠发达国家的旅游企业和相关组织,由于提供旅游服务的需要要从其他国家进口相关商品和劳务而形成损益,如从国外购进物资、设备和商品,对外旅游促销的费用支出,驻外旅游办事处等相关机构的开支等;二是经济欠发达国家为了旅游管理的需要,从国外引进旅游投资以及旅游管理集团而形成损益,如引进国外资本而形成的投资利息和利润的流失,引进旅游管理集团所形成的管理费的流失,外国管理人员的佣金的流失等;三是由于国外旅游企业跨国经营介入经济欠发达国家所形成的旅游外汇的流失。

经济欠发达国家国际旅游损益的大小取决于旅游经济体系的完善程度。如果经济欠发达国家在国际旅游发展过程中,仅仅考虑旅游接待体系的建立,而没有形成完善的旅游经济体系,那么,与旅游经济活动相关的物资、技术、商品和管理都要依靠经济发达国家来提供,经济欠发达国家由国际旅游所获得的比较利益将大大弱化,这时,经济欠发达国家将成为经济发达国家旅游再生产中的一个组成部分,成为经济发达国家旅游经济的一个"飞地"。

经济欠发达国家要想获得与经济发达国家国际旅游的比较优势,减少旅游损益的根本途径是要围绕国际旅游产业不断完善旅游经济体系,促进与旅游相关的产业的发展,为旅游产业提供所需的商品、物资和服务,减少对国外商品进口的依赖。同时,建立旅游管理模式、培养旅游专门管理人才也是完善旅游经济体系的重要途径。

四、目的地旅游经济影响与漏损

如果目的地供给潜力扩张有限,则由于旅游者大量涌入,将导致目的地物价的上涨①。供求矛盾如果过于突出,则就可能引发当地的通货膨胀。而且正如上一节

① 尤其是无法从发展旅游经济中受益的当地居民感觉可能更加明显,因此在有关研究中发现,目的地居民对发展旅游的态度会出现两种截然不同的情况:明显能够从发展旅游中受益的居民持积极的支持态度;而不能从发展旅游中受益的居民则持消极的反对态度。

所分析的，如果目的地经济体系不完善，经济基础较差，则很可能在旅游经济发展过程中增加对外部需求的依赖程度，使目的地经济体系不稳定，成为发达经济体的“飞地”。这就是规模较小、基础较弱的经济体发展旅游的“悖论”：希望通过发展旅游壮大经济基础，但发展旅游的结果可能进一步强化对外部经济的依赖并进一步被外部经济所控制。也就是说，目的地希望通过发展旅游带动当地经济的发展，但是在发展过程中却由于自身资本基础①、开发与管理经验和企业家能力等方面的原因以及发展旅游经济的激烈竞争的现实，使得目的地经济体不得不依靠来自“体外”的投资和管理力量，不得不更多地依赖跨国公司②，从而造成“贫困化出口”和“飞地”经济现象，旅游经济的带动效果以及经济的独立性、稳定性较差。

由此可见，目的地的经济基础以及经济发展水平对于旅游经济效应发挥具有很强的规定性。除此之外，目的地的旅游相关供给水平和能力的高低、目的地的区位和性质（脆弱型的地理结构与非脆弱型的地理结构）、目的地旅游发展阶段以及与此相关的旅游者类型、旅游漏损等都会对目的地旅游经济影响产生重要作用力。这里着重分析旅游漏损的类型以及对目的地旅游经济效应发挥的影响。

所谓旅游漏损一般指目的地为了旅游者旅游活动及相关消费活动的满意实现而发生的外汇支出以及由于其他原因造成的旅游外汇的流失（可参见表11－4）。发生漏损的途径一般包括③：

（1）旅游者所需的诸如水果和威士忌等商品及服务的进口；比如有些加勒比海国家的饮料和香烟进口比例以及食品进口比例分别高达69%、62%（Cazes，1972）；斐济的饮料和食品进口比例分别高达45%、56%（Varley，1978）；冈比亚的总进口比例达55%（Farver，1984）；肯尼亚饮料和食品的进口比例大概为35%、10%（Sinclair，1991）④；

（2）旅游设施建设购买相关原材料；

（3）支付给海外员工的工资、海外贷款的利息支付、海外管理费及特许经营许可费、支付给海外旅游中介机构的费用、投资者的利润汇出；

（4）海外促销和公关；

① 当然这里也可以理解为货币意义上的资本和人力资本，这样的话就可以将后面所说的开发与管理经验以及有能力的企业家包括在内了。

② 这些强大的外来经济、精英经济往往依靠自身实力，在与目的地发展旅游经济谈判中取得“剥削性”地位，有前景的企业往往在当地人控制范围之外（见第四章）；另一方面，激烈的竞争又促使目的地不得不依靠这些外来资本，否则就很难通过自身的力量在竞争中获得足够的市场份额和经济效益。

③ 前6项漏损途径可参见 Pearce D . *Tourist Development*. Longman，1989：196.

④ M. Thea. Sinclair & Mike Stabler. *The Economics of Tourism*. Routledge，1997：141.

(5)人力资源的海外培训;

(6)本地居民由于从发展旅游中收益部分用于进口品消费或者受海外旅游者示范效应影响而增加的本地居民进口消费;

(7)除前6种途径造成的进口漏损外,海外旅游者通过非官方渠道进行外汇兑换还将产生黑市漏损[①]。

表11-4 太平洋、加勒比海及亚洲地区部分国家和地区旅游漏损率

年份及漏损率 / 国家或地区	年　份	旅游总收入漏损率(%)
斐济 Fiji	1979	56[②]
库克群岛 Cook Islands	1979	50
圣卢西亚 St Lucia	1978	44.8
阿鲁巴 Aruba	1980	41.4
美属维京群岛 US Virgin Islands	1979	35.9
安提瓜 Antigua	1978	25.2
香港 Hong Kong	1973	41
斯里兰卡 Sri Lanka	1979	26.6
菲律宾 Philippines	1978	10.8
韩国 Korea	1978	19.7

资料来源:Britton,1987;Seward & Spinard,1982;Pye & Lin,1973

转引自 Pearce D, *Tourist Development*. Longman, 1989:197.

IUOTO(1975)、Theuns(1976)、Seward & Spinard(1982)、Pye & Lin(1983)、Britton(1987)指出,影响旅游进口漏损的主要原因包括[③]:目的地国家规模大小、目的地国家经济结构和多样性、目的地国家的进口政策、目的地国家的供给是否能够跟上需求发展、旅游类型与旅游发展阶段、旅游者的档次、目的地在一国中的地理位置——边远地区由于从国内获得供给的不稳定性倾向于更多进口。

关于旅游漏损与目的地旅游经济效应之间的关系,一般都假设漏损高则对当地经济的刺激作用就小。而实际上却不一定。比如旅游者在豪华饭店中花费的钱大部分可能要再用于进口这些旅游者所需的商品或服务,因此将产生较

① 黑市漏损的外汇一般被用于购买进口货品、带往国外、储蓄和手中持币,对目的地经济增长促进作用很小。详细参见:楚义芳. 旅游的空间经济分析. 西安:陕西人民出版社,1992:174.

② 尽管存在高旅游漏损率,但据 Rao(1986)对斐济研究的结果表明,在1963—1981年间,旅游业是所有赚取外汇的行业中最稳定的外汇来源。

③ Pearce D. *Tourist Development*. Longman, 1989:196.

大旅游漏损;相反,当使用当地居民的设施时,旅游者的花费大多留在了当地,几乎很少发生旅游漏损。但是实际情况可能是前者比后者能更大地刺激当地经济的发展,但毕竟前者是很高消费的小部分。因此,有人鉴于生态旅游、自然旅游、探险旅游等方式的旅游产生较少旅游漏损的现实,提出让目的地应该尽可能发展这些类型的旅游,以带动目的地经济发展。的确,这些旅游方式下的旅游者更多地希望生活在目的地原有的生活条件中,希望品尝当地的风味食品,而这些都不需要太多的投资,不必从国外大量贷款,也不必进口大量的高档消费品和相应物资与劳动力。但是他们只看到了单一旅游行为中的货币"注入"(injection),而没有看到这些旅游方式所能形成的总量并不足以支撑目的地经济的发展,而且即便能够支撑,也往往是一些小型的目的地或者一些小岛国家经济。

从根本上说,减少旅游漏损的途径是完善外汇的管理制度、管理方法和管理水平,降低黑市漏损;尽快提高本国旅游相关产品的质量,或通过技术引进来增加本国生产以减少产品的直接进口;加强目的地相关供给厂商之间的沟通与协调,增进这些相关供给厂商之间的合作,提高目的地自身的供给能力;尽快通过专门管理和服务人员的培训,提高管理和服务水平,降低管理和服务的进口。

第二节 旅游乘数与旅游卫星账户

一、旅游乘数

(一)旅游乘数概念

在对旅游对国民经济的影响研究中,世界各国学者都十分关注乘数理论,乘数是指某一经济变量与由其引起的其他经济量变化的最终量之间的关系。借用乘数理论可研究旅游对一个地区或一个国家的经济影响。乘数理论最初是由英国经济学家卡恩提出来的,后来经凯恩斯而得到普遍推广。乘数理论作为短期经济影响的分析工具,可说明投资、消费变动对收入所产生的影响。根据这一理论,投资和消费的增加会引起收入按照某种倍数增加,而这种倍数的系数就是乘数。如果用乘数乘以投资以及消费增量便可以得出由这种投资和消费增量所引起的收入增量,说明某行业的一笔投资或收入不仅能增加本部门的收入,而且还会在整个国民经济中起到连锁作用,最终会带来数倍于这笔投资的国民收入的增加量。这就是乘数效应。

乘数的大小取决于边际消费倾向。所谓边际消费倾向是说当可支配收入增加1个货币单位时,消费增加的量。它是与边际储蓄倾向相对应的,所谓边际储蓄倾向是说当可支配收入增加1个货币单位时,储蓄增加的量。如果我们用 K 表示乘数，C 表示边际消费倾向，S 表示边际储蓄倾向，ΔY 表示收入增量，ΔI 表示投资或者消费增量，那么，简单的乘数公式是：$K=1/(1-C)$，或者 $K=1/S$；$\Delta Y=K\Delta I$。经济的乘数作用是用来分析社会总支出对后来社会总收入影响的数量关系，而这种影响便是一种乘数效应。

当这个分析工具被用来分析外源性旅游花费对旅游目的地的经济影响时被称为旅游乘数。在旅游经济影响研究中，国外学者普遍认为旅游乘数理论是评价旅游对促进接待地经济发展最有效、最有说服力的工具，在 20 世纪 70 年代以后很长一段时期内成为旅游经济学研究的热点（详见前言部分）。旅游学者阿切尔教授（B. Archer）对此做了大量工作并获得了的重大成果。根据阿切尔的定义，旅游乘数是指旅游花费（旅游目的地的原生性旅游收入）在经济系统中（国家或区域）导致的直接、间接和诱导性变化与最初的直接变化本身的比率。需要明确的是，旅游乘数所指旅游花费乃是目的地国家或地区以外来的旅游者的花费，并不包括目的地居民在当地的旅游花费，因此是一种外源性旅游花费。

根据 WTO/Howarth & Horwarth（1981）、B. Archer（1982）所指出的，外源性旅游花费“注入”目的地经济后，有一部分将漏损出目的地经济系统的循环，余额则在目的地经济系统中渐次渗透，依次通过直接花费（direct expenditure）、间接花费（indirect expenditure）和诱导花费（induced expenditure）发挥直接效应（direct effect）、间接效应（indirect effect）、诱导效应（induced effect），刺激目的地经济发展。间接效应和诱导效应又可称为继发效应（secondary effect）（B. Archer，1982）。

1. 直接效应

旅游者在整个旅游活动过程中需要购买相应的产品和服务，为购买这些产品和服务而发生的支付就形成提供这些产品和服务的企业（比如旅行社、饭店、餐饮业等）的营业毛收入。旅游花费对经济系统中这些企业或部门在产出、就业等方面造成的影响称为旅游消费的直接效应。

2. 间接效应

营业毛收入中除了用于购买国外的产品和人力外，大部分还是留在了旅游目的地国家或地区。其中获得直接旅游收入的企业用于购买当地有关企业的产品和服务而使他们的营业收入得以增加，生产规模得以扩大。同样，后者在再生产过程中又将这部分收入的一部分用于购买当地另外企业的产品和服务，以此类推。因此，所谓旅游消费的间接效应就是指直接旅游收入在目的地经济内流转过程中对当地相关企业或部门的收入、就业等的影响。

3. 诱导性效应

即所有直接或间接地为旅游提供服务的旅游部门或其他企事业的职工，把以工资或其他形式分享到的旅游花费用于当地的生活性或服务性消费的支出时，对当地的相关部门和企事业产生的影响。

（二）旅游乘数的衡量模式

虽然由于各轮旅游再花费的时间是一个不确定的数，所以对旅游花费的效应进行分析有一定的难度，但研究者们还是设计了一些旅游乘数的衡量模式。普遍采用的乘数衡量是由Archer（1977，1982）、Hanna（1976）、WTO/Horwath & Horwath（1981）和McCann（1983）等提出的销售或交易乘数（sales or transaction multipliers）、产出乘数（output multipliers）、收入乘数（income multipliers）和就业乘数（employment multipliers）。其中销售乘数衡量的是每个单位旅游花费对经济的影响，也就是单位旅游花费引发的营业额的增加量。与销售乘数相似，产出乘数（见表11－5）是指每个单位旅游花费给整个经济系统带来的产出水平的增加，是说明旅游企业收入增加所引起的相关产业经济总量增加的数量比率关系，表示一个特定地区旅游业的收入对整个地区经济总量增长的影响。根据世界旅游组织估计，当旅游者消费产生后，旅游地的旅游收入将首先在向旅游者提供行、游、住、食、购、娱消费项目的旅游企业内进行分配。这是旅游收入对产业的直接影响阶段。由于旅游企业在获取收入的同时，也存在着对相关产业的消费，导致通信、食品、纺织、建筑、农业等与旅游间接关联的产业以及企业收入的增加，这是旅游收入对产业的涉及影响阶段。产出乘数除了考虑销售乘数引发销售量变化外还包括存货水平的变化。收入乘数（见表11－6）是指旅游花费与经济系统的旅游收入变化之间的关系，是说明旅游者到旅游目的地的旅游消费支出的每一增加单位对当地经济收入水平的影响。旅游者在旅游目的地的消费是旅游目的地收入来源的一个重要组成部分，这种直接收入会引起相关服务业、商业营业额的增长。而相关商业服务业收入的增加会引起政府收入和在相关商业服务业工作的居民家庭收入的增加。这种由旅游者的旅游消费所引起的一系列的政府收入、企业收入和居民收入的增加，是旅游收入乘数效应的具体表现。收入乘数有两种表示方法，一种为标准乘数（normal multiplier），一种为比率乘数（ratio multiplier）。比率乘数可以通过"（直接收入＋间接收入）/直接收入"来计算，也可通过"（直接收入＋继发收入）/直接收入"来计算；而标准乘数则通过"（直接收入＋继发收入）"与"特定部门最终需求增加量"之间的比值来计算（normal method expresses total income generated in the study area per unit increase in final demand created within a particular sector）。比率乘数一般只用于表示各个部门之间的经济联系。就业乘数也有两种计量方法，其一是指每单位外源性旅游花费所导致的全部就业人数，其二是指"（直接就业人数＋继发就业人数）/直接就业人数"，因此进行旅游就业乘数的国际比较时要注意所用乘数究竟时第一种就业乘数（见表11－7）还是第二种乘数（见表11－8），如果用的是第一种乘数，则需要进行相应的换算。旅游乘数的大小将随着目的地的经济规模、经济结构、目的地各个经济部门之间的关联程度、旅游者的花费模式的变化而不同。

表 11－5　有关国家和地区的旅游产出乘数

国家或地区	就业乘数
土耳其	2.339～3.198
美国威斯康星州 Door County	2.17
美国宾夕法尼亚 Clinton County	1.98
美国科罗拉多 Grand County	1.94
美国威斯康星州 Waiworth County	1.87
美国宾夕法尼亚 Sullivan County	1.58
爱丁堡(scotland UK)	1.51
巴巴多斯	1.41
英国威尔士 Gwynedd County	1.16

资料来源：Adrian Bull. *The Economics of Travel and Tourism*. Longman，1995(2)：124.

表 11－6　有关岛国经济的国家和地区旅游收入乘数、旅游者密度与旅游经济依赖度

项目 国家和地区	收入乘数	旅游收入(US $ m)	GNP(US $ m)	旅游者密度(旅游者/当地人口)	旅游经济依赖度(旅游收入/GNP)
斯里兰卡	1.59	75	6 448	0.02	1.2
牙买加	1.27	407	2 090	0.35	19.5
多米尼加	1.20	9*	90*	0.56	10.0
塞浦路斯	1.14	497	2 821	2.22	17.6
百慕大	1.09	357*	1 030*	7.11	34.7
塞舌尔群岛	1.03	40**	146	1.55	27.4
马耳他	1.00	149*	1 190*	2.46	12.5
毛里求斯	0.96	89	1 188	0.27	7.5
安提瓜岛	0.88	114	195	2.59	58.5
香港	0.87	2 211	36 664	7.02	6.0
菲律宾	0.82	647	30 800	0.02	2.1
巴哈马	0.78	870*	1 670*	6.17	52.1
斐济	1.07	169	1 190	0.37	14.2
西萨摩亚	0.66	7*	110*	0.29	6.4

注：① *、** 分别是 1985 年和 1984 年数据，其余为 1986 年数据。

②旅游收入乘数使用不同的技术计算所得。

资料来源：Adrian Bull. *The Economics of Travel and Tourism*. Longman，1995(2)：127.

表 11-7 有关国家和地区的旅游就业乘数(1)

国家或地区	就业乘数
百慕大	0.000 044
牙买加	0.000 128
马耳他	0.000 159
斐济	0.000 079
爱丁堡(scotland UK)	0.000 037

资料来源:Adrian Bull. *The Economics of Travel and Tourism*. Longman,1995(2):126.

表 11-8 有关国家和地区的旅游就业乘数(2)

国家或地区	就业乘数
百慕大	3.02
牙买加	4.61
马耳他	1.99
毛里求斯	3.76
西萨摩亚	1.96
所罗门群岛	2.58
贝劳共和国	1.67
直布罗陀	2.62

资料来源:Adrian Bull. *The Economics of Travel and Tourism*. Longman,1995(2):126.

(三)旅游乘数理论的局限性

旅游所涉及的产品特征使得用于计算旅游乘数的数据的可获得性较差,旅游乘数一般只能用于短期经济分析外,旅游乘数的局限性还来自其假设前提:随着旅游需求的增长目的地的旅游供给无论从数量还是质量方面都相应增长;生产和消费函数是线性的并且各个经济部门之间的经济联系是固定不变的;相对价格也维持不变。而显然这些假设与现实状况之间存在差距。

二、旅游卫星账户

(一)旅游卫星账户开发回顾①

旅游卫星账户(TSA:Tourism Satellite Account)是指,按照国际统一国民账户的

① 更详细的介绍可参考:刘赵平. 关于旅游卫星账户的基础研究. 桂林旅游高等专科学校学报,2000:9~13.

概念和分类要求，将因旅游消费而引致的产出部分从各个旅游消费相关部门中分离出来，在国民账户之外单独设立一个虚拟账户，以准确测度旅游的经济影响。

早在20世纪70年代中期，法国就提出了以需求和预测为重点的旅游卫星账户的概念，并于1980年首次发布了初步统计结果。为了能够尽可能准确地衡量旅游业的地位，经合组织（OECD）于80年代初开始寻求相应的统计工具，并提出了旅游经济账户的概念。加拿大国家旅游数据项目组于1984年提出对"卫星账户"概念的认识，并于1989年拟写报告建议，为准确测度加拿大旅游业的规模和影响，加拿大统计局应开发出相应的旅游卫星账户。加拿大统计局与加拿大旅游委员会于1994年联合对外发布所开发的旅游卫星账户体系。1991年，在渥太华召开的世界旅游统计大会通过决议指出，相关各国在条件具备及需求显著的情况下，应积极引入TSA。

1993年，联合国、国际货币基金组织、世界银行及其他国际组织联合通过一套新的国民账户体系（SNA93），同时建议在国民账户核心框架中应开发卫星账户以便测量并充分体现某些社会经济现象。世界旅游组织（WTO）在其《旅游统计建议》（1994）中采纳了联合国的这一建议，并召集来自OECD、欧洲统计局（EUROSTAT）、世界旅游理事会（WTTC）、国际劳工组织（ILO）、亚太旅游组织（PATA）、加勒比旅游组织、国际饭店与餐馆联合会以及部分国家统计和旅游行政管理机构的专家开展工作，先后提出多种旅游卫星账户。1999年6月15～18日，在法国尼斯召开的"关于旅游经济影响度量方法的世界大会"上，共同讨论了在世界范围内建立和推广旅游卫星账户的问题。

2000年3月世界旅游组织提交的旅游卫星账户得到联合国统计委员会的批准。2001年5月8～10日世界旅游组织在温哥华召开了以"TSA－为良好的决策提供可靠依据"为主题的会议。

积极倡导采用旅游卫星账户并对此做出重要贡献的还有WTTC，该组织通过收集20个国家和地区性研究所的模式经验以及WEFA的世界宏观经济资料，开发了一套先进的账户系统，从世界、地区、国家等不同层面测算了旅游的经济影响，极大地推动了社会对旅游作用的认识。

（二）WTO旅游卫星账户及在中国的实践

在世界旅游组织旅游卫星账户中，旅游消费概念包括旅游中（during trip）的所有消费（而不管产品或服务的性质）、旅游前的花费（只要明显是为了旅游而发生的消费，包括免疫接种、体检、护照等费用甚至包括因为旅游而引致的馈赠礼物方面的花费）、旅游后花费（只要明显与旅游相关的产品和服务上的花费）[①]。此外，在旅游卫星账户中，世界旅游组织从供给方角度提出了旅游特征产品（Tourism characteristic products）、旅游相关产品（Tourism connected products）等概念。其中，旅游

① WTO. *Tourism Satellite Account*; *The Conceptual Framework* p.21 Madrid Spain 1999.

特征产品是指多数国家中,在没有旅游活动的情况下将消失或其消费量将大幅度减少,同时其统计数据又可能收集的产品,如接待设施、餐饮服务、长途交通及相关服务(如汽车租赁等)、旅行商以及文化和娱乐服务等(见表 11 – 9)。旅游相关产品是指那些旅游参与消费,并且消费额在旅游者的总消费额或在销售者的总销售额中占有较大比重,但未被包括在旅游特征产品中的产品,如出租车服务和不具普遍意义的地方手工艺品以及纪念品。

但是,由于对旅游卫星账户还有许多技术细节问题上尚存在分歧,而且现在 WTO、WTTC 和 OECD 各有一套旅游卫星账户,这种现状给采用增加了困难;从实践看,引入旅游卫星账户的主要是发达国家和旅游发达的小国,对于中国这样的发展中大国,改变旅游统计体系并非易事(魏小安等,1999),所以我国尚未采用旅游卫星账户。在可见资料中,赵丽霞、魏巍贤(2001)在国家自然科学基金的资助下,对旅游卫星账户在我国的应用作了探索,并构建了厦门市旅游卫星账户,计算出厦门旅游增加值占 GDP 的 4. 94%①。

此外,《江苏旅游卫星账户(JSTSA – 2002)研究》的结果表明,2002 年江苏区域旅游消费(旅游现金最终消费支出和旅游社会实物)的总量是 949. 97 亿元,其中旅游现金最终消费支出是最重要的构成部分;旅游业增加值为 446. 63 亿元,旅游业增加值占江苏生产总值的比例为 4. 2%,旅游业增加值占服务业增加值的比例为 11. 3%;旅游就业总人数为 380. 69 万人,占江苏总从业人数的 8. 54%;旅游消费流入额为 748. 9 亿元,流出额为 128. 69 亿元,流入和流出净额为 620. 21 亿元;江苏地区外游客流入 7 452. 51万人次,流出 5 361. 90 万人次,净流入游客 2 090. 61 万人次。

(三)WTTC 对中国旅游卫星账户的测算

WTTC 旅游卫星账户从产业的角度界定了“旅游消费(Travel & Tourism consumption)”的概念,从经济的角度界定了“旅游需求(Travel & Tourism demand)”的概念。

从产业的角度看,旅游消费包括以下几个方面:

(1)个人旅游支出,包括本国居民购买诸如住宿、交通、娱乐、餐饮、金融服务等与旅游相关服务,以及为旅游活动而准备并使用的耐用品以及非耐用品的花费。

(2)商务/公务旅游支出,是指在商务或政府公务之余产生的具有个人消费特征的包括交通、住宿、餐饮、娱乐等在内的旅游消费支出。

(3)政府支出①是指诸如艺术馆等文化部门、国家公园、海关及移民局等为游客服务的部门的开支。

(4)旅游出口,国际游客在目的地经济中购买产品和服务而发生的花费。

从经济角度看,旅游经济不仅包括以上所指的为游客提供的产品和服务,而且还包括为该产业提供的相应的产品和服务,也就是说还包括:

---

① 赵丽霞,魏巍贤. 旅游卫星账户的构建. 统计研究,2001:13 – 17.

（1）政府支出②同样是指与旅游相关的政府机构和部门的开支，但是这些开支主要是出于公共目的，面向整个目的地的，比如旅游促销、航空管制、安全和医疗保障等。

表 11－9　特征旅游产品构成

特征旅游产品构成
住宿设施
饭店及其他住宿接待设施
自费或免费第二住所服务
餐饮服务
客运服务
城际轨道交通服务
公路交通服务
航空交通服务
水路交通服务
客运支持服务
旅游代理商、旅游经营商和导游的服务
旅游代理商服务
旅游经营商服务
旅游信息及导游服务
交通装备租赁
文化服务
休闲及其他娱乐服务

资料来源：WTO. *Tourism Satellite Account*: *The Conceptual Framework*, p. 66.

（2）资本投资，是指私人或政府部门为提供游客所需设施、设备以及基础设施进行的投资。

（3）非旅游产品出口，是指游客购买的诸如服装、电器或汽油等最终消费品以及飞机、游船等提供给国外旅游相关供给厂商的资本品。

因此，从产业的角度看，旅游业 GDP 为旅游者个人旅游支出、商务/公务旅游支出、政府支出①以及旅游净出口等四项之和；从经济角度看，旅游经济 GDP 则为旅游业 GDP、政府为整个旅游目的地的公共支出、资本投资以及非旅游净出口等三项之和。

根据以上有关概念的界定以及测算的基本思路，WTTC 对全球旅游经济发展进行了分析，在其国家报告部分也对中国旅游经济发展进行了相关测算（见表 11－10、表 11－11）。

表 11－10　中国旅游卫星账户测算

	项目 CNY bn ＼ 中国	2007	2008	2009	2010	2011	2012	2013E	2023F
1	入境旅游	388.1	351.9	336.4	367.5	346.1	332.9	359.2	699.9
2	国内旅游花费(包括政府、个人)	2 155.0	2 177.6	2 322.6	2 474.2	2 674.7	2 909.4	3 133.6	7 311.4
3	境内旅游花费(=1 +2)	2 543.1	2 529.5	2 659.0	2 841.7	3 020.8	3 242.3	3 492.8	8 011.2
4	旅游投入	－1 461.9	－1 461.9	－1 533.0	－1 648.2	－1 752.7	－1 880.4	－2 024.6	－4 626.4
5	旅游对 GDP 直接贡献(=3 + 4)	1 081.2	1 067.6	1 125.9	1 193.4	1 268.1	1 361.9	1 468.2	3 384.8
其他经济影响(间接 & 引致)									
6	间接旅游消费	1 390.9	1 373.4	1 448.4	1 535.3	1 631.3	1 752.0	1 888.7	4 354.3
7	资本投资	711.6	739.3	751.8	583.7	627.2	655.2	695.5	1 680.2
8	政府总花费	150.6	162.9	180.5	198.7	214.9	235.0	257.5	590.8
9	间接进口商品花费	－126.7	－117.5	－124.7	－136.9	－131.8	－133.9	－139.4	－268.4
10	引致消费	689.4	709.8	768.0	774.4	847.7	912.7	994.5	2 320.6
11	旅游对 GDP 总贡献(=5 + 6 +7 + 8 + 9 + 10)	3 897.1	3 935.6	4 150.0	4 148.6	4 457.3	4 783.0	5 165.1	12 062.2
就业影响(千人)									
12	旅游对就业直接贡献	22 168.8	20 751.8	20 656.9	22 067.0	22 781.6	22 765.5	22 779.8	26 227.8
13	旅游对就业总贡献	66 383.0	63 246.6	61 981.7	61 555.0	63 543.2	63 779.2	64 412.3	89 550.1
其他测算									
14	出境旅游花费	163.9	196.7	227.5	282.2	329.7	392.2	449.4	1 024.3

数据来源：WTTC 2013 Tourism Satellite · Accounts Country Report · China

表 11-11 中国旅游卫星账户(2012)

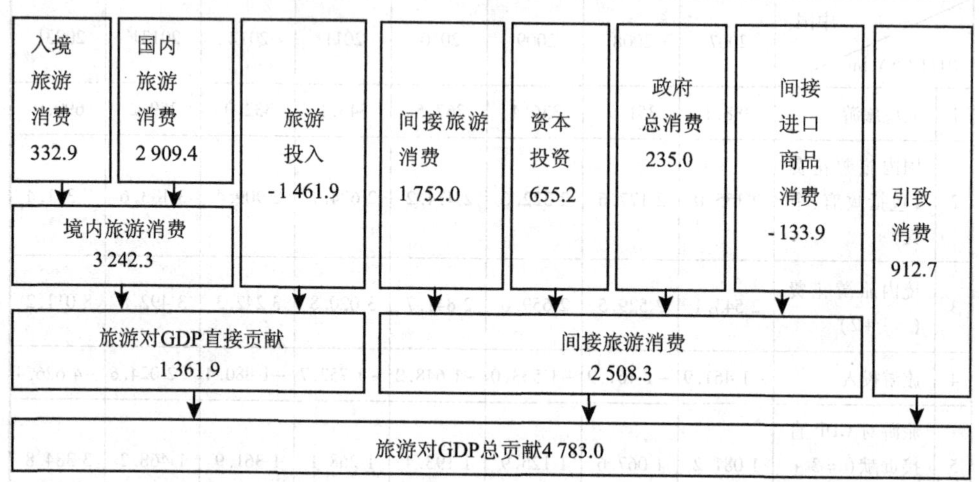

注:单位分别为十亿元、千人

资料来源:WTTC 2013 Tourism Satellite · Accounts Country Report · China.

第三节 我国关于旅游经济影响衡量的研究

1998 年中央经济工作会议将旅游产业确定为国民经济新的增长点后,可以说,旅游产业定性角度的产业地位已经完全确立。但是,如何从定量的角度来体现和测算旅游产业在国民经济中的地位,则一直是一个没有圆满解决的问题。

一、衡量方法的演进过程

特定发展背景下采取的非常规发展道路,使得在很长的一段时间内,社会(或说是国民经济)必然把发展旅游的重心落在旅游创汇上。但是由于统计方法的原因,统计的旅游外汇收入远远低于国际入境旅游者的实际花费(楚义芳,1992;张海燕,1999);另一方面,旅游业的另一个轮子——国内旅游消费——的统计又不正规,主要是通过估计得出数据。因此,从统计视角来论证旅游业在国民经济中的地位时机并不成熟,旅游业统计意义上的国民经济地位自然不高。

直到 1993 年,国家旅游局与国家统计局城市社会经济调查总队联合进行国内旅游情况的抽样调查,才比较科学地反映了国内旅游花费情况①,首次形成“旅游总收入”的概念。当年曾经尝试用“旅游业总收入占国内生产总值百分之×”的方法

① 这也是国内旅游收入统计数字一下子从 1992 年的 250 亿元提高到 1993 年的 864 亿元的原因之一。

来描述旅游产业在国民经济中的地位。

但是,在1994年国家外汇体制改革以前,我国的旅游外汇统计采取的是定期报表制度,存在较为严重的漏统现象(张海燕,1999)。此后,虽然在1994年根据新的国际旅游外汇统计方法①,弥补了大量一日游等漏统因素,旅游外汇收入有较大幅度增长;1997年首次同时开展对城镇居民和农民的国内旅游情况的调查,使国内旅游收入也有大幅度增长,但是由于:(1)旅游界对如何描述旅游产业在国民经济中的地位问题缺乏基本的研究;(2)在1992年改革后的国民经济核算体系中依然没有"旅游业"项(虽然旅游统计制度是国家统计制度的组成部分),在这种情况下,改用"旅游产业相当于国内生产总值百分之×"的描述方法。

"相当于"这种羞羞答答的描述方式显然与蓬勃发展的旅游产业实践不协调,而这种名不正、言不顺的感觉也显然与旅游产业作用充分发挥所需的政策配套要求不协调。一些地区对衡量旅游产业在国民经济中的地位问题作了积极有益的探索,提出了"旅游业增加值"的概念②,上海市测算出旅游业增加值分别占1997年和1998年GDP的4.6%和4.7%,广东省测算出1997年的旅游业增加值为306.52亿元,占其GDP的4.2%,江苏测定1998年其旅游业增加值为189.5亿元。

二、旅游增加值的测算

对于用旅游总收入与国内生产总值(GDP)的比值来描述(无论是用"占"还是用"相当于")旅游的产业地位的科学性,李江帆、李美云(1999)提出了质疑,认为"游客在旅游过程中购买服务或货物以满足自己旅行、游览、住宿、饮食、娱乐、购物等方面的需要而支付的货币,构成旅游经营者的旅游总收入,属于总产值的概念"。也就是说,这个旅游总收入是总产出概念。总产出中包含了大量的中间消耗。从总产出中扣除中间消耗,形成该产业的增加值。各个产业的增加值的总和才形成国内生产总值即GDP的统计数据。因此,以旅游总收入占GDP的比重来说明旅游产业地位显然是不科学的。为此,李江帆、李美云提出了"旅游业增加值"和"旅游增加值"的概念,并提出了旅游增加值的测算方法。

(一)概念界定

所谓旅游业增加值是指,由旅行社、旅游饭店和旅游交通业等狭义旅游业所提供的增加值,只反映旅游业所提供的部分增加值。

所谓旅游增加值是指,交通、住宿、餐饮、游览、娱乐、商业及通信等行业中为旅

① 1994年,根据联合国统计委员会第27次会议通过的"旅游统计建议草案",我国统计局制定了新的国际旅游外汇统计方法,旅游外汇收入大幅度增长。这同时也证明旅游产业地位提升的"统计挖潜"的思路是正确的。

② 魏小安(1999)还提出了"富民不富国""富民富地方""富民又富国"的三阶段说。

游者提供服务和物质产品而实现的增加值，比较客观地反映了旅游业所提供的全部增加值。与有关统计相对应，旅游增加值的统计范围主要涉及交通运输业、邮电业、饮食业、社会服务业、商业五个方面。

旅游增加值不同于旅游总产值。旅游总产值（旅游总收入）是指，在旅游者旅游活动中涉及广义旅游业范围内所消费的全部物质产品和服务的支出。显然，在总产值中由第一、第二、第三产业其他部门提供的中间产品只是发生了价值转移，而不是旅游业所创造的价值。因此，在旅游总产值中扣除了这部分中间消耗的转移价值后才得到旅游业所提供的新增价值——旅游增加值。

（二）旅游增加值计算步骤

1. 计算各行业的增加值率

行业增加值率由该行业的增加值除以该行业的总产值（总销售额）获得。

$$行业增加值率=\frac{该行业增加值}{该行业总产值}\times 100\%$$

根据该方法测算获得广东省交通运输业的增加值率为45.65%、邮电业的增加值率为52.45%、饮食业的增加值率为36.88%、社会服务业的增加值率为45.04%、商业增加值率为8.46%（李江帆等在计算时考虑到游客光顾的商品销售利润率较高，故将数据提高到10%）。

2. 计算各行业中的旅游收入部分

各行业中的旅游收入部分根据抽样调查中旅游者在上述五个行业中的花费支出比重以及旅游总收入计算。

$$某行业中的旅游收入=该地区旅游总收入\times 旅游者在涉及该行业的消费支出比例$$

比如1997年广东旅游总收入812亿元，旅游者在广东旅游花费中用于旅游购物开支比重为17.97%，则可计算获得商业中来自旅游的收入为145.93亿元。同理可以计算得：饮食业130.17亿元、交通运输198.22亿元、邮电通信18.19亿元、社会服务319.49亿元。

3. 计算各行业中旅游增加值

行业旅游增加值为该行业中旅游收入部分与该行业的增加值率的乘积。

$$行业旅游增加值=该行业中旅游收入\times 该行业增加值率$$

因此根据第一步和第二步的计算结果，可以分别得到各个行业的旅游增加值：交通运输90.48亿元、邮电通信9.54亿元、饮食业48.01亿元、社会服务业143.90亿元、商业14.59亿元。进一步可以由各行业旅游增加值除以该行业总增加值获得旅游增加值剥离系数：商业3.0%、饮食业19.5%、交通运输业24.8%、邮电通信业7.2%、社会服务业54.1%。李江帆、李美云还将该剥离系数推广到其他19个省市，以计算各省市的旅游增加值（见表11－12）。

$$旅游增加值剥离系数=\frac{该行业旅游增加值}{该行业总增加值}\times 100\%$$

表 11－12　1996 年 19 省市旅游增加值的构成和比重

比较项目 地　区	交通	邮电	商业	餐饮	社会服务	旅游增加值	GDP	旅游贡献率(%)
新疆	13.45	0.89	2.51	17.90	9.46	44.24	912.15	4.85
海南	4.95	0.55	1.46	1.38	9.90	18.24	389.53	4.68
广东	90.48	9.56	14.94	36.86	143.99	295.85	6 519.14	4.53
福建	50.17	3.12	6.79	6.62	40.89	107.61	2 606.92	4.12
辽宁	42.46	1.68	7.76	27.46	46.23	125.60	3 157.69	3.97
上海	28.80	5.33	9.16	4.00	51.98	100.28	2 902.20	3.45
陕西	18.87	1.22	1.22	5.52	13.27	40.33	1 175.38	3.43
广西	23.78	1.15	5.20	6.41	21.03	57.59	1 869.62	3.08
江苏	67.16	3.17	18.09	7.26	71.30	167.00	6 004.21	2.78
河南	46.84	1.96	5.96	8.55	39.64	102.97	3 683.41	2.79
吉林	17.54	1.11	3.31	1.33	13.28	36.58	1 337.16	2.73
山西	19.90	0.55	2.25	2.40	10.57	35.69	1 305.50	2.73
湖北	30.54	1.09	8.77	3.53	36.19	80.14	2 970.20	2.69
宁夏	2.42	0.13	0.47	0.31	1.57	4.92	193.62	2.54
贵州	4.08	0.55	1.63	0.42	11.34	18.05	719.83	2.50
安徽	21.97	1.14	4.41	7.99	21.25	56.78	2 339.25	2.42
湖南	3.41	3.03	1.88	0.36	17.91	54.62	2 647.16	2.06
浙江	44.27	4.05	16.89	4.42	9.16	78.82	4 146.06	1.90
河北	50.92	1.46	8.85	4.19		65.43	3 452.97	1.89
19 省市合计						1 490.74	48 328.0	3.08
全国合计						1 845.19	67 559.70	2.73
广东占全国比重(%)							16.03	9.65

注:①表中交通、邮电、商业、餐饮和社会服务业增加值均指旅游者消费部分。

②全国合计数按《中国首次第三产业普查资料》中有关部门增加值比例数对《1998 年中国统计年鉴》中 1996 年全国国内生产总细项的相关数据进行分割求出。

资料来源:李江帆,李美云.旅游产业与旅游增加值的测算.旅游学刊,1999(5).

4. 计算旅游业对国民经济的贡献

旅游业对国民经济的贡献通过旅游增加值除以 GDP 获得。

$$旅游贡献率 = \frac{旅游增加值}{GDP} \times 100\%$$

由此可计算获得广东省1997年的旅游贡献率约为4.6%，远远低于根据旅游收入测算的旅游贡献率11.1%。

（三）旅游产业增加值测算方法的评价

从整个测算过程中可以发现，测算是基于以下严格的条件：①假设与旅游相关的各行业中构成总产值的各个组成部分的增加值率是匀质分布且稳定的；②除交通、住宿、餐饮、游览、娱乐、商业及通信等行业外的其他相关产业不列入旅游增加值统计范围之内；③计量对象是区外旅游者在本地的旅游消费以及本地居民在区内的旅游消费，没有包括本地居民出于为离开本区旅游而发生在本地的旅游花费；④对计算所得的增加值率还要进行人为地调整（如商业增加值率）。这就使得这种设计严密的测算方法在推广上存在局限性。李江帆、李美云也认识到了其中的局限性，认为“因为不少省市没有旅游总收入及其内部构成的抽样调查统计，故无法按上述方法计算该省市的旅游增加值”。在作者的测算中是假设旅游剥离系数不存在时间和空间的变异，而用广东省旅游剥离系数来计算其他各地的旅游业增加值的；作者还认为“按现行统计体系和目前人们可以收集到的资料，要全面估算旅游增加值，这可能是较为接近客观实际的一种假设”。

三、旅游产业国民经济地位衡量与支出法GDP

（一）衡量的新视角

尽管李江帆等发现了问题，即以旅游总收入占GDP的比重来衡量旅游产业地位的方法是不科学的，而且上海、江苏、广东等地也的确从实践中测算了各自的旅游增加值。但是真正的问题却并不是如何从旅游总收入中分离出旅游增加值，再计量占GDP的比重，从而正确地衡量旅游业在国民经济中的地位；真正的问题是如何选择一个适当的符合旅游特性的统计视角。

衡量旅游业在国民经济中的地位不一定要从旅游总收入着手。实际上，将旅游者的花费看成相关行业经营者的经营收入，在一开始就已经将问题复杂化了。旅游业是一个综合性非常强的产业，旅游者花费的产业渗透程度也非常深，几乎渗透到了国民经济的各行各业，像是水渗透到海绵的每一个角落。闫敏（1999）在验证旅游产业与经济发展水平之间的关系时，就涉及了23个部门。这种错综复杂的产业交织关系增加了问题的复杂性——完全地从各相关产业中剥离出旅游业的增加值几乎是不可能的。因此，从供给的角度研究旅游的经济影响是比较困难的。而且旅游者的花费不一定形成相关企业的所得，其中还存在漏损现象，因此从供给角度研究问题可能会弱化旅游的经济影响。加之我国的部门经济思想的影响深重，从供给角度研究旅游产业在国民经济中的地位往往涉及与其他部门争利益的问题，给人以旅游产业只是依靠从其他部门挖出来突出自己的产业地位之嫌，而这并不是我们研究的目标。

因此，对旅游的产业地位的研究应该选择一个新的思路，那就是从需求的角度入手（张吉林等，1999）。实际上，旅游统计方法改革以后的旅游总收入已经不再是改革以前的旅游企业收入的累加了，已经不再是从供给的角度获得的数据了。很自然，衡量的角度也不应该再放在传统思路的增加值的计算上。为了从需求的角度来衡量旅游产业在国民经济中的地位，需要引进一个对旅游业来说还比较陌生的概念——支出法 GDP。

（二）支出法 GDP 的概念

我国从 20 世纪 50 年代开始采用的国民经济核算体系基本上是 MPS（Material Product's Balance System），但这种侧重反映物质生产，适应于高度集中计划管理的核算体系随着市场经济的成熟，暴露出了许多局限性。因此，1984 年后，我国着手建立新的国民经济核算体系，1992 年形成 MPS 与 SNA（System of National Accounts）的优势杂交后的新体系。

在 SNA 体系中，对 GDP 的核算有三种方法：生产法、收入法和支出法。美国经济学家库兹涅茨（1937）指出，如果没有统计上的困难，这三者必然是相等的。这就是"三面等值"原则。我国国家统计局在国民经济核算时，对有的部门以生产法计算其增加值，对有些部门以收入法计算其增加值，将各部门增加值求和得到 GDP，作为 GDP 的标准数据。按支出法计算的 GDP 等于最终消费、资本形成总额、货物和服务净出口之和，称为支出法 GDP。也就是说，支出法 GDP 是指，"一个国家（或地区）所有常住单位在一定时期内用于最终消费、资本形成总额，以及货物和服务的净出口总额，它反映本期生产的国内生产总值的使用及构成"（《中国统计年鉴 1999》，1999 年）。生产法 GDP 与支出法 GDP 之间的差额称为统计误差。MPS 体系比较注重生产法，而 SNA 体系则比较注重支出法。至此，我们可以发现，用旅游（业）增加值占 GDP 的比重来衡量旅游产业在国民经济中的地位显然是没有脱离从供给角度入手的收入法的圈圈。

（三）支出法 GDP 衡量方法的可行性

采用支出法 GDP 比重尺度来衡量旅游产业在国民经济中地位的可行性体现在以下几个方面：

首先，SNA 体系的一个很重要的理论基础是凯恩斯理论。凯恩斯理论把总需求视为解释总产出的关键，是用消费者、企业、政府和外国人的支出来解释总需求的。这一点是很适合旅游产业的。旅游产业在国民经济中地位的衡量，由于其产业自身的特点，衡量方法要想有所突破，必须从需求的角度入手，而且也只有从需求的角度入手才能真正地反映其作用与地位。另一方面，由于 SNA 体系的理论基础是凯恩斯理论，支出法在解释总产出方面有特殊作用。二者结合，运用 SNA 的支出法衡量旅游产业在国民经济中的地位在理论上是可行的、有效的。

其次，从支出法GDP的角度衡量旅游在国民核算体系中的地位有现行统计方法的支持。尽管在操作上还有需要改进的地方①，但是就统计方法而言，旅游产业已经走到许多行业的前面。现行的从旅游者角度而不从旅游企业角度进行的旅游抽样调查，实际上就是从支出法的角度在统计的；如果一定要将按照支出法统计得出的数据与按收入法统计得出的GDP进行比较，在比较对象上显然是不匹配的。因此，从对旅游者抽样调查得到的旅游收入理应与支出法GDP进行比较。而且从支出法的角度衡量旅游在国民核算体系中的地位，还可以增加一块用于旅游业的投资额（形成旅游产业的固定资产原值），增加旅游产业固定资产形成总额的意义并不是说为了在GDP中的比重可以提升一些，其真正的意义在于：通过这一块的增加能够更真实地反映旅游产业的经济带动作用；也是有利于从统计的角度提高旅游的产业地位，而这恰恰又是旅游产业发展的实践所需要的。

最后，我国的国民经济核算体系还将进一步改革，而且改革的重点将放在改进和完善GDP支出法的年度核算，细化GDP的支出构成，并尽快建立GDP支出法的季度核算等方面②。这对改变旅游产业在国民经济核算体系中只有国际旅游统计，没有充分反应蓬勃发展的国内旅游的状况将是一个契机，也是旅游产业进入国民经济核算统计主流的一个契机。相关各方应该切实加强这方面的研究，这是旅游产业发展所提出的时代要求。

思考与练习

1. 简要分析发展旅游经济对客源地的影响。

2. 阅读有关投入产出法的文献资料，结合本地投入产出表，分析旅游经济的就业带动作用。

3. 选取某个乡村旅游地，通过实地调研，分析目的地在发展旅游经济过程中存在的漏损状况。

4. 阅读世界旅游理事会关于旅游卫星账户统计方法的介绍性文件，深入了解旅游卫星账户的本质。

5. 理解传统上测算旅游经济效应的指标以及这些相关指标的意义。

---

① 比如政府、企业为其工作人员外出旅游支付的补贴的统计；旅游固定资产原值的统计范围至少应该将旅游景点投资包括进来。

② 李晓西．宏观经济学：转轨的中国经济．北京：首都经济贸易大学出版社，2000：24.

主要参考文献

[1] Abraham Pizam and Gang-Hoan Jeong. Cross-cultural tourist behavior. *Tourism Management*, 1996(4).

[2] Edward G. Mc Williams and John L. Crompton. An expanded framework for measuring the effectiveness of destination advertising. *Tourism Management*, 1997(3).

[3] Julie E. Otto and J. R. Brent Ritchie. The service experience in tourism. *Tourism Management*, 1996(3).

[4] Ken Peattie and Sue Peattie. Promotional competitions: a winning tool for tourism marketing. *Tourism Management*, 1996(6).

[5] Maureen P. Donnelly and Jerry J. Vaske. Factors influencing membership in a tourism promotion authority. *Journal of Travel Research*, 1997(spring).

[6] Robert Hollier. Marketing Europe as a tourist destination. *Tourism Management*, 1997(4).

[7] Yangzhou HU and J. R. Brent Ritchie. Measuring destination attractiveness: a contextual approach. *Journal of Travel Research*, 1993(fall).

[8] Vitor Fernando da Conceicalves and Paulo Manuel Roque Aguas. The concept of life cycle: an application to the tourist product. *Journal of Travel Research*, 1997(fall).

[9] 曹建海. 过度竞争论. 北京:中国人民大学出版社,2000.

[10] 姜洪. 利益主体:宏观调控与制度创新. 北京:经济科学出版社,1998.

[11] 韩朝华. 战略与制度:中国企业集团的成长分析. 北京:经济科学出版社,2000.

[12] 申葆嘉. 旅游学原理. 上海:学林出版社,1999.

[13] 魏小安,冯宗苏. 中国旅游业:产业政策与协调发展. 北京:旅游教育出版社,1993.

[14] 魏小安,沈彦蓉. 中国旅游饭店从业的竞争与发展. 广州:广东旅游出版社,1999.

[15] 匡林. 旅游业政府主导型发展战略研究. 北京:中国旅游出版社,2001.

[16] 张广瑞,等. 中国旅游发展:分析与预测. 北京:社会科学文献出版社,2002.

[17] 何光暐. 中国旅游业50年. 北京:中国旅游出版社,1999.

[18] 王家骏. 旅游系统模型:整体理解旅游的钥匙. 无锡教育学院学报,1999(1).

[19]吴必虎,金华,张丽．旅游解说系统研究．人文地理,1999(2).
[20]窦文章,杨开忠,杨新军．区域旅游竞争研究进展．人文地理,2000(3).
[21]秦学．我国城市旅游研究的回顾与展望．人文地理,2001(2).
[22]张燕,张洪．短途旅游中心的引力范围研究．人文地理,2001(3).
[23]钱林晓．对旅游经济学几个基础概念的新认识．桂林旅游高等专科学校学报,1998(4).
[24]马波．公共旅游资源资产化管理研究引论．桂林旅游高等专科学校学报,2001(2).
[25]韩杰,沈长智．发展中国家旅游发展阶段理论与案例研究．世界地理研究,1999(6).
[26]匡林．关于旅游乘数理论的几个问题．华侨大学学报(社会科学版),1996(3).
[27]陈玉英．关于优化旅游产业结构的几点认识．旅游科学,2000(1).
[28]戴斌．旅游企业国际化及其运作研究．旅游科学,2000(3).
[29]周磊．关于游客消费动机与选择偏好的分析及其应用．经济师,2001(6).
[30]张梦．旅游产品核心竞争力的新视角．财经科学,2001(4).
[31]孙平,王庆丰．旅游产品定价的经济学思考．技术经济与管理研究,2001(5).
[32]许春晓．旅游地屏蔽理论研究．热带地理,2001(1).
[33]许春晓．旅游业空间布局规律与案例研究．热带地理,2001(3).
[34]于由．旅游购买态度分析．商业经济与管理,2001(2).
[35]阮瑶．旅游企业集团化进程中的问题．山西财经大学学报,2000(增刊).
[36]任佳燕,刘越平．旅游卫星账户测度旅游的经济影响．中国统计,1999(10).
[37]高敏雪．卫星账户及其在美国的应用．北京统计,2000(10).
[38]叶怀．旅游消费的市场模型与分析．中国科学院研究生院学报,1994(1).
[39]张鸿智．民营经济与中国旅游业的发展．市场经济研究,2001(3).
[40]陈清华．探索中国旅游景区发展新路．中国旅游报,2000－08－25.
[41]张凌云．我国旅游业地域非均衡性增长研究初论．南开经济评论,1998(2).
[42]谭苑芳．我国旅游市场的过度价格竞争现状与对策．社会科学家,2001(2).
[43]姚作为．中国旅游业产业竞争力的现状分析．南方经济,2001(3).
[44]贺小海．旅游名牌产品正外部性的经济分析与对策．商业研究,2000(11).
[45]周晶,邢静义．旅游业发展状况的评估方法介绍．环球,2001(6).
[46]刘坤,杨东．旅游资源的经济价值评价．曲阜师范大学学报,2001(3).
[47]刘春玲,路紫．数学方法在森林生态旅游区开发中的具体应用．经济地理,2001(1).
[48]万绪才,李刚,张安．区域旅游业国际竞争力定量评价理论与实践研究．经济地理,2001(3).

[49]阎友兵,李辉恒．关于旅游圈的理论探讨．湘潭大学学报(社会科学版),1999(6).
[50]〔法〕罗伯特·朗卡尔．旅游及旅行社会学．北京:旅游教育出版社,1989.
[51]〔美〕罗伯特,麦金托什．旅游学．上海:上海文化出版社,1985.
[52]〔美〕威廉瑟厄波德．全球旅游新论．北京:中国旅游出版社,2001.
[53]〔日〕井原哲夫．服务经济学．北京:中国展望出版社,1986.
[54]楚义芳．旅游的空间经济分析．西安:陕西人民出版社,1992.
[55]崔凤军．旅游承载力指数及其应用研究．旅游学刊,1998(3).
[56]杜江,戴斌．旅行社管理比较研究．北京:旅游教育出版社,2000.
[57]郭来喜．论旅游资源的分类与评价．旅游地理文集,1986.
[58]国家旅游局．中国旅游资源普查规范．北京:中国旅游出版社,1992.
[59]郝寿义,安虎森．区域经济学．北京:经济科学出版社,1999.
[60]李树民,张辉,等．现代饭店经营管理与实务．西安:西北大学出版社,1993.
[61]李天元．旅游学概论．天津:南开大学出版社,2001.
[62]林南枝,陶汉军．旅游经济学．天津:南开大学出版社,2001.
[63]申葆嘉．国外旅游研究进展．旅游学刊．1996(1~5).
[64]唐留雄．旅游产业经济学．广州:广东旅游出版社,2001.
[65]陶汉军．新编旅游学概论．北京:旅游教育出版社,2001.
[66]王慧炯．产业组织及有效竞争．北京:中国经济出版社,1991.
[67]王淑良．中国旅游史．北京:旅游教育出版社,1998.
[68]魏小安．中国旅游业新世纪发展大趋势．北京:中国旅游出版社,2000.
[69]吴必虎．区域旅游规划理论．北京:中国旅游出版社,2001.
[70]夏大慰．产业组织学．上海:复旦大学出版社,1994.
[71]夏林根．旅游经营管理．福州:福建人民出版社,1999.
[72]谢彦君．基础旅游学．北京:中国旅游出版社,1999.
[73]闫敏．旅游业与经济发展水平之间的关系．旅游学刊,1999(5).
[74]张广瑞．亚太旅游协会第五届年会综述．旅游学刊,1999(6).
[75]张辉,秦宇,厉新建．对我国饭店业竞争现状的深层思考．旅游学刊,2000(3).
[76]张辉．旅游经济学．西安:陕西旅游出版社,1991.
[77]张凌云．旅游地引力模型研究的回顾与前瞻．地理研究,1992(8).
[78]张维迎．博弈论和信息经济学．北京:三联书店,1996.
[79]周进步．中国旅游地理．杭州:浙江人民出版社,1995.
[80]周振东．旅游经济学．大连:东北财经大学出版社,1999.
[81]邹统钎．旅游度假区发展规划．北京:旅游教育出版社,1996.